스케치

Published 2016 by Smashing Magazine GmbH, Germany.
The Sketch Handbook was written by Christian Krammer
and reviewed by Rafael Conde.
Korean Translation Edition © 2018 Webactually Korea, Inc.
All right reserved.

이 책의 한국어판 저작권은 저작권자와의 독점 계약으로 웹액츄얼리코리아㈜에 있습니다.
저작권법에 의해 한국 내에서 보호를 받는 저작물이므로 무단전재와 복사·복제를 금합니다.
이 책 내용의 전부 또는 일부를 사용하려면 반드시 저작권자와 웹액츄얼리 북스팀의 서면 동의를 받아야 합니다.

The Sketch Handbook
스케치 개정판

초판 발행	2017년 8월 7일
개정판 1쇄	2018년 8월 7일
지은이	크리스티안 크래머
옮긴이	김재이
편저자	김무현
책임편집	홍성신
디자인	이승미
펴낸곳	웹액츄얼리코리아㈜
출판등록	제2014-000175호
주소	서울특별시 강남구 논현로 132길 31 EZRA빌딩 4층
전화	(02) 542-0411
팩스	(02) 541-0414
웹 매거진	www.webactually.com
북스 웹사이트	books.webactually.com
페이스북	facebook.com/webactually
트위터	@webactually
ISBN	979-11-85885-17-9 93000

※ 잘못되거나 파손된 책은 구입하신 곳에서 교환해드립니다.
※ 정가는 뒤표지에 있습니다.
※ 이 도서의 국립중앙도서관 출판예정도서목록(CIP)은 서지정보유통지원시스템 홈페이지(http://seoji.nl.go.kr)와
국가자료공동목록시스템(http://www.nl.go.kr/kolisnet)에서 이용하실 수 있습니다.(CIP제어번호: CIP2018020083)

The Sketch Handbook
스케치 개정판

UX/UI 전문가를 위한 제작 툴
완전 정복을 위한 실전 가이드

크리스티안 크래머 지음

아내 클라우디아와 아들 플로리안,
남편이자 아빠로 평소처럼 시간을 함께 보내지 못함을 이해해주고
끊임없이 지원해준 것에 고마움을 전한다.

저자 인사말

이 책을 읽을 한국 독자 여러분께.

　몇 년 전 스케치를 처음 사용하기 시작했을 땐, 이것이 내 인생에 이렇게 많은 시간을 쓰게 만들 줄 몰랐습니다.

　하지만 지금은 스케치가 나의 주된 디자인 작업 도구일 뿐만 아니라, 이렇게 책도 쓰게 해주었습니다. 책을 쓰는 것은 내가 항상 꿈꾸던 일이었습니다.

　이 일은 적어도 제게 한 가지를 가르쳐줬습니다.

"너의 꿈을 계속 붙잡아라, 추구하라, 그리고 절대 포기하지 마라. 언젠가 새로운 기회가 나타날지 모른다."

크리스티안 크래머 Christian Krammer

서문

웹 디자인에서 모든 것을 포토샵으로 디자인했던 시절이 있었다는 게 믿어지는가? 디자인 작업에 사진 편집기를? 어도비 프로그램이 아주 유용하긴 하지만, 실질적 디자인 작업에는 프로그램 기능의 일부만이 사용된다. 그 외 기능에는 먼지만 쌓일 뿐이다. 더 쉬운 무언가는 없을까? 끊임없이 변하는 디바이스 환경에 잘 반응하고, UI 디자인 작업에 적합한 기능이 갖춰진 프로그램은 없을까? 툴 사용이 쉬울수록 우리는 아이디어에 더 집중할 수 있다.

  하지만 우리에게 어도비의 파이어웍스^{Fireworks} 외에는 대안이 전혀 없었다. 그러던 중 2010년 9월, 헤이그^{Hague}에 있는 한 작은 회사가 인터페이스 디자인 세상을 새로 정의하기로 했고, 보헤미안 코딩$^{Bohemian\ Coding}$은 스케치 1.0$^{Sketch\ 1.0}$을 세상에 내놓았다. 8년이 더 지난 지금, 스케치는 디자인 세상을 태풍처럼 휩쓸며 많은 디자이너와 기업, 그리고 업계 선두주자인 페이스북과 구글이 선택하는 디자인 소프트웨어가 되었다. 그리고 전에 없던 속도로 꾸준히 성장하고 있다.

감사의 글

많은 사람의 도움이 없었다면 이 책은 세상에 나올 수 없었다.

- 미디엄Medium에 수많은 깊이 있는 기사[1]를 제공해 준 피터 노웰Peter Nowell
- 엄청난 스케치 트릭[2]과 기술[3]을 공유해준 멩 토Meng To
- 특히, 이 책을 쓸 기회를 준 스매싱 매거진과 마커스 세퍼스Markus Seyfferth
- 이 책의 교정은 물론 도움이 되는 말을 많이 해준 오웬 그레고리Owen Gregory, 역시 교정을 도와준 앤드류 로보Andrew Lobo
- 값진 조언과 함께 이 책의 기술 감수를 해준 라펠 콘드Rafael Conde(독자들께 그의 웹사이트 스케치캐스트SketchCasts를 둘러보기를 권한다)[4]
- 피드백을 준 제임스 에이 바셔Jasim A Basheer. 제임스의 스케치 관련 상품들을 둘러보자.[5] 그리고 sketchtips.info의 모든 독자들과 다니엘 리비Daniel Leavey, 클라우스 메드비식Claus Medvesek, 브람 스티지Bram Stege, 조안나 카치페라키Joanna Katsifaraki, 켄 타카하시Ken Takahashi, 스캇 카스티터Scott Karstetter, 니키 카비맨던Nikhil Kavimandan에게 특히 감사를 표한다. 그리고 많은 디자이너가 편하게 일할 수 있게 해주는 훌륭한 디자인 앱을 제작한 스케치 팀께도 고마움을 전한다.
- 마지막으로, 내 아내 클라우디아와 아들 플로리안에게. 당신들의 남편이자 아빠가 평소처럼 시간을 함께 보내지 못함을 이해해주고 끊임없이 지원해준 것에 고마움을 전한다.

1 http://smashed.by/sketch1, http://smashed.by/sketch2, http://smashed.by/sketch3
2 https://designcode.io/sketch-mastering
3 https://designcode.io/sketch-techniques
4 https://www.sketchcasts.net/
5 https://protoship.io

추천의 글

스케치를 강의할 때 어떤 수강생이 혼자 웃고 있기에 "그렇게 좋으세요?"하고 물은 적이 있습니다. 그러자 이렇게 답하더군요. "이렇게 제 맘을 이해해주는 툴이 있다는 게 너무나 기분이 좋습니다"라고요. 그 말이 아직까지 기억에 남습니다.

스케치는 UX/UI 디자이너 니즈에 부응하는 현재까지 알려진 최고의 디자인 툴이 분명합니다. 또한 구글, 애플, 페이스북에서도 스케치를 도입할 정도로 제품 실효성을 검증받았고 국내 주요 스타트업부터 대기업에 이르기까지 많은 디자이너의 사랑을 받고 있습니다. 사실 저는 2016년 스케치 책을 쓰려고 생각했었습니다. 하지만 연일 바쁜 업무에다 거의 두 달에 한 번씩 신기능이 업데이트되곤 해 집필할 엄두를 내지 못했습니다. 어디선가 책을 출간한다 해도 프로그램 업데이트 주기가 잦아 이내 구 버전의 기능을 담은 책으로 전락하리라 예상했습니다.

그러던 중 우연한 기회에 바로 이 책『스케치』를 감수하게 됐습니다. 원서 제목인 '핸드북(handbook)'과는 다르게 교과서 수준으로 스케치의 모든 내용을 다루고 있다는 사실에 놀랐습니다. 나름대로 스케치를 많이 안다고 생각했는데 알지 못했던 기능과 팁도 많아 책을 감수하면서 오히려 많이 배우게 되었습니다. 무엇보다 과할 정도로 세심하게 기능을 소개해 놀라웠습니다.

단순히 스케치 기능 부분만 세밀하게 다룬 게 아닙니다. 디자이너가 필히 알아야 할 해상도, 타이포그래피, 그리드 등 이론적인 부분도 예제와 함께 상세하게 설명돼 있습니다. 제가 손꼽아 기다리고 만족했던 책인 만큼 독자 여러분에게 큰 만족을 주는 책이 되었으면 합니다.

이상용(UX 디자이너)

유저 인터페이스 디자인만을 위해 만들어진 툴인 스케치에는 버릴 기능이 없다. 툴의 생김과 기능을 익히면 자연스럽게 UI 디자이너의 역할과 작업 프로세스까지 이해할 수 있다. 결코 과장해서 하는 말이 아니다.

『스케치』는 숙련된 디자이너 옆자리에 앉아, 하나하나 그의 작업을 따라가며 배우는 듯한 구성으로 돼 있는 책이다. 기능 설명과 예제가 앱 디자인 프로세스와 맞물려 자연스레 녹아 있어 지루할 틈이 없다. 현업에서 바로 응용 가능한 이유이기도 하다. 툴의 각 기능 기초부터 작업 속도 향상을 위한 노하우까지 아주 상세하게 기술돼 있어, UI 디자인을 시작하는 사람은 물론 이미 스케치와 UI 디자인이 익숙한 그 누구에게나 도움이 될 책이다.

윤성권(스타트업 디자이너, Sketch3·프로토타이핑 강사)

역자의 글

내가 사용자 인터페이스 업무에 어도비 포토샵이 아닌 스케치 앱을 사용하기 시작한 것은 지금으로부터 약 4년 전이다. 마치 피아노를 다루듯 사용하던 익숙한 프로그램을 손에서 놓는 결정은 쉽지 않았다. 하지만 호기심에 들여다본 스케치 앱의 마술 같은 기능은 나를 충분히 매료시킬 만했다.

스케치 앱은 군더더기 없이 모든 작업을 수치화 및 연산화해 디자인을 수학적으로 접근할 수 있도록 한다. 그리고 수많은 플러그인을 통해 스펙Specification 시트, 프로토타입Prototypes, 코드Coding 등을 손쉽게 제작할 수 있어 상당한 양의 시간을 절약해준다. 또한 꾸준한 업데이트를 내놓으며 빠른 속도로 성장 중인 점도 주목할 만하다. 이 책의 한국어판이 제작되는 몇 달 사이에도 이미 업데이트가 이루어져 책의 일부 내용에 주석으로 최신 업데이트를 언급해야 했다. 스케치 앱은 하루가 다르게 인터페이스 디자인 업무를 위한 최적의 툴로 자리매김하고 있다.

스케치 앱이 아직 국내에서는 대중화되지 않았지만 해외에서는 디자이너 구인 글에 필수 기술로 언급될 정도로 실무에서 널리 쓰이고 있다. 여러 가지 요인이 있겠지만 그 중 하나는 IT 업계의 PC 운영체제 비율 차이가 아닐까 한다. 스케치 앱은 맥Mac 전용 프로그램이다. 윈도우Windows 사용자가 많은 우리나라에서 이 부분은 분명 큰 장벽이지만, 맥을 가상 머신으로 돌려서라도 스케치 앱을 사용해볼 이유는 이 책이 분명하게 보여주고 있다.

『스케치』는 우리나라에 스케치 앱 사용법을 처음으로 소개하는 책이다. 독자는 저자와 함께 마치 실무를 하듯 모바일 앱과 웹 페이지를 만들게 될 것이다. 그 과정에서 스케치 앱이 제공하는 마술 같은 기능에 빠져 보길 바란다. 이제 막 생태계를 구축하기 시작하는 이 프로그램이 우리나라에서도 터전을 잘 잡아 많은 디자이너가 더 효율적이고 생산적으로 일할 수 있게 되기를 희망한다. 그리고 그 첫 발자국에 내가 보탬이 될 수 있음에 감사한다.

김재이

개정판을 내면서

이 책은 필요한 시점에 필요한 기능에 대해 찾아보는 형식의 책은 아닙니다. 전체 기능을 조망하고 각각의 기능을 찾아보는 것도 의미가 있지만, 스케치 사용이 일상화되면서 개별 기능에 대한 설명은 스케치 공식 웹사이트나 블로그, 유튜브를 통해 대부분 확인할 수 있게 되었습니다.

이런 환경이다 보니 '학습 가이드북'으로서 이 책은 더 특별한 가치를 지닙니다. 개별 기능 학습 관점에서 보면 다소 복잡하고 매력 없어 보입니다. 하지만 스케치를 처음 접한 사용자가 묵묵히 차근차근 따라가다 보면 대부분의 기능을 자연스럽게 익히고 실무도 간접적으로나마 경험할 수 있는 길잡이 역할을 톡톡히 합니다.

스케치 앱의 빠른 성장과 버전업으로 인해 일부 콘텐츠가 노후화되어 갈 즈음 이 책이 스케치 가이드북으로서 보다 오래 제 역할을 할 수 있기를 바라는 출판사의 의견에 공감했습니다. 기존 내용에 대한 버전업 부분 반영과 신규 기능에 대한 설명을 중심으로 부족한 경험이지만 개정판 집필에 참여하게 되었습니다.

버전업으로 인한 메뉴 변경, 툴 UI 변경과 같은 사소한 부분부터 라이브러리, 중첩 심볼, 클라우드와 같은 중요한 개념과 기능 변경 부분까지 빠짐없이 담을 수 있도록 구성하였습니다.

업데이트 내용과 대상 독자

개정판 집필에 참여하면서 가장 염려했던 부분입니다. 이 책을 구입한 지 1년이 채 안 된 독자도 있을 텐데 새 버전을 어떻게 설명하고, 어떤 독자를 대상으로 해야 할지 고민이 많았습니다.

결국, 이미 초판을 구입한 독자라면 현업에서 스케치를 사용하면서 성장을 했을 것이고 그 과정에서 버전업에 따른 추가 기능도 대부분 사용했을 것으로 가정했습니다. 그리하여 이 책의 주된 독자는 스케치를 처음 접하는 독자로 정했습니다.

그럼에도 불구하고 초판 버전(41 버전)에 비해 현재 버전(51 버전)이 담고 있는 기능이 매우 큰 차이를 보이기 때문에 이를 살펴보는 것 또한 충분한 가치가 있습니다.

1. 실무적으로는 매우 중요한 중첩 심볼에 대한 내용이 초판에서는 충실히 다루어지지 않았습니다. 중첩 심볼의 대표적인 사례인 탭바 디자인 사례를 3장에 추가했습니다.
2. 스케치가 UX 디자인 툴로서 가진 가장 강력한 개념이며 발전 가능성이 높은 기능 중 하나인 라이브러리에 대해서 스케치 클라우드 기능과 함께 6장에서 설명했습니다. 더불어 스케치가 디자인 시스템에 어떻게 기여하는지 개념적인 수준에서 글을 더했습니다.
3. 이외에도 프로토타이핑, 리사이징 제약 조건, 색상 치환 등 개선된 기능과 UI 변경, 메뉴 변경 내용을 반영했습니다.

업데이트로 인한 메뉴/화면 차이

개정판에서는 가능한 최신 화면을 담으려고 했습니다. 그러나 업데이트가 빠른 스케치 특성상 UI가 다를 수 있는 점은 미리 양해를 구합니다. 51 버전에서 반영된 프로토타이핑의 헤더/풋터 고정 옵션(Fix position when scrolling) 표시는 관련 설명 화면에서만 51 버전 UI를 반영했습니다. 그외 그림에서는 반영되지 않은 부분이 있으니 참고하시기 바랍니다.

김무현

차 례

저자 인사말 | 서문 | 감사의 글 | 추천의 글 | 역자의 글 | 개정판을 내면서

1장_ 스케치 소개 1
전체 기능[2] | 이 책에 대하여[3] | 비트맵 대 벡터[4] | 인터페이스[5]

2장_ 앱 디자인하기 8
공간 만들기[9] | 1x로 디자인하기[12] | 첫 레이어[13] | 스케치의 도형들[14] | 스마트 가이드[16] | 실수해도 괜찮아![19] | 컬러풀 라이프[20] | 여러 가지 속성[21] | 제목[22] | 레이어 정리[23] | 사랑스러운 이미지[25] | 더 많은 텍스트[28] | 배경[30] | 채우기 유형 1부[32] | 제대로 된 그리드[35] | 그리드를 쓰는 이유[36] | 예약 버튼[36] | 쉬운 둥근 모서리[38] | 버튼 텍스트[39] | 색 선택[40] | 색 치환[41] | 심장을 향하는 화살표[42] | 도형 열고 닫기[43] | 파선과 점선[47] | 그리드 지키기[48] | 상대적 행간[50]

3장_ 아트보드와 이터레이션의 힘 52
변형하기[54] | 앱 v2[56] | 심볼[57] | 중요한 설정[61] | 정렬하기[63] | 사용자 지정 단축키[65] | 마스크 입히기[68] | 확대와 축소[71] | 스타일 문제[72] | 과거에서 미래로[74] | 훌륭한 커브![75] | 플러그인으로 스케치 기능 향상하기[76] | 플러그인[77] | 강조하기[80] | 그림자와 흐림 기술[82] | 그라디언트[85] | 채우기 유형 2부: 그라디언트[86] | 앞으로 그리고 뒤로[89] | 콘텐츠 간격 맞추기[92] | 부울 연산[96] | 유동성[98] | 합쳐야 할 때[98] | 이상한 상황[99] | 접기 아이콘 따라 하기[101] | 비교[102] | 홀수 크기[104] | 아이콘 마무리하기[106] | 픽셀 정확성[108] | 아이콘 색상 바꾸기와 중첩 심볼을 이용한 탭바 만들기[111]

4장_ 로고 만들기 125
콘텐츠를 페이지별로 정리하기[126] | 영감 얻기[127] | 맵 핀, 혹은 벡터 포인트 사용법[129] | 벡터 포인트 유형[129] | 국기[134] | 스케일 대 스케일[141] | 모두 함께[143] | 레이어 리스트에서 레이어 관리하기[144]

5장_ 개요 페이지 만들기 147
준비하기[148] | 수정하기[148] | 새 옵션 바[149] | 검정은 검정이 아니다[151] | 카드 아이콘[153] | 리스트 아이콘[154] | 깨끗한 집, 깨끗한 정신[154] | 관광지 찾기[155] | 변형하기[160] | 마무리 작업[161] | 필터 버튼[161] | 관광지 목록[164] | 눈금자와 가이드[168] | 다른 항목들[170] | 붙여넣기[173] | 실제 데이터로 디자인하기[174] | 카드 뷰[178] | 컬러 베리에이션 만들기[187]

6장_ 디자인 공유와 프로토타이핑 189
Size[190] | Suffix[190] | 파일 형식[191] | 내보내기[192] | 지원 파일 유형[194] | 이미지 다이어트하기[195] | 여러 개 내보내기[197] | 이미지 자르기[199] | 모두 한 번에[201] | 예제[202] | 실제 디바이스[204] | 아킬레스건?[208] | 할인 시간?[212] | 인쇄[213] | 대안[218] | 스케치 프로토타이핑[221] | 라이브러리를 이용한 디자인 협업[228] | 디자인 시스템[237] | 디자인 시스템 제작 과정[245]

7장_ 기사 페이지 디자인하기 254

그리드 혹은 레이아웃?255 | 머리말259 | 폰트 관리하기262 | 글자와 테두리264 | 콘텐츠266 | 폰트 크기 정하기268 | 위로 아래로269 | 자간, 커닝, 그리고 이음자271 | 최적의 읽기 경험272 | 소개글274 | 본문275 | 변화 주기277 | 이미지 조작279 | 글자 연결하기280 | 좋아하는 문구281 | 더 많은 텍스트282 | 더 크게, 최대로283 | 작업 공간 최대화284 | 블렌딩 모드287 | 투어 예약하기289 | 고르기290 | 파워 복제292 | 분류 색상293 | 레이어 순서에 관해서295

8장_ 반응형 만들기 297

제약 조건을 고려한 디자인297 | 반응형 그리드300 | 헤더301 | 숨바꼭질304 | 새 베이스304 | 천천히 그리고 꾸준히306 | 콘텐츠 영역306 | 단락 시작 표시 문자307 | 위로 띄우기307 | 인용구309 | 나머지 요소309 | 추천 관광지311

9장_ 최종 브레이크포인트: 넓은 데스크톱 화면 313

헤더315 | 콘텐츠316 | 모든 관광지318 | 앱 수정하기319

10장_ 분류 아이콘 디자인하기 323

해변 분류324 | 나무325 | 픽셀 미리 보기331 | 산 분류332 | 도시 아이콘335 | 전원 아이콘337

11장_ 분류 아이콘 내보내기 344

테두리와 함께? 없이?344 | 최적화하기345 | PNG로 내보내기347 | SVG로 내보내기347

12장_ 미니 프로젝트 351

시계 만들기351 | 질감이 있는 텍스트 만들기363 | 원 그래프 만들기370 | 원형 진행 표시줄 만들기378 | 힙스터 로고 만들기382 | 미설치 폰트388

13장_ 부록 390

플러그인390 | 리소스398 | 가장 중요한 단축키400

찾아보기 404

일러두기
• 본문에 나오는 링크는 삭제되었거나 변경되었을 수 있습니다.
• 스케치의 빠른 업데이트로 인해 본문의 그림과 실제 화면의 차이가 있을 수 있습니다.
• 이 책의 한글로 된 주석은 모두 편저자주입니다.
• 본문에 나오는 할인 프로모션 중 일부는 종료됐을 수 있습니다.

1장

스케치 소개
An Introduction To Sketch

스케치는 벡터 기반의 인터페이스 디자인 툴이다. 오늘날 광범위한 디바이스 종류를 고려하면 꼭 필요한 기능인 디자인의 자유로운 크기 변경이 가능함을 뜻한다. 또한, 몇 가지 필수적인 비트맵 편집 기능도 포함하고 있어 이 편리한 프로그램을 떠날 필요가 없어진다. 하지만 독자들도 이미 알고 있을지 모를 한 가지 단점이 있다. 바로 맥 전용 프로그램이라는 점이다. 다행히도 윈도우를 사용하는 개발자를 위한 몇 가지 방법이 있으니 뒤에서 자세히 살펴보도록 한다.

스케치 평가판은 sketchapp.com에서 내려받을 수 있다. 이미 평가판 설치가 끝났다면 (장담하건대 이 책 몇 페이지만 둘러봐도 설치하게 될 것이다), US $99로 일 년 동안 무료 업데이트를 포함하는 정식판을 구매할 수 있다. 정식판 구매 후 해당 버전을 계속 사용해도 되고, 같은 금액으로 다음 일 년간의 업데이트를 받아볼 수도 있다. 이 책은 스케치 51 버전을 기반으로 한다.

전체 기능

스케치는 풍부한 툴과 기능으로 인터페이스, 웹사이트, 아이콘을 손쉽게 디자인할 수 있게 해주며 오늘날 디자이너에게 완벽한 응용 프로그램으로 자리 잡았다. 나는 로고 제작과 심지어 인쇄용 작업을 하는 데도 스케치를 사용했다. 스케치의 주요 기능은 다음과 같다.

- 배우기 쉽다. 기본 기능을 아주 빠르게 익힐 수 있고 고급 사용자를 위한 풍부한 기능 또한 제공한다.
- 빠르고 가볍다. 파일 크기가 작고 내비게이션과 응답이 빠르다.
- UI가 간단하다. 복잡한 하위 메뉴나 대화창 없이 모든 것이 한눈에 보인다.
- 벡터 기반이다. 품질 저하 없이 요소의 크기를 변경하므로 요소를 확대해도 모든 것이 선명하다.
- 픽셀 퍼펙션pixel-perfection을 지향한다. 다양한 픽셀 기반 지원 기능으로 완벽한 결과물을 만든다.
- CSS 속성과 SVG200 코드를 제공한다. 디자인을 코딩하는 데 시간이 전혀 걸리지 않는다.
- 페이지와 아트보드로 구성한다. 전체 디자인을 파일 하나로 정리할 수 있다.
- 변형이 쉬운 부울 기능boolean operation을 지원한다. 기본 도형을 조합하여 한 번의 클릭으로 복잡한 형태도 제작한다.
- 내보내기export 기능이 강력하다. 클릭 한 번으로 다양한 크기의 이미지를 제작한다.
- 심볼과 스타일을 공유한다. 디자인 요소와 스타일의 재사용이 쉽다.
- 키보드 단축키 사용으로 효율적이다. 거의 모든 작업이 키를 누르는 것만으로 처리된다.
- 그리드와 레이아웃이 탑재돼 있다. 디자인에 배열 규칙을 빠르게 적용할 수 있다.

- 그룹 단위로 크기를 변경한다. 작업물에 다양한 크기를 적용하기 간편하다.
- 스케치 미러sketch mirror로 디자인을 디바이스에서 미리 확인한다.
- 스케치 클라우드로 심볼을 공유하고 업데이트할 수 있다.
- 아트보드를 연결해서 인터랙티브 프로토타입을 제작하고 미리 확인할 수 있다.
- 애플의 공식 UI 디자인 리소스가 라이브러리 심볼Library Symbols로 제공된다.

이 책에 대하여

본격적으로 시작하기 전, 이 책의 진행 방식에 대해 간단히 이야기하고자 한다. 우선 내용을 순서대로 따라오면서 직접 프로젝트를 제작해보기를 적극 추천한다. 프로젝트를 진행하면서 스케치의 모든 측면을 함께 둘러보므로 스케치 사용법을 익히는 데 중요한 부분이다. 이 책의 중심 내용이 업무 효율성인 만큼 최대한 빠르고 정확하게 동작을 수행하는 방법을 알아볼 것이다. 주로 도움이 되는 키보드 단축키를 익히고 탑재된 기능들을 재치 있게 사용해 본다. 모든 중요한 부분은 필요에 따라 자세히 설명해두었다.

『스케치』의 첫 장은 디자인 일반 및 앱 디자인 입문자를 대상으로 한다. 스케치를 처음 접하는 독자라면 책 내용이 진행될수록 어려워지므로 더 꼼꼼히 살피며 따라와야 한다. 앞부분에 이미 나왔던 내용 및 단축키는 다시 자세히 설명하지 않고, 더 많은 고급 내용이 후반에 소개된다. 특히 마지막 몇 장은 중급 사용자를 위한 구성이지만 입문자도 따라올 수 있도록 충분한 설명을 덧붙였다. 마지막으로, 다양한 주제와 기술을 집중적으로 소개하는 내용에 관심이 있다면 12장, '미니 프로젝트'를 살펴볼 것을 권한다.

설명글 사이에 인포 박스Infobox를 규칙적으로 삽입하여 관련 내용을 더 깊이 있게 설명한다. 특정 주제에 대하여 더 알고 싶다면 언제든 읽어도 괜찮지만 스케치의 기본 기능을 숙지한 후에 정독해볼 것을 추천한다. 또한 여러 개의 퀵 팁Quick Tips과

즉각적인 생산성 향상을 위해 꼭 기억해야 하는 정보를 필요할 때마다 조금씩 배치했다.

이 책의 업데이트는 sketch-handbook.com에서 확인할 수 있으며, 뉴스레터 구독도 가능하다.

비트맵 대 벡터

스케치에 깊이 들어가기 전에 기초를 조금 짚고 넘어가도록 하자. 포토샵이나 픽셀메이터Pixelmator 같은 사진 편집 앱은 아주 작은 색색의 픽셀이 정적으로 배열된 형태인 비트맵 기반 프로그램이다. 이런 래스터 이미지raster image[1]의 크기를 변경하면 소프트웨어는 픽셀 사이에 새로운 픽셀을 채워 넣거나 픽셀 자체의 크기를 키운다. 그 결과 이미지가 흐려지거나 거친 느낌이 생겨 어느 수준부터는 이 변화가 눈에 띄기 시작한다. 반면 스케치, 일러스트레이터, 어피니티 디자이너Affinity Designer 같은 벡터 기반 앱은 선으로 연결된 포인트의 집합을 이용한다. 이 포인트들은 수학적 연산으로 연결돼 있기 때문에 무한대로 크기를 변경해도 선명도를 유지한다.

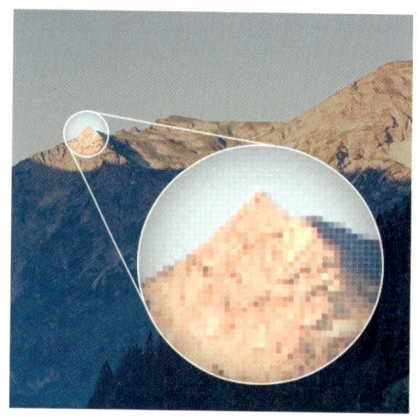 

그림 1.1 왼쪽: 래스터 이미지, 오른쪽: 벡터 이미지

1 직사각형 배열에 명암의 화소 패턴을 순차적으로 나열하여 만들어진 화면 영상

인터페이스

스케치를 특별하게 만드는 것은 간단하게 잘 정돈된 인터페이스와 쉬운 사용법, 그리고 화면 대부분의 공간을 차지하는 캔버스Canvas에 있다. 캔버스는 원하는 만큼 얼마든지 디자인 요소를 올려둘 수 있는 무한의 공간이다. 이 캔버스에 디자인의 경계를 정의하고 반복적인 작업을 간편하게 해주는 아트보드Artboards와 다양한 스크린을 하나의 파일에 넣어둘 수 있도록 하는 페이지Pages를 적용하여 정리하여 사용할 수도 있다.

> **Quick tip**: 얼마든지 많은 아트보드를 캔버스에 만들 수 있지만, 성능상의 이유로 페이지별로 최대한 나누어 두는 게 좋다. 자세한 내용은 4장 '콘텐츠를 페이지별로 정리하기'를 참조하자.

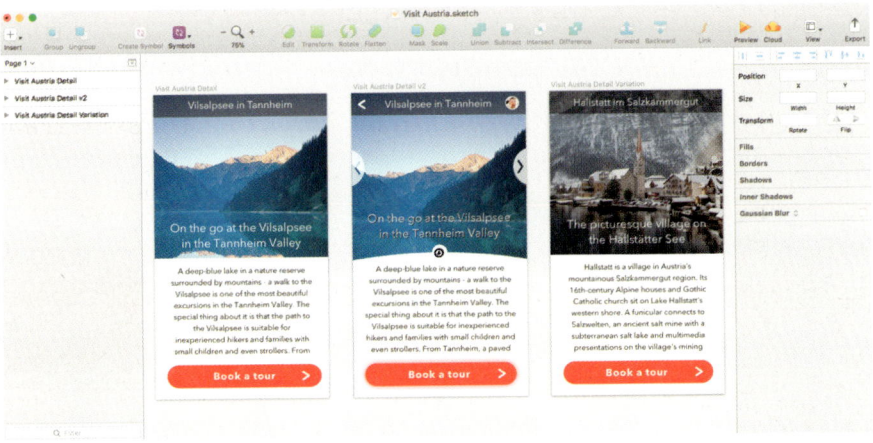

그림 1.2 아트보드로 반복적인 작업을 빠르게 처리할 수 있다. 위 이미지는 최종 앱 디자인에 이르기까지 다양한 버전을 보여준다.

캔버스에 추가하는 모든 요소는 왼쪽의 레이어 리스트layer list에도 함께 나타난다. 이곳에서 레이어의 순서를 바꾸고 이름을 변경하거나 그룹을 지정할 수 있다.

그런 의미에서 레이어 리스트는 캔버스에서 진행되는 작업을 개략적으로 보여주는 창이기도 하다. 계층 구조에서 상위에 있는 레이어일수록 디자인 작업 영역에서 상단에 위치한다. 레이어 속성은 오른쪽에 위치한 인스펙터Inspector에서 변경할 수 있다. 인스펙터는 레이어의 크기, 위치, 색상, 그림자나 흐리기 같은 효과 적용을 위한 콘트롤을 포함한다.

스케치의 가장 중요한 기능은 아이콘 형태로 상단의 맞춤형 툴바toolbar에 위치한다. 하지만 이 프로그램의 진정한 힘은 키보드 단축키에 있다. 스케치의 거의 모든 기능은 키로 접근할 수 있고, 그렇지 않은 기능 또한 쉽게 단축키를 지정할 수 있다. 이로 인해 작업 속도가 빨라지는 것은 물론 업무 효율도 향상된다. 이 효율성은 스케치가 갖는 가장 중요한 특징이다.

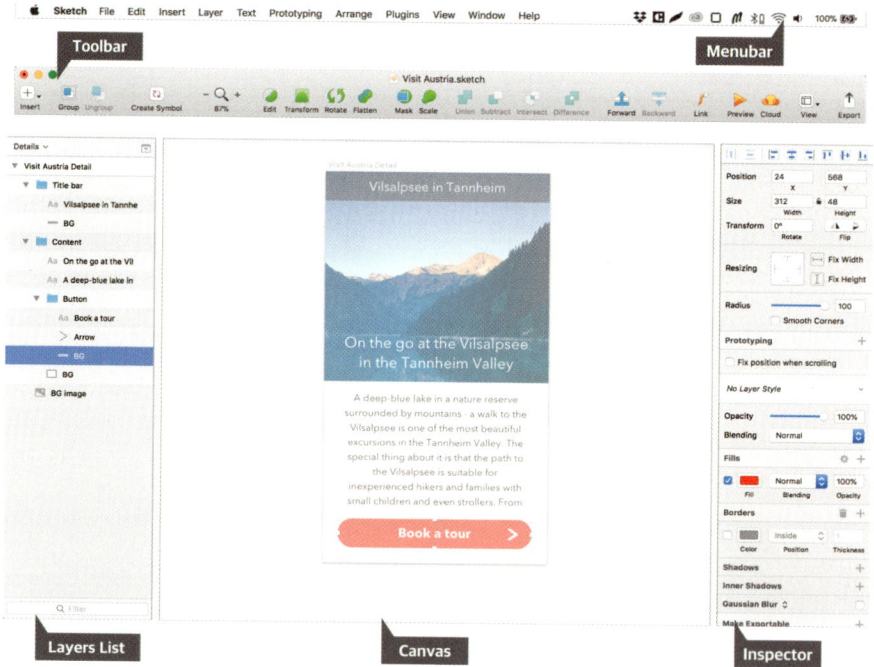

그림 1.3 스케치의 레이아웃[2]

---

[2] S1 버전부터 추가된 프로토타이핑 위치 고정 옵션(Fix position when scrolling)은 편집상의 이유로 현재 그림에만 대표로 반영했습니다.

마우스 커서를 레이어 위에 올리면 파란색 테두리가 생긴다. 이는 레이어 리스트에서 특정 레이어가 캔버스 위의 어느 레이어에 해당하는지 구분하는 데 도움이 된다. 물론 그 반대도 마찬가지로 유용하다. 그리고 클릭해 테두리가 표시된 레이어를 표시한다. 앞으로 자주 하게 될 레이어 그룹 지정에 있어서는 command 키의 중요성이 대두된다. 그룹에 종속된 레이어는 캔버스에서 클릭이 되지 않기 때문에 선택할 수가 없는데, command를 누른 상태에서는 그룹 속 레이어를 포함한 모든 레이어 선택이 가능해진다. 스케치를 시작함과 동시에 익숙해져야 할 또 다른 키는 Alt다. 이 키는 선택한 레이어와 타 요소들 간의 거리, 혹은 눈금자^{Ruler} 및 그리드^{grid}와의 거리를 측정한다.

위에서 언급한 UI 요소를 통해 접근할 수 없는 기능은 메뉴 바 속에 숨겨져 있다. 하지만 툴바를 필요에 맞게 편집하거나 필수 단축키를 익힌다면 이 UI 요소를 자주 사용할 일은 없을 것이다.

2장

앱 디자인하기
Designing An App

이론적인 이야기는 여기까지 하고, 앱을 디자인하는 전형적인 작업 흐름을 따라가며 스케치를 실제로 만져보자. 내 조국 오스트리아에 대한 사랑을 조금 보여주기 위해, 중앙 유럽 국가의 가장 사랑스러운 장소를 보여주는 두 개의 화면으로 구성된 가상 앱인 'Visit Austria'를 제작했다. 이 앱은 상세 화면과 개요 화면으로 구성돼 있다. 개요 화면은 5장, '개요 페이지 만들기'에서 다루기로 하고, 상세 화면부터 제작할 것이다. 앞으로 다룰 모든 프로젝트의 스케치 파일은 http://smashed.by/sketch-files1에서 내려받을 수 있다.

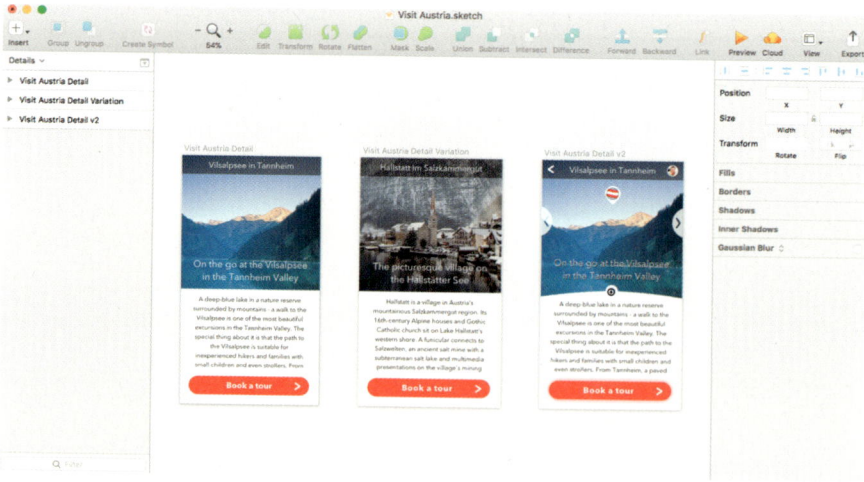

그림 2.1 반복 수정된 상세 화면

공간 만들기

새 문서^{new document}를 만들어서(Cmd+N) 하드 드라이브에 저장한 후(Cmd+S), 영문 모드에서 A를 눌러 새 아트보드를 만든다. 이때 인스펙터^{Inspector}에는 미리 설정된 크기의 Artboard가 **Apple Devices, Android Devices, Responsive Web, Paper Sizes, Custom**의 분류로 나타난다. 우리는 모바일 앱을 디자인할 예정이니 **Android Devices**에서 360×640px 크기의 **Android**를 선택하자.

책 내용의 보편성을 유지하고자 특정 기기나 플랫폼을 고수하지 않을 예정이지만, 만약 iOS나 안드로이드 애플리케이션을 디자인하는 독자라면 **File → New From Template**에서 제공하는 많은 타입 중에서 필요한 플랫폼을 선택한다. 반대로, **File → Save as Template**...을 통해 직접 제작한 파일을 템플릿으로 저장해 사용할 수도 있다.

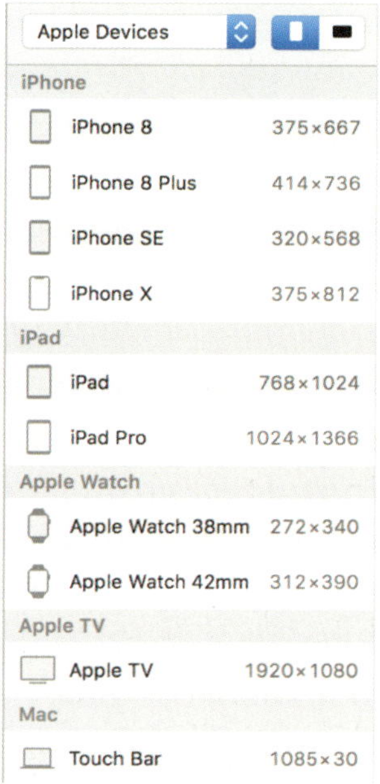

그림 2.2 다양한 크기의 Artboard가 미리 설정돼 있는 모습

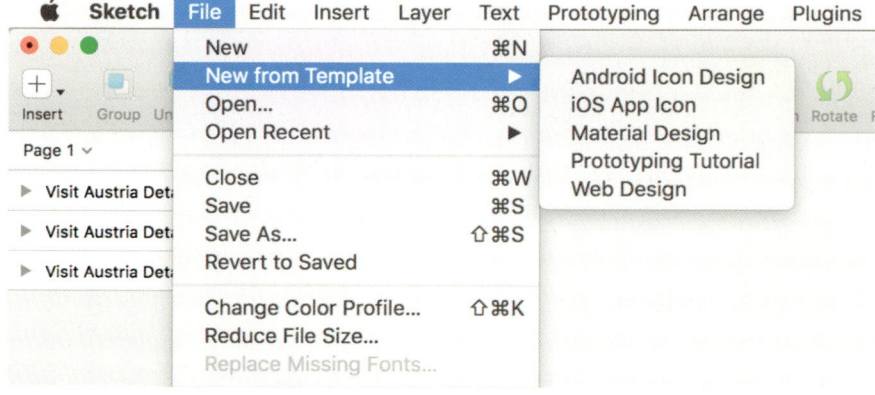

그림 2.3 기본적으로 몇 가지 템플릿을 탑재하고 있는 메뉴 화면

> **Quick tip**: 아트보드로 만들어야 하는 요소가 이미 캔버스에 있다면, 해당 요소를 선택한 후 A를 누르면 보이는 옵션 중 첫 번째인 **New from Selection**을 선택한다.

작업할 화면으로 돌아가서, 원래 흰색이었던 캔버스의 배경색이 작업 영역인 아트보드를 화면 중앙에 표시하며 회색으로 바뀐 것을 알 수 있다(그림 2.4). 그리고 레이어 리스트가 화면 왼쪽에 등장했다.

깔끔한 작업을 위해 Position 입력창에 모두 0을 입력한다. *Tab*을 누르면 다음 입력창으로, *Shift + Tab*을 누르면 이전 입력창으로 이동한다. 마지막으로 *Enter*를 눌러 변경 내용을 적용한 후 *Esc*로 입력을 종료한다.

반대쪽에 있는 인스펙터에서 아트보드의 Width에 360px, Height에 640px, 그리고 X와 Y에도 이미 값이 입력된 것을 볼 수 있다. 깔끔한 작업을 위해 Position의 두 입력창에 모두 '0'을 입력한다. 마찬가지로 *Tab*을 누르면 다음 입력창으로, *Shift + Tab*을 누르면 이전 입력창으로 이동한다. 이제 *Enter*로 변경 내용을 적용한 후 *Esc*로 입력을 종료한다.

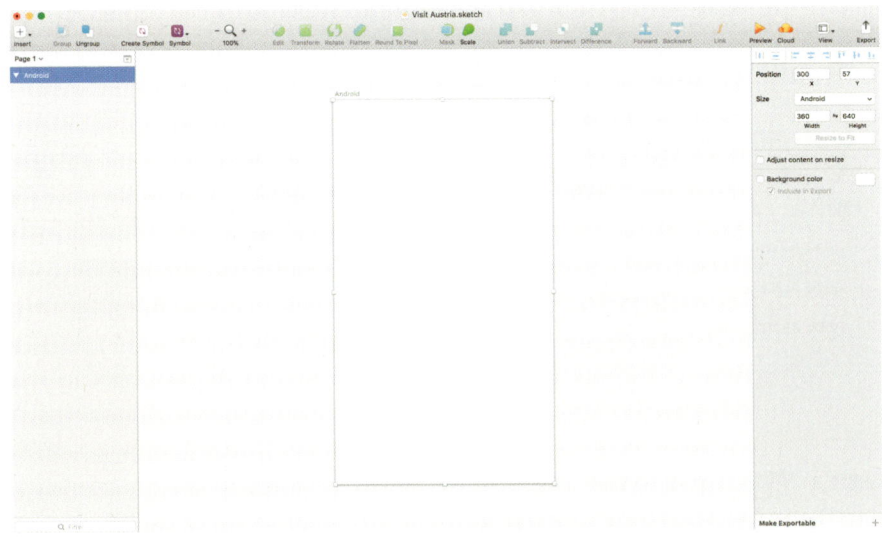

그림 2.4 새 아트보드

지금 Artboard가 화면 중앙에서 살짝 비켜 있는 것을 알아챈 독자도 있을 것이다. *Cmd+3*를 눌러서 위치를 교정한다.

아트보드의 인스펙터 옵션 중 **Adjust content on resize**를 체크하면 아트보드 크기가 변경됨에 따라 그 안에 든 콘텐츠의 사이즈도 비율에 따라 자동으로 조정된다. 이때 8장에서 설명하는 리사이징 옵션을 설정하면 설정된 간격을 유지한 채 크기가 조정된다.

인스펙터에 보이는 또 다른 옵션으로 아트보드의 Background Color가 있다. 흰색이 기본으로 설정돼 있지만, 스케치 프로그램 안에서만 그렇게 보인다. 내보낼 이미지 파일에 흰색 혹은 다른 색을 넣고 싶다면 색을 직접 지정해야 한다. 이 과정을 거치지 않아 투명한 배경으로 이미지를 내보내는 실수를 자주 하게 된다.

> **Quick tip**: 캔버스에서 아트보드를 옮기려면 아트보드의 이름을 클릭해 드래그한다.

Infobox

1x로 디자인하기

오늘날 대부분 디바이스는 2x 이상의 화소 밀도를 가지고 있지만, 앱을 디자인할 때는 여전히 기본 해상도인 1x에서 작업하는 것이 좋다. 예를 들어 아이폰 5의 해상도는 320×568px이지만, 2x의 화소 밀도 때문에 해상도가 640×1,136px로 높아진다. 이로써 픽셀 하나가 네 개로 쪼개지며 세밀한 표현이 가능해진다. 만약 2x로 디자인 작업 후 3x로 내보내야 할 경우 디자인 요소를 1.5배로 확대해야 하는데, 이때 계산상 요소의 크기와 간격에 반쪽짜리 픽셀[3]이 적용된다. 대신 1x에서 작업하면 2x나 3x로 쉽게 확장할 수 있을뿐더러, 원한다면 더 세밀한 작업도 가능하다.

게다가 이 방법은 파일 크기를 줄여주고 실제 픽셀 크기 그대로 디자인한다는 장점이 있다. 만약 48px 높이의 버튼이 필요하다면 디자인 작업용 크기를 따로 계산할 필요가 없다.

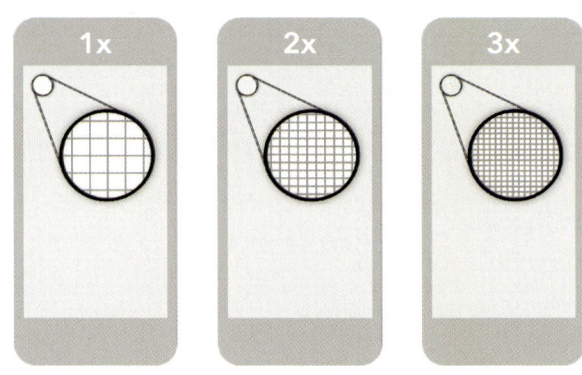

그림 2.5 디바이스가 만드는 1x, 2x, 3x의 화소 밀도

1x로 디자인해야 하는 더 많은 이유를 알고 싶다면 커트 바너Kurt Varner가 이 방식의 이점에 대해 쓴 "Design at 1x — It's a Fact"[4]를, 화소 밀도가 실제로 무엇인지 알고 싶다면 피터 노웰Peter Nowell이 쓴 "Pixel Density, Demystfied"[5]를 읽어보자.

---

3 1.5px 또는 3.75px
4 http://smashed.by/sketch-designat1x
5 http://smashed.by/sketch-pixeldens

첫 레이어

우리가 만들 앱 이름이 'Mobile Portrait'가 아니므로, *Cmd + R*로 아트보드의 이름을 'Visit Austria Detail'로 바꾼 후 *Enter*를 누른다. 레이어 리스트에서 아트보드의 이름을 두 번 클릭해 이름을 변경할 수도 있지만, 키보드 단축키가 항상 더 빠르고 간편하므로 이를 습관화하도록 한다. 우리 앱의 첫 요소로 타이틀 바를 만들어보자. 사각형 도형인 Rectangle을 만드는 *R*을 누른 후 아무 크기의 사각형을 아트보드 상단에 그린다. 기본적으로 진한 회색 테두리가 둘린 회색 사각형이 만들어진다. 앞으로 테두리가 없는 도형을 사용할 경우가 많으므로 인스펙터에서 **Borders**를 선택 해제한 후 메뉴 바에서 **Layer → Style → Set as Default Style**을 선택해 기본값을 새로 설정해둔다(그림 2.6).

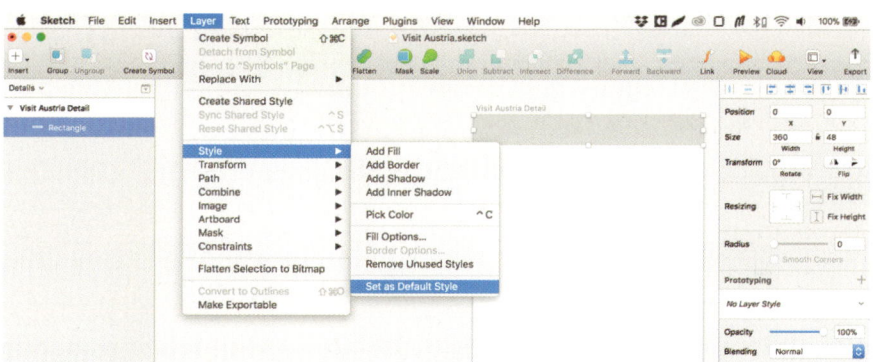

그림 2.6 Borders 선택 해제 후 Set Style as Default를 선택한 모습

도형을 그려 넣을 때나 아트보드의 중앙처럼 특별한 위치로 옮길 때 도형의 경계가 아트보드의 경계에 자동으로 붙는 것을 알 수 있다. 사각형 도형^{Rectangle}을 하나 더 추가해 이리저리 옮기면 기존 Rectangle의 모서리나 중간 같은 특정 위치에서 빨간 선이 나타나는 것을 볼 수 있다. 이 선은 스마트 가이드^{Smart guides}로, 디자인 작업을 훨씬 편하게 해준다(두 번째 사각형 도형은 스마트 가이드를 설명하기 위해 추가한 것이니 *Del*로 지운다).

Infobox

스케치의 도형들

스케치에서 다양한 종류의 도형Shape을 사용할 수 있지만, 그 가운데서도 기본형인 사각형과 타원이 가장 중요하다. Shape는 툴바에서 **Insert → Shape**를 통해 추가할 수 있지만, 키보드 단축키를 사용하는 것이 더 효율적이다. 사각형Rectangle은 R, 타원Oval은 O를 이용한다.

덜 빈번하게 사용되는 도형인 선 도형Line은 L을, 둥근 모서리의 사각형Rounded Rectangle은 U를 단축키로 사용한다. Rounded Rectangle을 자주 사용하지 않는다고 한 이유는 일반 사각형 도형에 라운드 코너Rounded Corners를 8px 적용한 것과 같은 형태인 데다, 정확히 이런 형태의 도형이 필요한 경우가 거의 없기 때문이다. 반면 선 도형은 인스펙터에서 길이 조절이 가능해서 더 사용하기는 한다. 대신 두 가지 주의점이 있다. Line은 자주 일반적이지 않은 면적을 표시하며 이상하게 작동하기도 한다는 것, 그리고 점과 두께 변경 시 위치도 함께 조절해야 한다는 점이다. 선 도형을 사용하는 대신 얇은 사각형 도형이나 포인트Point로 그리는 벡터 선을 이용하는 것이 같은 결과를 만드는 더 실용적인 방법이다.

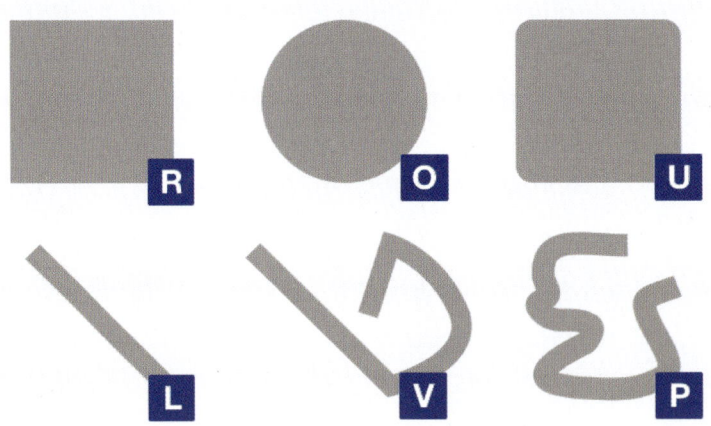

그림 2.7 도형별 단축키

화살표^{Arrows}도 변경 옵션이 다양하지 않아 선 도형의 처지와 크게 다르지 않다. 화살표를 수정하려면 인스펙터의 **Borders** 상자에 있는 톱니바퀴 아이콘을 클릭한다. 속성 수정 시 화살표 **Ends**를 다루는 속성이 우위를 가진다는 점을 숙지하자. 플러그인 Arrowfy[6]는 선의 속성을 화살표 머리에 적용하며 이 귀찮은 작업을 간편하게 해준다.

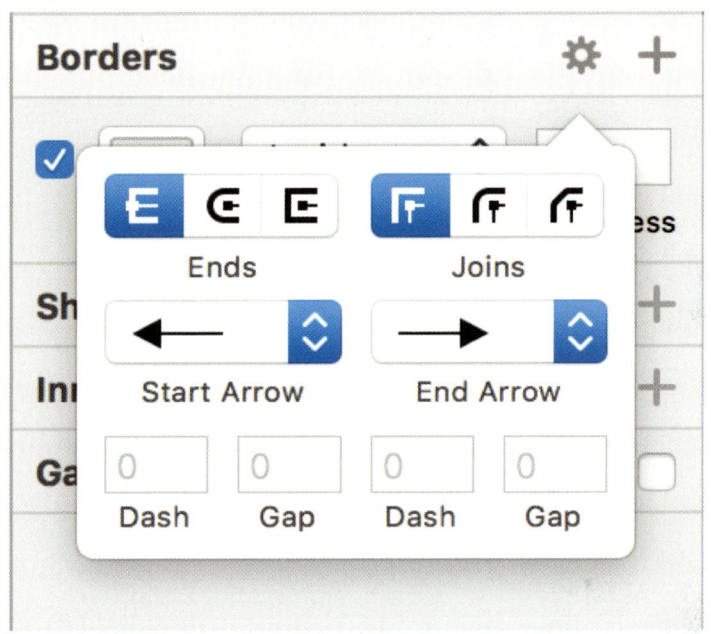

그림 2.8 톱니바퀴 아이콘을 클릭하면 Arrow 옵션이 나타난다. 51 버전부터 다양한 화살표 모양이 제공된다.

그 외의 도형으로는 잘 사용하게 되지는 않겠지만 반경^{Radius}과 꼭짓점^{Points} 수를 변경할 수 있는 별^{Star} 도형, 포인트를 추가 및 삭제해 변경할 수 있는 오각형^{Polygon}, 그리고 삼각형^{Triangle}이 있다. 삼각형은 폴리곤^{Polygon}에 세 개의 포인트만 설정해 만들 수도 있다. 이 방법으로 삼각형을 그릴 때 *Shift*를 누르면 정삼각형을 그릴 수 있는 부가적인 효과가 있다.

[6] http://smashed.by/sketch-arrowfy

Infobox

그림 2.9 수정이 가능한 삼각형, 오각형, 별

메뉴 바의 **Insert**에서 **Shape**에 여러 개의 포인트를 추가할 수 있는 **Vector**(V), 부드러운 선을 그릴 수 있는 **Pencil**(P)도 사용할 수 있다(나는 한 번도 사용한 적이 없다). 모든 닫힌 도형의 경우 도형을 그릴 때 *Shift*를 누르면 모든 변의 길이가 같아지고, *Alt*를 누르면 중앙부터 그릴 수 있다(두 키를 모두 누르면 두 효과를 동시에 적용한다). 도형이 어디에 있는지 보이지 않을 때는 *Space*를 누른 채 드래그해 캔버스를 움직일 수 있다. 선 도형, 벡터, 화살표와 같이 열린 도형은 *Shift*를 이용하면 가로, 세로, 대각선에 정확히 맞춰 이동한다.

스마트 가이드

캔버스에 요소를 추가하거나 위치를 옮길 때 빨간 선으로 된 스마트 가이드^{Smart guides}가 나타난다. 새 요소를 기존 요소의 외곽이나 중간 위치에 자동으로 붙여서 정렬을 쉽게 할 뿐만 아니라, 이동 시 다른 요소와의 간격도 보여준다. 게다가 요소 간에 반복적으로 사용 중인 간격을 인식해 요소를 옮길 때 이 간격을 추천해줘서 요소를 같은 간격으로 배치해야 할 때 편리하다. 선택한 레이어 혹은 그룹과 다른 요소와의 간격을 보기 위해 스마트 가이드를 불러내려면 *Alt*를 누른 상태에서 마우스 커서를 다른 요소 위로 옮기면 된다.

가끔 캔버스에 요소들이 많을 때는 스마트 가이드가 도움되기보다는 오히려 거치적거리기도 한다. 이때는 **View → Canvas → Show Smart Guides**를 이용해 꺼둘 수 있다.

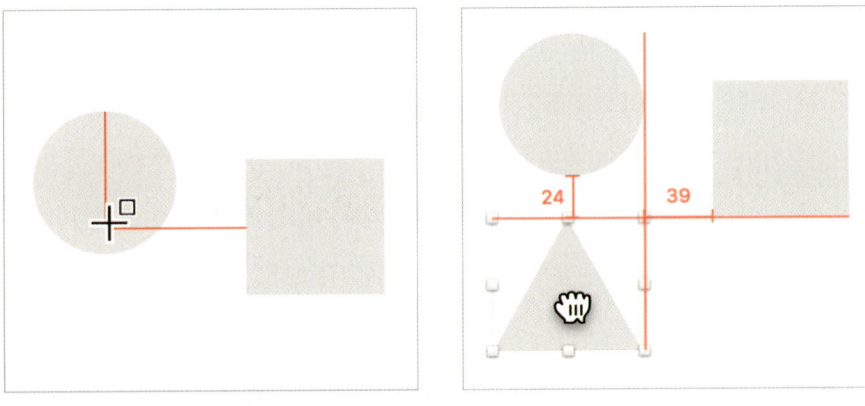

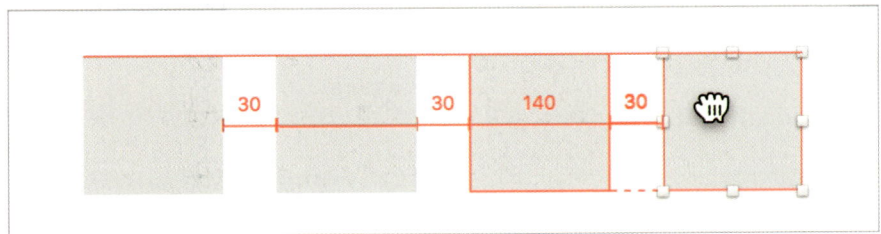

그림 2.10 왼쪽: 레이어를 추가할 때 스마트 가이드가 특정 위치를 표시한다. 오른쪽: 요소의 위치를 옮길 때 스마트 가이드는 다른 레이어와의 간격과 정렬 상태를 알려준다. 아래: 스마트 가이드는 요소들을 같은 간격으로 배치할 때 편리하다.

첫 레이어로 돌아가자. 처음부터 아트보드의 왼쪽 위 모서리에 맞춰 넣지 않았거나 정확한 크기로 그려 넣지 않았더라도, 이 모든 속성을 지금 바꿀 수 있으므로 문제될 것 없다. *Alt+Tab*을 눌러 인스펙터 내 **X** Position 입력창으로 이동해 **X**와 **Y**에 모두 '0'을 입력한다(*Tab*을 이용해서 입력창을 이동할 수 있다는 것을 기억하자). 캔버스에서 도형을 왼쪽 위 모서리로 드래그해 옮겨도 같은 결과를 얻는다.

추가한 사각형 도형의 Width는 스케치의 특별한 기능을 사용해서 입력할 것이다. 고정된 숫자 대신 '50%'처럼 퍼센트 단위를 사용해 아트보드의 반을 채울 수 있다. 우리의 경우 아트보드의 전체 너비를 채워야 하므로 '100%'를 입력한다(그림 2.11). 이러한 상대적 크기는 부모 그룹의 크기를 기준으로 한다(그룹이 없으면 아트보드가 기준이 된다).

Height와 **Position**(X와 Y)도 같은 식으로 동작하며, 심지어 '50%+10'처럼 절대값과 섞어서 사용할 수도 있다. 일단 우리는 타이틀 바의 높이로 '48'을 입력한다.

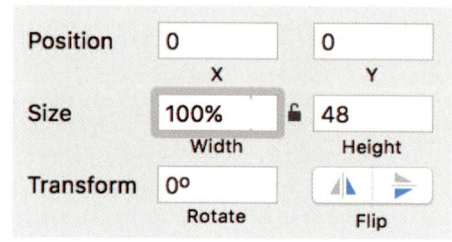

그림 2.11 Position과 Size 모두 상대값을 사용할 수 있다.

> **Quick tip**: 언제라도 *Alt+Tab*을 누르면 Position의 **X** 입력창으로 바로 이동한다. 다음 입력창으로 이동하려면 *Tab*을, 이전 입력창으로 이동하려면 *Shift+Tab*을 누른다.

실수해도 괜찮아!

스케치에서는 언제든지 한 단계 혹은 여러 단계의 실행을 $Cmd+Z$로 되돌릴 수 있으니 실수를 두려워할 필요가 없다. 만약 여러 단계를 거슬러 올라가 방금 했던 실행을 적용하고 싶다면 $Shift+Cmd+Z$를 누른다. **Edit** 메뉴의 상위 두 항목을 통해 실행 취소Undo나 재실행Redo할 액션을 확인할 수 있다(그림 2.12). 스케치는 여러 단계를 하나의 동작으로 묶기도 한다. 예를 들어 도형을 추가한 후 여러 번 크기를 변경했다면 이때 $Cmd+Z$는 도형을 처음 크기로 되돌린다.

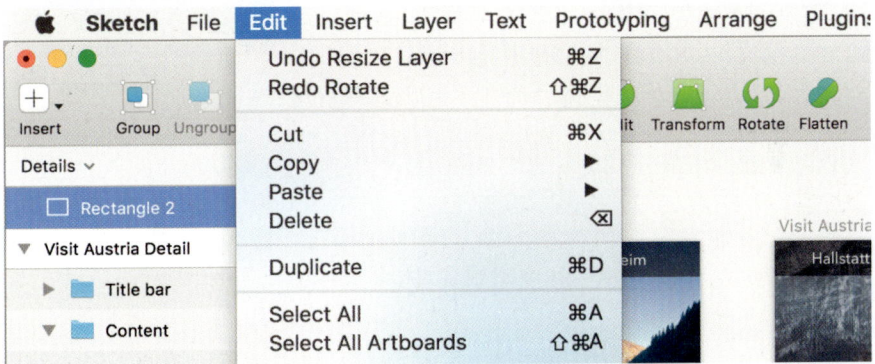

그림 2.12 Edit 메뉴를 통해 실행 취소 혹은 재실행할 액션을 보여준다.

컬러풀 라이프

이 사각형 도형을 검은색으로 채워보자. 인스펙터의 **Fills** 상자 안에 기본으로 선택된 회색을 클릭해서 색상 대화창을 불러온다. 검은색 지정을 위해 선택을 나타내는 작은 원 표시를 색상표의 왼쪽 아래로 옮긴다(그림 2.13). 만약 헥스^{Hex} 값을 사용하는 것이 익숙하면 '#000'을 입력하거나, HSB 색상표를 이용해 색을 선택한다. HSB 색상표로 변경하려면 'RGB' 글자를 클릭한다.

마지막으로, 이 색상 대화창에서 색의 불투명도^{Opacity}를 바꿀 수 있다(A 표시는 알파값 ^{Alpha}을 의미한다). 우리는 50%의 불투명도가 필요하니 '50'을 입력한다(입력 후 항상 Enter를 눌러서 변경 내용을 적용하는 것을 잊지 말자). 하지만 색상 대화창을 열 필요 없이 1부터 0까지의 숫자 키를 이용해서 불투명도를 변경하는 더 빠른 방법이 있다(1 = 10%, 5 = 50%, 0 = 100% 식이다). 이 방법은 레이어 자체의 불투명도를 변경하는 반면 색상 대화창의 Alpha는 색상에만 작용하므로 둘 중 하나만 사용하는 것이 이상적이다.

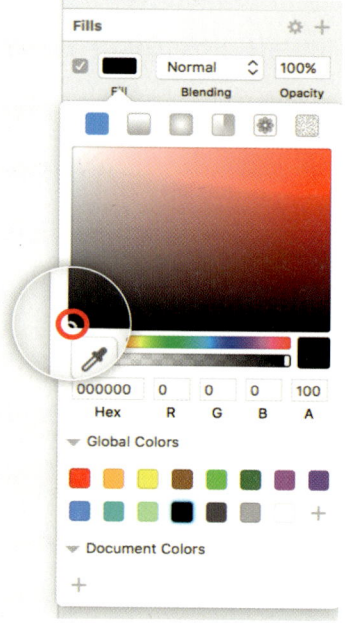

그림 2.13 색상 대화창에서 여러 가지 방법으로 색상을 선택할 수 있다. 일단 지금은 색 선택을 표시하는 원 표시를 왼쪽 아래로 드래그해 검은색을 선택한다.

> **Quick tip**: 레이어에 여러 개의 Fills와 Borders를 적용할 수 있다. Fills를 활성화하려면 *F*를, Borders를 활성화하려면 *B*를 누른다.

여러 가지 속성

Fills, Borders, Shadows와 같이 인스펙터에 있는 대부분 속성은 한 가지 형태에 국한되지 않고 각 속성 안에 여러 개의 레이어를 쌓아 올려 표현할 수 있다. 이 레이어의 순서를 바꾸려면 드래그해 옮기고, 삭제하려면 왼쪽으로 드래그해 빼낸다.

마우스 우클릭으로 나타나는 컨텍스추얼 메뉴 contextual menu도 위의 기능과 함께 속성을 복제하는 옵션을 제공한다. 새 속성을 추가하려면 '+' 아이콘을 클릭하고, 잠시 무력화하려면 속성 앞의 체크 박스를 해제한다. 메뉴 바에서 **Layer → Style → Remove Unused Styles** 선택 시 무력화된 여러 속성을 한 번에 삭제할 수 있다.

색상 외에도 각 속성은 블렌딩 모드 Blending mode와 불투명도 Opacity 옵션을 가지고 있다(7장에서 자세히 다룬다). Fills의 Opacity는 인스펙터에서 바로 변경할 수 있고, Borders와 Shadow는 색상 대화창 내에서 색상 별로 알파 Alpha와 블렌딩 모드를 조절한다.

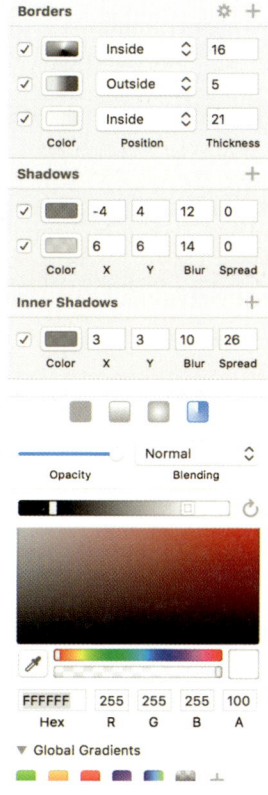

그림 2.14 여러 개의 Border와 Shadow를 쌓아 올릴 수 있다.

> **Quick tip**: 숫자 키 1에서 0을 이용해서 레이어의 불투명도를 바꿀 수 있다 (1=10%, 5=50%, 0=100% 식이다). 23%처럼 각 숫자 키 사이에 있는 값을 설정하려면 2와 3을 연달아 누른다.

제목

이름이 말해주듯, 이 타이틀 바는 우리가 만들 앱의 타이틀을 담고 있을 것이니 지금 하나를 넣어보자. 새 텍스트 레이어를 추가하는 *T*를 누른 후, 타이틀 바 안에 아무 곳이나 클릭하고 'Vilsalpsee in Tannheim'를 입력한다(Vilsalpsee는 오스트리아 탄하임Tannheim에 있는 호수 이름이다). *Cmd + Enter*(혹은 *Esc*)로 텍스트 편집 모드를 빠져나온다. Font family는 맥에 기본 탑재된 아름다운 Avenir Next를 선택했다. **Typeface** 입력창을 클릭해 'avenir n'를 입력 후 목록에서 더블클릭으로 선택한다. 디자인 작업에 쓰이는 모든 폰트는 여기에서 선택한다. 마지막으로 텍스트 레이어의 색상을 흰색으로 변경한다. 색상표를 사용하는 대신 **Global Colors** 영역에 미리 설정된 색상 중 마지막 색을 클릭한다.

> **Quick tip**: *Cmd+T*를 누르면 Typeface 입력창이 활성화돼 텍스트 레이어의 속성을 빠르게 변경할 수 있다. 폰트 이름을 전체 혹은 부분적으로 입력한 후 리스트에서 ↓를 사용해 필요한 폰트를 선택한다.

타이틀용 폰트 Size는 21px, Weight는 'Regular'를 선택한다. **Alignment**에서 두 번째 아이콘을 선택해 중앙에 정렬한다(나머지 아이콘들은 각각 왼쪽 정렬, 오른쪽 정렬, 양쪽 정렬을 의미한다). 마지막으로 스마트 가이드를 이용해서 텍스트 레이어를 배경 이미지의 정중앙으로 드래그해 옮긴다. 보통 텍스트와 도형의 세로 중앙값이 일치하지 않기 때문에 텍스트 레이어를 화살표 키를 이용해서 조금 아래로 옮겨야 할 수도 있다.

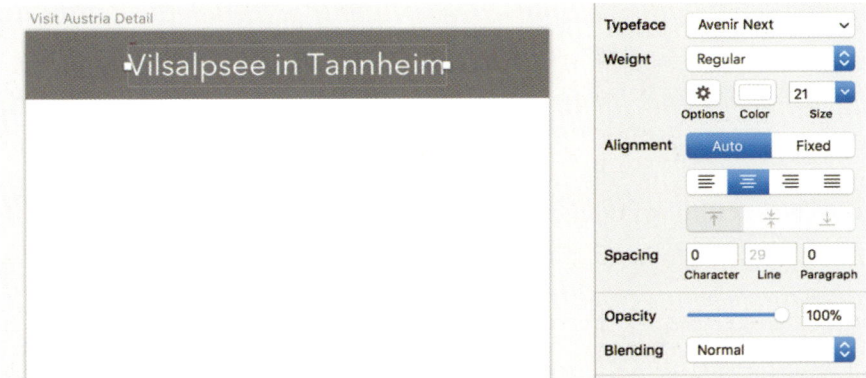

그림 2.15 타이틀 바에 들어갈 타이틀을 위한 정확한 속성 설정

> **Quick tip**: 다른 프로그램들처럼 글자에 밑줄 추가는 *Cmd+U*를, 굵게 표시하는 *Cmd+B*를 사용한다. 이런 스타일을 텍스트 레이어 내 일부 글자에만 적용하려면 *Enter*로 텍스트 편집 모드로 들어간 후 해당 글자를 마우스로 선택한 후 적용한다. 글자색 옆의 옵션options에 있는 톱니바퀴 아이콘을 클릭하면 이중 밑줄이나 취소 선을 적용할 수 있다. 글머리 기호 넣기나 번호 매기기 역시 사용할 수 있다.

레이어 정리

레이어 리스트에서 레이어를 그룹 짓고 이름을 바꾸는 식의 정리는 일찍 시작할수록 좋다. 주요 레이어 구조를 'Rectangle 12'나 'Oval 23' 식의 이름으로 어수선하게 만들지 않는 것이 좋다. 애초에 이를 방지하기 위해 캔버스에서 마우스로 드래그하거나 레이어 리스트에서 *Shift*를 누른 채 우리가 만든 두 레이어를 클릭해 선택한 후, *Cmd+G*를 눌러 새 레이어 그룹으로 묶는다.

> **Quick tip**: 그룹 자체가 아니라 그 속의 콘텐츠를 선택하려면 드래그해서 선택할 때 *Cmd*를 누른다.

그룹^{Group}은 마치 폴더처럼 여러 개의 레이어를 묶어서 정리한다. 그룹 내에 또 다른 그룹을 얼마든지 생성할 수 있어서 무한대의 하위 구조를 생성할 수 있다. 레이어를 묶는 기능 외에도, 그룹에 포함된 콘텐츠를 한 번에 이동하고 크기를 바꿀 수 있도록 한다. 그룹 이름의 왼쪽에 있는 작은 삼각형 아이콘을 클릭하면 그룹이 펼쳐져서–다시 클릭하면 접힌다–포함된 레이어를 보여준다. 캔버스에서 그룹에 속한 레이어를 *Cmd*를 누른 채 클릭해도 같은 기능을 실행한다. 아트보드 역시 일종의 그룹으로서 가장 상위에 존재한다.

> **Quick tip**: *Cmd+Shift+G*를 누르면 그룹을 해제^{Ungroup}한다.

그룹의 삼각형 아이콘을 눌러서 콘텐츠가 드러나면 *Cmd+R*을 눌러 이름을 'Title bar'로 바꾼다. *Enter*로 변경 내용을 적용하기 전에 *Tab*을 두 번 눌러 배경 레이어('Rectangle')로 이동한 후 'BG'로 레이어 이름을 바꾼다. 이런 식으로 여러 개의 레이어 이름을 빠르게 변경할 수 있다. *Enter*를 눌러 이름 변경 작업을 끝낸다.

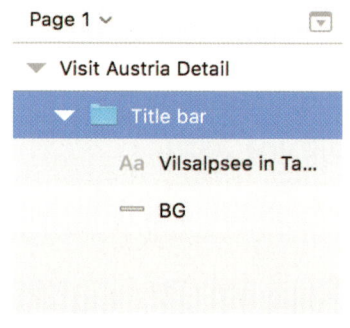

그림 2.16 여기까지의 레이어 리스트 내 레이어 구조

> **Quick tip**: 선택된 그룹 내 첫 레이어를 선택하려면 *Enter*를 누른다. 다음으로 *Esc*를 누르면 레이어가 선택 해제됨은 물론 그룹이 다시 선택된다. 이때 *Tab*을 누르면 레이어 리스트 내에서 여러 그룹을 돌아가며 선택한다.

사랑스러운 이미지

이제 시선을 사로잡을 아름다운 배경 이미지로 Vilsalpsee 호수의 풍경 사진을 추가할 차례다. 이미지 자료는 수천 장의 오스트리아 사진을 제공하는 오스트리아 관광 웹사이트[6]와 연관 이미지 및 문구 아카이브[7]에서 가져왔다. 오스트리아의 풍경에 관심이 없다면 pexels.com, visualhunt.com, unsplash.com에서 제공하는 멋진 이미지를 대신 사용해도 좋다.

마음에 드는 이미지를 찾았다면, 웹 브라우저에서 스케치로 간단히 드래그해 가져온다. 말처럼 간단하다. 비트맵 이미지를 삽입할 때 레이어 리스트에서 어떤 레이어가 선택돼 있는지에 따라 가져온 이미지가 타이틀 바를 가리게 될 수도 있다. 배경 이미지는 'Title bar' 그룹에 속하지 않으므로 마우스로 드래그해 위로 빼서 옮긴다.

이때, 레이어의 포함 관계를 나타내는 원이 달린 선 표시를 주의 깊게 보자. 드래그로 이동 중인 레이어가 삽입될 대상이 되는 그룹에 항상 파란색 테두리가 참조 표시로 나타난다(그림 2.17). 이미지 레이어를 옮길 때 이 표시를 잘 보고 해당 레이어가 여전히 아트보드 내에서 이동하도록 한다. *Cmd + R*을 눌러 'BG image'로 레이어 이름을 바꾼다.

마우스뿐만 아니라 키보드로 레이어 리스트에서 레이어 순서를 빠르게 변경할 수 있다. 배경 이미지를 선택하고 *Alt + Cmd + Down*을 누르면 'Title bar' 아래로 이동한다(*Alt + Cmd + Up*은 위로 이동한다). 마우스보다 단축키를 사용하는 것이 훨씬 쉽고 정확하다.

그림 2.17 왼쪽에 원이 달린 선은 드래그가 끝났을 때 레이어가 도착할 곳을 알려준다. 또한 해당 레이어가 소속될 레이어 그룹(혹은 아트보드)을 파란 테두리로 표시한다.

---

6 http://www.austria.info
7 https://views.austria.info/

> **Quick tip**: 스케치에는 이미지를 넣는 다양한 방법이 있다. 가장 단순한 방법은 웹 브라우저나 시스템 폴더 같은 다른 애플리케이션에서 드래그로 가져오는 것이다. 그밖에 메뉴 바의 **Insert → Image**...를 통해 삽입하거나 이미지를 복사(마우스 우클릭 후 적당한 명령을 실행하거나 $Cmd+C$를 이용)해서 스케치에 $Cmd+V$로 붙여 넣는 방법도 있다.

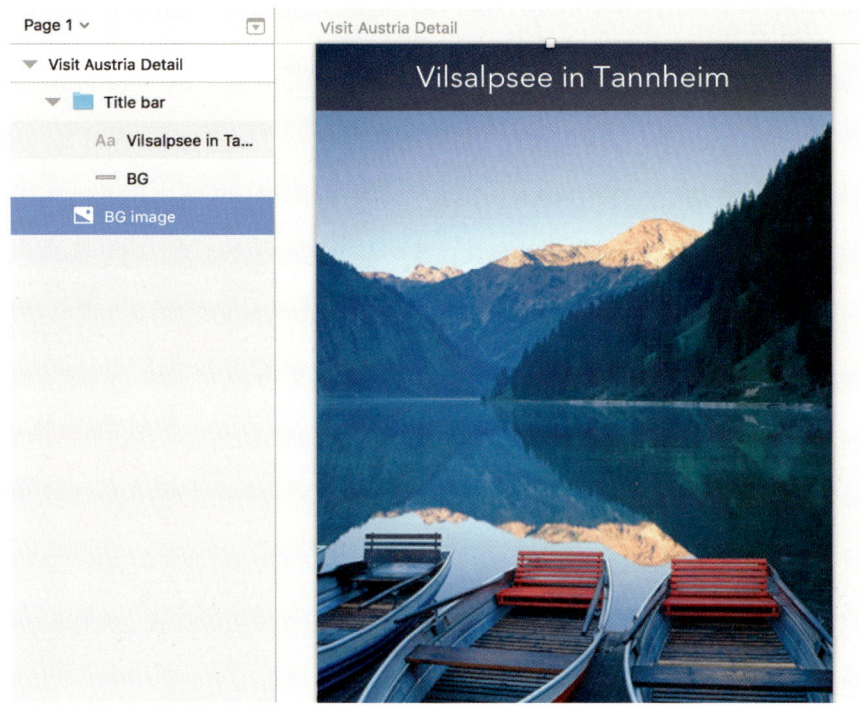

그림 2.18 레이어 리스트에서 배경 이미지의 정확한 위치

> **Quick tip**: $Ctrl+Alt\,Cmd+Up$은 레이어를 최상단(아트보드의 최상단 혹은 그룹 내 최상단)으로 이동한다. 최하단으로 이동은 $Ctrl+Alt+Cmd+Down$을 사용한다.

캔버스에서 레이어의 가장자리를 따라 표시된 작은 사각형 핸들(선택 핸들selection

handles로도 부른다)을 발견했을 것이다. 이는 비트맵뿐만 아니라 텍스트 레이어와 도형에도 나타난다. 이 핸들을 마우스로 옮기면 해당 방향으로 레이어의 크기를 바꾼다(그림 2.19). 핸들을 움직여서 배경 이미지의 중요 부분이 화면에 드러나면서 아트보드에 맞도록 크기를 키운다. 아트보드에 빈 곳이 없도록 배경 이미지의 위치를 조정한다.

캔버스에서 비트맵의 크기를 변경할 때 삽입될 당시의 가로 세로의 비율을 자동으로 유지한다. 이는 인스펙터에서 Width와 Height 입력창 사이의 자물쇠 아이콘으로 표시된다(그림 2.19). 설정을 바꾸려면 자물쇠 아이콘을 클릭해 잠금을 푼다. 이제 캔버스에서 이미지의 폭과 높이를 각각 변경할 수 있다.

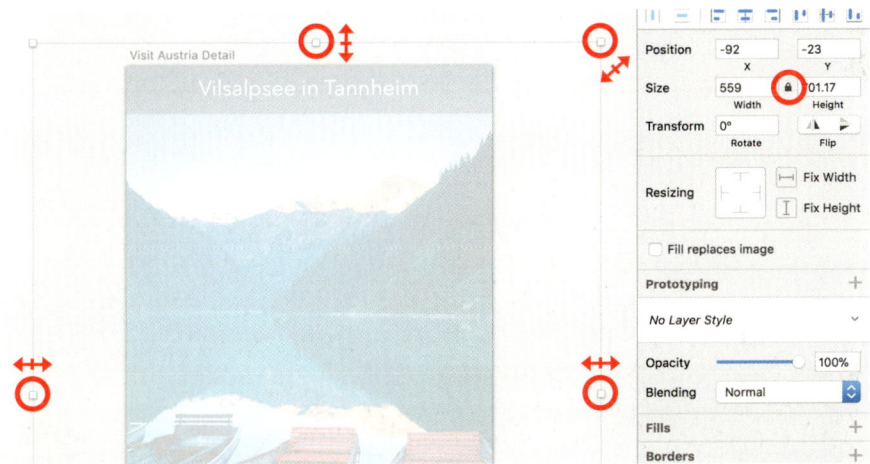

그림 2.19 왼쪽: 캔버스에서 레이어의 크기를 변경하는 핸들, 오른쪽 위: 레이어의 폭과 높이의 비율을 유지하는 자물쇠 아이콘

> **Quick tip**: 이미지를 본래 크기로 되돌리려면 메뉴 바에서 **Layer → Image → Set to Original Dimensions**를 선택한다. 여기에서 **Replace...**를 선택하면 다른 이미지로 교체할 수 있다. 마지막으로 간단히 이미지를 최적화하려면 이미지 크기를 필요에 맞게 축소한 상태에서 **Minimize File Size**를 선택한다. 이는 이미지의 품질을 낮추고 파일 크기를 줄여서 문서를 가볍게 유지할 수 있도록 한다. 더 풍부한 이미지 최적화 작업은 ImageOptim(https://imageoptim.com) 같은 전용 툴을 사용한다.

더 많은 텍스트

이제 관광지의 머리말과 설명글을 위한 두 개의 텍스트 레이어를 추가할 것이다. 머리말 추가를 위해 배경 이미지가 선택된 상태에서 (새 텍스트 레이어를 그 위에 생성하기 위해) *T*를 누른 후 캔버스를 클릭해 텍스트 레이어를 생성한다. 'On the go at the Vilsalpsee in the Tannheim Valley'라고 머리말을 입력하고 문장 중간에서 줄 바꿈해 두 줄로 만든 후 *Cmd+Enter*(혹은 *Esc*)로 입력을 완료한다.

> **Quick tip:** 스케치는 이전 텍스트 스타일을 기억해뒀다가 새 텍스트 레이어에 자동으로 적용한다. 어떤 요소의 스타일을 다른 요소에 직접 적용하려면 마우스 우클릭 후 **Copy Style**과 **Paste Style**을 선택한다. 이 기능은 텍스트 스타일뿐 아니라 도형 간 속성을 복제할 때도 사용한다.

머리말에 Weight에 Regular를 적용하고 중앙 정렬한 후, *Alt+Cmd+=*로 크기를 24까지 키운다(크기를 줄이려면 *Alt+Cmd+–*를 누른다). 스마트 가이드를 참조해 텍스트 레이어를 아트보드의 정중앙에 위치시킨 후 위로 조금 옮긴다.

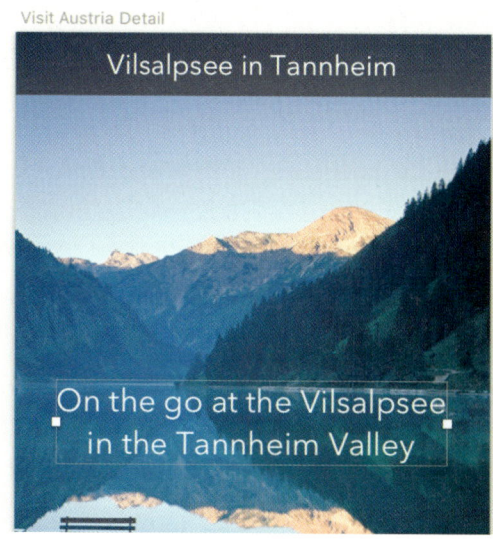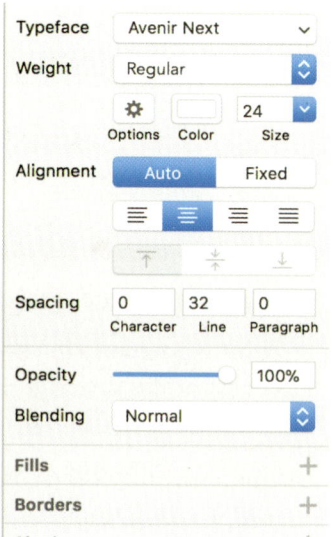

그림 2.20 머리말의 속성. 배경 이미지와 대조가 충분한 색상을 선택한다.

> **Quick tip**: 폰트의 **Size** 입력창 아래 라벨에 대고 마우스를 좌우로 드래그하면 폰트 크기를 빠르게 바꿀 수 있다. 다른 숫자 기반의 입력창도 이러한 방식으로 동작한다.

설명글은 다른 방법으로 입력해보자. T를 누른 후 클릭 대신 드래그해 입력 영역을 만든다. 머리말 아랫부분 아트보드의 왼쪽 가장자리를 시작으로 오른쪽 아래 모서리까지 드래그해서 내려가는데, 전체 상자 영역을 아트보드보다 조금 좁게 만든다.

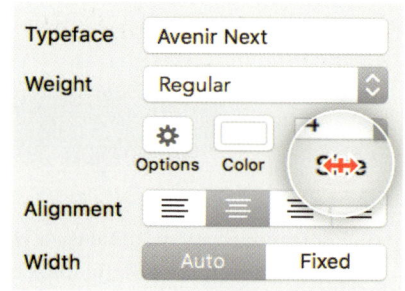

그림 2.21 입력창의 라벨을 드래그해 입력값을 바꿀 수 있다.

이 방법은 텍스트 레이어에 기본 설정인 자동Auto 대신 고정된 크기Fixed width를 부여한다. 자동으로 레이어 크기가 조절되는 텍스트 레이어는 Enter로 직접 줄을 바꿔야 하지만, 고정된 크기의 텍스트 레이어는 글자가 지정된 입력 영역의 가장자리에 닿으면 자동으로 줄 바꿈을 실행한다. 이 두 옵션은 인스펙터에서 Typography 상자 내 **Width**를 통해 언제든 교차적으로 적용할 수 있다. 또한, 고정된 크기의 텍스트 레이어는 글자가 지정된 높이를 초과할 경우 입력 영역의 아래 가장자리에서 잘라내 고정된 높이를 유지한다.

나는 설명글 내용을 어느 여행 사이트에서 가져왔는데, 각자 적당한 문구로 변경해도 된다. 임시 문구를 제공하는 사이트 http://www.blindtextgenerator.com을 이용해도 좋다(플러그인을 통해 사용 제한이 없는 콘텐츠를 넣는 방법에 대해서는 나중에 더 알아볼 것이다). 끝으로 레이어 리스트에서 텍스트 레이어를 머리말 레이어 아래로 드래그해 옮기고, 캔버스에서 글 내용이 아트보드 밖으로 나가지 않도록 텍스트 레이어의 아래쪽 핸들로 크기를 조절한다. 텍스트 레이어 작업을 마치기 위해 *Shift-Click*으로 두 레이어를 모두 선택한 후 *Cmd+G*로 그룹으로 묶어 'Content'라고 이름 붙인다. 이 그룹이 타이틀 바와 배경 이미지 사이에 위치하는지 확인한다.

> **Quick tip**: Auto 설정된 텍스트의 아래쪽 핸들을 드래그하면 캔버스에서 바로 크기를 빠르게 변경할 수 있다. 이 액션은 line spacing을 기본값으로 되돌린다는 점을 알아두자.

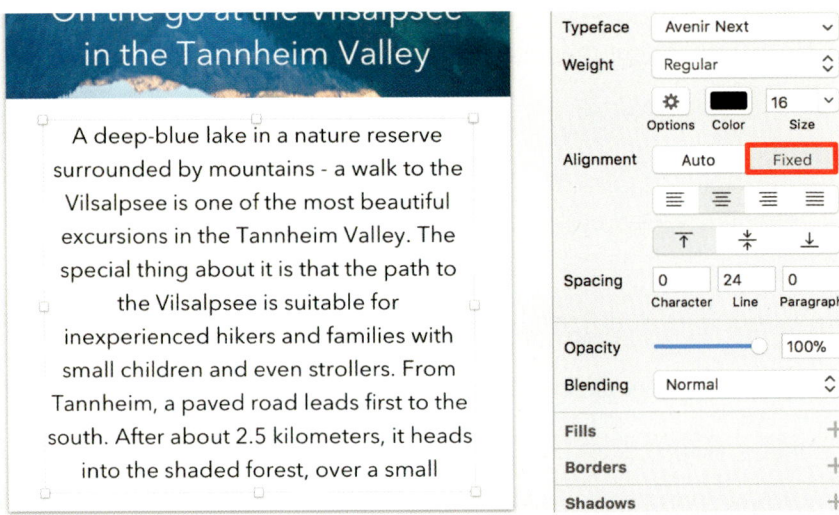

그림 2.22 텍스트 레이어의 속성. 드래그로 글 상자 영역을 만들면 속성이 Fixed로 자동 설정된다. 필요하면 언제든 Width 속성의 버튼을 이용해서 변경할 수 있다.

배경

보다시피 이 설명글이 잘 보이지 않으니 글자가 드러나도록 색이 있는 배경을 넣도록 하자(그림 2.22에는 작업 내용을 분명히 보여주기 위해 미리 배경색을 적용했다). 사각형 도형을 넣기 위해 R을 누른 후, 머리말 아래에서 최대한 왼쪽 가장자리에 붙여 드래그를 시작해 아트보드의 오른쪽 아래 모서리까지 이동한다. 만약 왼쪽 가장자리나 아래 오른쪽 모서리를 정확하게 지정하지 못했다면, 레이어를 드래그해 이동하거나 레이어의 핸들을 조절해서 원하는 결과가 나오도록 크기를 조절한다.

Fills 색상을 색상 대화창에서 자주 쓰는 색상^{Frequent colors used} 영역을 이용해 바꿔 볼 것이다(그림 2.23). 이는 인스펙터에서 Fills 색상을 클릭하면 나타나는 색상표의 바로 오른쪽 아래에서 찾을 수 있다. 이 문서에서 사용한 모든 색상을 보여줘서 꽤 편리하게 쓰인다. 여기에서 흰색을 선택한다. 이 배경용 도형을 레이어 리스트에서 'Content' 그룹 안으로 드래그해 옮긴다. 두 텍스트 레이어 바로 아래에 위치시킨 후, 'BG'로 이름을 변경한다(그림 2.25).

그림 2.23 색상 대화창 내 자주 쓰는 색상

Infobox

채우기 유형 1부

도형Shape은 단색 외에도 반을 그라디언트를 넣는 등(나중에 더 자세히 다룬다) 몇 가지 다른 유형으로 채울 수 있다. 나머지 두 가지 유형은 다음과 같다.

패턴

Pattern을 이용하면 레이어를 원하는 이미지로 채울 수 있어서 또 다른 이미지 레이어로서 활용할 수 있다. 드롭 다운을 이용해 채우는 방식을 정한다.

- **Fill** 이미지를 확대해서 레이어를 빈 곳 없이 채운다. 채워 넣는 이미지와 레이어의 비율이 일치하지 않으면 이미지 일부가 잘려 보이지 않는다.
- **Fit** 레이어에 빈 곳이 생기더라도 이미지 전체가 보이도록 크기를 조절한다. 마치 CSS에서 background-size로 지정하는 배경 속성과 같다.
- **Stretch** 이미지를 늘려서 레이어의 폭과 높이를 모두 채운다. 이미지와 레이어의 비율이 같지 않으면 이미지가 변형된다.
- **Tile** 이미지의 원본 크기를 유지하며 반복적으로 나타난다. 아래에 표시되는 슬라이더로 반복되는 이미지의 크기를 조절할 수 있어서 패턴을 만들 때 유용하다. 패턴은 레이어의 정중앙부터 시작하며 이 정렬 방식은 변경할 수 없다.

대부분의 경우 **Fill** 옵션으로 이미지를 넣는 것이 적당하다. **Choose Image...**를 누른 후, 레이어 리스트에서 복사한 레이어 혹은 다른 애플리케이션에서 복사한 이미지를 왼쪽에 나타나는 미리 보기 영역에 붙여넣거나 드래그해서 넣는다.

Infobox

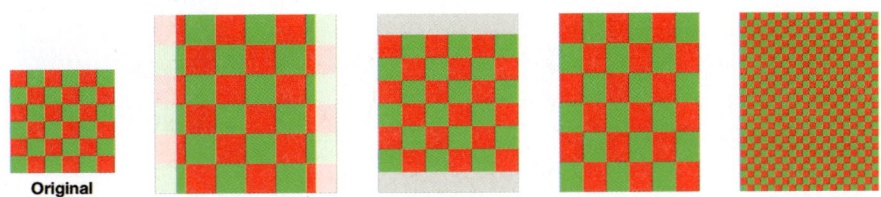

그림 2.24 패턴 채우기의 다양한 형태. 왼쪽부터 Fill, Fit, Stretch, Tile

노이즈

노이즈Noise는 단색의 Fills을 좀 더 현실감 있게 만들어주며, 다른 레이어 위에 추가로 올려 적용하기 좋은 형태다. 다양한 색상으로 노이즈를 만들 수 있는데, 그 중 **Original**은 바로 아래에 위치한 레이어의 색상을 적용한다. 보통 노이즈는 아주 낮은 강도로 사용하므로 어떤 형태로 적용하든 결과가 크게 차이가 나지 않는다.

이제부터는 레이어 리스트에서 'Content' 밖의 레이어가 선택된 상태에서 'Content'에 속한 텍스트 레이어를 선택하고 싶다면 클릭할 때 *Cmd*를 함께 눌러야 한다. 같은 그룹 안에 있을 때는 간단히 클릭만으로 콘텐츠를 선택할 수 있지만, 다른 그룹 안에 있거나 아트보드를 선택한 상태에서는 클릭하기 전에 *Cmd*를 누르는 것이 스케치의 기본 규칙이다.

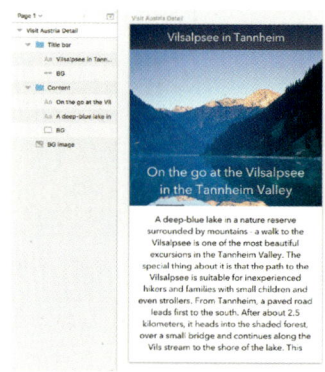

그림 2.25 이제까지의 디자인 진행

앞으로 배경 레이어를 실수로 선택하는 일을 방지하기 위해 *Cmd-click*으로 레이어 선택 후 *Shift+Cmd+L*로 잠가둔다.

레이어 리스트에서 레이어의 이름 바로 오른쪽에 표시된 자물쇠 아이콘은 그 레이어의 상태를 나타낸다. *Shift+Cmd+H*로 레이어를 숨길 수도 있다(눈 아이콘으로 표시된다).

이렇게 상태가 변경된 레이어는 레이어 리스트에서 *Tab*으로 선택할 수 없게 되므로, 상태를 해제할 때까지는 마우스를 사용해 선택해야 한다.

그림 2.26 레이어 리스트에서 숨긴 레이어와 잠긴 레이어

> **Quick tip**: 그룹에 포함된 레이어 간 거리를 재려면 *Alt*와 *Cmd*를 함께 누른 채 마우스 포인터를 옮긴다. 서로 다른 그룹에 속한 레이어에도 같은 방법을 쓴다.

제대로 된 그리드

우리가 만들 마지막 요소는 이 아름다운 장소를 방문할 투어를 예약하는 빨간색 버튼이다. 디자인 요소의 불규칙한 배치를 방지하기 위해 이제부터 8px 그리드를 사용할 것이다. 이는 시각적 일관성을 위해 레이아웃의 모든 공간과 면적에 8의 배수를 적용함을 뜻하며, 이로써 모든 요소에 반쪽짜리가 아닌 온전한 픽셀을 사용하게 된다.

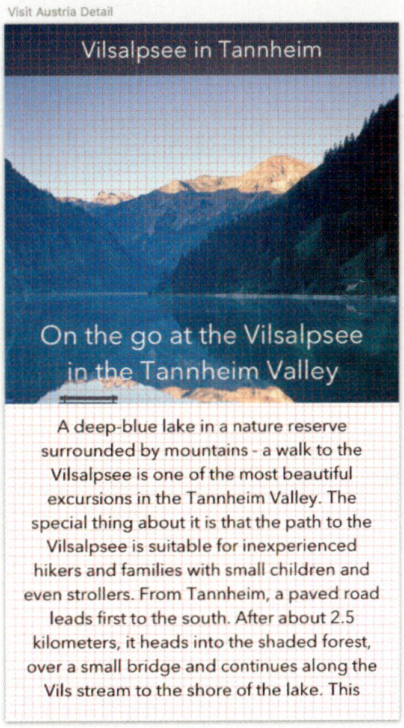

스케치에서 이를 레이아웃이라고 부른다고 해서 UI 디자인에서 전형적으로 사용하는 다양한 칼럼Columns으로 된 그리드와 혼동해서는 안 된다. 그와 반대로 스케치의 그리드는 일정한 간격을 두고 연속적으로 나타나는 가로 선과 세로 선이다. 툴바에서 **View → Canvas → Grid Settings...**를 선택해 그리드를 설정한다. 나타나는 대화창에서 **Grid block size**에 8px을, **Thick lines every ... blocks**에 0을 입력한다. 그리드 선 색상도 변경할 수 있지만, 기본 설정 그대로도 괜찮다.

그림 2.27 모든 요소의 정렬을 도와줄 반짝이는 8px 그리드

> Quick tip: *Ctrl+G*로 그리드를 켜고 끌 수 있다.

그리드를 쓰는 이유

디자인 작업을 할 때는 항상 그리드를 사용하는 것이 좋다. 그리드는 작업에 규칙을 부여해 요소를 임의적인 위치에 배치하는 경우를 줄여준다. 또한 일정한 배수를 항상 적용하게 되므로 요소의 면적이나 간격을 매번 신경 쓸 필요가 없다. 더욱이 디자인 요소의 크기가 하나의 수치에서 파생되므로 개발자가 디자인 시스템에 대한 고민 없이 자체적으로 처리할 수 있다.

많은 스크린의 크기가 8의 배수를 기반으로 한 경우가 많으므로, 앱 디자인에서는 공간 분할이 쉽고 홀수를 결과로 나타내지 않는 8px 그리드가 특히나 유용하다. 그에 반해 큰 화면을 다루는 웹 디자인은 이보다 큰 수치의 그리드가 실용적이다. 기본적으로 1em은 16px이므로 이 기본값이나 관련 배수를 이용하는 것이 좋다. 관련 정보가 더 필요하다면 8포인트 그리드에 대한 훌륭한 글[8]을 웹사이트에서 읽어보자.

예약 버튼

버튼 추가에 앞서 공간을 확보하기 위해 설명글 텍스트의 높이를 줄여야 한다. *Cmd-click*으로 텍스트 레이어를 선택한 후, 아래 핸들을 잡고 아트보드의 아래 가장자리와의 간격이 90px이 될 때까지 드래그해서 올린다. 간격이 맞는지 *Alt*를 눌러서 스마트 가이드로 확인한다.

방금 만든 공간에 버튼을 위한 새 사각형 도형을 넣는다. 나중에 인스펙터에서 크기와 위치를 다듬는 것이 훨씬 빠르고 정확하므로, 그려 넣을 당시에 크기나 위치를 크게 신경 쓸 필요는 없다.

---

[8] http://smashed.by/sketch-8ptgrid

버튼의 왼쪽에 여백을 만들기 위해 Alt + Tab을 눌러 X Position 입력창으로 이동한 후 '24'(3*8)를 입력한다.

오른쪽 여백은 스케치가 제공하는 연산 기능으로 바로 계산해서 만들 것이다. 너비 '360px'인 아트보드에서 양쪽에 '24px'의 여백을 가진 버튼을 만들 것이므로 버튼의 Width 창에 '360-24-24'를 입력 후 Enter를 치면, 결과값인 312가 버튼의 폭으로 지정된다(그림 2.28). 절대값과 상대값을 섞어서 사용할 수 있다는 점을 기억한다면 '360' 대신 '100%'를 써서 계산할 수도 있다.

버튼의 Height에 8의 배수인 '48'을 입력한다. Y 위치 또한 인스펙터에서 계산해 도출할 수 있지만 이번에는 캔버스의 그리드를 이용해보자. 버튼을 아래에서 세 번째 그리드(24px)에 아래 선이 맞도록 옮기고, 선명한 빨간색을 버튼의 Fills 색으로 지정해서 시선을 모은다(나는 '#D8202D'를 사용했다). 색상 대화창의 아래쪽에 있는 + 아이콘을 눌러서 나중에 이 색을 다시 사용할 수 있도록 **Document color**로 저장한다(그림 2.29).

Document colors는 해당 문서에만 유효한 반면 **Global colors**는 스케치 프로그램 전반에서 사용할 수 있다. 색을 추가하는 방법은 위에서 설명한 내용과 같고, 삭제하려면 색을 드래그해 색상 대화창 밖으로 끌어내거나 마우스 우클릭 후 **Remove**를 선택한다.

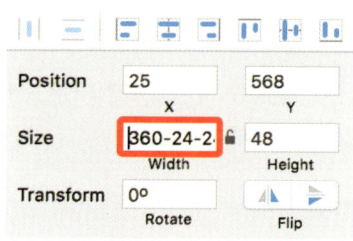

그림 2.28 입력창에서 바로 값을 계산할 수 있다.

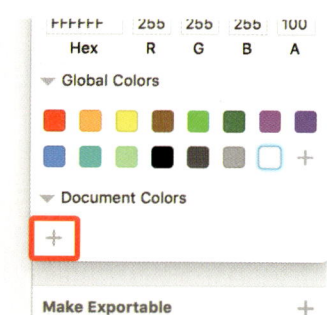

그림 2.29 색상을 나중에 다시 사용할 수 있도록 색상 대화창에서 **Document Colors**에 저장해둔다.

> **Quick tip**: 인스펙터에서 특정 방향을 기준으로 요소의 크기를 변경하려면 입력창에 다음 알파벳을 함께 사용한다. Width 변경 시 가로 중앙center 기준은 c를, 오른쪽right 기준은 r을 추가하고, Height 변경 시 세로 중앙middle 기준은 m을, 아래bottom 기준은 b를 덧붙인다.

쉬운 둥근 모서리

사각형 도형 대신 둥근 모서리 사각형Rounded Rectangle을 단축키 U로 애초에 사용할 수도 있었다. 하지만 도형의 모서리 반경을 어차피 조절해야 했기 때문에 굳이 그럴 필요가 없었다. 지금 인스펙터의 **Radius** 슬라이더에 주목하자. 슬라이더의 핸들을 오른쪽 끝까지 옮기면 모서리가 완전히 둥글어지며 버튼의 가장자리가 반원 형태로 바뀐다. 요소의 실제 크기보다 Radius 입력값이 커지더라도 스케치가 자체적으로 요소보다 더 크게는 출력하지 않으므로 신경 쓸 필요 없다. 비록 최대 '100'까지 입력할 수 있는 것처럼 보이지만, 요소의 크기가 커질 것을 미리 고려해 '500'처럼 훨씬 큰 값을 입력할 수도 있다. 또한 모서리마다 다른 크기의 반경을 적용하는 것도 가능하다. 이를 위해 도형이 선택된 상태에서 Enter를 치거나 더블클릭해 벡터 포인터 편집 모드로 들어간다. 편집 모드상에서 포인트별 반경은 물론 다른 속성도 수정할 수 있다.

편집 모드에서 **Corners** 입력창을 살펴보자. 이는 기본적으로 **Radius**와 같은 기능이지만 개별 포인트에 적용된다. Corners 값을 '10'으로 바꾸고 캔버스에서 버튼의 왼쪽 위 포인트가 어떻게 변하는지 눈여겨보자(그림 2.30). Esc를 두 번 눌러 포인트 편집 모드를 빠져나오면 Radius 입력값이 '10;24;24;24'로 완전히 바뀐 것을 볼 수 있다.[9] CSS에서 **border-radius** 속성처럼 각 숫자는 순서대로 왼쪽 위, 오른쪽 위, 오른쪽 아래, 왼쪽 아래 모서리를 나타낸다. 이 기능을 이용하면 각

---

[9] 현재는 8;0;7;25로 나온다.

모서리의 반경 값을 바꾸기 위해 포인트 편집 모드로 들어갈 필요가 전혀 없다. 우리는 지금 모든 모서리에 같은 반경 값이 필요하므로 '100'으로 고쳐 입력한다. 참고로 Corners 슬라이더는 Straight 벡터 포인트에만 사용할 수 있다.

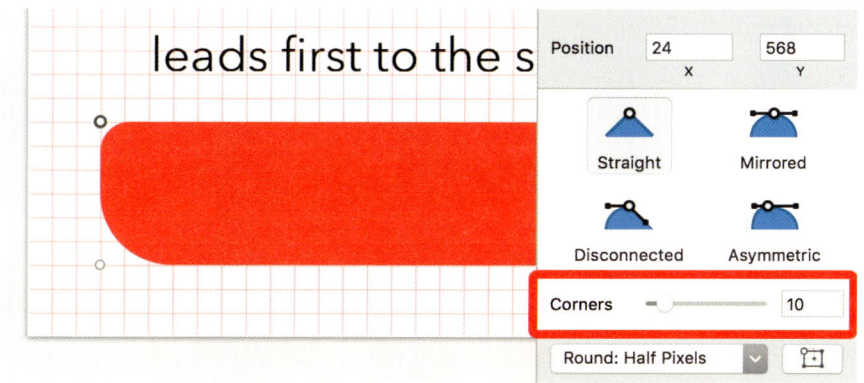

그림 2.30 벡터 편집 모드에서 **Corners**를 사용해서 포인트별로 모서리 반경을 바꿀 수 있다.

버튼 텍스트

버튼에 라벨을 추가하기 위해 T로 새 텍스트 레이어를 만들어 'Book a tour'를 입력한다. 폰트 Weight에는 **Bold**를, Size는 '21'을 선택한다. 텍스트에 여유 공간을 주기 위해 글자 간격을 조절하는 **Character Spacing**을 '1'로 바꾼다. 스마트 가이드를 참조해 텍스트 레이어를 버튼의 중앙으로 옮긴 후 완벽한 정렬을 위해 아래 화살표 키로 몇 픽셀 내린다. 그리고 나중에 라벨을 변경하더라도 텍스트 레이어 내에서 글자가 늘 중앙에 정렬되도록 인스펙터에서 **Alignment** 내 **Center**를 나타내는 두 번째 아이콘을 클릭한다. 버튼을 위한 Rectangle 레이어 이름을 'BG'로 바꾸고, 버튼 라벨과 함께 그룹으로 묶은 후 그룹 이름을 'Button'으로 바꾼다. 'Button'이 레이어 리스트에서 'Content' 밖에 있다면 드래그해 'Content' 안으로 옮기고, 'BG' 레이어보다 위에 있도록 한다. 마지막으로 버튼 라벨을 흰색으로 바꿔 빨간색 배경 위에서 더 잘 보이도록 한다.

Infobox

색 선택

레이어의 색을 바꾸는 빠른 방법으로 컬러 피커$^{Color\ picker}$(Ctrl+C로 실행)가 있다. 이 컬러 피커는 스케치 프로그램 영역을 넘어서 화면 어느 위치에서든 색을 추출해 선택한다. 도형의 Fills뿐만 아니라 텍스트 레이어, Borders, Shadows의 색도 컬러 피커로 바꿀 수 있는데, Borders와 Shadows는 각각에 해당하는 색상 대화창을 먼저 열어야 사용 가능하다.

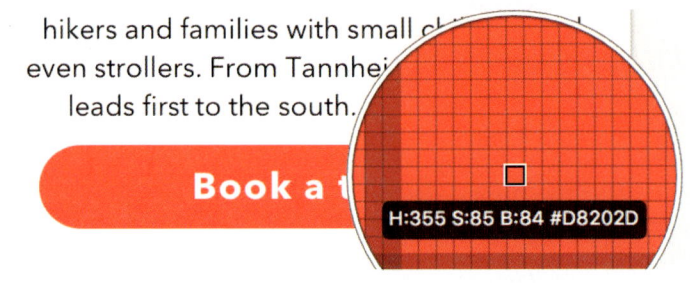

그림 2.31 기본 탑재된 Color Picker는 요소의 색을 선택하는 가장 쉬운 방법이다.

스케치의 기능도 아주 훌륭하지만 나는 별도의 애플리케이션을 사용하는 것을 선호한다. 지난 몇 년 동안 믿고 쓰는 앱으로 ColorSnapper(http://colorsnapper.com)가 있다. 웹사이트를 통해 스케치에서 바로 사용하거나 나중을 위해 저장해두기 좋은 색과 색 조합을 제공한다. ColorSnapper 앱에서도 스케치처럼 컬러 피커를 불러내는 단축키(Alt+Cmd+C처럼)를 지정할 수 있다. 색을 클릭하면 색에 해당하는 Hex 형식을 클립보드에 저장하기 때문에 스케치의 색상 대화창 내 Hex 입력창으로 옮겨오기 쉽다. ColorSnapper를 사용하면 저장한 모든 색의 내역을 볼 수 있다는 좋은 점이 있고, 간편한 대화창을 통해 RGB, HSL 혹은 심지어 Swift용 NSColor 등 다양한 형식으로 색을 복사할 수 있다.

Infobox

색 치환

Find and Replace Color 툴은 많은 이들이 손꼽아 기다리던 기능으로 문서에 사용된 컬러를 일괄적으로 찾아서 바꿔주는 기능이다(스케치 48 버전부터 추가).

메뉴 바에서 **Edit → Find and Replace Color**를 선택하거나, 혹은 단축키 (Alt + Cmd + F)를 눌러서 대화상자를 열 수 있다.

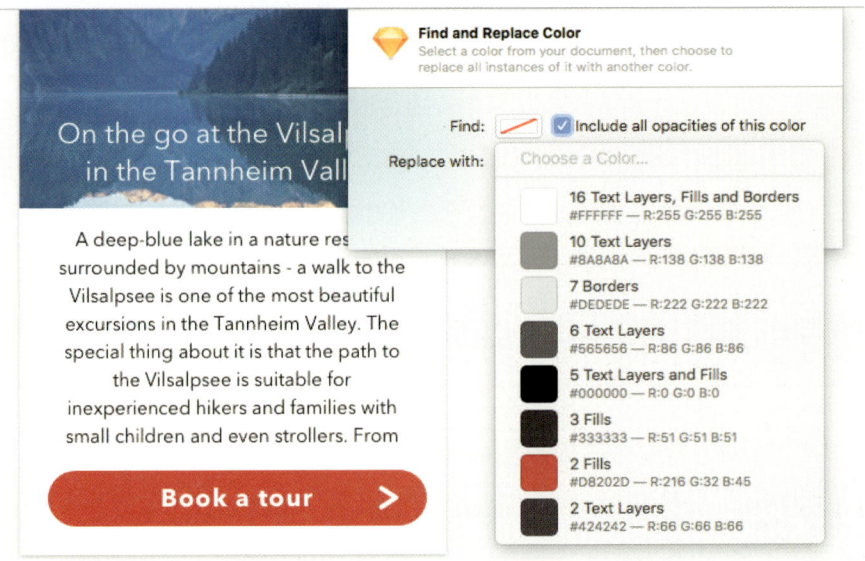

그림 2.32 문서에 사용된 색상 목록 중 원하는 색을 선택 후 일괄 변경할 수 있다.

대화창에서 Find 영역을 클릭하면 문서의 모든 페이지와 아트보드에 사용된 색상이 목록으로 제공된다(이미지에 사용된 색상은 표시되지 않는다). 이 중 교체를 원하는 색상을 선택하는데, 이때 Include all opacities of this color가 체크 상태이면 Hex나 RGB 값이 같은 모든 색을 투명도와 관계없이 바꿔준다.

Replace with 영역을 클릭하면 색상 대화창이 표시되며 치환되기 원하는 색상을 선택해 Replace 버튼을 눌러 일괄 변경한다. Preserve original opacity 체크박스를 해제하면 Fills 투명도가 100%로 설정되므로 주의해야 한다.

심장을 향하는 화살표

버튼에 넣을 마지막 요소는 버튼 오른쪽 영역에 삼각형 도형을 변경해서 만들 오른쪽을 향하는 화살표다. 툴바에서 **Insert**로 가서 **Shape**의 **Triangle**을 선택한다. 드래그해 삼각형 하나를 그린 후 8px 그리드에 맞춘 16×12px로 크기를 변경한다. 위쪽이 아니라 오른쪽을 향하게 하기 위해 인스펙터의 **Rotate** 창에 '90'을 입력한다. 혹은 캔버스에서 삼각형 도형Triangle의 오른쪽 아래 핸들을 잡고 *Cmd*(임시로 회전 모드로 들어간다)와 *Shift*(회전 단계를 15°로 고정한다)를 누른 채 툴 팁이나 **Rotate** 창에서 '−270°'가 보일 때까지 드래그해서 돌린다.

> **Quick tip**: 요소를 회전하는 순간 인스펙터의 Width와 Height도 회전에 맞춰 변경된다. 각도를 90°나 270°로 바꾸면 사실상 가로와 세로가 서로 교체되면서 더욱 확연해진다. 회전된 축을 기본 축으로 설정하려면 메뉴 바에서 **Layer → Combine → Flatten**으로 변경 요소를 합쳐야 한다.

진짜 화살표를 만들려면 Fills를 Borders로 바꿔야 한다(Fills의 체크 박스는 해제하고 Borders의 체크 박스는 선택한다). **Position**은 **Center**로, **Thickness**는 '4'로 설정한 후 Borders 색을 흰색으로 바꾼다(그림 2.33). Fills를 비활성화했기 때문에 Borders의 색상 대화창을 불러올 필요 없이 `Ctrl+C`로 바로 색을 추출해 선택할 수 있다.

화살표가 되기에는 아직 선이 하나 더 있으니, 왼쪽 부분을 잘라내도록 한다. 이는 가위Scissors 툴로 쉽게 처리할 수 있는데, 메뉴 바에서 **Layer → Path → Scissors**를 선택하거나, 혹은 툴 바에 아이콘으로 추가해두고 쓸 수 있다.

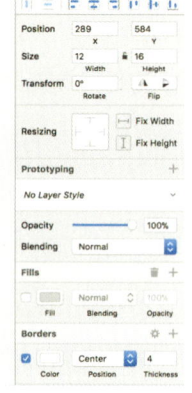

그림 2.33 Fills 없이 Borders만 있는 Triangle로 화살표를 만든다.

도형 열고 닫기

스케치에 사용하는 모든 요소는 선(벡터)으로 서로 연결된 여러 개의 포인트로 구성된다. 이 구성을 보려면 도형을 더블클릭하거나 *Enter*를 눌러 벡터 포인트 편집 모드로 들어간다. 편집 모드에서 기본으로 선택된 포인트는 도형의 시작점을 나타낸다. 패스^{Path}를 열려면 인스펙터의 오른쪽 위에 있는 **Open Path**를 눌러서 시작 포인트와 마지막 포인트를 잇는 부분을 제거한다. 도형이 Fills로 채워진 경우에는 Path가 열린 것이 즉각 보이지 않을 수도 있으나, Fills를 해제하고 Borders를 선택하면 해당 부분이 잘린 것을 확인할 수 있다.

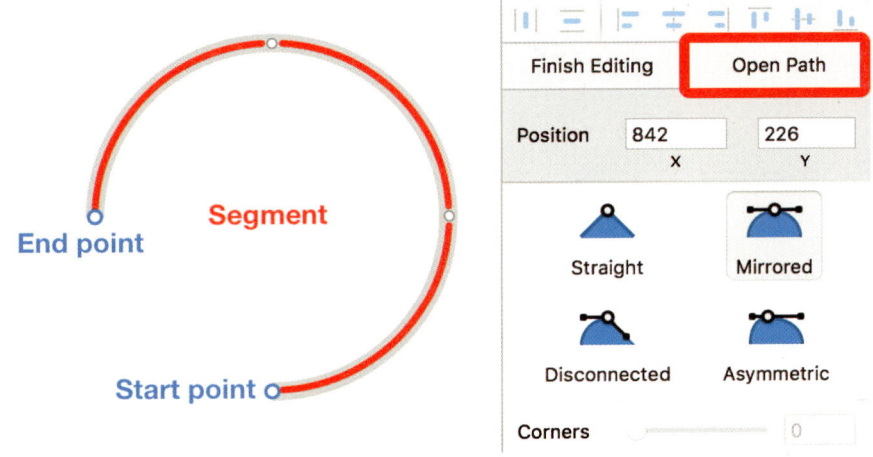

그림 2.34 Path나 Shape를 열면(Open Path) 시작 포인트와 마지막 포인트 사이의 부분이 지워진다.

특정 부분의 Path를 열려면 메뉴 바에서 **Layer → Path → Scissors**를 선택한 후 원하는 부분을 클릭한다. 열린 도형의 경우 벡터 포인트 편집 모드로 들어가면 기본적으로 마지막 포인트가 선택된다.

마지막 포인트와 마우스 커서 사이에 연결된 선은 그 Path를 이어서 작업할 수 있음을 나타낸다. 이를 닫으려면 시작 포인트를 클릭한다. 이 마지막 포인트의 위치가 마음에 들지 않으면 Path를 닫기 전 드래그해 옮길 수 있다.

Infobox

가위 툴로 한 부분이 아니라 원을 반원으로 만들 듯 여러 부분을 잘라낼 수 있다(그림 2.35, 왼쪽). 혹은 도형의 포인트를 각각 마우스로 선택한 후 *Del* 혹은 *Backspace*로 지워도 같은 효과를 얻는다. 하지만 이 방법은 도형의 Path를 열지 않고 단순히 인접한 부분을 삭제한다. 마우스로 일일이 포인트를 클릭하는 대신 *Tab*이나 *Shift + Tab*으로 포인트를 돌아가며 선택할 수도 있다.

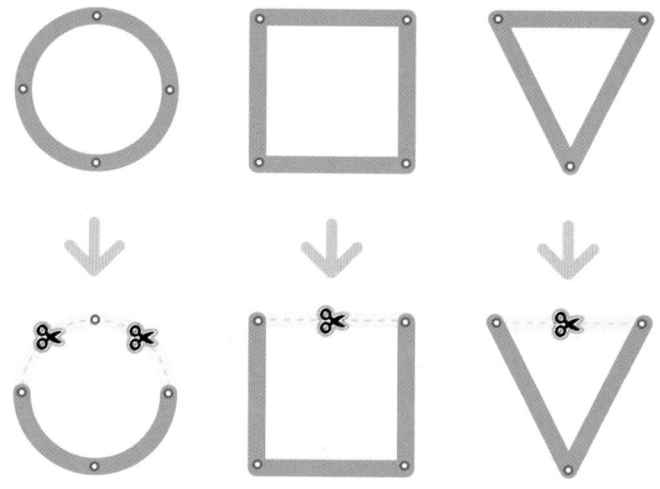

그림 2.35 열린 도형으로 완전히 다른 형태를 만든다.

이제 가위 툴로 삼각형의 왼쪽 부분을 클릭해 이 선을 잘라내 화살표를 만든다
(그림 2.36). 좀 더 화살표 같아졌지만, 화살표 끝이나 꼭짓점이 부드럽게 처리되지
않았기에 아직은 만족스러운 결과라고 할 수 없다. Cmd+2로 확대해보면 화살표
가장자리가 원하는 부드러운 선이 아닌 날카로운 상태임이 명확히 보인다.

이를 보완하기 위해 인스펙터에서 Borders 내 톱니바퀴 아이콘을 누르면 보이
는 **Borders** 옵션을 사용한다. 여기에서 테두리의 끝 처리 **Ends**와 접합부 **Joins**(우
리의 경우 꼭짓점) 수정뿐만 아니라 시작과 끝에 화살표를 붙이거나 파선dashed lines 혹
은 점선을 만들 수 있다. 안타깝게도 화살표 옵션은 꽤 제한적이라 각자 화살표
를 직접 만들어 쓰거나 아이콘을 사용해야 할 수도 있다(51 버전부터 다양한 화살표 모
양이 추가되었다). 우리가 만들 화살표의 Ends와 Joins 모두 둥글게 처리하기 위해 중
간에 있는 아이콘을 클릭한다(그림 2.36). Ends 옵션의 마지막 아이콘은 선 두께의
반 크기를 포인트 밖으로 돌출시키고, Joins의 마지막 옵션은 꺾이는 부분을 사선
으로 처리한다. *Esc*를 두 번 눌러서 이 대화창을 닫고 가위 툴 사용을 종료한다.

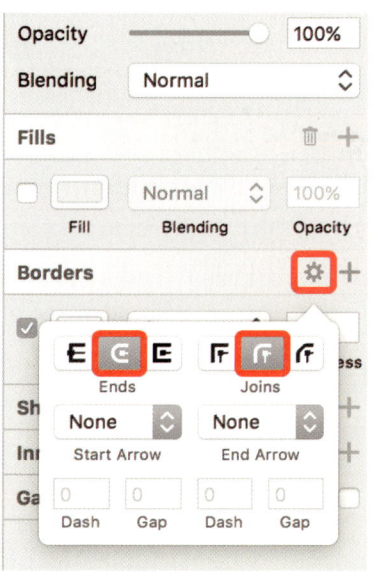

그림 2.36 삼각형 도형의 왼쪽 부분을 가위 툴로 잘라낸다(왼쪽). Borders 옵션으로 들어가서 Ends와 Joins를 둥글게
설정한다.

이제 화살표도 준비됐다. 스마트 가이드를 이용해서 화살표를 버튼의 세로 중앙에 맞추고, 화살표의 오른쪽으로 세 개의 그리드(24px)가 있도록 안쪽으로 들인다. 레이어 리스트에서 이 화살표를 'Button' 안으로 옮긴 후 $Cmd+R$를 사용해 레이어 이름을 'Arrow'로 바꾼다. 아트보드 전체를 확인하기 위해 레이어 리스트에서 아트보드를 선택하고 $Cmd+1$을 누른다. 실제 크기인 100%로 줌 레벨을 되돌리기 위해 이어서 $Cmd+0$를 누른다.

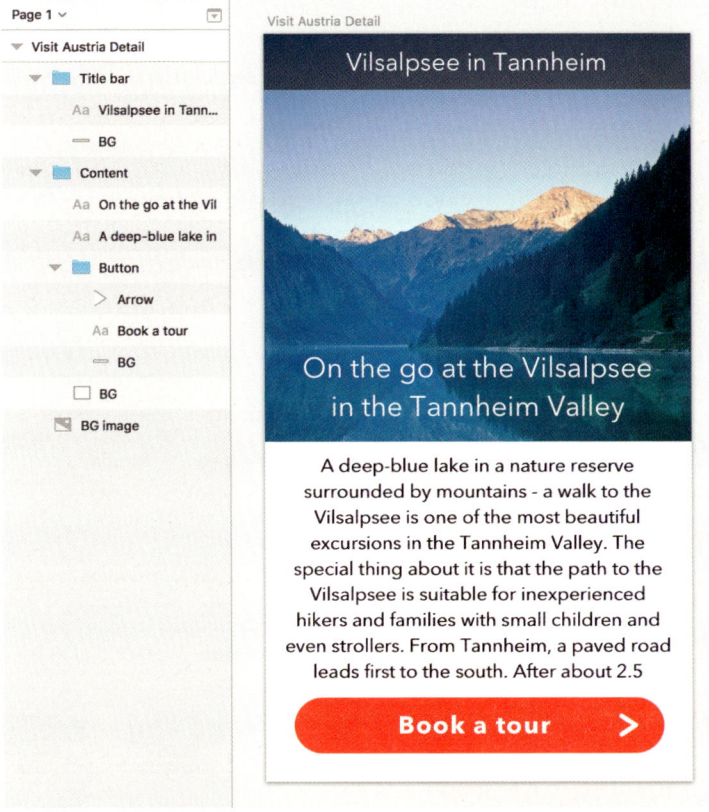

그림 2.37 완성된 버튼

Infobox

파선과 점선

앞서 설명한 설정 외에도, Borders 옵션으로 파선과 점선을 그릴 수 있다. 톱니바퀴 아이콘을 클릭하면 나타나는 대화창(그림 2.36)의 하단에 있는 **Dash**와 **Gap**에 주목하자. Dash는 파선에서 선 부분의 길이를, Gap은 선과 선 사이의 공간을 의미한다. 이 두 값은 Border의 Thickness와 직접적인 관련이 있고, Position 값에도 영향을 받는다. 파선을 그리려면 Dash는 최소한 Border의 Thickness 이상의 값을 설정해야 한다. Gap은 그보다 커야 하는데, Gap이 커질수록 선과 선 사이의 공간이 벌어진다(그림 2.38, 위).

원으로 이루어진 점선을 만들려면 Borders의 Position을 Center로 바꾸고 Ends를 둥글게 한 후(중간 아이콘), Dash를 '1'로, Gap을 Border의 Thickness보다 큰 값으로 설정한다(그림 2.38, 중간). Dash와 Gap의 입력창 네 개를 모두 사용해 점선과 파선이 섞인 형태로 만들 수도 있다(그림 2.38, 아래).

그림 2.38 파선, 점선, 파선과 점선의 혼합형은 모두 테두리 두께인 12px을 기반으로 값을 설정한다.

그리드 지키기

우리는 모든 디자인 요소를 이 그리드에 맞춰 배치할 것이므로 화면 위 모든 요소의 정렬을 지금 손보도록 하자. 먼저 콘텐츠 배경 레이어의 **Y Position**이 '344'이어야 하므로 *Cmd-click*으로 선택해 인스펙터에 이 값을 입력한다. 그런 후 배경 레이어의 아래쪽 핸들을 아트보드 아래 가장자리까지 끌어내려서 남은 공간을 마저 채운다. 이제 머리말을 선택해 **line spacing**을 확인한다. '33'도 우리의 8px 그리드에 아주 근접한 값이지만 정확하게 하기 위해 '32'(4×8px)로 낮춘다. 언제든 기본값으로 돌려야 할 때는 현재 값을 지우면 되는데, 이는 **character spacing**에도 같은 식으로 적용된다.

이제 머리말 둘째 줄의 베이스라인을 콘텐츠의 흰색 배경 위 세 번째 그리드(24px)로 올려서 콘텐츠 배경에서 떨어뜨린다. 키보드 화살표 키를 사용하는 것이 가장 손쉬운데, *Shift*와 함께 사용해서 10px씩 이동하다가 마지막에 미세 조정이 필요할 때 키에서 손을 뗀다. Line height에 그리드 크기의 배수를 적용했기 때문에, 이제 머리말의 두 베이스라인이 모두 그리드와 완벽히 일치하는 것을 볼 수 있다.

> **Quick tip**: 입력창 안에서 ↑/↓를 사용해서 값을 빠르게 변경할 수 있다. *Shift*를 함께 사용하면 10px 단위로, *Alt*를 함께 사용하면 0.1 단위로 조정한다.

설명글의 line spacing을 '24'로 바꾸고 화살표를 이용해서 설명글의 첫 줄의 베이스라인이 흰색 배경 내 네 번째 그리드에 위치하도록 옮긴다. 이 텍스트 레이어가 아트보드의 안쪽 여백을 침범하지 않도록 하기 위해 글자를 중앙 정렬로 바꾸고 폭을 좁히는 것이 좋겠다. 중앙을 기준으로 크기를 바꾸기 위해 *Alt*를 누른 채 왼쪽이나 오른쪽 핸들을 잡고 안쪽으로 옮긴다.

텍스트 레이어 양쪽에 그리드 세 칸(24px)의 공간을 확보한다. 마지막으로, 인스펙터에서 Height를 '192'로 바꾸면 모든 것이 완벽하게 그리드에 맞춰 정리된다. 이 과정은 디자이너가 임의의 위치에 요소를 배치할 우려를 없앨 뿐 아니라 추후 개발자의 일도 훨씬 쉬워진다.

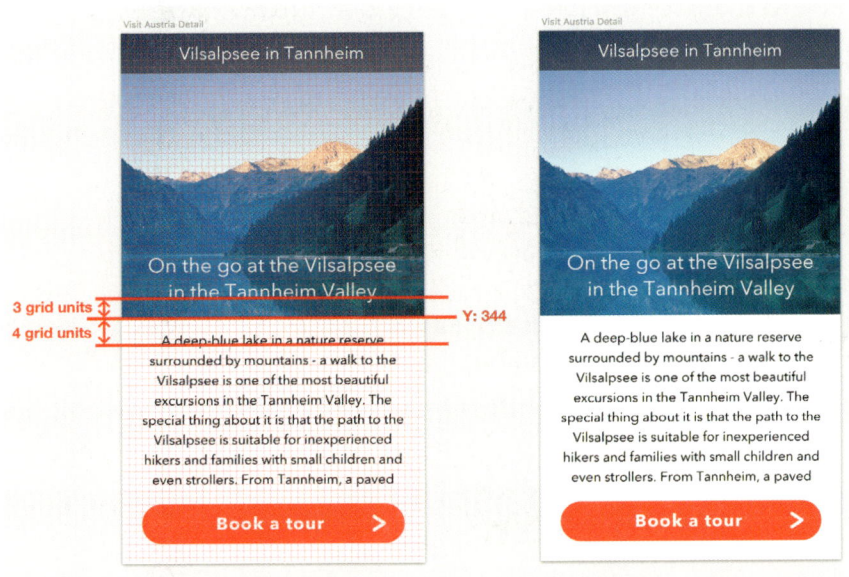

그림 2.39 왼쪽: 남은 요소의 정확한 공간, 오른쪽: 완성된 상세 화면

Infobox

상대적 행간

행간Line spacing은 기본적으로 폰트마다 다르고, 사용하는 크기와도 관련이 있다. 텍스트 레이어의 크기를 바꾸면 행간도 그 크기에 맞춰 자동으로 변경된다. 하지만 특정 값을 직접 지정하는 순간 이 관련성은 사라지고 레이어의 크기와 상관없이 항상 같은 값을 유지한다. 이 경우 기본 행간이 1.5로 지정된 폰트를 24px의 크기로 사용하다가(행간 36px, 24×1.5) 28px로 키워도 변경된 크기에 맞춰 행간이 42px(28×1.5)로 자동으로 전환되지 않는다.

그림 2.40 위: 조정되지 않은 기본 행간, 아래: '36'으로 변경된 행간. 레이어 크기를 바꿔도 폰트 크기와 상관 없이 같은 값을 유지한다.

폰트 크기와 행간의 연관 관계를 유지하는 해결책으로 *Scale...* 대화 상자를 이용할 수 있다. *Cmd+K*로 대화창을 열고, 화살표 키를 이용해 *Scale*의 값을 바꾼다. 이때 인스펙터에서 Text 내 *Size* 입력창을 확인하며 원하는 폰트 크기를 얻을 때까지 조정한다. 여기에서도 역시 *Shift*를 눌러서 10씩 변경할 수 있다. Scale은 소수 입력을 허용하지 않으므로 나중에 폰트 크기를 직접 입력해야 할 수도 있다. 완벽하진 않지만 괜찮은 시작점이다.

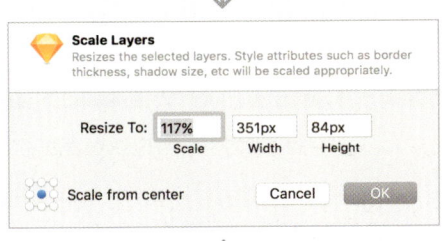

그림 2.41 해결책으로 Scale 대화창을 Cmd+K로 불러내 사용하면 행간이 폰트 크기에 맞춰 변한다.

다른 방법으로 평소처럼 폰트 크기를 바꾸고 이 폰트 크기를 line spacing에 붙여 넣은 다음 원하는 행간을 곱해 값을 도출할 수 있다. 28px 크기에도 24px 크기처럼 1.5의 행간 비율을 적용하려면 '28*1.5'를 line spacing에 입력해 '42'를 결괏값으로 얻는다.

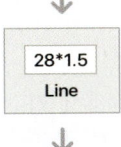

그림 2.42 대안으로써 원하는 line spacing을 나중에 직접 입력할 수 있다.

3장

아트보드와 이터레이션의 힘
The Power Of Iterations And Artboards

우리는 여기까지 스케치에 대해 많이 배우며 상세 화면의 첫 이터레이션iteration[10]을 막 마쳤다. 하지만 알다시피 디자인에 정답이란 없으니 다른 아이디어도 그려 보도록 하자. 스케치에서는 아트보드 복제를 통해 디자인 이터레이션을 아주 쉽게 할 수 있다. 레이어 리스트에서 아트보드를 선택하고(혹은 캔버스에서 아트보드 이름을 클릭한다) $Cmd+D$를 누르면 바로 옆에 복제본을 만든다. $Cmd+R$을 사용해서 복제본의 이름을 'Visit Austria Detail Variation'으로 바꾼 후 $Enter$를 쳐서 바뀐 이름을 적용한다.

  나처럼 짝수 사용을 즐기는 독자라면 생성된 아트보드 간 간격이 100픽셀인 것을 좋아할지도 모르겠다. 장담하건대 어디가 됐든 짝수가 아닌 공간을 발견하면, 이를 깔끔한 짝수로 바꾸고 싶다는 생각이 들 것이다. 아트보드를 복제하는 또 다른 방법으로 캔버스에서 Alt를 누른 채 아트보드를 아무 방향으로나 드래그한

---

[10] 특정 목적을 달성하기 위해 조건을 바꿔가며 하는 반복적인 시도를 말한다.

다. 나는 디자인 이터레이션을 위해 아트보드를 복제할 때 다음과 같은 패턴을 따른다. 기존 디자인에서 새로운 요소를 시도하거나 아주 약간의 변화만 만드는 경우라면 *Cmd + D*로 복제본을 만들고, 아예 다른 요소를 시도하거나 내용을 많이 바꾸는 경우라면 *Alt-drag*로 복제해서 기존 아트보드의 아래에 두고, 그 복제본으로 이터레이션을 진행한다.

그림 3.1 앞으로 만들 또 다른 상세 화면

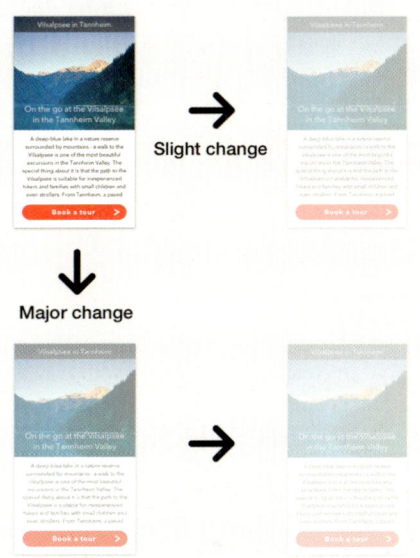

그림 3.2 이터레이션을 할 때, 수정 내용에 따라 아트보드를 복제할 방향을 정한다.

> ***Quick tip***: 캔버스에서 *Fn + ←*를 누르면 아트보드를 돌아가며 선택한다. 반대 방향은 *Fn + →*를 사용한다.

나는 이런 식으로 수십 개의 아트보드를 만들기도 한다. 무제한의 아이디어를 빠르게 시도해 볼 수 있으니 그 수에 개의치 않도록 한다. 스케치의 강점 중 하나가 이런 점이다. 새로운 아이디어가 떠오르면? 새 아트보드를 만든다! 단, 캔버스에 아트보드가 지나치게 많으면 스케치가 느려진다는 점을 유념하도록 한다. 손

쓸 수 없을 만큼 아트보드가 많아지기 전에 새로운 페이지Page에서 이터레이션을 실행하는 것을 고려해본다. 페이지에 대해서는 4장 '콘텐츠를 페이지별로 정리하기'를 참조한다.

> **Quick tip**: 아트보드나 레이어 이름에 'Copy'가 추가되는 것을 막으려면 메뉴 바의 **Sketch → Preferences**(혹은 *Cmd+,*)로 가서 **Layers**의 **Rename duplicated layers**를 선택 해제한다. **Offset duplicated layers**도 선택 해제하기를 권하는데, 복제된 레이어를 옮길 때 원본 레이어에서 떨어진 위치보다는 같은 위치에서 옮기기 쉽기 때문이다.

변형하기

새로 만드는 상세 화면에는 다른 관광지를 넣어볼 것이다. 이 디자인이 새로운 이미지와 텍스트를 어떻게 소화해 낼지 살펴보자(그림 3.1). 우선 배경 이미지가 잘 보이도록 *Ctrl + G*로 그리드를 숨긴다. 이번에는 이미지 레이어 대신 패턴 채우기를 사용해서 이미지를 넣을 것이다. 레이어 리스트에서 이미지 레이어를 선택해 *Del*로 지운다(잠긴 레이어이므로 캔버스에서 선택할 수 없음을 기억하자).

아트보드의 윗 가장자리부터 콘텐츠 영역까지 내려오는 사각형 도형을 넣는다. 이 사각형 도형을 레이어 리스트에서 가장 아래로 옮기는데, *Ctrl + Alt + Cmd + Down*을 사용하는 것이 가장 간편하다. 앞서 한 것처럼, 'BG image'라고 이름 붙인다.

Image Fill을 사용하기 위해 인스펙터에서 이 레이어의 Fills 색상을 클릭해 끝에서 두 번째 타입인 패턴 채우기를 선택한다(그림 3.4). 그리고 **Choose Image...**를 클릭해서 드라이

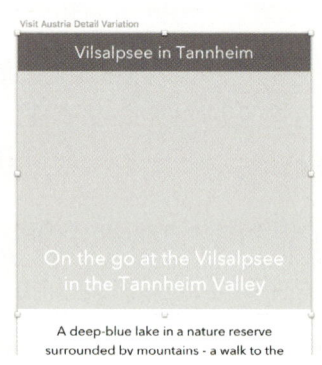

그림 3.3 이미지를 넣을 레이어로 아트보드의 상단 영역을 채운다.

브에 있는 이미지를 선택한다.

아니면 왼쪽의 미리 보기 영역에 다른 애플리케이션으로부터 이미지를 드래그해 넣거나 레이어 리스트에서 복사한 레이어를 붙여 넣어 이미지를 지정할 수도 있다(Cmd+C와 Cmd+V). 이제 아래에 있는 드롭다운을 **Fill**이나 **Fit**으로 바꾼다. 레이어의 크기와 위치를 바꿔보며 이미지의 원하는 부분이 보이도록 한다. 혹은 드롭다운에서 **Tile**을 선택해 그 아래의 슬라이더로 이미지 크기를 조정해도 된다.

패턴 채우기를 사용하면 사각형 도형의 크기를 바꿈으로써 쉽게 이미지를 잘라낼 수 있단 이점이 있다. 하지만 이미지가 항상 도형의 중앙이나(Fill로 설정할 경우) 왼쪽 위에 고정되므로(Tile로 설정한 경우) 이미지의 위치를 바꿀 수는 없다.

이 방법으로는 이미지의 원본 크기를 가늠하기가 어려우므로, 원본보다 큰 크기를 사용해 이미지 품질이 떨어지는 경우가 있다. 이런 상황을 방지하려면 Tile로 잠시 효과를 바꿔서 원본 크기를 확인하도록 한다.

이제 타이틀, 머리말, 설명글의 내용을 바꿔 변화를 준다. 머리말을 우선 **Fixed** 텍스트로 바꿔 우리가 직접 줄 바꿈을 하지 않아도 되도록 한다.

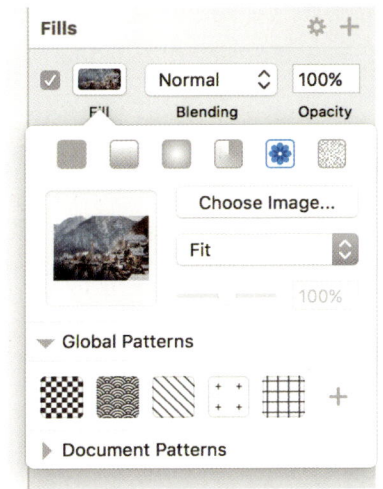

그림 3.4 Image Fill의 올바른 설정

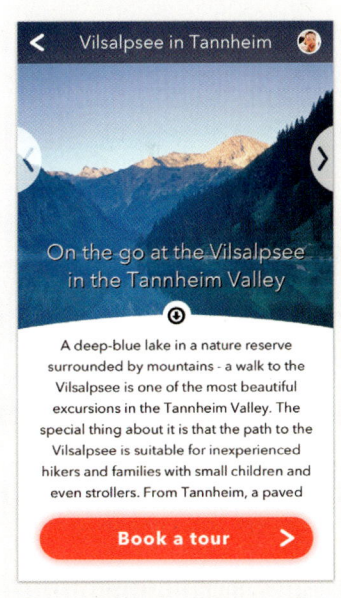

그림 3.5 두 번째 이터레이션 완성본

여기까지 모두 좋다. 이제 다른 요소를 추가하고 디자인을 조금 손보며 계속해서 이터레이션을 진행한다. 앞서 설명했듯이 Vilsalpsee를 소개하는 원본 아트보드를 선택한 후, Alt를 누른 채 드래그해 그 아래에 100px 간격을 두고 복제본을 만든다. 복제본의 이름을 'Visit Austria Detail v2'로 바꾼다.

> **Quick tip**: Alt를 누른 채 요소를 아무 방향으로나 드래그하면 빠르게 복제본을 만든다. 그 다음 Cmd+D를 누르면 만들었던 복제본과 같은 방향과 간격으로 복제본을 추가로 생성한다. 이는 반복적으로 사용할 수 있다.

앱 v2

우리 디자인의 두 번째 이터레이션을 위해 할 첫 작업은 타이틀 바를 수정해 새로운 컨트롤을 추가하는 것이다. 개요 화면으로 돌아가는 화살표와 사용자 설정을 바꿀 수 있는 프로필 이미지를 넣어보자. 이미 우리 디자인에 화살표가 있으니 이를 간단히 복사해온다.

심볼의 힘

그런데 만약 이 화살표를 다른 색이나 두께로 바꿨을 때 더 보기 좋을 것 같다면 어떻게 해야 할까? 이런 변화는 시각적 일관성을 위해 두 화살표 모두에 적용해야 할 필요가 있다. 그저 화살표가 두 개뿐이라면 간단한 일이지만, 만약 각기 다른 여섯 개의 스크린에서 모두 화살표를 사용 중이라면 문제가 된다. 이런 상황을 고려해서 우리는 스케치의 가장 강력한 기능인 심볼Symbol을 사용할 것이다. 심볼은 초능력이 있는 레이어 그룹이라 생각하면 된다. 원하는 만큼 심볼을 복제하거나 삽입할 수 있다. 마스터 심볼Master Symbol을 변경하면 이에 해당하는 모든 인스턴스Instance는 즉각적으로 수정 내용을 반영한다.

심볼

심볼Symbol은 재사용 가능한 디자인 자산을 만드는 최고의 방법이다. 아이콘이나 버튼같이 작은 요소부터 푸터footer 같은 페이지 요소, 필요하다면 전체 스크린도 심볼로 만들 수 있다. 마스터 심볼에 변경 사항이 생기면, 이에 해당하는 모든 인스턴스도 동시에 이를 반영한다. 이러한 업데이트는 색, 형태, 그룹 내 레이어의 위치 같은 속성을 포함한다.[11]

심볼을 만들려면 하나로 묶어야 할 모든 레이어를 선택한 후 툴바에서 **Create Symbol**을 클릭한다. 나타나는 대화창에서 이름을 정하고, 마스터 심볼을 심볼 전용 페이지인 '**Symbols**'로 보낼 것인지 아니면 현재 페이지의 마지막 아트보드 옆에 둘 것인지를 선택한다(그림 3.6). 'Symbols' 페이지를 생성하면 별도의 위치에 모든 심볼을 보기 좋게 정렬해주므로 디자인 자산을 한눈에 확인하기 좋다. 하지만 적용될 디자인에서 동떨어진 느낌이 있고, 수정 내용이 디자인에 전체적으로 어떤 영향을 주는지 가늠하기가 어렵다. 하지만 언제든지 전용 페이지에서 심볼을 지우고 다른 페이지로 옮겨올 수 있다.

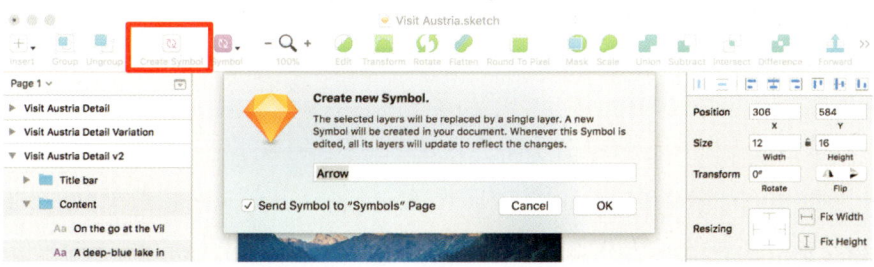

그림 3.6 심볼 제작

대화창을 끝내고 나면, 레이어 리스트에서 인스턴스와 마스터 심볼의 이름 옆에 화살표 두 개로 된 작은 아이콘이 생긴다. 새로운 인스턴스를 추가하려면 메

---

[11] 인스턴스는 아트보드나 페이지에 삽입할 수 있는 일종의 마스터 심볼의 가상적 복제본이다. 즉, 하나의 심볼을 만들면 마스터 심볼(원본)과 인스턴스(사용 편의를 위한 원본의 가상적 복제본)가 모두 생성된다.

Infobox

뉴 바에서 **Insert → Symbols**를 선택한다. 여기에는 심볼 목록을 정리하는 기발한 방법 한 가지가 있다. 만약 버튼이 두 가지 상태(선택된 상태와 비활성화 상태)로 표현돼야 한다면, 두 상태를 심볼로 만들 때 이름을 각각 'button/selected'와 'button/inactive'로 지정한다. 여기서 '/'는 하위 폴더를 생성해 심볼을 한데 묶는 역할을 한다. 캔버스에서 이 버튼의 상태를 바꾸려면 인스펙터의 심볼 전용 드롭다운을 이용하거나(그림 3.7), 마우스 우클릭 후 **Replace With**에서 변경할 상태를 선택한다. 이 방법으로 상태뿐만 아니라 심볼 자체도 바꿀 수 있다.

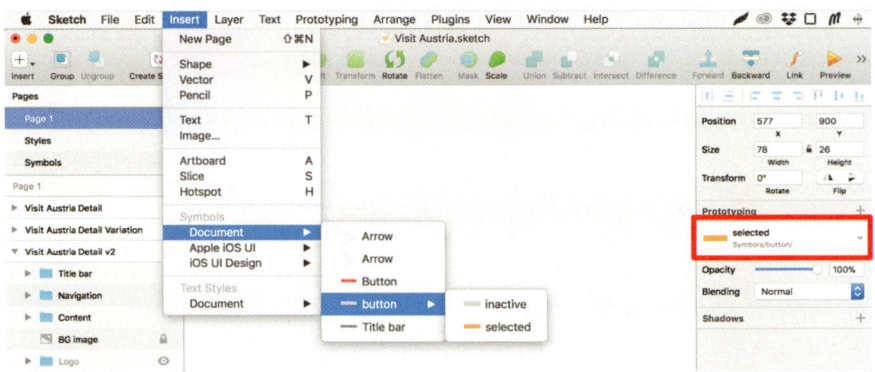

그림 3.7 심볼을 폴더 형식으로 정리할 수 있다. 오른쪽: 인스펙터의 드롭다운을 통해 심볼의 상태를 변경하거나 다른 심볼로 교체한다.

심볼을 수정하려면 해당 심볼을 더블클릭해 마스터 심볼 페이지로 이동한다. 이동한 페이지 왼쪽 위 모서리에 있는 **Back to Instance** 링크를 통해 인스턴스가 있는 페이지로 간편히 되돌아갈 수 있다(그림 3.8). 이곳에서 이루어지는 수정은 즉각적으로 모든 인스턴스에 적용된다. 뒤집고 돌리거나, 불투명도와 블렌딩 모드를 바꾸거나, 그림자를 추가하는 등 여러 가지 방법으로 수정할 수 있다. 또한 인스펙터의 **Resizing** 제약 조건을 통해 다양한 옵션으로 크기를 바꿀 수도 있다. 더 자세한 내용은 8장 '반응형 만들기'에서 다룰 예정이다.

심볼은 인스펙터의 **Overrides** 입력창을 통해 인스턴스별로 다른 텍스트 내용과 이미지를 적용할 수 있어서 다양한 방법으로 활용할 수 있다(그림 3.9). 이 방법으

Infobox

로 어디에든 쓸 수 있는 심볼은 물론, 공유된 형태를 유지하면서 사용처마다 그에 맞는 콘텐츠를 지닌 인스턴스를 갖게 된다. 이 기능은 버튼을 만들 때 꽤 편리하다. 스케치는 똑똑하게도 Overrides에 입력하는 글자 길이를 인지해 입력 내용이 너무 길어지면 해당 레이어를 늘려서 입력 내용을 보여준다.

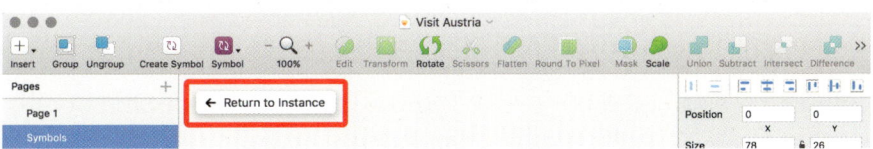

그림 3.8 마스터 심볼에서 앞서 사용했던 인스턴스로 돌아가는 전용 버튼

더 나아가 심볼 안에 심볼을 넣을 수 있다. 예를 들어 아이콘 심볼을 포함하는 푸터를 심볼로 만든 후, 이 푸터Footer 심볼을 포함하는 전체 화면을 또 심볼로 만들 수 있다. 하위로 포함된 심볼을 인스펙터에서 **Overrides** 기능을 통해 크기가 같은 다른 심볼로 교체할 수 있다. 인스턴스는 마우스 우클릭 후 **Detach from Symbol**을 통해 일반 레이어 그룹으로 되돌릴 수 있다.

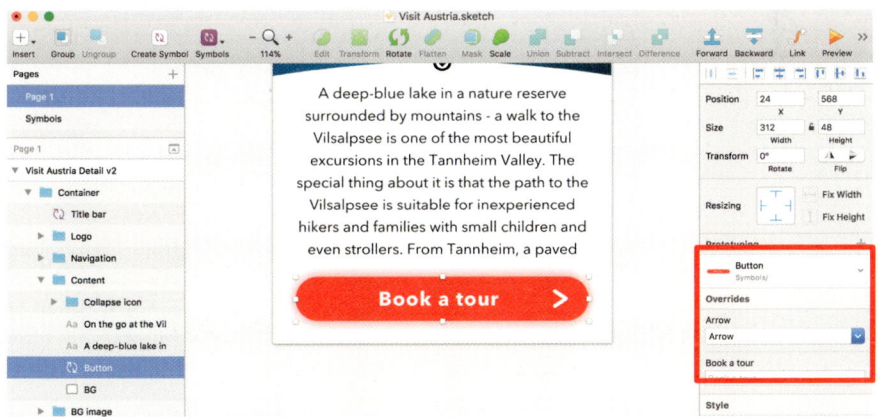

그림 3.9 Overrides를 통해 텍스트 내용이나 이미지, 하위에 포함된 심볼, 세 가지 요소를 인스턴스별로 바꿀 수 있다.

아트보드와 이터레이션의 힘　**59**

화살표를 심볼로 만들기 위해 *Cmd-click*으로 선택한 후, 툴바에서 **Create Symbol**을 클릭한다. 대화창이 나타나면 'Arrow'라고 이름을 넣고, **Send Symbol to 'Symbols' page**를 선택해 화살표의 마스터 심볼을 전용 페이지인 'Symbols'로 보낸다(그림 3.6).

메뉴 바에서 **Insert → Symbols**로 방금 만든 'Arrow' 심볼을 작업할 아트보드에 넣는다. 앞으로 **Symbol**을 간편하게 추가하기 위해 툴바에 심볼 아이콘을 등록해 둔다(다음장의 Quick tip을 참조하자). 추가한 'Arrow' 인스턴스를 아트보드에서 타이틀 바 안에 위치시키고 레이어 리스트에서 적당한 그룹으로 옮기는데 'BG' 레이어보다 위에 있도록 한다.

화살표 심볼 이름 앞에 두 개의 화살표로 된 아이콘이 보일 것이다. 이 아이콘은 인스턴스가 'Symbols' 페이지에 있는 마스터 심볼과 연결돼 있음을 나타낸다. 인스턴스를 더블클릭해서 이 연결을 확인한다. 연결된 페이지에서 심볼을 수정하면 변경 내용이 모든 인스턴스에 즉각적으로 적용한다. 상세 화면으로 돌아가려면 위의 **Return to Instance**를 클릭한다(혹은 *Cmd+Esc*를 누른다).

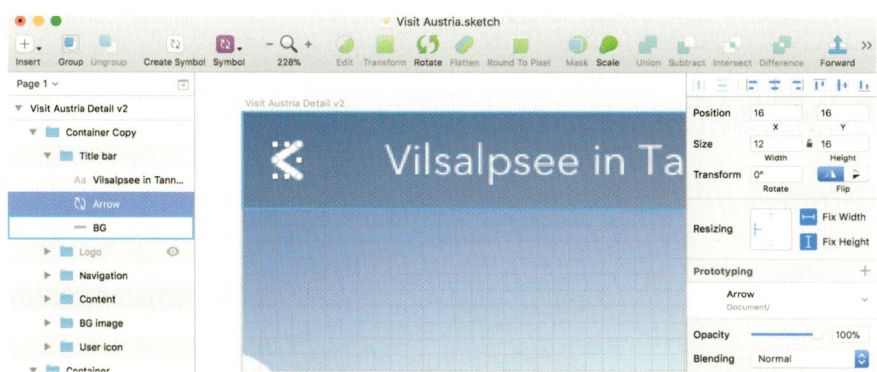

그림 3.10 'Arrow' 심볼의 정확한 위치. 그리드가 잘 보이도록 하기 위해 타이틀 바 배경의 불투명도를 낮췄다.

뒤로 가기 화살표를 나타내기 위해 마우스 우클릭 후 **Transform → Flip Horizontal**을 선택해 수평으로 뒤집는다. 스마트 가이드와 그리드를 이용해서 화살표가 배경 레이어의 세로 중앙에 위치하면서 왼쪽으로 16px의 여백이 있도록 배치한다.

그림 3.11 툴바의 사용자 정의 대화창

> **Quick tip**: 툴바에서 마우스 우클릭을 하면 보이는 **Customize Toolbar...** 옵션을 통해 더 많은 아이콘을 툴바에 추가할 수 있다(그림 3.11). 이때 나타나는 대화창은 사용 가능한 아이콘을 한눈에 보여주는데, 사용할 아이콘을 이 대화창 아랫부분에 드래그해 모으거나 툴바로 직접 옮긴다. 아이콘 사이에 빈 공간을 넣으면 분류별로 정리하기 좋다. 아이콘만으로 충분한 독자라면 아래의 드롭다운을 통해 아이콘의 라벨을 끄거나 크기를 바꿀 수 있다. 툴바 내에서 아이콘을 재정렬하려면 이 대화창에 들어올 필요 없이 *Cmd*를 누른 채 아이콘을 원하는 곳으로 드래그하면 된다. 툴바에 추가해두면 편리한 기능으로는 **Symbol**, **Scissors**, **Round To Pixel**을 들 수 있다. 그 외 기능은 키보드 단축키를 사용하는 것이 더 효율적이다. 하지만 이 세 기능도 사용자별 단축키(3장의 관련 Infobox 참고)를 지정해두면 툴바에 아이콘으로 빼놓을 필요가 없다.

중요한 설정

우리가 만들 두 번째 요소는 프로필 아이콘이다. *O*로 '24px' 크기의 타원^{Oval}을 추가하는데, 원을 만들기 위해 그릴 때 *Shift*를 누른다. 아트보드의 오른쪽 위 모서리에 위치시키고 오른쪽으로 아트보드 가장자리와 간격이 16px이 되도록 조정한다. 레이어 리스트에서 'BG' 레이어 위 'Title bar' 그룹 안에 둔다(그림 3.12). 이러한 작업에 그리드가 큰 도움이 된다. 더 세밀한 부분을 다루기 위해서 *Cmd*+2로

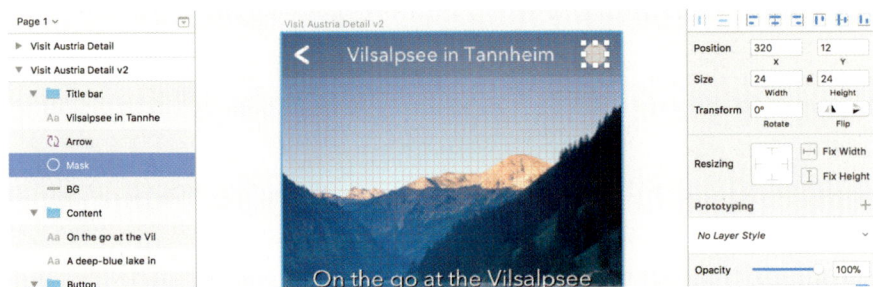

그림 3.12 사용자 아이콘을 위한 마스크 속성. 그리드를 보여주기 위해 타이틀 바 배경의 불투명도를 낮췄다.

확대한다(*Cmd*+0을 누르면 줌 레벨이 다시 100%로 돌아온다).

다시 스마트 가이드를 이용해서 배경 레이어와의 수직 정렬을 맞출 수도 있지만, 이번에는 인스펙터의 가장 위에 있는 정렬 아이콘을 사용해보자(그림 3.13). *Cmd*(그룹 안의 레이어 선택)+*Shift*(여러 개의 레이어 선택)를 누른 채 배경과 원 레이어를 클릭해 모두 선택한 후, 레이어의 중앙부를 서로 수직으로 맞추며 정렬하는 오른쪽 두 번째 아이콘(수직 정렬)을 클릭한다.

Infobox

정렬하기

스케치에서는 인스펙터에 제일 위에 있는 아이콘들을 통해 레이어를 다른 레이어나 아트보드에 맞춰 쉽게 정렬할 수 있다. 첫 번째와 두 번째는 배치 아이콘이니(3장 후반부에서 자세히 다룬다), 세 번째 아이콘부터 살펴보자. 이 아이콘은 왼쪽부터 왼쪽 정렬, 수평 정렬, 오른쪽 정렬, 위쪽 정렬, 수직 정렬, 그리고 아래쪽 정렬을 의미한다.

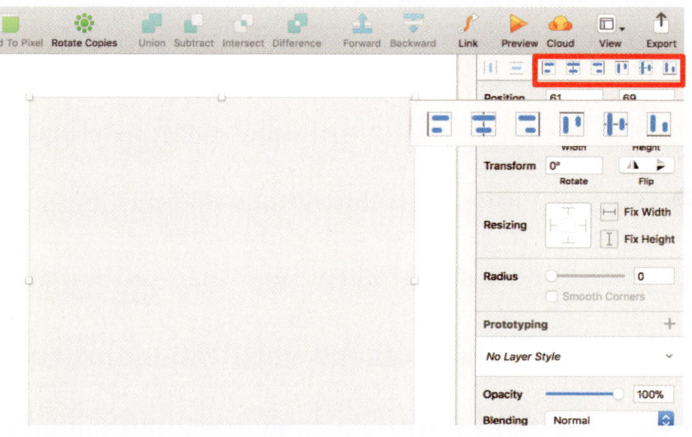

그림 3.13 인스펙터 상단의 정렬 아이콘. 선택한 레이어가 하나인 경우 가는 선으로 테두리가 표시되며, 아트보드를 기준으로 정렬한다.

선택한 레이어의 수에 따라 아이콘의 모양과 액션이 조금 달라진다. 하나의 레이어만 선택한 경우 아이콘에 가는 테두리가 생기며 아트보드를 기준으로 정렬됨을 나타낸다. 하지만 여러 개의 레이어를 선택한 경우 아이콘의 모양이 바뀌며 테두리가 사라진다(그림 3.14). 이때 왼쪽, 오른쪽, 위, 혹은 아래 정렬 아이콘을 누르면 레이어가 서로에게 맞추며 정렬하는데, 정렬하는 방향 쪽에 있는 레이어가 기준이 된다. 즉, 왼쪽 정렬의 경우 가장 왼쪽에 있는 레이어를 기준으로 정렬된다. 반면, 수직이나 수평 중앙 정렬을 클릭하면 선택된 레이어끼리 서로 중앙부를 맞추며 정렬한다. 만약 특정 레이어를 기준으로 나머지 레이어를 정렬해야 한다면 기준이 될 레이어를 *Shift + Cmd + L*로 잠그도록 한다.

아트보드와 이터레이션의 힘

Infobox

숨은 기능으로, 정렬 아이콘을 클릭하기 전에 Alt를 누르면 여러 개의 레이어를 아트보드에 맞춰 정렬할 수 있다. 이 경우, 아이콘 주변에 앞서 설명한 테두리가 시각적 힌트로서 다시 나타난다.

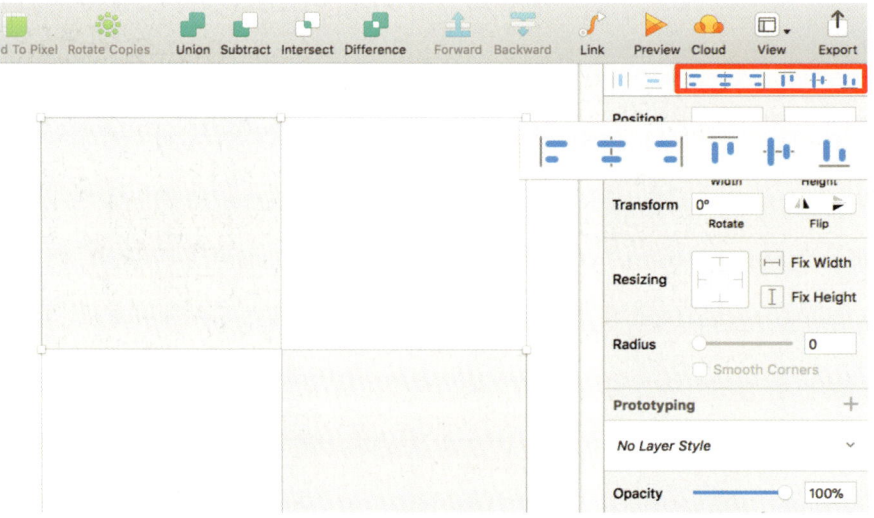

그림 3.14 레이어 여러 개를 선택하면 아이콘 모양이 바뀌며 테두리가 사라진다. 이제 선택된 레이어는 아트보드가 아닌 서로에게 맞춰 정렬한다.

정렬 아이콘은 레이어뿐 아니라, 도형에서 Enter로 들어가는 벡터 포인트 편집 모드에서 포인트에도 사용할 수 있다. 레이어와는 달리 포인트에 사용 시 항상 둘 이상을 선택해야 한다. 이때 정렬은 특정 대상이나 아트보드가 아닌, 항상 선택한 포인트 간에 적용된다. 그리고 기준점을 지정하기 위해 포인트를 잠그는 것도 불가능하다.

이 정렬 아이콘이 스케치에서 가장 빈번하게 사용하는 아이콘이 될 가능성이 크다. 레이어를 정렬하려면 마우스 우클릭 후 적당한 정렬 옵션을 선택한다(여러 개의 레이어를 선택한 경우). 하지만 단축키를 사용하면 더 쉽지 않을까? 사용자 지정 단축키를 만드는 방법에 대해 다음 페이지에서 알아보자.

사용자 지정 단축키

스케치는 애초부터 키보드로 사용할 수 있게 돼 있지만, 단축키가 지정되지 않은 기능이 여기저기에 있고, 지정된 단축키가 사용자에게 맞지 않을 수도 있다. 다행히 OS X 이상의 맥 OS는 자체적으로 사용자가 애플리케이션별로 단축키를 지정할 수 있도록 한다. **System Preferences**로 가서(*Cmd+Space*를 눌러 스포트라이트 검색으로 이동해 'pref'를 입력하는 것이 가장 빠르다) **Keyboard**를 선택한 후, **Shortcuts** 탭으로 간다. 왼쪽의 항목 중 **App Shortcuts**를 통해 시스템 레벨에서 스케치를 포함한 모든 애플리케이션의 단축키를 설정할 수 있다.

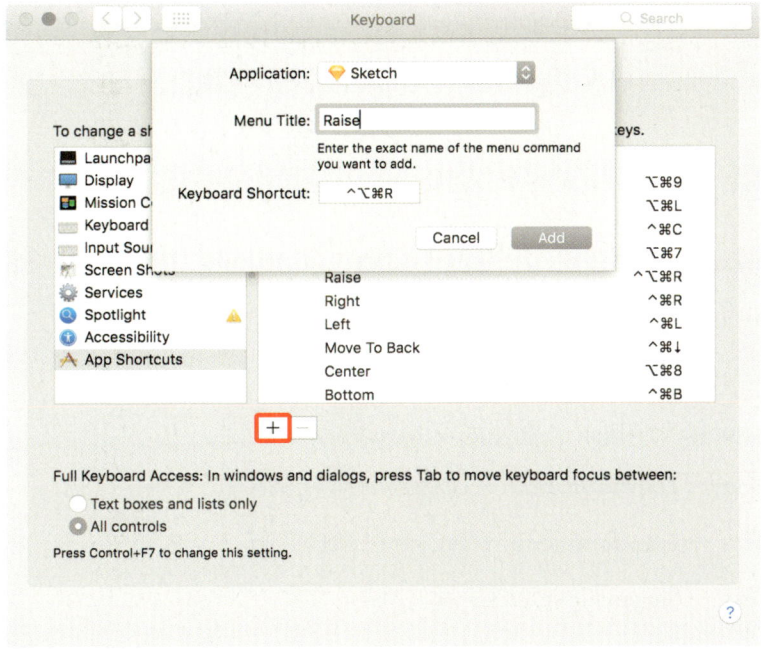

그림 3.15 '+' 아이콘을 클릭한 후 스케치에서 사용하는 정확한 메뉴명과 원하는 단축키를 넣는다.

이 옵션을 선택한 후 아래에 보이는 '+' 아이콘을 클릭한다. 드롭다운에서 스케치를 선택하고 정확한 **Menu Title**을 입력한다(그림 3.15). 스케치 메뉴 바에서 쓰이는 명령자를 정확하게 입력해야 한다. 예를 들어 **Text → Baseline → Raise**

Infobox

를 실행할 단축키를 만들고자 한다면, Menu Title 입력란에 'Raise'를 넣어야 한다. 그런 후 **Keyboard Shortcut**을 클릭하고 원하는 단축키를 누른다. 지금은 *Ctrl+Alt+Cmd+R*로 지정해두자. **Add**를 클릭하고 스케

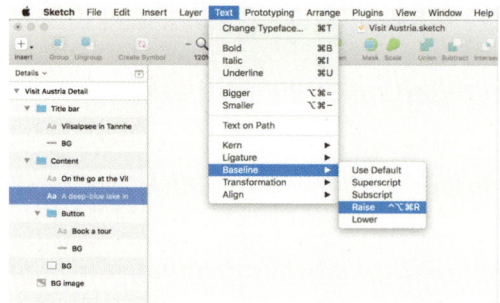

그림 3.16 키보드 단축키가 해당하는 명령자 옆에 추가됐다.

치로 돌아간다. 스케치에서 텍스트 레이어에서 몇 글자를 선택해서 우리가 설정한 단축키를 누르면 해당 글자의 베이스라인이 올라가는 것을 볼 수 있다. 성공이다! 새 단축키는 메뉴 바에서 해당 명령자 옆에 나타난다(그림 3.16). 이를 통해 새로운 단축키를 추가할 뿐만 아니라 기존의 것도 새로 지정할 수 있다.

이런 식으로 내가 사용하고 있는 몇 가지 단축키를 참고로 나열한다.

- **Arrange** → **Align** → *Left: Ctrl+Cmd+L*
- **Arrange** → **Align** → *Right: Ctrl+Cmd+R*
- **Arrange** → **Align** → *Horizontally: Ctrl+Cmd+C*
- **Arrange** → **Align** → *Vertically: Ctrl+Cmd+V*
- **Text** → **Transformation** → *Uppercase: Alt+Cmd+P*
- **Text** → **Transformation** → *Lowercase: Alt Cmd+L*
- **Text** → **Bigger:** *Alt+Cmd+ +* (*Alt+Cmd+ =* 대신)

방금 우리가 만든 원은 아바타 이미지의 마스크로 사용할 것이다. 무료로 사용자 사진을 이용할 수 있는 곳으로 Random User Generator[12]와 TinyFaces[13]가 있다. 웹사이트에서 사진 하나를 골라서 드래그해 스케치에 넣고(혹은 저장 후 파인더에서 이 파일을 드래그한다), 원과 사진의 중앙을 서로 맞춘다. 사진을 정렬할 때 원이 움직이는 것을 방지하기 위해 레이어를 먼저 잠그고, 이를 작업의 기준 위치로 삼는다. 레이어 리스트에서 원과 사진 레이어를 함께 선택한 후, 두 레이어가 가로와 세로로 서로 중앙에 정렬되도록 적당한 정렬 아이콘을 사용한다. 마지막으로 마스크를 적용한다. 사진이 원 레이어보다 위에 있는지 확인하고, 두 레이어를 모두 선택한 채 툴바에서 **Mask** 아이콘을 클릭한다(그림 3.17).

그림 3.17 툴바에서 **Mask**를 클릭하면 이미지에 원으로 된 마스크가 적용된다(잘 보이도록 빨간색으로 표시했다).

---

[12] https://randomuser.me/
[13] https://tinyfac.es/

Infobox

마스크 입히기

마스크란 다른 콘텐츠를 자신의 형태 안으로 잘라 넣는 레이어를 말한다. 레이어 리스트에서 마스크보다 위에 있는 모든 레이어는 마스크 형태 안의 영역만 화면에 보이고, 형태 밖의 모든 요소는 잘린 듯 보인다. 마스크를 설정하려면 마스크를 적용할 모든 콘텐츠를 선택한 채로 툴바의 **Mask** 아이콘을 클릭하는 방법이 가장 간편하다(혹은 마우스 우클릭 후 Mask를 선택한다). 이로써 가장 아래에 있는 레이어를 마스크로 설정하며 선택한 요소를 그룹으로 묶는다. 여기서 이 그룹이 중요한데, 레이어의 이름 앞에 보이는 화살표가 말해주듯 마스크를 적용할 레이어는 모두 이 그룹에 속해야 한다. 마스크를 만드는 다른 방법으로는 단축키인 *Ctrl+Cmd+M*을 사용할 수 있는데, 이때는 그룹을 생성하지 않는다.

그림 3.18 마스크는 같은 그룹 안에서 위에 있는 모든 레이어를 잘라낸다. 마스크에 속한 콘텐츠는 화살표로 상태를 표시한다.

마스크에서 레이어를 빼내려면 마우스 우클릭 후 **Ignore Underlying Mask**를 선택한다. 마스크 자체도 마우스 우클릭 후 **Mask**의 옵션을 통해 삭제할 수 있다. 단순히 마스크를 숨긴다고 해서 마스크가 해제되지 않는다. 그리고 마스크

Infobox

자체는 투명해 포함된 콘텐츠를 바로 내보이므로 배경색을 지정할 필요가 없다. 마스크로 일반 도형을 사용하므로 그 속성인 border와 shadow도 사용할 수 있다.

마스크 사용은 이미지에 국한하지 않는다. 모든 도형은 다른 도형을 독립적으로 마스크할 수 있고, 심지어 텍스트도 마스크처럼 쓰인다(그림 3.19). 하지만 이 경우 **Layer → Convert to Outlines**를 이용해 먼저 텍스트를 도형화해야 한다. 이후로는 텍스트를 수정할 수 없지만, 마스크를 적용한 콘텐츠를 자유롭게 움직일 수 있다. 만약 단순히 이미지를 텍스트 위에 겹치고 싶다면 패턴 채우기를 사용하는 방법도 있다. 관련 내용은 12장의 '질감이 있는 텍스트 만들기'를 참조하자.

그림 3.19 마스크로 사용할 수 있는 것은 도형뿐만이 아니다. 텍스트도 도형화한 후 마스크처럼 사용할 수 있다.

마지막으로 이미지에 마스크를 사용하면 의도치 않게 마스크 대신 이미지를 선택하는 경우가 생긴다. 이런 실수를 방지하기 위해 이미지 크기 조정이 끝나면 `Shift+Cmd+L`로 이미지를 잠그는 것이 좋다.

이제 캔버스에서 프로필 사진의 크기를 조절한다. *Alt*를 누른 채 핸들을 움직여 사진의 중앙을 기준으로 크기를 바꿔 원 속에서 보기 좋도록 맞춘다. 마스크의 Border를 **Outside**로 설정 후 Thickness를 '2'로 설정한다. 마지막으로 그룹명을 'User icon'으로 바꾸고 'Title bar' 안에서 'BG' 레이어 위에 둔다.

그림 3.20 사용자 아이콘 완성본

마스크를 씌운 이미지를 만드는 다른 방법으로서 마스크 자체에 패턴 채우기를 사용할 수도 있다. 플러그인 TinyFaces는 이 작업을 쉽게 해준다. 이 플러그인을 설치한 후, 마스크 레이어를 선택하고 **Plugins** → **TinyFaces** → **Fill with high quality**를 실행하면 무작위의 사용자 사진을 자동으로 입힌다. 이때 마스크 위에 올려둔 이미지를 숨겨야 함을 기억하자. 플러그인과 그 사용법은 3장 후반에 Infobox에서 자세히 다룬다.

확대와 축소

캔버스를 항상 100% 확대 상태로 작업하지는 않을 테니 세밀한 작업을 위해 $Cmd++$로 화면을 확대하고, 넓은 시야 확보를 위해 $Cmd+-$로 축소하는 것이 작업할 때 필수적일 것이다. 다시 100% 확대 상태로 되돌아오려면 $Cmd+0$를, 캔버스 위 모든 요소를 한눈에 보려면 $Cmd+1$을 누른다.

더 세밀한 작업이 필요한 작업에는 $Cmd+2$로 선택한 레이어나 그룹을 화면에 채우듯 확대한다. 선택한 요소가 캔버스 위 어디에 있는지 모를 때 $Cmd+3$를 누르면 해당 요소가 화면 중간에 오도록 캔버스 위치를 조정한다. 이는 특정 아트보드를 찾고 있을 때 특히 편리하다. $Cmd+1$로 캔버스를 축소한 후 찾고자 하는 아트보드를 레이어 리스트에서 선택하고, $Cmd+3$으로 해당 아트보드를 화면 중앙에 오도록 한 후 $Cmd+0$으로 100% 크기로 맞춘다. 화면을 확대 및 축소하며 생기는 애니메이션이 거슬린다면 **Preferences**($Cmd+,$)에서 **Canvas** 탭에 있는 **Animate zoom**을 선택 해제한다.

만약 확대를 너무 많이 한 상태라면(스케치는 25,600%까지 최대 확대할 수 있다!) Cmd를 누른 상태에서 마우스 휠을 돌리거나, 트랙패드에서 두 손가락으로 조이고 늘리는 제스처, 혹은 Z를 누른 채 클릭해 확대하고 $Alt+Z$를 누른 채 클릭해서 축소할 수도 있다(하지만 수많은 클릭으로 손가락을 다쳐도 내 책임은 아니다). 마지막으로 캔버스를 둘러보려면(뷰포트viewport를 바꾸기 위해), $Space$를 누른 채 마우스로 드래그한다. 애플의 매직 마우스의 터치 영역을 사용하거나(더 인체공학적인 다른 모델보다 매직 마우스를 선호하는 이유 중 하나다) 트랙패드를 사용한다.

스타일 문제

타이틀 바에서 마지막으로 손을 댈 부분은 텍스트를 텍스트 스타일Text Style로 정의해서 나중에 다시 사용할 수 있도록 하는 것이다. 텍스트 스타일은 한곳에서 수정이 발생하면 한 번의 클릭으로 다른 인스턴스에 전달하므로 심볼과 비슷하지만, 텍스트 레이어의 스타일에만 작용한다. 타이틀을 스타일로 만들기 위해 인스펙터에 **No Text Style**로 표시된 드롭다운을 클릭한다. **Create New Text Style**을 선택해서 'Title bar title'이라고 이름을 입력한다(그림 3.21). 레이어 리스트에서 텍스트의 아이콘이 보라색으로 바뀌며 텍스트 스타일에 속한 레이어임을 표시한다. 어디서든 이 스타일을 다시 사용하고 싶다면 텍스트를 선택한 후 이 드롭다운에서 해당 스타일을 선택하면 된다. 텍스트 스타일도 심볼처럼 스타일의 이름 앞에 폴더 이름과 '/'를 추가해서 폴더 구성으로 정리할 수 있다.

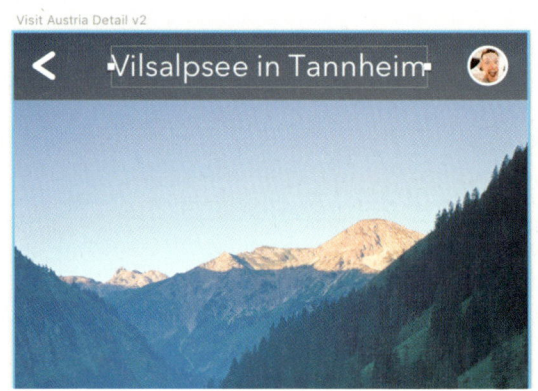 

그림 3.21 인스펙터에서 드롭다운을 통해 새 텍스트 스타일을 만들었다.

스타일을 수정한 후에는 텍스트 스타일 드롭다운을 클릭한 후 **Update Text Style**을 반드시 선택해야 수정 내용이 적용되는데, 이는 인스턴스 사용 중에 의도치 않게 스타일을 바꾸는 상황을 피하도록 한다(그림 3.22). 이 스타일이 적용된 새로운 요소를 만들려면 메뉴 바에서 **Insert → Styled Text**를 통해 추가하거나, 이미 입력된 텍스트를 선택하고 인스펙터 텍스트 스타일 드롭박스에서 스타일을 선택한다.

그림 3.22 텍스트 스타일이 적용된 텍스트 레이어를 수정한 후에 Update Text Style을 클릭해야 이 스타일에 해당하는 인스턴스로 수정 내용이 전송된다.

    Style은 텍스트뿐만 아니라 Fills, Borders, Shadows 그리고 Blur 같은 레이어 속성에도 사용할 수 있다. 모델이 될 레이어를 선택해 인스펙터에서 **No Layer Style**이라고 표시된 드롭다운에서 **Create New Layer Style**을 클릭한다. 그 외에는 텍스트 스타일과 사용 방법이 같다.

    이제까지 제작한 모든 스타일을 한눈에 보려면 인스펙터의 드롭다운에서 **Organize Layer Styles**(혹은 **Organize Text Styles**)를 통해 확인한다. 이곳에서 스타일 이름을 바꾸거나 삭제할 수 있다(그림3.23). 스타일 이름을 더블클릭하면 수정 모드로 전환되며, 하단의 '–' 버튼을 누르면 삭제된다.

    Imported Symbols 탭은 스케치 47 버전부터 추가된 라이브러리 심볼을 문서에 추가한 경우 이를 확인할 수 있는 탭이다. 라이브러리 심볼 기능은 6장에서 자세히 다룬다.

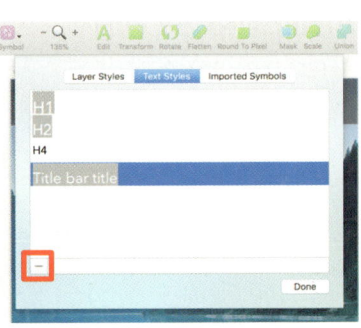

그림 3.23 **Organize Layer Styles**(혹은 Organize Text Styles)를 통해 이제까지 제작한 모든 스타일을 한눈에 볼 수 있다.

Infobox

과거에서 미래로

$Cmd+Z$와 $Shift+Cmd+Z$로 하는 실행 취소와 재실행은 이것저것 시도해보도록 하는 좋은 방법이다. 이 기능은 심지어 '과거' 내용을 '미래'로 복사한다. 텍스트 레이어 하나를 추가한 다음 몇 가지 다른 색깔을 적용해보다가, 최종적으로 중간쯤 사용했던 색이 가장 좋다고 판단했다고 가정해보자. $Cmd+Z$로 원하는 색으로 되돌아가서 거기서부터 다시 작업을 시작할 수 있다.

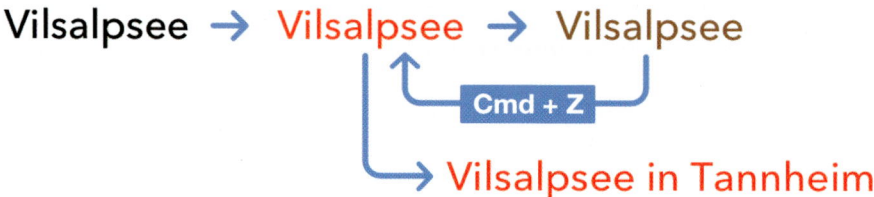

그림 3.24 '과거'로 돌아가서 그곳부터 작업을 시작한다.

혹은 과거 작업을 최신 상태와 비교하려면, 실행 취소로 돌아간 상태를 $Cmd+C$로 복사한 후 redo에 해당하는 $Shift+Cmd+Z$로 최신 상태로 다시 돌아와서 $Cmd+V$로 복사해온 상태를 입힌다. 이는 과거 버전과 최신 상태가 함께 적용된 상황을 만든다(그림 3.25).

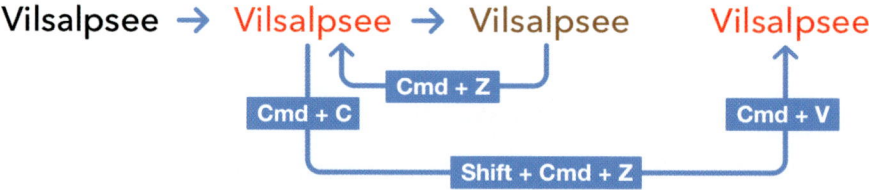

그림 3.25 '과거' 버전을 최신 상태와 비교한다.

훌륭한 커브!

콘텐츠의 흰색 배경 위쪽을 곡선 처리해서 조금 변화를 주는 건 어떨까? 한번 해보자. 'Content' 그룹 안의 'BG' 레이어를 *Cmd-click*으로 선택한 후, *Enter*를 쳐서 벡터 포인트 편집 모드로 들어간다. 기존 포인트는 그대로 두고 클릭해서 새 포인트를 추가할 것이다. 사각형 도형의 위쪽 가장자리를 클릭할 때 *Shift*를 누르면, 아무 위치가 아닌 정중앙에 포인트를 넣을 수 있다.

지금 인스펙터를 보면 포인트가 **X**와 **Y** 좌표값을 지니는 것을 알 수 있다. 새로 추가한 포인트를 8px만큼 위로 옮기기 위해 기존 **Y**값에 '-8'을 입력하거나, 키보드 ↑ 키를 이용해서 포인트를 옮긴다.

새로 추가한 포인트가 곡선이 아닌 직선 가장자리를 만드는 것이 보일 것이다. 예쁜 곡선으로 바꾸기 위해 포인트를 더블클릭한다. 스케치는 똑똑하게도 이 곡선을 나머지 가장자리에도 알아서 적용한다. 이제 이 선의 양쪽 가에 있는 두 포인트를 선택한다. 왼쪽 포인트를 먼저 클릭한 후 *Shift*를 누른 채 오른쪽도 클릭한다. **Y**값에 '+8'을 입력하거나 화살표 키를 이용해서 이 두 포인트를 8px만큼 내린다. 마지막으로 *Esc*를 두 번 눌러서 벡터 포인트 편집 모드에서 빠져나온다.

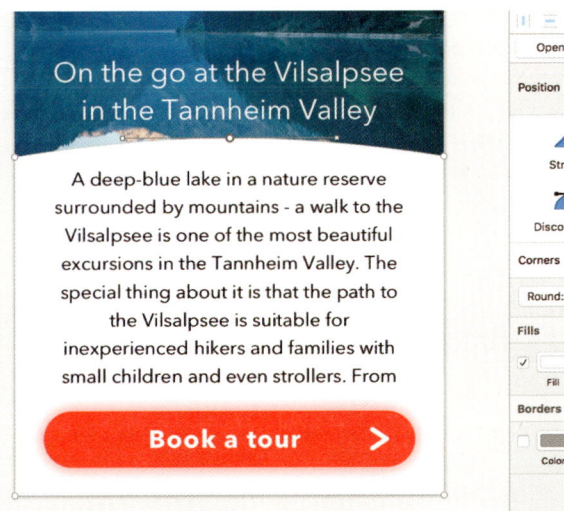 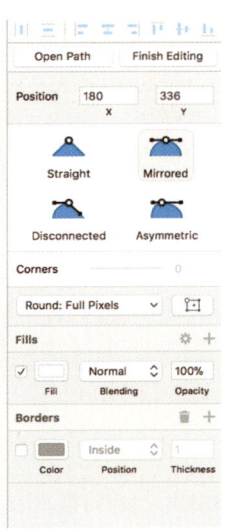

그림 3.26 흰색 배경의 위쪽 중앙에 새 포인트를 추가한 후 곡선으로 바꾼다.

플러그인으로 스케치 기능 향상하기

우리 디자인에 필요한 세 번째 요소는 배경 사진을 제대로 즐기기 위해 잠시 설명글의 크기를 줄여 줄 아이콘이다. 이 작업은 *Cmd++*를 눌러서 캔버스를 확대해서 하는 것이 좋다. 아이콘의 배경이 돼 줄 타원을 추가한다. O를 누른 후 *Shift*를 누른 채 지름이 32px인 원을 그린다. 크기 측정을 위해 그리드를 활용하자. 'BG'로 이름을 바꾼 후, Fills를 흰색으로 지정하고 인스펙터의 네 번째 정렬 아이콘(수평 정렬)을 이용해서 아트보드의 중앙에 위치시킨다.

원의 세로 중간이 방금 만든 곡선과 맞도록 조정한다. 레이어를 옮기는 가장 쉬운 방법은 화살표를 이용하는 것인데, *Shift*를 함께 사용하면 한 번의 이동 거리가 늘어난다. 이제 원이 그리드에 맞춰졌다(그림 3.27). 머리말과 이 아이콘 사이에 적당한 공간을 두기 위해 머리말을 두 개의 그리드만큼 위로 옮겨서 **Y** Position이 '248'이 되도록 한다.

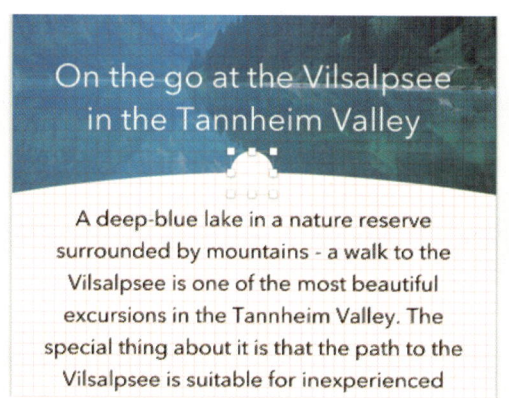 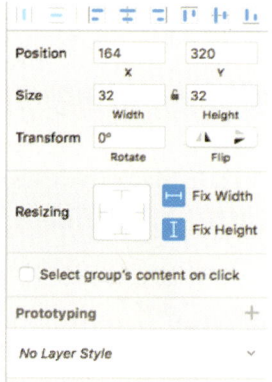

그림 3.27 접기 아이콘을 위한 원형 배경

설명글을 숨겨줄 이 아이콘을 처음부터 직접 만들지 않고 플러그인을 통해 제작해볼 것이다. 스케치 커뮤니티에서 만든 플러그인은 프로그램에서 빠진 기능을 보완하며 스케치를 더욱 강력하게 만든다.

플러그인

플러그인을 관리하는 가장 쉬운 방법은 플러그인 매니저인 Sketch Toolbox[14]를 사용하는 것이다(그림 3.28). Sketch Toolbox를 설치해 실행하면, 설치 가능한 아주 다양한 플러그인을 간편하게 찾아준다. 원하는 플러그인을 찾으면 Sketch Toolbox에서 바로 설치할 수 있고, 설치 후에는 자동으로 최신 버전으로 업데이트한다. 설치한 플러그인 목록은 Installed 탭에서 확인할 수 있고 Uninstall 버튼으로 삭제한다.

스케치 자체적으로 메뉴 바의 **Plugins → Manage Plugins...**에서 사용 가능한 플러그인 리스트를 볼 수 있다. 플러그인을 선택하면 나타나는 대화창에서 왼쪽 아래에 보이는 톱니바퀴 아이콘을 클릭하면 상세 옵션을 보여준다. **Reveal Plugins Folder**는 수동 설치를 해야 하거나 애드온 등을 제거해야 할 때를 대비해 하드 드라이브의 관련 폴더를 열어준다.

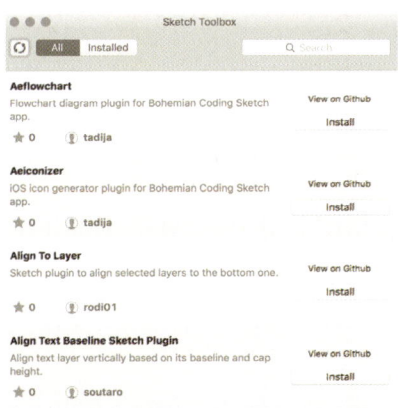

그림 3.28 설치한 플러그인을 관리하거나 새로운 플러그인이 필요할 때 Sketch Toolbox를 사용하는 것이 가장 편리하다.

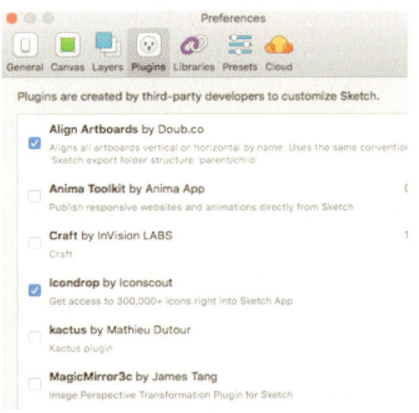

그림 3.29 스케치 자체에서도 플러그인을 관리할 수 있다.

[14] http://sketchtoolbox.com/

Infobox

Filter 입력창은 설치한 플러그인을 검색하고, **Get Plugins...**는 보헤미안 코딩 Bohemian Coding이 제작한 플러그인이 있는 공식 디렉터리로 이동시켜준다. 흥미로운 스케치 플러그인이 궁금하면 이 책 부록에 실린 플러그인 목록을 참고하자. 마지막으로 플러그인을 실행(혹은 재실행)하려면 메뉴 바의 **Plugins**에서 간단히 선택하면 된다. 대부분은 별도의 하위 메뉴로 나타나거나 미리 설정된 키보드 단축키를 보여준다.

지금 우리가 필요한 플러그인은 아이콘을 검색해 스케치 파일에 추가해주는 Sketch Iconfont[15]다. Sketch Toolbox를 통해 이 플러그인과 Font Bundle[16]을 모두 설치한 후 메뉴 바에서 **Plugins → Icon Font → Grid Insert → FontAwesome**을 실행한다. 이어서 나타나는 대화창은 이 아이콘 세트에 포함된 모든 아이콘 목록을 보여준다. 'Arrow circle o'를 입력하고 *Enter*를 치면 나타나는 첫 아이콘(원 안에 아래를 향하는 화살표가 있는 아이콘)을 선택하면 아트보드 최상위에 텍스트 레이어로 나타난다. 이 작업을 할 때 다른 요소가 함께 선택돼 있지 않도록 한다.

새 아이콘을 선택해서 폰트 크기는 '23', Fills는 검은색으로 설정한다. 그리고 우리가 앞서 만들었던 원 배경과 중앙이 일치하도록 배치한다. 이때 원 배경을 *Shift+Cmd+L*로 먼저 잠가둬 위치를 고정하면 정렬 기능으로 쉽게 아이콘 위치를 조정할 수 있다. 이제 *Cmd+G*로 'Collapse icon' 그룹을 만든 'Content' 그룹에서 가장 위에 있도록 옮긴다.

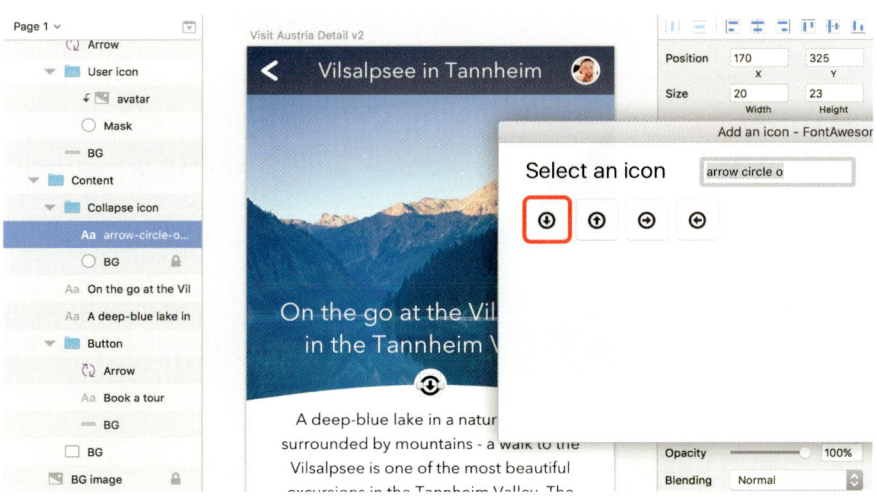

그림 3.30 플러그인 대화창의 아이콘(빨간 테두리)과 아트보드에 제대로 자리 잡은 아이콘(중간)

---

15 http://smashed.by/sketch-iconfont
16 http://smashed.by/sketch-fontbundle

> **Quick tip**: 종종 스케치는 *Alt*를 누른 채 스마트 가이드를 사용해도 특정 레이어와의 거리를 보여주지 않을 때가 있다. 특히 다른 요소나 아트보드의 가장자리와 일정 간격을 유지하면서 레이어를 움직이려 할 때 자주 발생한다. 필요할 때 거리를 항상 표시하도록 하는 방법이 하나 있다. 거리 측정이 필요한 요소를 선택한 채 *Alt*를 눌러 스마트 가이드를 먼저 불러낸 후, 측정 기준이 되는 레이어나 아트보드의 가장자리로 마우스를 옮긴다. 마우스 포인터를 그곳에 둬 스마트 가이드가 계속 보이도록 한 후, 키보드 방향키를 사용해서 레이어를 옮긴다(그림 3.31).

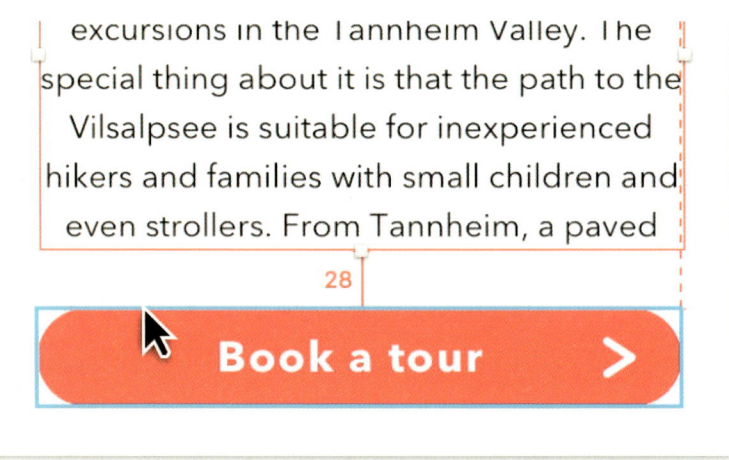

그림 3.31 텍스트 레이어와 버튼 사이처럼 레이어 간 거리 표시를 유지하려면, 텍스트 레이어를 선택한 상태에서 **Alt**를 누른 채 마우스를 버튼으로 옮긴다. 마우스의 위치를 그대로 유지한 채 텍스트 레이어를 키보드로 옮긴다. 이렇게 하면 간격 숫자가 계속 보인다.

강조하기

헤드라인에 더 강조점을 두고 어두운 배경 위에서 눈에 더 잘 띄도록 하기 위해 검은색 그림자를 진하게 추가하자. 인스펙터에서 **Shadows**를 클릭해서 불투명도(색상 대화창에서 A로 표시된 영역)가 '100'인 검은색 그림자를 추가해 속성을 '1/1/0'(X/

Y/blur)으로 바꾼다. 그림 3.32를 참조하자. 입력창을 이동할 때 *Tab*을 사용할 수 있다는 것을 기억하자.

　강조점과 그림자를 다루는 김에, 버튼에도 그림자를 추가한다. 이는 버튼이 마치 페이지에 떠 있는 것처럼 보이도록 만들어 눈에 더 띄도록 한다. 버튼의 배경 도형을 *Cmd-click*으로 선택해서 앞서 했듯이 그림자를 추가한다. 버튼과 그림자 사이의 공간이 필요하지 않으니 **X**와 **Y** Position을 모두 '0'으로 하고 Blur만 '13'으로 바꾼다. 그림자 색은 Color Picker(먼저 색 상자를 클릭한 후 *Ctrl+C*로 실행)로 버튼과 같은 빨간색을 사용하고 알파값은 '55'로 넣는다(**그림 3.32**. 아래). 마지막으로 툴바의 **Create Symbol** 아이콘을 클릭해서 버튼을 심볼로 바꾼다. 이때 'Symbol' 페이지로 보내는 체크박스가 선택돼 있도록 한다.

그림 3.32 머리말과 버튼의 그림자

Infobox

그림자와 흐림 기술

모든 것을 납작하게 만드는 요즘 트렌드와 함께 그림자의 인기가 사그라졌다. 하지만 곳곳에 배치하는 옅은 그림자는 디자인에 필요한 강조점이 돼준다. 그림자의 **X**와 **Y**값이 축별로 거리감을 줌은 물론(마이너스값을 사용할 수도 있다. **그림 3.33**, 위), **Blur**로 그림자를 어떻게 퍼뜨릴지를 정할 수 있다. 또한 그림자를 밖으로 밀어내 더 커 보이도록 하는 **Spread**로 강도를 조절한다(그림 3.33, 위에서 두 번째). 그림자의 불투명도는 그림자의 Fills 색상을 클릭하면 보이는 **A**(alpha)값으로 조절한다.

보통은 요소 외부에 그림자를 만드는 데 반해(그림 3.33, 위), **Inner Shadow**는 요소 안쪽으로 그림자를 나타낸다(그림 3.33, 아래). 그림자는 도형뿐만 아니라 텍스트에도 적용할 수 있는데, Spread 옵션을 사용할 수 없다는 차이가 있다(그림 3.33, 아래에서 두 번째). 한 요소에 여러 개의 그림자를 겹쳐서 적용할 수 있다는 점도 알아두자.

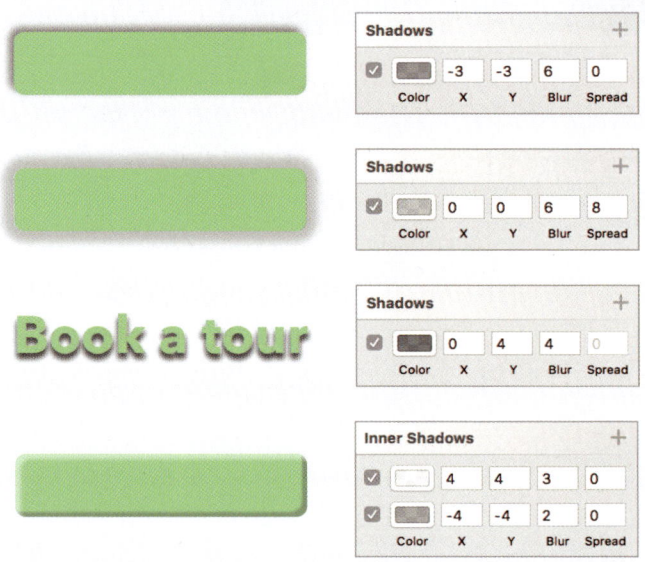

그림 3.33 X와 Y에 마이너스 값도 사용할 수 있다(맨 위). **Spread**는 그림자를 밖으로 밀어내 더 커 보이게 만든다(위에서 두 번째). 텍스트 레이어에도 그림자를 적용할 수 있으나 Spread 옵션은 사용할 수 없다(아래에서 두 번째). **Inner Shadow**는 요소의 안쪽으로 그림자를 만든다(맨 아래).

그림자는 보통 Blur가 적용된 레이어 복사본일 뿐이기에, Blur 효과는 그림자와 어느 정도 관련성이 있다. 스케치는 네 가지의 Blur 모드를 제공한다.

Motion blur(그림 3.34, 왼쪽 위): 움직이는 차에서 노출 시간을 길게 두고 찍은 사진 같은 효과를 준다. 흐린 강도(Amount)와 방향(Angle)을 조절할 수 있다.

Zoom blur(그림 3.34, 왼쪽 아래): 카메라 셔터가 열린 채로 확대하면 얻을 수 있는 사진 기법에서 나왔다. 동적인 선이 한 군데로 초점을 맞추고 있는 이미지를 얻는다. 강도와 초점 위치를 조절할 수 있다.

Gaussian blur(그림 3.34, 오른쪽 위): 레이어를 특정 양으로 흐리게 만드는 표준적인 Blur 효과로 가장 유용하게 쓰인다. 개인적인 생각이지만, Motion Blur와 Zoom Blur는 UI 디자인에 사용할 일이 없다.

Background blur(그림 3.34, 아래 오른쪽): 다른 Blur는 어느 레이어에나 사용할 수 있지만, 이 효과는 도형에만 사용할 수 있다. iOS와 맥 사용자라면 이미 알고 있을(너무 봐서 지겨울지도 모를) 특정 부분 아래에 깔린 화면이 뿌옇게 흐려지는 효과를 흉내 낸다. 이 효과를 사용하려면 도형을 하나 만들어서 거기에 **Background Blur** 효과를 적용한 후 Fills의 Opacity를 내린다. 체크박스로 효과를 완전히 끌 수도 있다. 복잡한 배경 위에서 사용하면 좋은 효과지만, 그렇지 않은 경우라면 효과가 눈에 띄지 않는다.

Blur는 CPU를 많이 차지하는 효과임을 알아두자. 특히 Background Blur는 더욱 그러하다. 넓은 영역에 사용한다면 스케치가 느려질 수 있다.

Infobox

그림 3.34 중간 원본을 기준으로 왼쪽 위: Motion blur(amount: 12px; angle: 162, 빨간 화살표로 표시), 왼쪽 아래: Zoom blur(amount: 18px, 빨간 십자가로 초점 표시), 오른쪽 위: Gaussian blur(amount: 4px), 오른쪽 아래: 이미지가 Background blur를 적용한 사각형 도형과 겹쳐져 있다(amount: 8px).

그라디언트

설명글이 화면에 보이는 것보다 더 많은 내용을 담고 있고 스크롤된다는 것이 확연히 드러나지 않으므로, 그라디언트를 입혀서 시각적 힌트를 주도록 한다. 여기에는 세 가지 방법이 있다. 첫째, 텍스트 자체에 Gradient Fill을 적용한다(1). 둘째, 그라디언트가 적용된 레이어를 오버레이한다(2). 셋째, 알파를 적용한 특수한 마스크를 입힌다(3). 이 세 가지 방법을 모두 보여줄 것이니(그림 3.36 참조), 새 아트보드를 만들어서 각 방법을 비교해보자.

텍스트 그라디언트 (1)

가장 쉬운 방법은 텍스트 레이어에 Gradient Fill을 추가하는 것이다. 텍스트의 색을 지정을 할 때 보통 **Fills**를 사용하지 않으니 조금 색다른 방법이 되겠다. 이 특별한 경우를 위해 Fills를 클릭해서 단색 대신 선형 그라디언트를 선택한다(색상표 위 두 번째 아이콘). 만약 그라디언트가 수직으로 작용하는 상황이 아니라면, 캔버스에서 첫 번째 색 단추를 드래그해서 텍스트 레이어 위쪽으로, 두 번째 색 단추를 아래쪽으로 옮긴다. 두 색 단추 모두에 검은색을 알파값(A) '100'으로 적용한다.

이제 색상 대화창의 그라디언트 축의 아무 곳이나 더블클릭해서 세 번째 색 단추를 추가한 후, 키보드에서 8을 눌러 정확히 80% 지점에 위치시킨다. *Tab*으로 다음 색 단추로 이동해 알파값을 '0'으로 바꾼다. 이 그라디언트가 보이지 않는 경우에는 설명글 내용을 지워서 텍스트 레이어의 높이가 그라디언트 높이와 같게 만든다.

Infobox

채우기 유형 2부: 그라디언트

스케치에는 선형, 원형, 그리고 원뿔형 그라디언트가 있다. 이 셋은 기본적으로 몇 가지 연속된 색이 그라디언트 축을 따라 나타나는데, 선형과 원형의 경우 직선 축을, 원뿔형의 경우 원으로 된 축을 가진다(그림 3.35의 파란 표시). 기본적으로 모든 그라디언트에는 시작 색 단추와 끝 색 단추가 있다(그림 3.35의 빨간색과 녹색 원 표시). 새로운 색 단추를 추가하려면(그림 3.35의 파란색 원), 색상 대화창에서 그라디언트 축(수평 바)을 더블클릭하거나, 캔버스에서 그라디언트 축을 한 번 클릭한다 (그림 3.35, 아래).

필요한 옵션을 선택한 뒤, 각 색 단추를 특정 위치에 배치하기 위해 *1*부터 *0*까지의 숫자 키를 사용한다(예를 들어 30%의 위치는 *3*을, 80%의 위치는 *8*을 누르는 식이다). 양쪽으로 인접하고 있는 두 색 단추 사이에서 정중앙에 색 단추를 배치하려면 *=*를 누른다. 색 단추의 위치를 바꾸려면 캔버스나 색상 대화창에서 색 단추를 선택해 마우스나 키보드 화살표로 옮긴다. 하나의 위치 선정이 끝나면 *Tab*을 눌러 다음 색 단추로 편하게 선택을 옮길 수 있다. 부드러운 색 전환 대신 그라디언트 축에서 두 색 단추를 한곳에 모아둬 급격한 색 전환을 만들 수도 있다. 마지막으로 색 단추를 삭제하려면 대상을 선택한 후 *Del*이나 *Backspace*를 누른다.

그라디언트별 특징을 알아보자.

선형^{Linear}: 캔버스에서 시작과 끝 색 단추를 움직여서 각도와 크기를 바꿀 수 있다. 90도 회전을 하려면 색상 대화창에서 그라디언트 끝, 색 단추 옆 화살표를 클릭한다.

원형^{Radial}: 캔버스에서 마우스로 가운데 지점을 드래그해서 그라디언트를 옮긴다(그림 3.35의 ①). 원 대신 타원의 그라디언트가 필요하면 그라디언트 영역을 나타내는 원형 왼쪽에 있는 흰 원을 드래그한다(그림 3.35의 ②). 크기나 각도를 바꾸

Infobox

고 싶다면 이 원 안에 있는 색 단추를 움직인다(그림 3.35의 ③).

원뿔형Angular: 이 옵션은 항상 레이어의 중앙부터 그라디언트를 시작해서 전체 요소를 채운다. 시작과 끝 색 단추는 기본적으로 함께 위치해서 급격한 색 전환을 만들어낸다.

그라디언트는 Fills뿐만 아니라 Borders에도 적용할 수 있음을 알아두자.

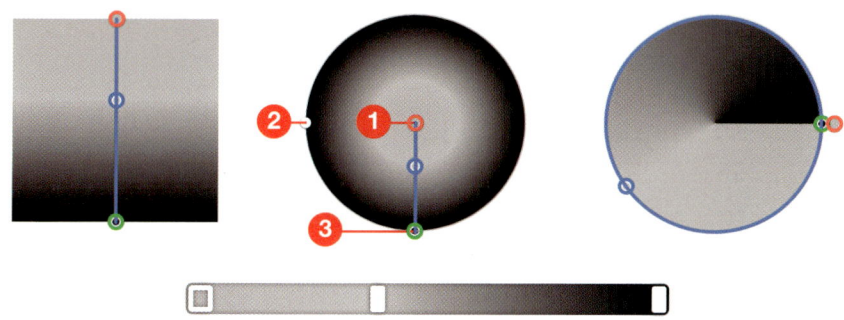

그림 3.35 왼쪽: 선형, 가운데: 원형, 오른쪽: 원뿔형 그라디언트. 파란색은 그라디언트의 축과 색 단추를, 빨간색 원은 시작 색 단추를, 녹색 원은 끝 색 단추를 나타낸다. 아래: 색상 대화창에서 세 타입 모두 같은 식의 그라디언트 축을 사용한다. ① 원형 그라디언트를 움직인다. ② 그라디언트 적용 모양을 변경한다. ③ 그라디언트의 크기나 각도를 변경한다.

아트보드와 이터레이션의 힘 **87**

오버레이 그라디언트 (2)

두 번째 기술을 배워보자. 새로운 사각형 도형을 추가한 후, 'Content' 그룹 안에서 설명글 텍스트 레이어 위에 위치시킨다. 폭을 텍스트 레이어와 같도록 하고, 높이는 '32'를 입력한다. 텍스트 레이어가 현재 위치에서 움직이지 않도록 Shift+Cmd+L로 잠근다.

레이어 리스트에서 사각형 도형과 텍스트 레이어를 모두 선택하고, 인스펙터의 정렬 아이콘을 이용해 왼쪽(세 번째 아이콘)과 아래(마지막 아이콘)를 맞춰 정렬한다. 두 레이어를 그룹으로 만든 후 'Body copy'로 이름 붙이고, 사각형 도형의 Width를 '100%'로 바꾼다. 이로써 사각형 도형은 텍스트 레이어와 같은 폭으로 바뀐다(이제 잠금을 해제한다). 사각형 도형에 그라디언트를 적용한다. 위에서 한 방법과 기본적으로 같은데, 색 단추를 모두 흰색으로 바꿔 적용한다. 위의 색 단추의 Alpha를 '0'으로, 아래 색 단추는 '100'으로 입력한다.

> **Quick tip**: 스케치는 전형적으로 캔버스에서 사용자가 선택한 레이어를 레이어 리스트에서 강조해서 표시한다. 만약 표시가 나타나지 않거나, 혹은 레이어 리스트에서 스크롤로 다른 지점으로 이동한 경우 Shift+Cmd+J를 누르면 선택한 레이어를 다시 보여준다.

알파 마스크 (3)

세 번째 방법은 조금 특별한 알파값을 가진 마스크를 사용한다. 이 방법도 앞의 방법처럼 추가적인 레이어를 이용한다. 사각형 도형을 추가해 텍스트 레이어 왼쪽 위에 맞춰 놓는다. Width와 Height에 모두 '100%'를 입력해서 텍스트 레이어와 크기가 같도록 만든다. 레이어 리스트에서 사각형 도형을 텍스트 레이어 아래로 옮긴다.

사각형 도형에 '텍스트 그라디언트'에서 했듯이 검은색 선형 그라디언트를 입힌다. 이번에는 첫 번째와 두 번째 색 단추의 불투명도를 100%로, 마지막 색 단추는 '0'으로 설정한다. 이제 사각형 도형을 선택한 채로 **Layer → Mask → Use as Mask**를 클릭, 그리고 **Layer → Mask → Mask Mode → Alpha Mask**를 클릭하면, 앞의 방법과 같은 효과가 나타나는 것을 볼 수 있다. 알파값이 '100'인 영역의 내용은 보여주고 '0'인 영역의 것은 가린다. 두 숫자 사이의 내용은 그라디언트 형태로 마스크를 씌운다. 그런 이유로 각 색 단추에 어떤 색상을 지정해도 상관이 없다.

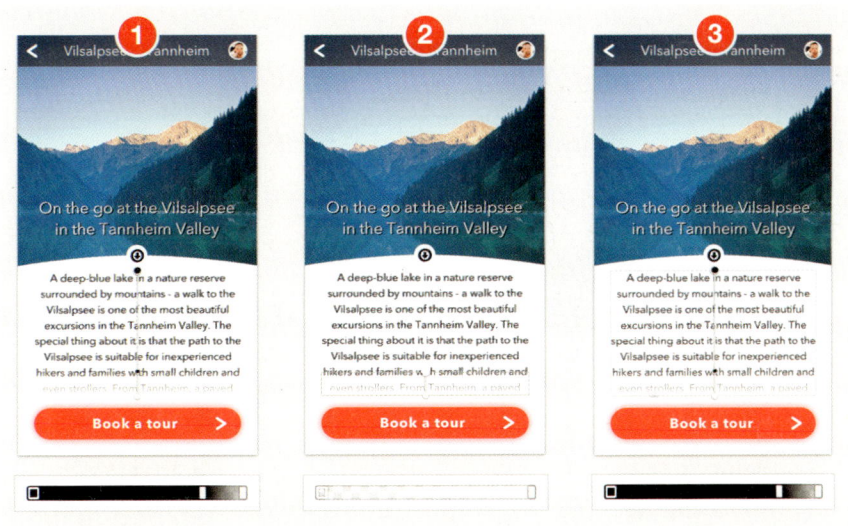

그림 3.36 그라디언트를 만드는 세 가지 방법. 각 방법은 캔버스와 색상 대화창에서 사용한 그라디언트 축을 함께 나타낸다. ① 텍스트 그라디언트 ② 오버레이 그라디언트 ③ 알파 마스크. 효과가 더 잘 보이도록 하기 위해 ②와 ③의 오버레이와 마스크에 회색 테두리를 추가했다.

앞으로 그리고 뒤로

이 앱의 사용자가 다른 스크린을 쉽게 둘러볼 수 있도록 앞뒤로 이동하는 내비게이션용 화살표를 추가할 것이다. 지름이 '80px'인 새 원 도형을 아트보드의 상단 영역에 만들고 'Content' 그룹보다 위에 위치하도록 한다. 이 화살표는 3분의 1만 화면에 보여야 하므로(나머지 영역은 아트보드의 왼쪽 가장자리 밖으로 나간다), 스케치의 연산 기능을 다시 사용해보자.

인스펙터에서 **X** Positions에 '80*-1*0.66'을 입력한다. '80'은 원 도형의 크기, '-1'은 결괏값을 마이너스로 만들고(요소를 왼쪽으로 옮긴다), '0.66'은 화살표의 3분의 2를 나타낸다. 소수점으로 나타나는 결괏값을 다시 정수로 만들기 위해 메뉴 바에서 **Arrange → Round to Pixel**을 실행한다. **Y**에는 '118'을 입력한 후, 원의 왼쪽 위를 그리드 라인에 맞춘다(Ctrl+G로 그리드를 확인한다). **그림 3.37**을 참조하자.

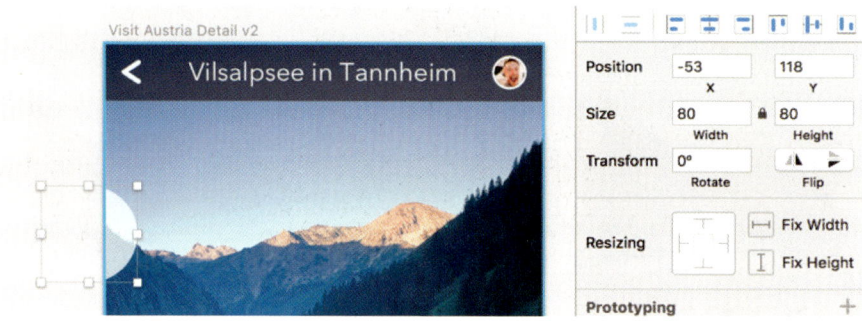

그림 3.37 3분의 2가 아트보드 왼쪽 밖으로 나가 있는 내비게이션용 화살표의 배경이 될 원 도형

> **Quick tip:** 스케치의 어느 입력창에서나 연산 기능을 사용할 수 있다. 예를 들어 테두리의 두께를 '*3'을 입력해서 세 배로 키우거나, '/2'를 입력해서 반으로 줄일 수 있다. 혹은 '+12'로 폰트 크기를 12px만큼 키울 수 있다.

화살표를 만들기 위해 이미 만들어 둔 'Arrow' 심볼을 이용한다. 메뉴 바에서 **Insert → Symbols**로 화살표 심볼의 인스턴스를 추가해서 원 도형 위에 위치시킨다. 우리는 다른 모양의 화살표가 필요하므로, 그대로 사용하지 않고 마스터 심볼에서 분리해야 한다(링크 해제). 마우스 우클릭 후 **Detach from Symbol**을 선택하거나 Shift+Cmd+G를 누르면 보통의 레이어 그룹으로 돌아온다. 이제 인스펙터의 **Flip**에 있는 첫 번째 아이콘을 이용해서 화살표를 수평으로 뒤집는다.

화살표의 Border를 검은색으로 바꾼 후, *Enter*로 벡터 포인트 편집 모드로 들어가서 화살표의 높이를 수정한다. *Cmd+2*로 해당 포인트를 확대해 가장 위 포인트를 선택한다. 우리는 8px 만큼 세로로 더 긴 화살표가 필요하므로 이 포인트를 위로 옮긴다. 키보드 화살표 키를 이용하는 것이 가장 쉽지만, **Y** Position에 '−8'을 직접 입력해도 된다(그림 3.38). 단, 이 경우 다음 액션을 위해서 *Esc*를 눌러 입력창에서 나와야 한다.

*Tab*으로 다음 포인트인 화살표 꼭짓점으로 선택을 옮긴 후, 너비가 더 좁은 형태의 화살표를 만들기 위해 오른쪽으로 4px만큼 옮긴다. 이제 *Cmd+A*를 눌러 모든 포인트를 선택한 후, 인스펙터의 정렬 아이콘 중 두 번째(수직 간격 맞춤)를 클릭해서 포인트 간 세로 간격을 같게 맞춘다. 이 과정이 제대로 진행되지 않고 화살표가 길게 늘어나는 경우가 있다. 이 경우 *Cmd+Z*를 입력해서 되돌린 후, 두 번째 포인트를 선택하고 **Y** Position에 '−4'를 직접 입력해도 된다. *Esc*를 두 번 눌러 벡터 포인트 편집 모드를 종료한다.

이 작업이 예정대로 진행되지 않는다면, 포인터를 수정하기 전에 벡터 포인트 모드를 빠져나갔다가 다시 들어와서 시도하도록 한다.

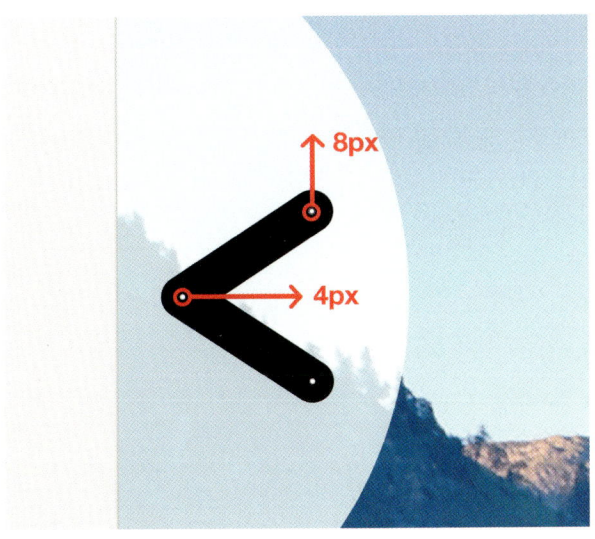

그림 3.38 각 방향으로 포인트를 옮긴다.

Infobox

콘텐츠 간격 맞추기

인스펙터의 가장 위에는 정렬 아이콘 외에 두 개의 배열 아이콘이 있다. 이는 세 개 이상의 레이어를 같은 간격으로 배치하는 기능을 한다.

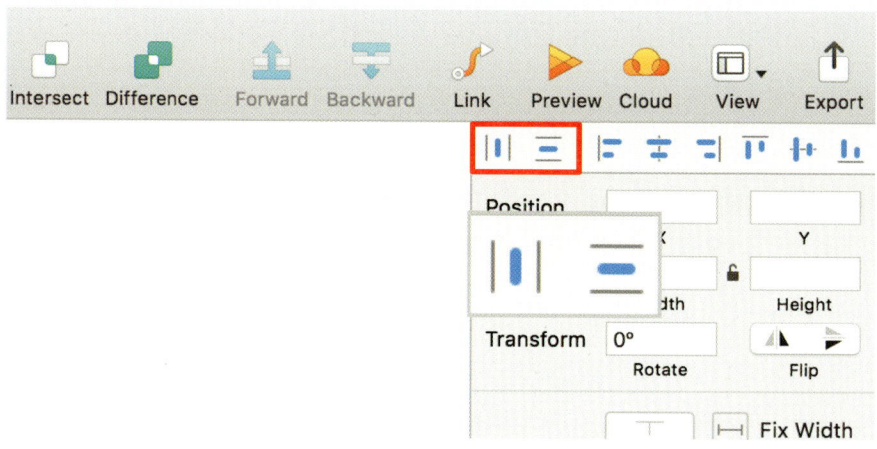

그림 3.39 배열 아이콘

이 경우 가장 외곽에 있는 두 레이어는 제 위치를 유지하고, 그 사이에 있는 레이어를 두 외곽 레이어와 같은 간격이 되도록 위치를 옮긴다(그림 3.40). 정수의 온전한 픽셀로 배열되지 않는 경우에는 다른 간격을 사용할 것인지 혹은 픽셀을 나누어 배치(소수점 사용)할 것인지 스케치가 물어본다. 배치 기능은 레이어뿐만 아니라 벡터 포인트에도 사용할 수 있다.

그림 3.40 요소를 배치할 때 두 외곽 요소와의 간격을 일정하게 맞추기 위해 내부 요소가 이동한다.

안타깝게도 요소를 재배치할 때 원하는 간격을 지정하는 것은 불가능하다. 하지만 메뉴 바의 **Arrange → Make Grid...**를 사용하면 이를 보완할 수 있다. 선택한

Infobox

레이어의 수와 방향에 맞게 적당한 양의 열과 행을 지정한 다음(둘 중 하나는 '1'이 된다), 필요한 간격을 입력한다(그림 3.41). **Arrange**를 눌러 이를 실행하면 Column을 선택한 경우 제일 왼쪽 요소에 맞춰서, Rows를 선택한 경우 가장 위쪽 요소에 맞춰 배열한다. 이 규칙에 맞도록 요소의 위치를 미리 고려하도록 한다.

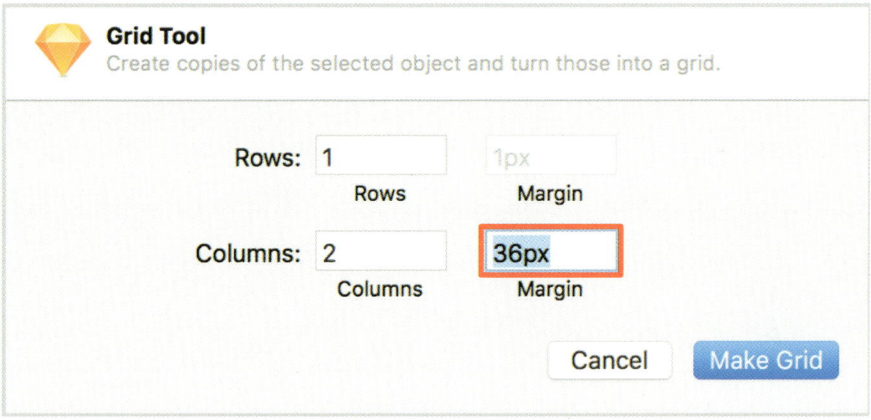

그림 3.41 특정 간격으로 요소를 배치하려면 메뉴 바에서 Arrange의 Make Grid...를 이용한다.

이제 화살표를 원형 도형의 세로 중앙에 위치시키자. 두 레이어를 선택한 후 오른쪽에서 두 번째 정렬 아이콘(수직 정렬)을 클릭한다. 화살표를 그리드에 맞추기 위해 **X** Position이 '8'이 되도록 옮긴다. 이젠 제법 보기에 괜찮아졌지만, 아직 우리가 원하는 결과를 얻지 않았다. 화살표가 원을 잘라내 그 영역을 통해 배경 이미지가 보이도록 만들 것이다.

이를 위해 도형을 다양한 방식으로 묶어주는 부울^Boolean 기능을 사용할 것이다. 그러기 위해서는 한 가지 조건이 있다. 합쳐질 모든 도형을 Border가 아닌 Fills로 만들어야 한다. 우리의 화살표는 이에 해당하지 않으니, 메뉴 바에서 **Layer → Convert to Outlines**를 선택하거나 *Shift + Cmd + O*를 눌러 Fills로 변형한다. 벡터 포인트 편집 모드에 들어가면 화살표가 Border를 나타내는 선이 아닌 수많은 포인트로 만들어진 도형으로 바뀐 것을 확인할 수 있다.

부울 연산을 위해 화살표가 원 도형 위에 있도록 한 후, 둘 다 선택해 툴바에서 **Subtract**를 클릭하거나, *Alt + Cmd + S*를 눌러 원을 화살표 모양으로 잘라낸다. 항상 아래에 위치한 레이어가 잘려나가는 대상이 되므로 레이어의 순서를 신경 쓰도록 한다. 이제 화살표 모양으로 구멍이 생긴 원 도형을 볼 수 있다(그림 3.42). 이 두 레이어는 캔버스에서뿐 아니라 레이어 리스트에서도 묶인 상태다. 묶인 도형을 나타내는 레이어가 생겼고, 이 새 레이어의 삼각형 아이콘을 클릭하면 관련 레이어를 모두 볼 수 있다.

스케치의 부울 연산은 계속 편집할 수 있다는 큰 강점이 있다. 묶은 도형을 여전히 개별적으로 움직일 수 있고, 메뉴 바의 **Layer → Combine → Break Apart**로 부울 연산 자체를 취소할 수도 있다. 마지막으로, 새로 생긴 부울 그룹을 'Nav arrow previous'로 이름을 바꾸고 불투명도를 80%로 내린다. 이 요소가 레이어 리스트에서 'Content' 그룹 바로 위에 오도록 옮긴다.

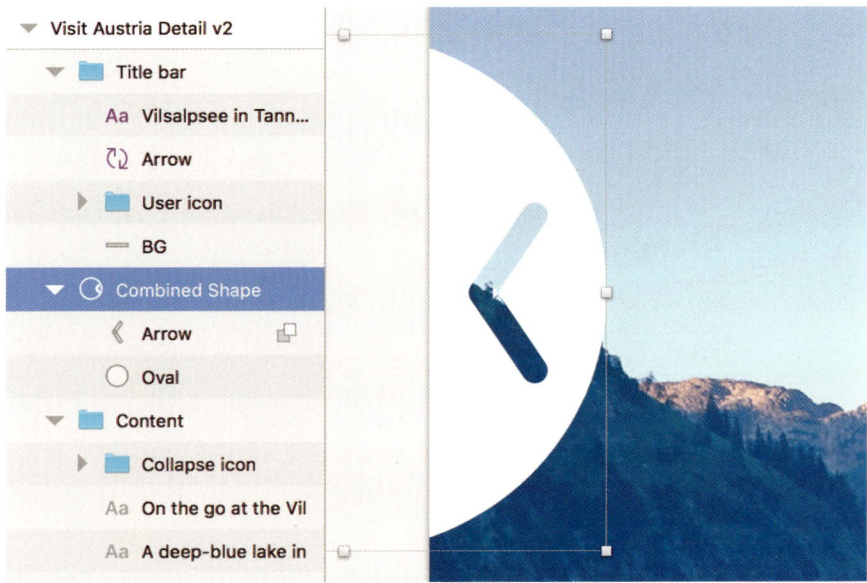

그림 3.42 원 도형에서 화살표를 잘라낸 부울 그룹

Infobox

부울 연산

부울 연산을 이용하면 여러 가지 방법으로 도형을 묶을 수 있다. 이는 완전히 새로운 형태를 만들어내며 끝없는 가능성을 열어준다. 요소를 만들기 위해 벡터 툴로 새로운 도형을 처음부터 그리는 것보다 이 기능을 사용하는 것이 훨씬 간편하다.

부울 연산에는 네 가지 유형이 있다(그림 3.43). 묶고자 하는 도형을 선택한 후 툴바에서 관련 아이콘을 클릭하거나 배정된 키보드 단축키를 누른다.

1. **Union**(Alt+Cmd+U): 두 도형을 하나로 합친다.
2. **Subtract**(Alt+Cmd+S): 한 도형에서 나머지 도형을 지운다.
3. **Intersect**(Alt+Cmd+I): 두 도형이 겹치는 부분만 나타낸다.
4. **Difference**(Alt+Cmd+X): 두 도형이 겹치지 않는 부분만 나타낸다.

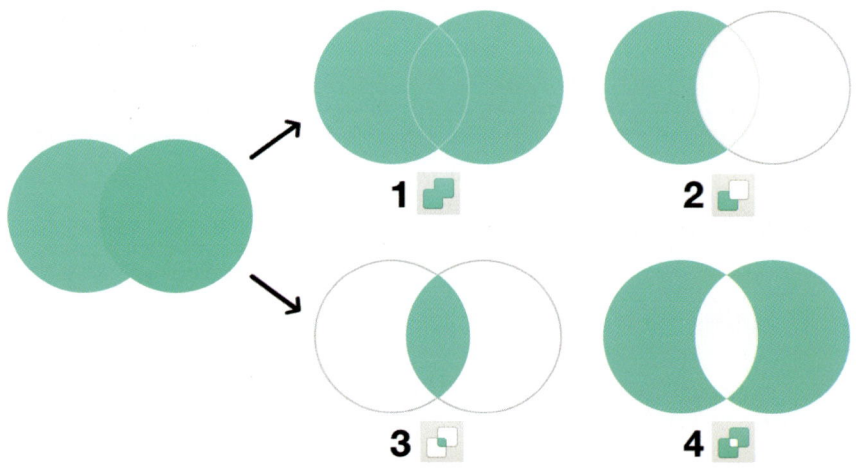

그림 3.43 부울 연산의 네 가지 유형

가장 많이 사용하게 될 유형은 **Union**과 **Subtract**로, 그 외 두 유형은 잘 쓰지 않는다. 특히 Subtract를 사용하다 보면 이상한 모양을 만들게 되곤 하는데, 몇 가지 간단한 규칙만 염두에 두면 문제될 것이 없다.

1. 순서가 중요하다. 위에 있는 도형은 항상 아래에 있는 도형을 지운다.
2. 가장 큰 도형은 항상 가장 아래에 있어야 한다. 도형이 작을수록 레이어 리스트의 계층 구조상 위에 오도록 배치한다.
3. 직접적 연관이 없는 도형은 다른 도형 위로 옮긴 후 부울 연산을 **None**으로 설정한다.

예시

예시로 8개의 기본 도형으로 만든 트럭 도형을 살펴보자.

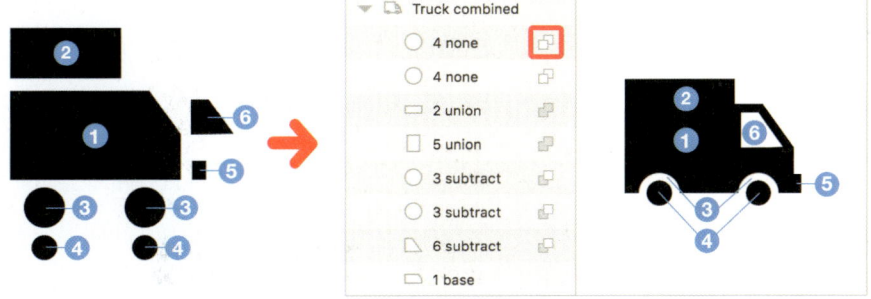

그림 3.44 왼쪽: 개별 도형들, 오른쪽: 도형을 묶어서 트럭을 만든다. 레이어 이름 옆에 보이는 작은 아이콘(빨간 테두리)는 부울 연산 유형을 바꾸는 데 사용한다.

- 운전석 ⑥과 바퀴 자리 ③은 차 본체 ①에서 **Subtract** 된다.
- 짐 칸 ②과 범퍼 ⑤는 **Union**으로 설정해 본체 ①과 묶는다.
- 바퀴 ④는 다른 도형과 합쳐질 필요가 없으므로 **None**으로 설정한다. Union을 사용할 수도 있지만 **None**이 더 안전하다.

작업 내용을 기본 도형으로 단순화하면 일이 꽤 간단해지고 어떤 형태라도 제작할 수 있다.

Infobox

유동성

스케치의 부울 연산이 주는 가장 좋은 점은 언제든 뒤집고, 재정렬하고, 다른 유형으로 전환할 수 있다는 것이다. 이는 도형을 부울 그룹 밖으로 옮기거나, 다른 부울 연산을 실행하거나, 혹은 관련 레이어 이름 옆의 작은 아이콘을 클릭해 부울 연산의 유형을 바꿈으로써 가능하다(그림 3.44, 빨간 테두리). 모든 연산을 한 번에 없애고 싶다면 부울 그룹을 선택한 후 메뉴 바에서 **Layer → Combine → Break Apart**를 실행한다.

부울 그룹에 수정하는 데는 여러 가지 방법이 있다. 개별 도형에 접근하려면 화면에서 해당 도형을 더블클릭한다. *Tab*이나 *Shift + Tab*을 누르면 사용 가능한 도형을 돌아가며 선택한다. 물론 레이어 리스트에서 부울 그룹을 열어 레이어를 선택할 수도 있다. 부울 그룹을 선택한 상태에서 *Enter*를 치면 합쳐진 도형의 벡터 포인트 편집 모드로 들어간다. 여기에서도 *Tab*(혹은 *Shift + Tab*)으로 모든 레이어의 다양한 벡터 포인트를 돌아가며 선택한다.

위의 어떤 경우든 *Esc*는 수정을 끝내도록 하는데, 벡터 포인트 편집 모드에 있다면 현재 포인트를 선택 해제하기 위해 한 번, 그리고 편집 모드를 종료하기 위해 한 번, 총 두 번을 눌러야 완전히 수정을 종료한다. 이런 묶인 도형의 벡터 포인트 편집 모드는 부울 그룹에 속하지 않은 일반 레이어에도 사용할 수 있다. 언제든 여러 개의 도형을 선택한 채 *Enter*를 누르면 모든 도형의 벡터 포인트에 한 번에 접근한다.

합쳐야 할 때

작업 과정을 단계별로 나누기 위해 도형이 복잡해지면 묶어둔 도형을 중간마다 합친 후 다른 부울 연산을 계속해 사용한다. 묶인 도형을 합치려면 메뉴 바에서 **Layer → Combine → Flatten**을 실행한다. 이 과정을 통해 복잡성이 낮아지고 하나의 도형으로 압축되므로 작업이 수월해진다. 그리고 도형을 SVG로 내보내야 할 때도 합치는 과정을 거치는 것이 좋다. 추후 필요할 경우를 대비해서 원본 도형을 복제해 두는 것을 잊지 말자.

그 외의 경우에는 언제든지 수정할 수 있도록 최대한 도형의 부울 연산을 살려두어 편집 가능한 상태로 유지하는 것이 좋다. 내부에 빈 공간을 포함하는 형태 (반지나 알파벳 P처럼)를 부울 연산으로 만들면 항상 서브패스^{Subpath}가 존재해 도형을 합치는 작업이 불가능하다(그림 3.45). 스케치는 이러한 시도가 있을 때마다 계속해서 경고한다.

그림 3.45 서브패스가 완전히 겹쳐서 빈 공간을 가진 도형은 합쳐지지 않는다.

이상한 상황

부울 연산 실행 후 레이어를 아무리 재정렬하거나 연산 유형을 바꿔도 이상한 결과를 보이는 상황을 만난다면, 이는 연산에 포함된 어느 한 레이어의 위치 때문일 수 있다. 스케치의 모든 도형은 특정한 순서가 있다. 이는 도형의 벡터 포인트의 순서로서 레이어 리스트에서의 순서와 절대로 헷갈려서는 안 된다. 포인트의 순서는 *Enter*로 벡터 포인트 편집 모드에 들어가서 *Tab*을 눌러 확인할 수 있다. 여기의 포인트 순서와 다른 순서로 도형을 묶으려 하면 스케치는 이 상황을 어떻게 처리해야 할지 알지 못한다(그림 3.46). 이 문제를 해결하려면 메뉴 바에서 **Layer → Combine → Break Apart**로 부울 연산을 취소한 후 **Layer → Path → Reverse Order**로 잘못된 순서를 바로잡는다. 그 후 부울 연산을 다시 적용하면 모든 것이 제대로 동작한다.

Infobox

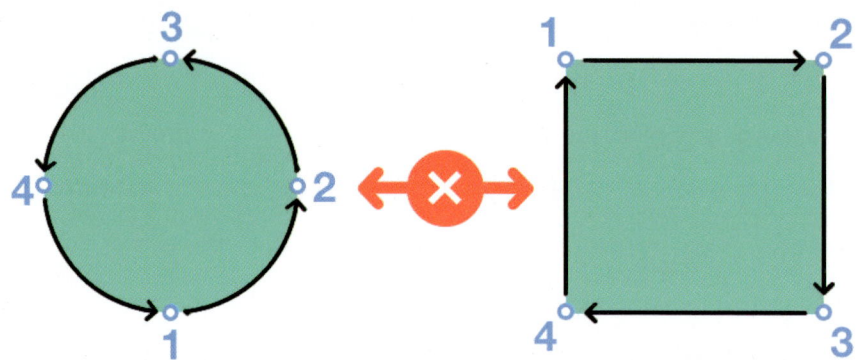

그림 3.46 원은 반시계방향 순서를 지니고 사각형은 시계방향의 순서를 지닌다. 이 두 모형을 묶으면 문제가 생길 수 있다.

다음 관광지로 넘어가는 화살표를 만들기 위해 이 화살표 그룹을 복제한 후 'Nav arrow next'로 이름을 붙인다. 다섯 번째 정렬 아이콘(오른쪽 정렬)을 사용해서 아트보드의 오른쪽으로 옮긴 후, 인스펙터의 **Flip**의 첫 번째 아이콘을 클릭하거나, 혹은 마우스 우클릭 후 **Transform → Flip Horizontal**를 선택해서 수평으로 뒤집는다. 오른쪽 화살표도 왼쪽 화살표에 했듯이 3분의 1만 보이도록 화면 밖으로 내보내야 한다. 왼쪽 화살표의 **X** Position값을 확인하고(약 '-53') 이를 오른쪽 화살표에 적용할 값으로 기억해둔다. 정확한 위치 선정을 위해 다시 연산 기능을 사용한다. 오른쪽 화살표로 돌아와서 **X**의 위치를 '53'만큼 옮기기 위해 '280+53'을 현재 **X** Position에 입력한다.

마지막으로, 두 내비게이션 화살표를 선택해 'Navigation' 그룹으로 묶는다(그림 3.47). 상세 화면의 두 번째 이터레이션을 보기 좋게 마무리했다. 그런데 브랜딩을 위한 중요한 한 가지가 남았다. 로고가 빠졌다. 로고 만들기는 나중에 하기로 하고, 지금은 스케치에서 아이콘을 만드는 것이 얼마나 쉬운지 먼저 살펴보자.

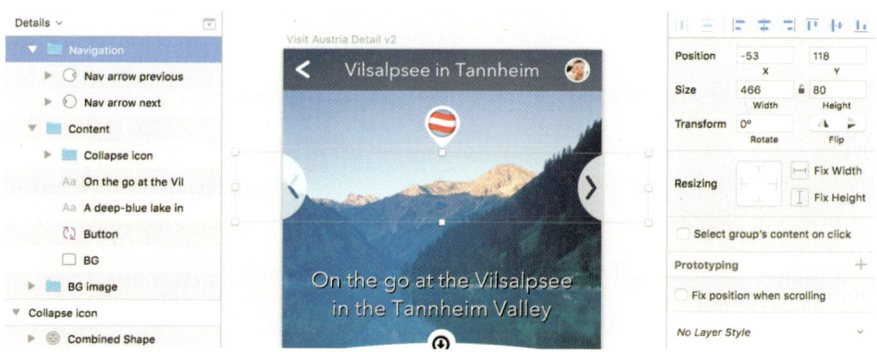

그림 3.47 완성된 내비게이션 화살표

접기 아이콘 따라 하기

이미 만들어진 아이콘을 사용하면 아이디어를 빠르게 실행하고 다양한 콘셉트를 이터레이션할 수 있지만, 스케치에서는 이를 처음부터 만드는 것도 꽤 간단하다. 앞에서 설명글을 잠시 숨겨서 Vilsalpsee의 풍경을 감상할 수 있게 하려고 추가했던 '접기' 아이콘을 직접 만들어보자. 준비 작업으로 100×100px짜리 새 아트보드를 현재 아트보드 옆에 만들어서 'Collapse icon'이라고 이름 붙인다. 기존 아이콘을 가져오기 위해 *Cmd-click*을 사용해 그룹 안의 레이어를 선택한 후 새 아트보드로 복사해온다. *Cmd+2*로 확대해 더 나은 시야를 확보한다. *Alt*를 누른 채 왼쪽으로 드래그해 복제본을 만든 후 색을 빨간색(혹은 검정이 아닌 아무 색이나)으로 바꿔 우리가 따라 만들 도형을 겹쳐 놓고 크기를 비교해볼 수 있도록 한다.

비교

자세히 들여다보면 아이콘의 폭이 20px임을 알 수 있다. 새 원 도형을 왼쪽 위 모서리에 맞춰 만들고 같은 크기의 지름을 지정한다. Fills를 해제하고 Border를 선택해서 안쪽으로 그려지는 검은색 테두리를 만들고, 두께를 약 3px로 바꿔 기존 아이콘의 것과 맞춘다. 기존 아이콘을 보면서 비교하기 위해 숫자 5를 눌러서 레이어의 불투명도를 50%로 낮춘다. 검은색 사각형 도형을 기존 아이콘의 화살표 가장 윗부분(검은 사각형)과 겹치면, 이를 3×5px 정도로 만들어야 함이 보인다 (높이를 맞추기 위해 추가적인 픽셀이 필요하다는 것도). 하지만 당장은 두 도형이 완벽하게 일치하지 않아도 괜찮다.

삼각형 도형(**Insert → Shape → Triangle**)을 이용해서 사각형 도형과 같은 색으로 화살표 머리를 만든다. 앞서 한대로 기존 아이콘과 비교해보면 크기가 **9×5px**이 돼야 함을 알 수 있다. 수직으로 뒤집어서 사각형 도형의 아래 가장자리에 맞춘 후 한 픽셀 올려 두 도형이 겹치도록 한다.

두 도형을 선택해서 세로로 중앙을 맞춘 후 Union 부울 기능을 실행하는 *Alt+Cmd+U*로 묶어서 화살표 도형을 완성한다(그림 3.48). 불투명도를 50%로 바꾸고 'Arrow'로 이름을 바꾼다.

그림 3.48 왼쪽: 기존 아이콘, 오른쪽: 우리가 따라 만든 도형이 겹쳐진 기존 아이콘

> **Quick tip**: 삼각형을 만드는 다른 방법(나는 이 방법을 선호한다)으로 같은 크기의 사각형 도형을 이용하는 방법이 있다. 사각형 도형의 벡터 포인트 편집 모드에 들어가서 화살표가 향해야 하는 방향의 가장자리에 *Cmd*를 누른 채 클릭해 새 포인트를 중간에 추가한다. 같은 가장자리에 있는 바깥쪽 두 포인트를 선택한 후 *Backspace*나 *Del*로 지운다.

스케치에서는 선이나 벡터에 바로 화살표 머리를 추가해서 사용할 수 있다. 안타깝게도 이 기능은 화살표 크기를 조정할 수 없어서 실제로 별 쓸모가 없다. 그래도 괜찮은 독자라면 인스펙터의 **Borders**에 있는 작은 톱니바퀴 아이콘을 클릭해서 **Start Arrow**와 **End Arrow** 옵션을 확인한다. 여기에서 **Ends**는 시작점을 의미함을 알아두자(그림 2.8 참조).

기존 아이콘을 자세히 들여다보면 화살표 모서리가 둥글게 처리된 것을 알 수 있다. 모든 모서리 속성을 바꾸는 가장 쉬운 방법은 화살표의 두 도형을 **Layer → Combine → Flatten**로 합친 후, 합쳐진 도형에 속성을 한 번에 적용하는 것이다. 벡터 포인트 편집 모드로 들어가 *Cmd+A*로 모든 포인트를 선택하되, *Shift*를 누른 채 사각형 도형과 삼각형 도형이 접하는 포인트를 클릭해서 선택에서 제외한다. 이제 인스펙터에서 Corner 슬라이더를 이용해서 모서리 반경을 조절한다. '1'은 너무 클 것이니 '0.5'로 설정한다(그림 3.39, 빨간 점). 입력창에 바로 입력하거나 *Alt*를 누른 채 ↑를 눌러 0.5가 될 때까지 0.1씩 입력값을 올린다. 가장 밖에 위치한 두 포인트는 반경으로 '1'이 필요하다(그림 3.49, 파란 점). *Esc*를 두 번 눌러서 편집 모드를 종료한다. 이제 뒤에 있는 기존 아이콘을 삭제해도 좋다.

그림 3.49 빨간 점으로 표시된 포인트는 border radius(Corners)를 '0.5'로, 파란 점의 포인트는 '1'로 설정한다. 남은 두 포인트는 모서리 반경이 필요 없다.

홀수 크기

화살표는 이제 괜찮아 보인다. 하지만 화살표를 원의 중앙에 위치시킬 수가 없다. 원의 면적은 짝수인데 화살표의 폭이 홀수odd이기 때문에 중앙 위치가 반쪽짜리 픽셀로 정의된다. 픽셀을 정수 단위로 지정하는 기능을 끄려면 **Preference** 의 **Layers** 탭에서 **Fit layers and points to pixel bounds**를 선택 해제한다. 하지만 아이콘을 픽셀 단위로 깔끔하게 작업하는 상황이라면 이런 설정은 피해야 한다. 반대로 로고같이 좀 더 복잡한 것을 만들 때는 이 기능을 꺼두면 작업이 손쉬워지기도 한다. 따라서 아이콘을 만들 때는 **View → Canvas → Show Pixels Grid on Zoom**(혹은 *Ctrl+X*)로 픽셀 그리드를 켜두는 것이 좋다.

> **Quick tip**: 스케치는 파일을 자동으로 저장한다. 만약 앞 버전으로 돌아가야 할 때는 메뉴 바에서 **File → Revert To Saved**에서 선택한다. 이런 안전망이 필요하지 않다면 **Preferences**로 가서 **General** 탭 안의 **Auto Save Files while editing**을 선택 해제한다.

화살표의 정렬 딜레마를 해결하려면 원의 크기를 홀수로 바꿔야 한다. 원을 선택하고 Width를 '19'로 바꾼다. 캔버스에서 키보드 화살표 키를 *Cmd*와 함께 사용하면 마우스를 만질 필요 없이 간단하게 크기를 바꿀 수 있다. 레이어 크기를 늘리려면 *Cmd + Right*나 *Cmd + Down*을, 줄이려면 *Cmd + Left*나 *Cmd + Up*을 누른다(그림 3.50). 10px 단위로 변경하려면 *Shift*를 추가한다. 이 방법이 마우스를 사용하는 것보다 더 효율적이고 정확하므로 레이어 크기를 바꿔야 할 때 나는 항상 이 방법을 사용한다. 선 길이도 같은 방법으로 조절할 수 있다. 이 작업이 끝나면 원과 화살표를 드디어 중앙에 정렬할 수 있다.

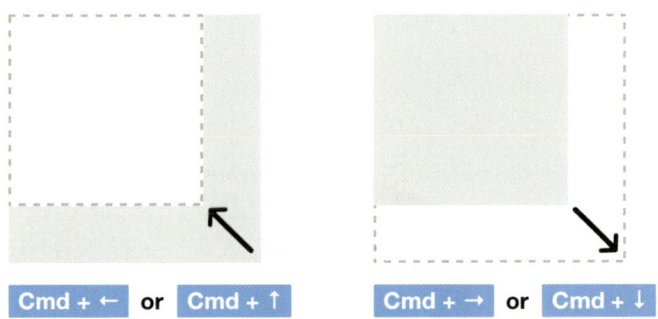

그림 3.50 *Cmd*와 화살표 키를 조합해 레이어의 크기를 빠르게 변경한다. 왼쪽: 레이어 크기를 줄인다. 오른쪽: 레이어 크기를 키운다.

> **Quick tip**: 선 길이를 조절하는 더 간단한 방법으로 벡터 포인트 편집 모드에서 *Cmd* 없이 화살표만 사용하는 방법도 있다. 여기서도 역시 *Shift*를 함께 눌러서 10px 단위로 조절한다. 메뉴 바에서 **Layer → Path**로 가서 **Reverse Order**를 통해 선의 방향을 바꾼다.

아이콘 마무리하기

최종 아이콘을 위해 이제까지 Border로 사용했던 원을 도형으로 만든다. 원을 선택한 후 메뉴 바에서 **Layer → Convert to Outlines**를 실행하거나 *Shift + Cmd + O*를 눌러 선을 두 개의 원으로 된 부울 연산으로 전환한다(이 과정에서 불투명도가 자동으로 100%가 된다). 레이어 리스트에서 화살표를 드래그해서 이 부울 그룹 안으로 이동한다. 화살표가 그룹 내에서 가장 위에 있도록 한 후, 부울 연산 유형을 **Subtract**로 변경한다(레이어 이름 옆에 두 사각형이 겹치는 모양의 아이콘을 클릭한다. **그림 3.51** 참조). 두 원의 부울 연산 유형은 **None**이 돼야 한다. 최종적으로 *Esc*를 눌러 부울 그룹에서 빠져나온다.

반지 모양의 두 원에 적용한 부울 연산은 이제까지 사용했던 방법과 꽤 다르다. 큰 원이 작은 원 위에 있는 데다 부울 연산 유형을 **Subtract**로 설정하지 않았다(화살표만 이에 해당한다. **그림 3.51**, 왼쪽). 이는 앞으로의 작업을 위해 우리가 알아둬야 하는 새로운 연산법이다. 같은 결과를 나타내는 또 다른 방법으로, 작은 원을 큰 원 위로 옮긴 후 부울 유형을 **Subtract**로, 화살표는 **Union**으로 설정해도 된다(그림. 3.51, 오른쪽). 아이콘을 복사해서 이 방법을 시도해보자.

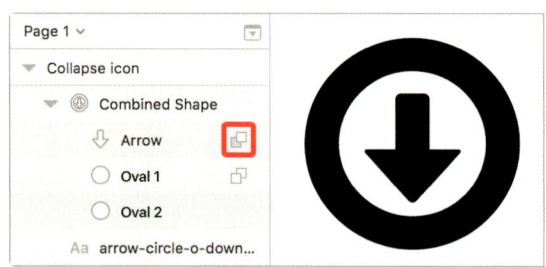 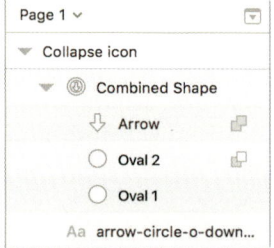

그림 3.51 왼쪽: 두 원에 None을, 화살표에 Subtract를 적용한 원본 부울 연산(빨간 테두리). 오른쪽: 두 원의 위치를 바꾼 후 Subtract를 적용한 방법. 이 경우 화살표의 부울 연산 유형은 Union으로 설정한다.

새 아이콘의 품질을 확인하기 위해 Show pixels를 실행하는 *Ctrl + P*를 누른다. 이 기능은 아이콘이 벡터 환경을 벗어났을 때(예를 들어 웹 브라우저 같은) 어떻게 보일지에 대한 미리 보기를 제공한다. 픽셀 그리드에 최대한 맞춘 새 아이콘이 기존 아이콘보다 더 선명하게 보이는 것을 확인할 수 있다.

우리 디자인에 사용할 아이콘은 준비됐다. 원한다면 기존 아이콘을 새 아이콘으로 교체해도 좋다. 작업을 헷갈리게 할 픽셀 미리 보기를 이제 끄도록 한다. 이제 새로 배운 내용으로 이 프로젝트에 필요한 로고를 만들어보자.

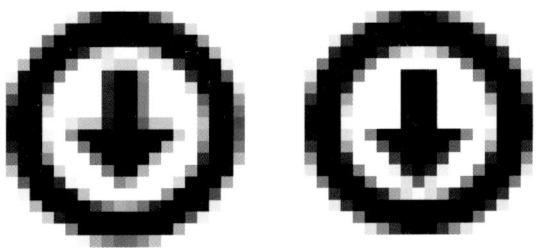

그림 3.52 픽셀 미리 보기에서의 기존 아이콘(왼쪽)과 새 아이콘(오른쪽). 온전한 픽셀로 선명한 선을 표현하는 새 아이콘이 훨씬 보기 좋다.

Infobox

픽셀 정확성

스케치로 제작하는 모든 것은 벡터 기반이라 원하는 대로 크기를 바꿀 수 있지만, 우리는 여전히 많은 것을 PNG나 JPG 같은 비트맵 기반으로 내보내야 한다. 아니면 적어도 브라우저에서 선명히 보이도록 픽셀 그리드에 맞춰 작업해야 한다. 작업물을 높은 화소 밀도 디스플레이에서 확인해 일반 디스플레이에서 어떻게 보일지 가늠해보는 것도 좋다. 이 작업에 가장 중요한 툴은 캔버스를 확대했을 때 비트맵 미리 보기를 제공하는 **Show Pixels**로, *Ctrl+P*로 실행할 수 있다(그림 3.53, 왼쪽). 아주 정확하지는 않지만 시작점으로는 괜찮은 방법이다. *Ctrl+X*로 픽셀 그리드를 활성화하면 600% 이상 확대했을 때 그리드가 즉각 보인다(그림 3.53, 오른쪽).

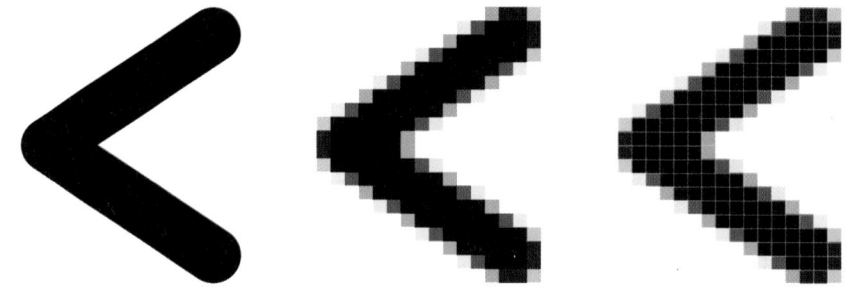

그림 3.53 확대한 화살표 아이콘. 왼쪽: 원본 벡터 디스플레이, 중간: Show Pixels의 픽셀 모드, 오른쪽: 픽셀 모드에 픽셀 그리드 추가

애초에 반쪽짜리 픽셀이 생기는 일을 방지하기 위해 **Preferences**에서 **Layers** 탭의 **Pixel Fitting**을 항상 활성화한다. 그리고 레이어의 벡터 포인트 모드에 있을 때 고려해야 할 관련 옵션으로서, 인스펙터의 드롭다운에서 **Round to full pixel edges**를 켜두도록 한다(Corners 슬라이드 아래에 위치한다. 그림 3.54, 위 참조).

하지만 항상 픽셀 그리드에 맞춰서 작업해야 할 필요는 없다. 정확하게 픽셀에 맞춰지지 않거나 혹은 그래서는 안 되는 요소도 있기 때문이다. 예를 들어 로

Infobox

고같이 복잡한 형태의 객체를 만들 때 정수의 픽셀만 사용하는 것은 도움이 되기보다 오히려 방해가 된다. 요소를 배치할 때나 벡터 포인트를 옮길 때 더 자유롭게 작업하기 위해서 **Round to half pixels**(그림 3.54, 중간)이나 **Don't round to nearest pixels**(그림 3.54, 아래)를 활성화할 수 있다. 혹여 실수로 **X**나 **Y** Position 혹은 Width나 Height에 소수를 입력했다 하더라도, 메뉴 바에서 **Arrange → Round to Pixel**을 통해 언제든지 정수로 바꿀 수 있다.

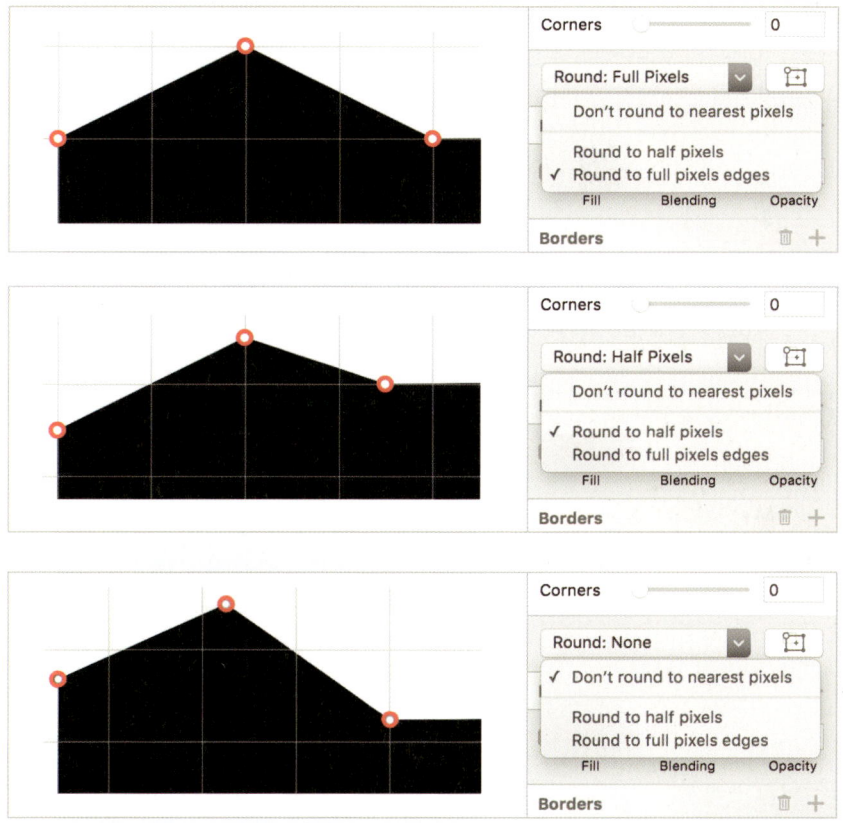

그림 3.54 위: 벡터 포인트가 자동으로 픽셀 그리드에 맞춰 위치(정수에 위치), 중간: 벡터 포인트가 픽셀을 그리드의 반에 맞춰 위치, 아래: 벡터 포인트가 그리드와 상관없이 위치(자유 배치)

Infobox

특히 모바일 디자인을 할 때는 1x의 크기로 디자인하는 것이 좋다. 1x의 디자인은 2x나 3x로 확대해야 할 때 원본을 두 배, 세 배로 간단히 키우면 되지만, 2x로 디자인을 한 경우 3x로 확대하면 1.5배 배율로 인해 항상 소수가 입력값으로 생기므로 반쪽짜리 픽셀을 만들게 된다. 자세한 내용은 2장 '1x로 디자인하기' Infobox를 참조한다.

마지막으로 중요한 한 가지는 요소의 크기를 바꿀 때 항상 메뉴 바의 **Layer → Transform**에 있는 **Scale...** 옵션을 사용하는 것이 좋다는 것이다. **Scale...**은 간단한 대화창을 통해 온전한 픽셀을 사용하며 예측 가능한 결과를 제공한다. 요소 크기 변경은 4장에 있는 Infobox '스케일 대 스케일'을 참고하자.

아이콘 색상 바꾸기와 중첩 심볼을 이용한 탭바 만들기

아이콘과 심볼의 이터레이션을 활용하기에 적절한 UI 요소 중 하나가 탭바 내비게이션Tab bar Navigation이다. 심볼은 하나만으로도 효율적인 디자인을 돕지만 여러 계층으로 적절히 구성할 경우 다양한 상태나 상황을 하나의 심볼로 디자인할 수 있어 이후에 유지 관리, 변경이 매우 쉽다. 이렇게 여러 계층으로 구성된 심볼을 중첩 심볼Nested Symbols이라고 한다.[17]

스케치는 심볼을 통해 적절하게 구조화된 디자인을 할 때 반복되는 UI 요소를 효율적이고 일관적으로 관리할 수 있고 툴의 효용성이 극대화된다. 그렇기 때문에 스케치를 제대로 이용하기 위해서는 구조적인 접근이 반드시 필요하다. 가장 기본적인 것이 UI 요소를 만들기 전에 구성 요건을 한 번 생각해보는 습관을 만드는 것이다.

구조적 디자인의 시작, 구성 요건 살펴보기

그럼 일반적인 탭바의 구성 요건을 살펴보자.

- 탭바는 하단 너비를 100% 사용하며 여러 개의 탭바 아이템으로 구성된다(조작성 때문에 최대 5개를 초과하지 않는 것이 좋다).
- 탭바 아이템은 아이콘과 레이블로 이루어지며 각 항목은 중앙 정렬되어야 한다.
- 탭바 아이템은 3~5개로 그 수가 변동될 수 있다(탭바 아이템의 너비가 개수에 따라 변동된다). 이때 아이콘은 크기가 유지되며, 레이블은 탭바 아이템의 너비와 동일하게 변동된다.
- 탭바 아이템은 Default 상태와 Active 상태가 있다. 각 상태는 색상으로 구분되어야 한다.

다음으로 이번 예제의 탭바 요건을 살펴보자.

---

[17] 중첩 심볼이 과도하게 사용될 경우 재정의할 항목이 복잡해 보일 수 있다. 재정의가 필요 없는 항목은 Shift+Cmd+L로 Lock을 걸어 오버라이딩을 막을 수 있다.

- 탭바 아이템은 관광지 목록과 검색하기, 예약하기, 설정하기, 앱 정보 5개로 구성된다.
- 탭바의 높이는 64픽셀로 한다.

위 요건을 이해했다면 만들어진 결과를 먼저 살펴보자.

 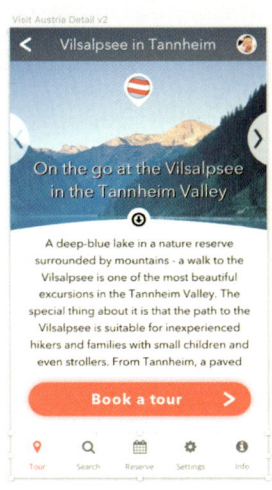 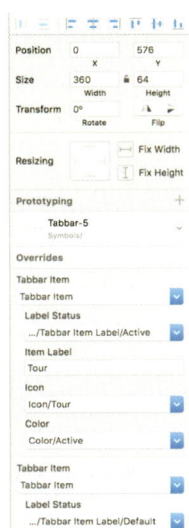

그림 3.55 탭바 자체가 심볼이며, 하위 각 탭바 아이템의 속성을 재정의(Overriding)할 수 있다. 스케치 50 버전부터 심볼 오버라이딩 시 중첩 심볼에 들여쓰기(Indentation) 형식이 적용되어 구조를 더 쉽게 살펴볼 수 있다.

기존 디자인에 탭바 영역 추가하기

이번 예제는 4장의 내용과 무관하게 만들 것이므로 2장에서 다운로드한 스케치 파일[18] 중 'Visit Austria Detail v2' 아트보드를 사용한다. 나머지 콘텐츠는 만들어진 상태에서 디자인해보자.

다운로드한 파일의 'Details' 페이지의 'Austria Detail v2' 아트보드를 레이어리스트에서 선택한 후 *Cmd+C*를 눌러 복사한다. *Cmd+N*을 눌러 새 스케치 파일을 만든 후 *Cmd+V*를 눌러 붙여 넣는다. 문서의 이름은 'Visit Austria Tab.sketch'로 저장한다.

---

[18] http://smashed.by/sketch-files1

이제 화면 하단에 탭바를 추가할 공간을 확보하자. 탭바의 높이는 8픽셀 그리드와 조작성을 고려해 64픽셀로 한다. 리사이징 제약 조건에 대한 설명은 8장에서 상세히 다룰 것이기 때문에 다른 항목의 크기를 줄이기보다 화면 하단의 'Content' 부분을 64픽셀만큼 위로 올려서 공간을 마련하자. 레이어 리스트에서 'Content' 그룹을 선택한 후 *Alt+Tab*을 누른 후 다시 Tab을 한 번 더 눌러 Y값 입력창으로 이동한다. 현재 Y값 뒤에 '-64'을 입력해서 Content 위치를 위로 64픽셀만큼 올린다.

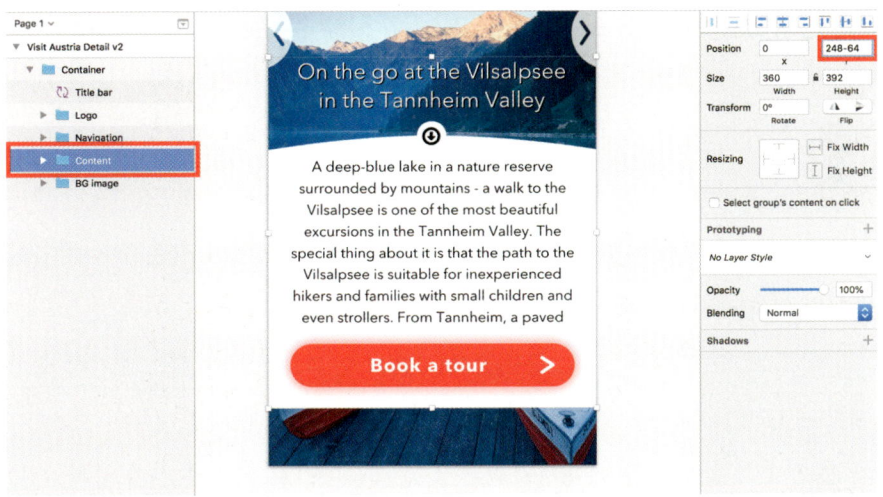

그림 3.56 Content 그룹의 위치를 위로 64만큼 이동하여 탭바가 놓일 공간을 마련한다.

다음으로 Content 아래에 흰색 배경으로 탭바 배경과 그룹을 추가하자. 영문 R을 눌러 너비 360, 높이 64의 흰색 사각형을 추가한다. *Cmd+R*을 눌러 사각형의 이름을 'Tabbar BG'로 수정한다. 그리고 *Cmd+G*와 *Cmd+R*을 입력하여 'Tabbar' 그룹을 만든다. Tabbar 그룹을 드래그하여 Content 그룹 다음으로 이동한다.

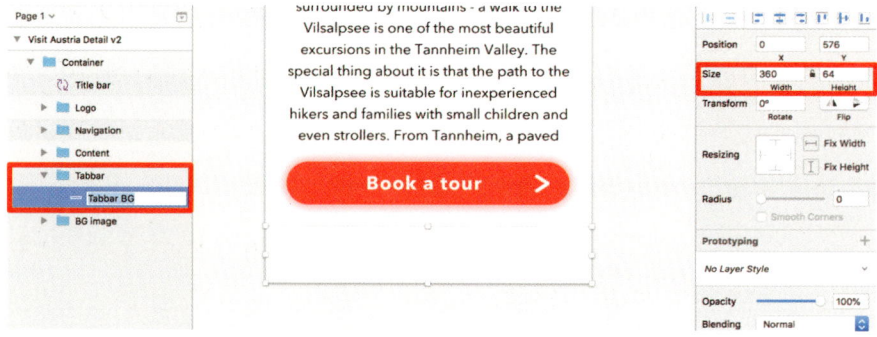

그림 3.57 탭바 배경과 탭바 그룹을 만들어둔다.

재료 준비하기 – (1) 색상 심볼, 아이콘 심볼 준비하기

탭바의 구성 요건을 미리 생각해야 하는 이유는 구조적인 디자인을 하기 위한 목적도 있지만, 작업 자체를 체계적으로 진행하기 위함이기도 하다. 재료를 미리 잘 썰어서 준비해 놓으면 요리를 더 빠르고 체계적으로 진행할 수 있는 것과 같은 이치다. 복잡한 디자인을 할 때 UI 구성 요건을 미리 고민해서 '사전 준비 작업'을 해두면 더 체계적이고 빠르게 작업할 수 있다.

자 이제 요리사가 되어 재료 준비를 시작해보자. 그림 3.9에서 배운 것처럼 심볼에서 재정의(Overrides)할 수 있는 요소는 텍스트, 이미지, 심볼 세 가지다. 이 세 가지 중 구조적 설계를 통해 재사용되는 것은 심볼이므로 아래 요건에 따라 아이콘 심볼, 색상 심볼, 레이블 심볼을 준비하자.

- 5개 메뉴별로 아이콘을 재정의할 수 있어야 한다.
- 탭바 아이템 레이블과 아이콘의 색상은 Default와 Active 두 가지에 따라 색상이 재정의될 수 있어야 한다.

우선 Active 색상은 'Book a tour' 버튼 컬러로 하고 Default 컬러는 어두운 회색으로 하는 색상 심볼을 만들자. **Tabbar** 위에 영문 R을 눌러 사각형을 추가한다. 크기는 임의로 정해도 된다. 여기에서는 탭바 아이템의 크기와 동일하게 하기 위해 높이는 64, 너비는 '100%/5'를 입력한다(전체 너비에 5개의 탭바 아이템 생성). 이 사각형은 나중에 탭바 아이템의 BG로도 사용해야 하므로 *Cmd+D*를 두 번 눌러서 3개를 만들자.

첫 번째 사각형을 선택한 후 *Ctrl+C*를 눌러 스포이드 모드 상태가 되면 'Book a tour' 버튼의 배경 위로 옮긴 후 클릭하여 버튼과 동일한 색상(#D8212D)으로 바꾼다. **Create Symbol** 버튼을 누른 후 심볼명으로 'Color/Active'를 입력 후 심볼을 생성한다. 두 번째 탭바 아이템 사각형을 선택한 후 색상 코드로 '#585858'를 입력하여 어두운 회색으로 채운다. 그리고 **Create Symbol** 버튼을 눌러 'Color/Default'를 입력 후 심볼을 생성한다.

이제 아이콘 심볼을 만들어보자. **Send Symbol to 'Symbols' Page**를 체크한 상태로 심볼을 생성했기 때문에 레이어 리스트에서 'Color/Active', 'Color/Default' 두 컬러 심볼 인스턴스는 아트보드에서 삭제하자.

미리 만든 탭바 아이템 세 번째 사각형(크기 72×64, 배경색 #D5D5D5, 이름 Tabbar Item BG)의 위치를 탭바의 가장 왼쪽으로 옮긴다. 그 위에 아이콘 배경으로 사용될 사각형(크기 24×24, 배경색 흰색, 이름 Icon BG)을 하나 추가한다(심볼을 만들기 전 심볼의 크기에 맞는 배경을 먼저 만드는 것이 좋은데, 심볼의 크기를 동일하게 유지하고 Zeplin이나 Measure 플러그인을 이용한 UI 가이드 생성 시 유용하기 때문이다). *Cmd+G*를 눌러 그리드를 표시한 후 위로 1개의 그리드, 좌우측으로 각 3개의 그리드를 두고 중앙에 위치시킨다.

아이콘을 직접 그려도 되지만 쉽게 아이콘 심볼을 만들기 위해 Icon Font[19] 플러그인을 이용해보자.

플러그인과 서체를 설치한 후 **Plugins → Icon Font → Grid Insert → FontAwesome**을 선택한 후 대화창에서 'map'으로 검색하여 아이콘을 추가한다(폰트 크기는 20으로 유지). 추가된 아이콘의 위치를 Icon BG 위에 두고 Icon BG 레이어와 폰트를 같이 선택한 상태에서 수평/수직 중앙 정렬 버튼을 눌러 가운데로 위치시킨다.

탭바 아이템의 크기와 위치를 고려해서 적당한 아이콘의 크기와 위치를 정했기 때문에 이제 실제 아이콘 심볼을 만들 순서다. Icon BG와 Icon Font를 선택한 상

---

[19] 79페이지 참고. 플러그인 설치 후 폰트 묶음도 추가로 다운로드하여 서체를 설치해야 한다.

태에서 **Create Symbol** 버튼을 눌러 'Icon/Tour' 이름으로 심볼을 만든다(우선 하나의 심볼을 만들고 나머지 아이콘은 복사하여 아이콘 폰트만 교체하는 형태로 만들 것이다).

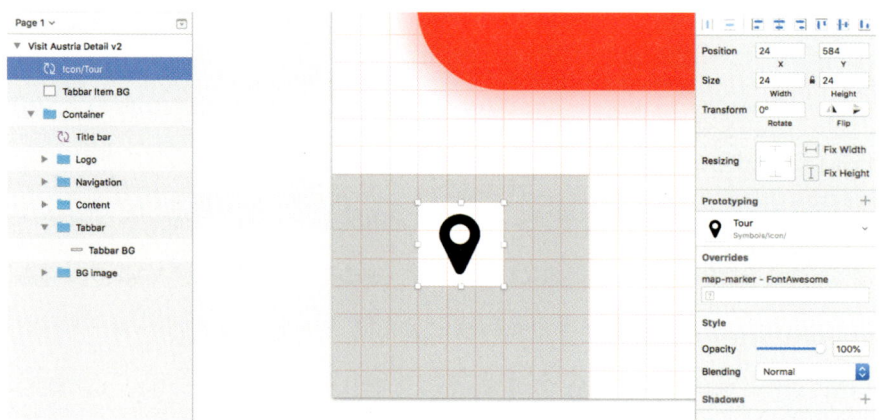

그림 3.58 처음 아이콘 심볼을 만들 때는 아이콘을 사용할 곳의 위치와 크기를 고려해야 한다.

다음으로 나머지 아이콘을 만들고, 아이콘 색상을 바꿀 수 있도록 컬러를 활용한 마스킹을 해보자. 아이콘 심볼을 더블클릭해서 Symbols 페이지의 심볼 편집 모드로 들어가자.

레이어 리스트에서 Icon/Tour 심볼을 선택한 후 *Cmd+D*를 4번 눌러 동일한 심볼을 4개 더 만든다. 각각의 심볼명을 선택한 상태에서 이름을 더블클릭하거나 *Cmd+R*을 눌러 이름을 Icon/Search, Icon/Reserve, Icon/Settings, Icon/Info로 각각 바꾼다.

이제 각 아이콘 폰트를 바꿀 차례다. Icon/Search 심볼의 아이콘 폰트를 선택한 상태에서 Icon Font 플러그인(Plugins → Icon Font → Grid Insert → FontAwesome)의 대화창에서 'search'로 검색한 첫 번째 결과물인 돋보기를 더블클릭한다. 기존 아이콘이 교체된 것을 볼 수 있다. 수직/수평 중앙 정렬 아이콘을 눌러 가운데 위치하도록 조정한다. 나머지 아이콘도 위와 같은 방법으로 메뉴에 맞게 아이콘을 교체한다. Reserve는 'calendar', Settings는 'cog', Info는 'info'로 검색해서 더블클릭하여 교체하면 된다.

다음 단계는 폰트 변환이다. 텍스트 폰트는 마스크 적용이 안 되기 때문에 폰트를 일반 도형으로 바꾸어준다. *Cmd*를 누른 상태에서 각 심볼의 아이콘 폰트를 선택한 후 *Shift+Cmd+O*를 눌러 변환한다. 이제 아이콘 세트 5개가 만들어졌다.

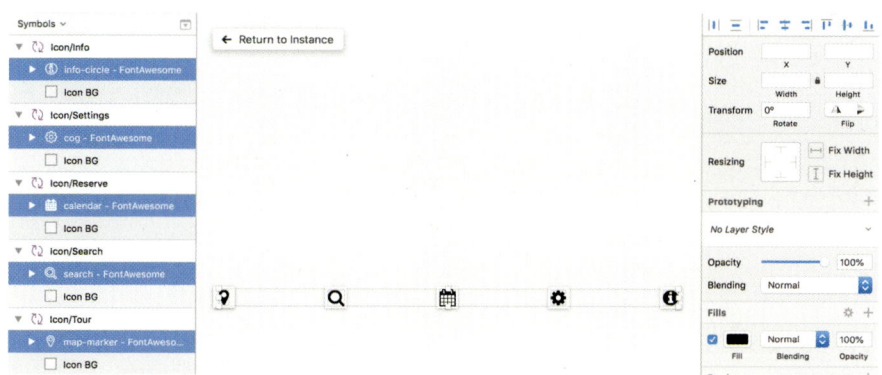

그림 3.59 Convert to Outline으로 텍스트 폰트를 마스킹이 가능한 일반 도형으로 변환한다.

상태별 색상 설정이 가능한 아이콘 심볼 만들기

이제 각 아이콘 위에 컬러 심볼을 얹고 아이콘에 마스크 처리하여 상태별로 색상을 바꿀 수 있도록 한다. Icon/Tour 심볼을 아이콘 레이어를 선택한 상태에서 Active 컬러 심볼을 추가 후 중앙 정렬한다(Insert → Symbols → Documents → Color → Active). 컬러 심볼의 크기가 아이콘 심볼 크기보다 크더라도 문제가 되지 않는다(당연히 마스크보다 작거나 위치가 맞지 않으면 마스킹이 제대로 되지 않는다). 아이콘 레이어를 선택한 상태에서 툴바에서 Mask 버튼을 클릭하거나 *Ctrl+Cmd+M*을 눌러서 마스크 처리를 한다. 마스크 처리 후 레이어 리스트에서 Color/Active 심볼을 선택 후 *Cmd+R*을 눌러 이름을 'Color'로 바꾼다(레이어 리스트에 표시되는 심볼의 이름은 심볼 인스턴스인데, 중첩 심볼에 사용된 인스턴스 이름은 Inspector에 표시되는 레이블로 사용되므로 대표성을 띄는 이름을 사용하는 것이 좋다. 이렇게 바꾼 이름은 심볼의 원래 이름에는 영향을 미치지 않는다. 심볼의 원래 이름은 Symbols 페이지에서 바꿀 수 있다).

나머지 아이콘도 동일한 방식으로 컬러 마스킹을 적용한다. Return to Instance 버튼을 눌러 디자인 페이지로 이동해서 다음 준비물인 레이블 심볼을 만들자.

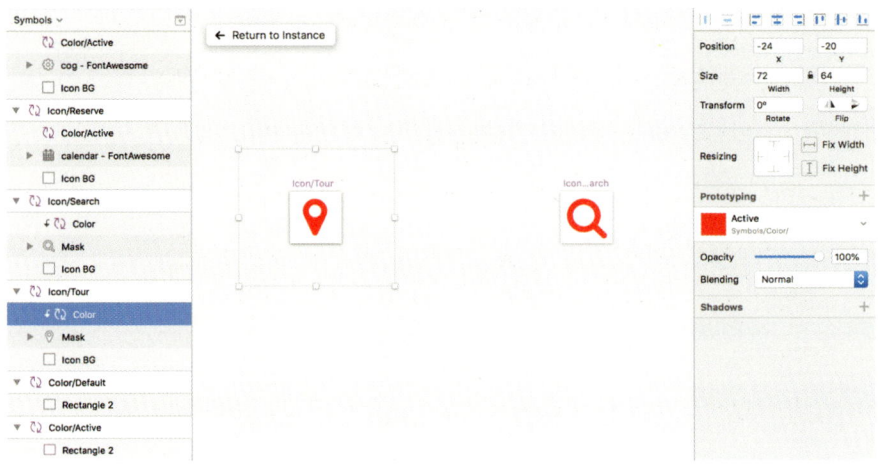

그림 3.60 컬러 심볼은 아이콘 심볼보다 크기가 커도 문제되지 않는다.

재료 준비하기 – (2) 레이블 심볼 준비하기

본문 텍스트, 제목 텍스트, 버튼 텍스트, 입력폼 텍스트, 폰트 패밀리, 상황(기본, 주의, 실패, 성공)별 텍스트와 같이 텍스트 레이블도 체계적으로 관리하기 위해서는 심볼화하여 관리하는 것이 좋다. 하지만 이번 과정에서는 탭바 아이템 레이블에 대해서만 심볼화하여 준비한다.

영문자 T를 눌러 아이콘 아래에 'Item Label'을 입력한다. 폰트 컬러는 #585858, 폰트 크기는 12, 정렬은 가운데 정렬로 설정한다. 크기는 탭바 아이템의 너비와

그림 3.61 Default, Active 텍스트 스타일을 설정한다.

같이 72로 하며, 위치는 X값 0, Y값 617로 한다. 폰트를 선택한 후 **Inspector**에서 **Create new Text Style**을 눌러 'Tabbar Item Label/Default'를 생성한다.

텍스트가 선택된 상태에서 바로 *Ctrl+C*를 눌러 색상 스포이드 모드에서 아이콘을 선택해 폰트 색상을 #D8202D로 변경한다. 색상 변경 후 **Inspector**의 **Text Style**에서 다시 **Create new Text Style**을 눌러 'Tabbar Item Label/Active'를 추가로 생성한다(Update나 Reset을 하면 기존 스타일이 업데이트되므로 반드시 Create new Text Style을 눌러야 한다).

텍스트 스타일을 정의했다면 이제 각 스타일별로 심볼을 만들 차례다. Active 상태의 Item Label을 선택 후 Create Symbol을 누르고 심볼 이름을 'Text/Tabbar Item Label/Active'로 한다. 다음으로 Default 텍스트 심볼을 만들어야 하는데, Item Label은 이제 심볼이 되었기 때문에 그대로 만들면 안 된다. 심볼을 선택 후 오른쪽 마우스를 클릭 후 'Detach from Symbol'로 일반 도형으로 만들어서 사용해야 한다. Detach from Symbol 처리하면 자동으로 그룹핑이되므로 *Shift+Cmd+G*를 눌러 그룹을 해제한다. Item Label의 텍스트 스타일을 Inspector에서 Default로 바꾼 후 'Text/Tabbar Item Label/Default' 심볼을 만든다.

이제 탭바 아이템을 구성하는 준비물인 아이콘, 색상, 레이블 심볼이 모두 준비되었다.

그림 3.62 Detach from Symbol로 심볼을 일반 도형이나 텍스트로 환원할 수 있다. 일반 텍스트로 바꾼 후 스타일을 변경해서 다시 다른 심볼로 만든다.

크기가 늘어나는 탭바 아이템 만들기

탭바 아이템은 아이콘과 레이블 그리고 탭바와 콘텐츠를 구분하는 구분선으로 구성된다. 아이콘과 레이블은 작업이 완료되었으므로 구분선을 추가한 후 아이템 심볼을 만들자.

구분선을 만드는 방법은 다양한데 여기서는 Inner Shadow를 이용해 구분선 넣는 방법을 사용할 것이다. 레이어 리스트에서 Tabbar Item BG를 선택 후 Fill 부분은 체크 해제하고 Inner Shadow를 추가한다. Blur 기본값으로 3이 입력되어 있는데 이를 0으로 바꾼다(나머지 값은 모두 0이고 Y값만 1이 되면 높이 1인 Inner Shadow가 생성된다). Color를 눌러 Hex 코드를 #DFDFDF로 Alpha 값을 100으로 바꾼다. 옅은 회색의 구분선이 생겼다.

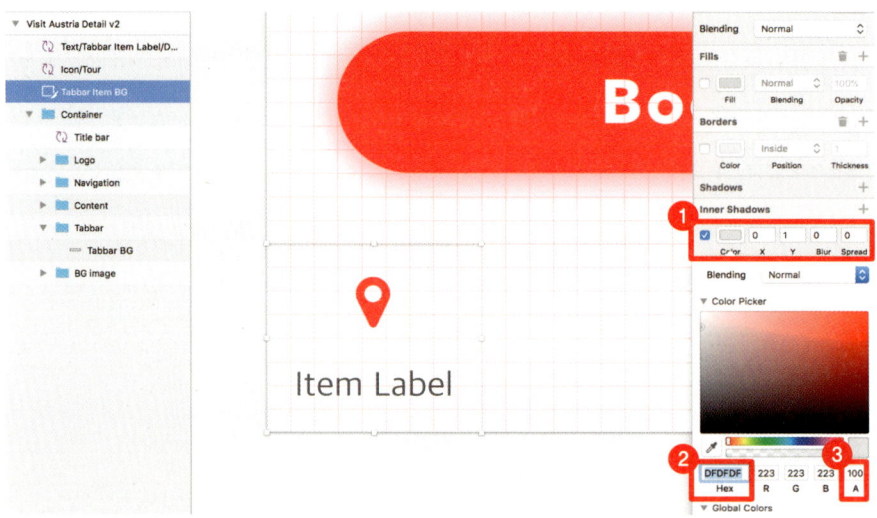

그림 3.63 ①Inner Shadow를 이용해 구분선을 만들 수 있다. ②옅은 회색을 적용한다. ③Inner Shadow는 50%의 투명도가 기본인데 이를 100%로 바꾸어준다.

모든 구성물이 준비되었으니 탭바 아이템 심볼을 만들자. 탭바 아이템은 아이콘 심볼과 레이블 심볼이 중첩되는 중첩 심볼이다. 이전 아이콘 심볼을 만들 때 레이어 리스트에서 컬러 심볼 인스턴스의 이름을 바꾼 것처럼 중첩 심볼을 만들 때는 하위에 포함되어 선택된 심볼 이름을 대표성을 띠는 이름으로 바꿔주는 것이 재정의 시 보기 편하다.

레이어리스트에서 'Text/Tabbar Item Label/Default'는 Default와 Active로 상태 값이 바뀌는 것이므로 'Label Status'로 바꾼다. 'Icon/tour'는 'Icon'으로 변경한다.

그림 3.64 중첩 심볼을 만들 때는 레이어 리스트에 있는 하위 심볼 인스턴스의 이름을 대표성을 띄는 이름으로 정하는 것이 좋다.

Label Status, Icon, Tabbar Item BG 3개의 레이어를 선택한 후 **Create Symbol** 버튼을 클릭해서 'Tabbar Item' 심볼을 생성한다. 미리 만들어 둔 Tabbar 그룹으로 Tabbar Item심볼을 이동한다. 이 탭바 아이템 심볼은 의도했던 대로 하나의 심볼로 아이콘의 형태, 색상을 바꿀 수 있고, 레이블의 상태와 레이블을 바꿀 수 있게 되었다.

그림 3.65 아이콘, 아이콘 색상, 레이블, 레이블 색상을 재정의할 수 있어서 하나의 심볼로 다양한 탭바 아이템을 재정의할 수 있다.

탭바 아이템이 5개일 경우에는 문제가 없지만 3~4개로 줄어드는 경우에는 탭바 아이템의 너비가 넓어져야 한다. 이때 아이콘은 너비가 그대로 유지되어야 하며, 레이블은 탭바 아이템과 너비가 동일하게 넓어져야 한다. 이런 제약 조건을 Resizing 제약 조건이라고 하며, Inspector Resizing 영역에서 설정할 수 있다(자세한 내용은 8장에서 살펴볼 수 있다). 아래 이미지를 참고하여 따라해보자.

Return to Instance 버튼을 눌러 디자인 페이지로 이동한 후 Label Status는 'Default'로 바꾸고 Icon의 Color는 Color/Default로 바꾸어 Default 상태의 아이템으로 변경한다.

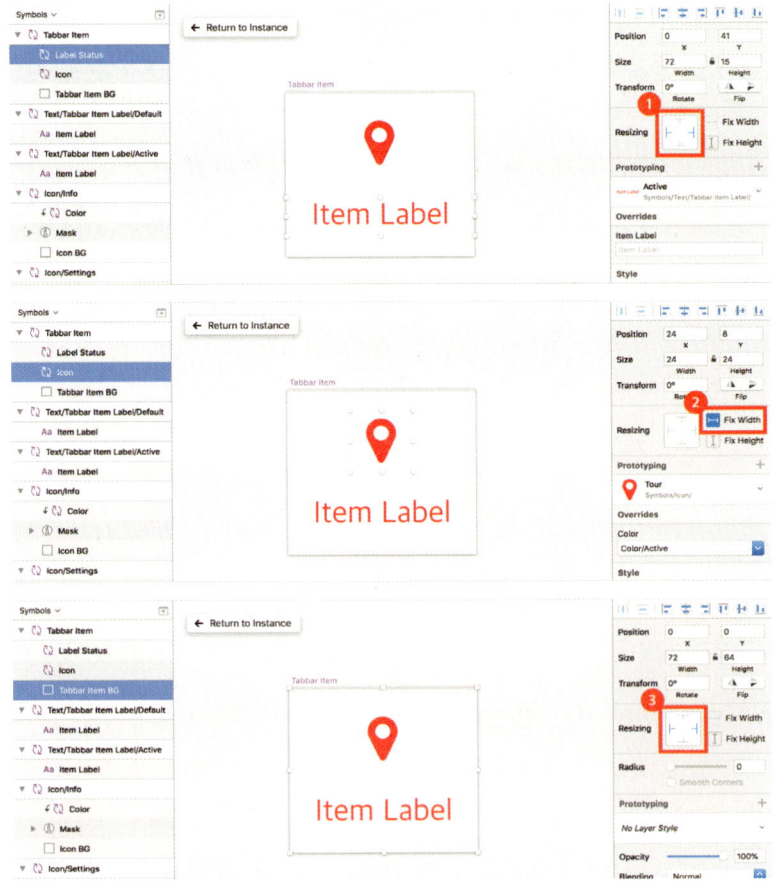

그림 3.66 ①Item Label은 부모 레이어와 동일한 너비를 유지해야 하므로 현재 동일한 크기로 만든 상태에서 좌우측 Pin 아이콘을 클릭하여 간격을 고정시킨다. ②아이콘은 부모 레이어의 너비가 변하더라도 너비가 유지되어야 하므로 Fix Width를 체크한다. ③탭바 배경도 레이블과 마찬가지로 부모 레이어와 너비가 동일하게 유지되어야 하므로 좌우측 간격을 고정시킨다.

탭바 심볼 구성하고 전체 내용 재정의하기

탭바를 구성하는 탭바 아이템에 대한 작업이 모두 끝났다. 이제 탭바 아이템이 5개인 탭바를 만들어 Tour 메뉴에 맞게 내용을 설정해보자. 그 다음으로 Info 기능이 빠진 4개의 탭바를 구성해본다.

탭바 아이템 심볼을 선택한 후 **Arrange → Make Grid**를 눌러 탭바 아이템을 5개 복사한다. 대화창에서 Rows에 1, Columns에 5, Margin에 0을 입력 후 Make Grid 버튼을 눌러 5개를 만든다. 레이어 리스트에서 5개의 Tabbar Item 심볼을 선택한 후 Create Symbol을 버튼을 누른 후 'Tabbar-5'로 심볼을 생성한다.

다음은 탭바 아이템의 개수가 4개인 탭바 아이템의 너비가 넓어진 탭바를 만들어보자. 'Tabbar-5'를 더블클릭해서 심볼 수정 모드로 진입한다. 'Tabbar-5'를 선택하여 *Cmd+D*를 눌러 복제한 후 *Cmd+R*을 눌러 심볼의 이름을 'Tabbar-4'로 수정한다. 첫 번째 탭바 아이템을 제외하고 나머지 4개를 삭제한다. 남은 탭바 아이템의 너비는 '100%/4'를 입력한다. 이후 **Arrange → Make Grid**를 눌러 탭바 아이템을 4개 복사해서 아이템이 4개인 탭바를 생성한다.

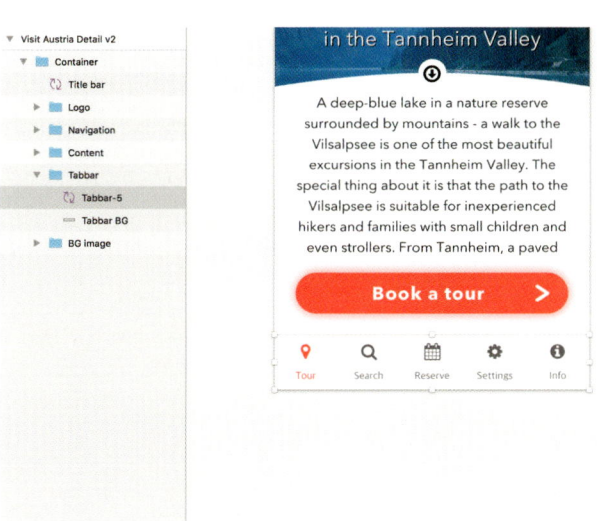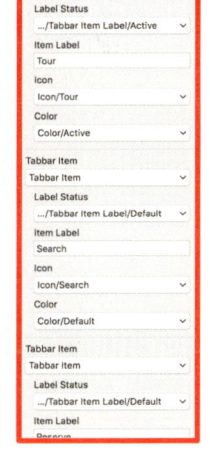

그림 3.67 각 탭바 아이템별로 아이콘, 아이콘 색상, 레이블을 설정할 수 있다.

지금까지 예제를 따라 하면서 '그냥 디자인하면 빠르게 진행할 것을 심볼을 이용하느라 어렵고 복잡하게 디자인하는 것은 아닌가'라고 의문을 가질 수도 있다. 디자이너 혼자 한두 번의 작업으로 결과물을 완성하는 경우에는 구조적인 고민이나 중첩 심볼에 대한 고민을 많이 하는 것보다 아이디어나 크리에이티브에 집중하는 것이 더 나을 수 있다. 하지만 여러 명이 반복적인 수정을 거쳐야 하거나, 다수의 프로젝트에서 유사한 UI 요소를 다뤄야 할 경우에는 중첩 심볼을 구조적으로 잘 구성하여 사용하는 것이 일관성을 높이고, 작업 효율성도 단연코 높일 수 있는 방법이다.

Chapter 04

로고 만들기
Creating A Logo

스케치는 아이콘 디자인뿐 아니라, 로고 제작에도 사용할 수 있다. 우리 앱을 위한 로고가 하나 필요하다! 로고 작업이 앱 디자인 작업과 분리되도록 새 페이지를 만들자. 너무 많은 아트보드가 한 페이지에 있으면 스케치가 급격히 느려질 수 있다. 그러니 작업 영역 분리는 스케치 성능을 향상하는 방법이기도 하다.

그림 4.1 완성된 로고. 아트보드에 배경색을 지정한다.

콘텐츠를 페이지별로 정리하기

페이지^{Page}는 레이어 리스트 바로 위에서 관리한다. 기본적으로 접혀 있는데, 레이어 리스트의 오른쪽 위에 있는 아이콘을 클릭해서 열어볼 수 있다(그림 4.2, 왼쪽). 이 아이콘은 새 페이지를 추가^{add}하는 기능뿐 아니라 이제까지 만들어진 모든 페이지를 보여준다(그림 4.2, 오른쪽). 우리가 아직 페이지를 추가한 적이 없음에도 불구하고 이미 두 개의 페이지가 존재한다. 'Page 1'은 이제까지 우리가 작업하던 곳이고, 'Symbols'는 앞서 'Arrow' 심볼을 만들 때 자동으로 생성됐다. 언제든 심볼을 만들 때 **Send Symbol to "Symbols" Page**를 선택하면 이곳으로 전송된다.

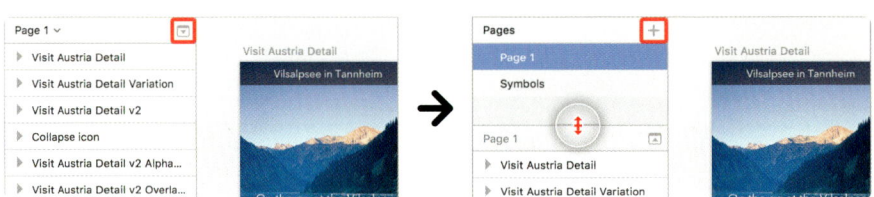

그림 4.2 왼쪽: 페이지 목록을 보려면 레이어 리스트의 오른쪽 위 아이콘을 클릭한다. 오른쪽: '+' 아이콘으로 새 페이지를 추가한다. 아랫단을 조절해 페이지 영역의 크기를 바꾼다.

> **Quick tip**: 페이지 간에 요소를 복사하거나, 혹은 레이어 리스트에서 다른 페이지로 드래그해 이동한다.

현재 페이지를 더블클릭해서 'Details'로 이름을 바꾸고, 오른쪽 위에 있는 '+' 아이콘으로 새 페이지를 추가한다. 'Logo'라고 이름 붙이고 'Symbols' 페이지 위로 옮긴다(페이지 영역의 크기는 아래 가장자리를 조절해 바꿀 수 있다. 그림 4.2 참조). 페이지를 삭제하거나 복제하려면 해당 페이지에 마우스 우클릭 후 해당하는 기능을 선택한다. 페이지 목록을 다시 접어두려면 레이어 리스트 바로 위에 현재 페이지의 이름이 표시되는 곳 옆에 있는 아이콘을 클릭한다.

> **Quick tip**: *Ctrl+Up*과 *Ctrl+Down*, 혹은 *Page Up*과 *Page Down*으로 페이지를 전환한다.

'Logo' 페이지에서 같은 이름으로 새 아트보드를 만든다. 인스펙터의 **X**와 **Y** Position을 '0'으로 입력하고, Width와 Height를 '500'으로 설정해 넉넉한 작업 공간을 만든다. 앞서 설명했듯 캔버스에 바로 작업할 수도 있지만, 만들 로고가 흰색이므로 눈에 잘 보이게 하려면 다른 색 배경이 필요하다. 가장 쉬운 방법은 아트보드의 배경색을 이용하는 것이다. 색상 대화창의 **Global Colors**에서 파란색을 선택한 후 색을 더 어둡게 바꿔 색 대비가 충분하도록 한다(그림 4.1, 오른쪽).

> **Quick tip**: 프로젝트 크기가 가늠이 가지 않을 때는 캔버스에 대고 바로 작업을 시작할 수 있다. 가끔은 고정된 크기의 캔버스가 쓸데없이 제약이 될 때가 있다. 캔버스에 있는 콘텐츠로 나중에 아트보드를 만들려면, *A*를 누른 후 콘텐츠를 감싸듯 드래그해서 아트보드를 만든다. 드래그 영역 안에 있는 모든 것이 새 아트보드에 자동으로 추가된다. 다른 방법으로는 캔버스에 있는 모든 콘텐츠를 *Cmd+A*로 선택한 후 *A*를 눌러서 인스펙터의 **New from Selection**을 클릭한다.

영감 얻기

로고를 위한 아이디어를 내기가 꽤 어려울 수 있으니, 끝없는 가능성을 보여주는 웹의 도움을 받기 위해 Noun Project[20]로 간다. 이 사이트는 아이콘과 로고에 대한 영감을 받기 좋은 곳으로, 아이콘을 드래그해서 스케치로 가져와 벡터로 사

---

[20] https://thenounproject.com

용할 수 있도록 하는 전용 맥 앱도 제공한다. http://smashed.by/sketch-npsignup 에서 회원 가입할 때 프로모션 코드 'Coolicons'를 사용하면 Pro 플랜을 세 달 동안 무료로 이용하는 특별 혜택을 누릴 수 있다.

우리 앱의 이름이 'Visit Austria'이므로 'visit'으로 먼저 검색해보는 것이 좋겠다. 검색 결과를 살펴보면 특정 아이콘 하나가 반복해 나타나는 것을 알 수 있다. 바로 맵 핀이다. 이 아이콘을 사용해보는 게 어떨까? 관련 아이콘 몇 개를 하드 드라이브에 참고 자료로 저장한 후 파인더에서 스케치 안으로 드래그해서 불러온다. 오스트리아나 국가를 생각했을 때 일반적으로 어떤 것이 떠오르는가? 지도에서 보이는 모양? 아마도…. 하지만 더 좋은 게 없을까? 국기는 어떤가? 빙고! 이 단어로 검색해보면 바람에 흔들리는 국기가 눈에 띈다. 이것도 영감 삼아 저장해 두도록 한다.

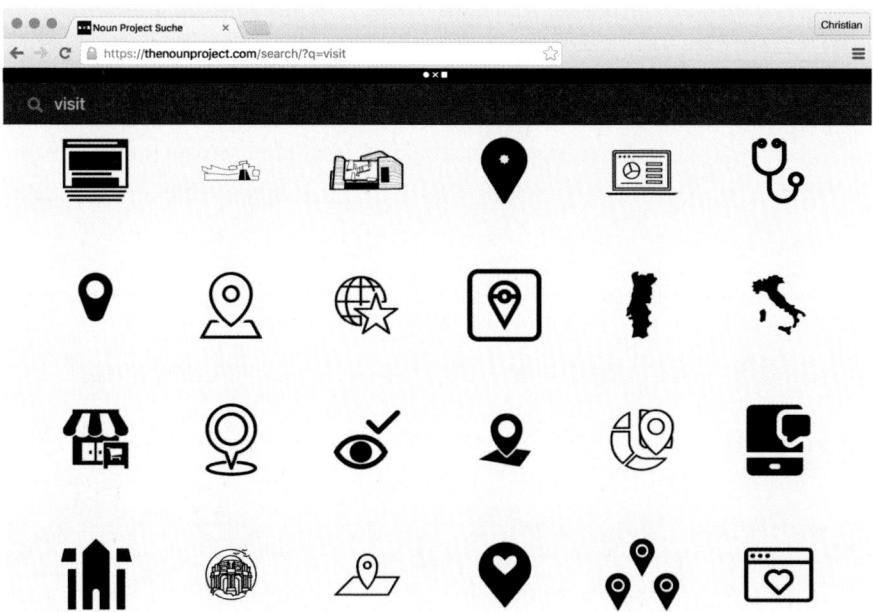

그림 4.3 The Noun Project에서 로고에 대한 영감을 얻을 수 있다. 'Visit', 'pin', 'flag'를 검색해보자.

맵 핀, 혹은 벡터 포인트 사용법

몇 가지 생각이 정리되면, 맵 핀부터 작업을 시작해보자. 맵 핀의 가장 기본은 간단한 흰색 원이다. 아트보드의 하단에 지름이 40px인 원을 추가한다. 원을 그리려면 인스펙터에서 폭과 높이를 잠그는 *Shift*를 함께 누르는 것을 잊지 말자. *Cmd+2*로 이 새 도형을 확대해 구멍을 만들기 위한 또 다른 원을 *Cmd+D*로 복제해서 만든다. 복제한 원의 핸들 모서리를 드래그하는데, 이때 *Alt*를 눌러서 원의 중앙을 기준으로 크기를 변경해 32px이 되도록 한다. 두 원을 모두 선택한 채로 **Subtract** 부울 연산을 실행해 구멍을 만든다. 이때 작은 원이 큰 원보다 위에 있도록 한다(정확한 부울 연산은 그림 4.4 참조). 구멍을 꽤 크게 만들어서 개방성과 친절한 느낌을 전달한다.

> ***Quick tip***: 캔버스에서 레이어의 핸들을 드래그할 때 *Alt*를 누르면 중앙부를 기준으로 크기를 변경한다.

벡터 포인트 유형

실제 맵 핀 모양을 만들기 위해 부울 그룹에서 *Enter*를 쳐서 벡터 포인트 편집 모드로 들어간다. 외곽 원의 가장 아래 포인트가 선택돼 있을 것이다. 이 포인트의 Y값에 '+8'을 입력하거나 ↓로 8px만큼 아래로 옮긴다(그림 4.4).

이때 이 포인트를 마우스로 드래그해 옮기는 것은 좋은 생각이 아니다. 포인트가 정수의 온전한 픽셀로 자동으로 조정되지 않는 상황이라서 소수점 두 자리의 결괏값이 나올 가능성이 높다. 하지만 인스펙터에서 **Round: None**으로 표시된 드롭다운을 **Round to full pixel edges**로 바꾸면 정수의 픽셀을 이용하며 포인트를 옮길 수 있다. 이와 관련한 더 자세한 내용은 3장 '픽셀 정확성' Infobox를 참고하도록 한다. 마우스를 사용해서 포인트를 옮길 경우 *Shift*를 눌러서 수직 혹은 수평으로만 움직이도록 이동을 제한한다. 혹은 스마트 가이드를 이용해서 같은 세로선상에서 포인트를 움직인다.

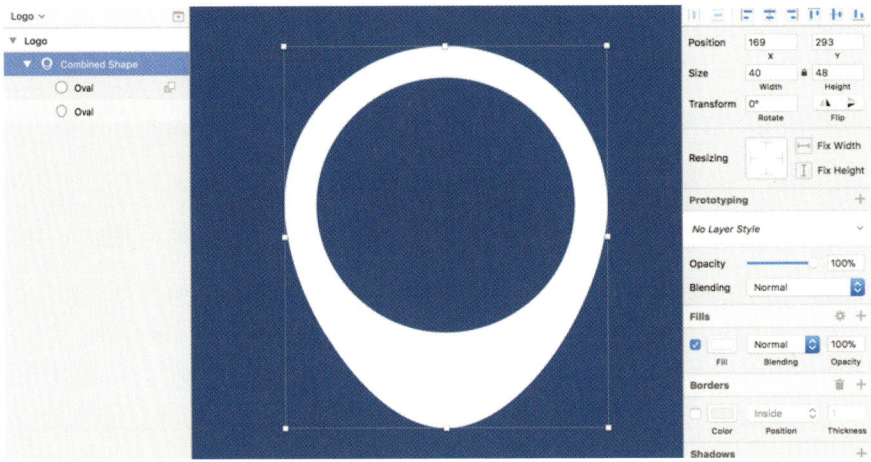

그림 4.4 Subtract 부울 연산으로 만든 맵 핀 기본형

> *Quick tip*: 마우스로 벡터 포인트를 옮길 때 스마트 가이드를 잠시 끄고 싶다면 *Cmd*를 누른다.

STRAIGHT와 MIRRORED

이 포인트를 아래로 옮기면 아이콘이 제법 맵 핀처럼 보이기 시작한다. 하지만 완벽해지려면 더 날렵한 가장자리가 필요하다. 이제 인스펙터의 여러 가지 포인트 유형이 중요해지는 시점이다. 우선 원리를 알아보자. 스케치의 모든 곡선은 하나의 벡터 포인트와 두 개의 핸들로 이루어진다. 이 핸들을 벡터 컨트롤 포인트라고 하는데 양쪽으로 확장돼 선의 둥근 정도를 조절한다. 포인트와 핸들을 잘 구분하도록 전자는 원 모양으로, 후자는 사각형 모양으로 나타난다(그림 4.5. 왼쪽).

이 핸들은 기본적으로 **Mirrored** 유형으로 벡터 포인트로부터 같은 간격을 두고 위치하면서 양쪽으로 같은 곡선을 만든다. 하나의 핸들을 움직이면 다른 쪽 핸들도 같은 거리와 각도로 따라 움직인다(그림 4.5, 중간).

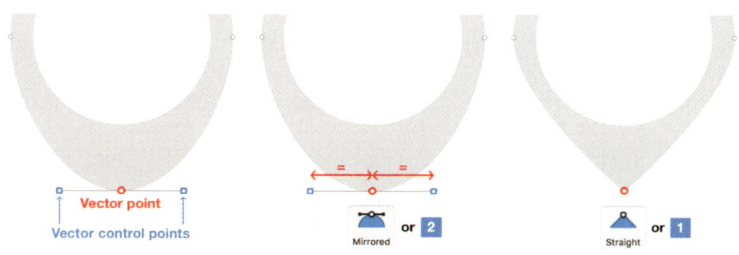

그림 4.5 왼쪽: 모든 곡선은 벡터 포인트(빨간 원)와 두 개의 컨트롤 포인트(파란 원)로 돼 있다. 중간: Mirrored 벡터 포인트의 컨트롤 포인트는 같은 간격으로 나타난다. 오른쪽: Straight 유형은 핸들이 없다. 다른 유형을 보려면 그림 4.7을 참조한다.

맵 핀에서 컨트롤 포인트 중 하나를 가장 아래의 벡터 포인트로 가까이 옮기면 다른 한쪽도 반대 방향으로 따라 움직이며 둥근 정도가 점점 줄어들다가 핸들이 사라진다. 이때 벡터 포인트는 **Straight** 유형으로 바뀌어 핸들 없이 직선을 그린다. 우리는 이 상태가 필요하다(그림 4.5, 오른쪽)! 이 두 포인트 유형을 빠르게 전환하려면 벡터 포인트를 더블클릭한다. 이때 스케치는 똑똑하게도 주변의 포인트도 함께 고려하며 Mirrored 유형의 곡선을 그린다.

> **Quick tip**: 벡터 포인트 모드에서 다른 포인트 유형으로 바꿀 때 숫자 키 1에서 4를 이용한다. 각 숫자 키는 순서대로 **Straight, Mirrored, Disconnected**와 **Asymmetric**을 적용한다. **Disconnected** 유형을 바로 적용하는 방법으로서 벡터 컨트롤 포인트에서 드래그를 시작한 후 *Cmd*를 누른다.

DISCONNECTED

생각하는 맵 핀의 모양에 따라 가장 아래의 포인트를 **Disconnected**로 바꿔도 된다. 그에 앞서 핀의 복제본을 만들어서 다른 버전을 비교해볼 수 있도록 한다. 부울 그룹이 선택될 때까지 *Esc*를 누른 후 *Cmd+D*로 복제본을 만들어 오른쪽으로 옮긴다.

벡터 포인트 편집 모드로 들어와서 외곽 원의 가장 아래 포인트를 다시 선택한 후, 더블클릭해서 핸들이 나타나도록 한다. 이제 숫자 키 3을 누르거나 인스펙터에서 해당 버튼을 눌러서 포인트를 **Disconnected** 유형으로 바꾼다. 이 유형은 각 핸들의 거리와 앵글을 개별적으로 움직일 수 있게 한다.

두 핸들 포인트의 선이 만드는 각도를 크게 유지하면서 위로 이동하면, 약간 통통한 모양의 맵 핀이 만들어진다. 각도를 좀 더 줄여서 약간 더 뾰족한 모양을 만든다. 두 핸들을 같은 높이로 유지하는 데 스마트 가이드가 도움이 되긴 하지만, 그래도 같은 거리나 각도로 두 핸들을 유지하기가 꽤 어렵다. 벡터 포인트뿐만 아니라 핸들 포인트에도 X와 Y 좌표가 있는 중요한 이유가 이 때문이다(그림 4.6). 그렇긴 해도, 핸들 포인트를 특정 위치로 옮기거나 두 핸들 포인트 사이에 일정 거리를 유지하는 데 마우스를 사용해도 그리 어렵지 않게 처리할 수 있다.

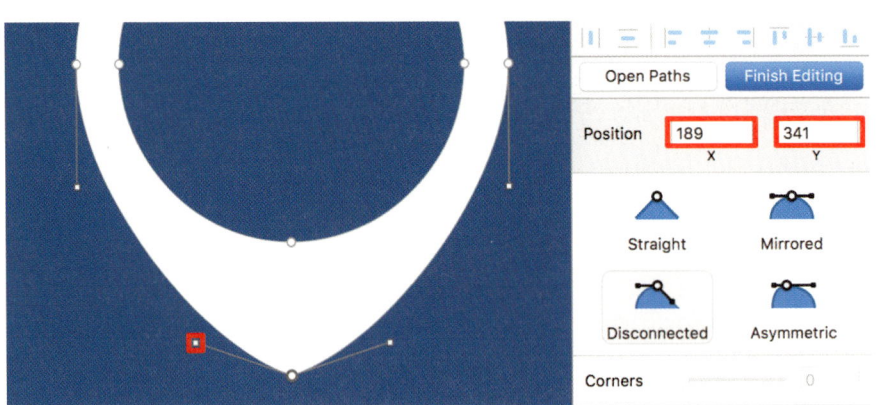

그림 4.6 벡터 포인트와 벡터 컨트롤 포인트에는 인스펙터에서 조절할 수 있는 전용 X와 Y 위칫값이 있다.

아래쪽이 뾰족한 맵 핀이 필요하다고 가정하자. 왼쪽 핸들 포인트를 선택해서 6px만큼 위로 옮기고 (Y 위칫값에 '-6'을 입력하고 Enter를 누른다) 8px만큼 안으로 들인다(X에 '+8' 입력). 같은 작업을 오른쪽 포인트에도 실행한다. 먼저 6px을 올리고(Y에 '-6' 입력) 8px을 안으로 들이는데, 대칭적으로 적용해야 하니 '-8'을 X에 입력한다. 이때 정수가 아닌 수를 사용하면 연산 기능이 작동하지 않으니 주의한다. 다른 방법으로 키보드 화살표 키를 이용해서 핸들 포인트를 같은 거리만큼 이동해도 된다.

비대칭

맵 핀을 또다시 복제해 마지막 포인트 유형인 비대칭Asymmetric을 실행해보자. 여기서 두 핸들을 여전히 같은 라인에 유지하지만, 각각 다른 간격을 적용할 수 있다. 이는 벡터 포인트 양쪽에 둥근 정도가 다른 선을 그린다. 이 기능은 (가장 아래 포인트를 더블클릭으로 Straight로 바꾼 후에) 핀의 양 옆을 약간 통통하게 하는 데 편리하게 쓰인다. 핀의 왼쪽이나 오른쪽 포인트를 선택하고 **Asymmetric**으로 바꾼 후, 아래쪽 핸들을 밑으로 드래그해 8px 정도 옮긴다. 반대쪽 핸들 포인트에도 이를 반복한다. 이미 옮긴 핸들의 **Y** 위칫값을 복사해서 같은 거리를 적용할 수 있음을 기억하자.

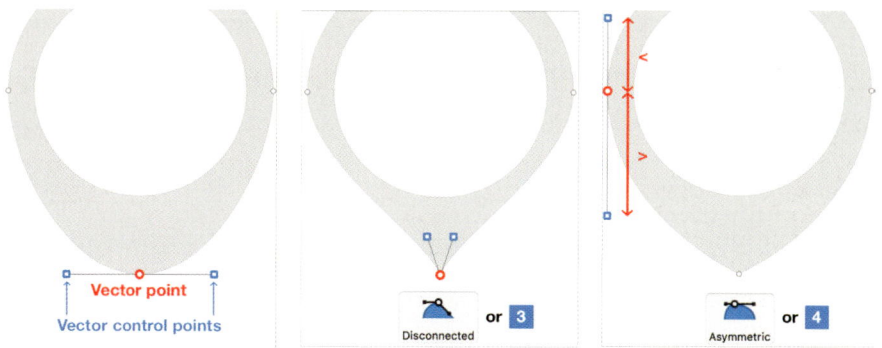

그림 4.7 왼쪽: 모든 곡선은 하나의 벡터 포인트(빨간 점)와 두 컨트롤 포인트(파란 점)로 구성된다. 중간: **Disconnected** 유형의 포인트는 곡선을 만드는 컨트롤 포인트를 각각 독립적으로 이동할 수 있게 한다. 오른쪽: **Asymmetric** 유형의 포인트는 서로 수평을 유지하지만 다른 거리를 각각 적용할 수 있다. 나머지 유형에 대한 설명은 그림 4.5를 참조한다.

하지만 내 눈에는 제일 아래 포인트에 **Straight**를 적용한 첫 핀이 우리의 목적에 가장 적합해 보인다. 이 핀을 가지고 다음 단계로 넘어가자. 우선 *Cmd+0*으로 100% 확대 상태로 돌아와서 부울 그룹이 다시 선택될 때까지 *Esc*를 누른다. *Alt*를 누른 채 이 핀을 드래그해 복제본을 만들어 아트보드 상단에 위치시킨다. 다음 단계를 적용할 이 핀의 이름을 'Pin shape'라고 바꾸고, *Ctrl+Alt+Cmd+Up*을 눌러서 레이어 리스트에서 최상단으로 옮긴다.

국기

다음으로 우리가 만들 요소는 오스트리아 국기다. 이 요소는 빨간색, 흰색, 빨간색으로 된 같은 크기의 세 사각형에 몇 개의 포인트를 추가해서 만든다. 직접 벡터로 도형을 그릴 수도 있지만 대부분 기본 도형에 벡터 포인트를 수정하거나 추가해서 만드는 편이 훨씬 쉽다. 두 방법 모두 보여줄 텐데, 우선 이상적인 경우부터 시작하자.

이상적인 세상

제일 위 빨간 띠를 만들기 위해 핀 옆에 40×7px 크기의 사각형을 만든다. 임의의 크기로 우선 만든 후 나중에 인스펙터에서 크기를 교정하는 편이 훨씬 쉽다는 것을 기억하자. 더 편하게 도형의 형태를 바꾸기 위해 *Cmd+2*로 확대한다. Fills 색을 'Details' 페이지에서 사용한 버튼 색을 사용한다. 앞서 이 색을 Document Color로 저장해뒀다.

여기부터 재미있는 부분이다. 벡터 포인트 편집 모드로 들어가서 윗부분의 3분의 1지점을 클릭해서 새 포인트를 추가한다. 아랫부분에도 같은 위치에 추가한다. 이 두 포인트를 드래그로 선택해 **왼쪽** 정렬 아이콘(왼쪽에서 세 번째)을 눌러서 같은 수직선상에 위치시킨다. 같은 작업을 3분의 2지점에 반복하고 이 역시 수직으로 정렬한다(그림 4.8).

이제 먼저 추가한 두 포인트를 잡고 키보드를 이용해 2px 혹은 3px만큼 위로 옮긴다. 나중에 추가한 두 포인트도 이동시키는데, 이 둘은 같은 양만큼 아래쪽으로 옮긴다. 추가한 포인트들을 더블클릭해서 모두 Mirrored 유형의 포인트로 전환한다. 이제 원한다면 핸들을 수정할 수 있지만, 사실 스케치가 주변의 포인트를 고려해서 괜찮은 곡선을 이미 만들었다.

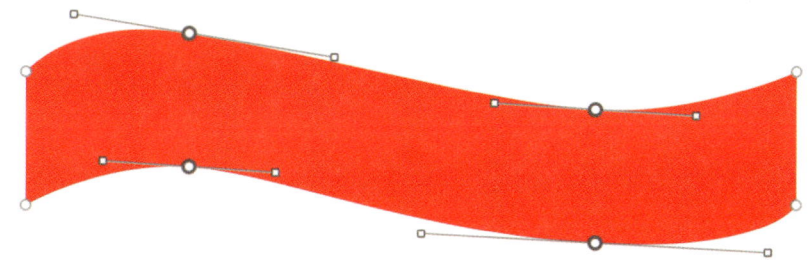

그림 4.8 네 개의 추가적인 포인트로 만든 국기의 가장 윗부분. 더 나은 색 대조를 위해 이 스크린샷의 배경을 흰색으로 바꿨다.

어려운 길

사각형 도형을 수정하는 대신 벡터를 처음부터 만드는 방법을 선택할 수도 있다. 방금 만든 물결 모양의 도형을 참고로 해 바로 아래에 만들어보자. V를 눌러 **Vector** 툴을 활성화한다. 그리고 가장 왼쪽 포인트가 될 부분을 클릭해 Straight 유형의 포인트를 만든다. 오른쪽으로 마우스를 옮겨서 위로 약간 이동한 후 다시 클릭하는데, 이때 오른쪽 아래로 바로 드래그해서 Mirrored 포인트와 두 대칭형 핸들로 곡선을 만든다. 그림 4.9를 참고하기 바란다.

오른쪽으로 다시 이동해서 첫 번째 포인트와 높이를 맞추어 클릭한 후, 오른쪽 위로 드래그해서 Mirrored 포인트를 다시 만든다. 가장 오른쪽에 있는 마지막 포인트는 두 번째 포인트와 같은 높이에 있는 Straight 포인트여야 하므로 간단히 클릭만으로 만든다. 이제 막 이 도형의 윗부분을 끝냈다. 이제 아래로 내려와 Straight 포인트를 또 추가하는데 이동할 때 수직, 수평, 대각선으로 이동을 제한시키는 *Shift*를 함께 누른다. 왼쪽으로 이동해서 윗부분에서 했던 방식을 반대 방향으로 적용해 남아 있는 포인트를 만든다. 왼쪽 가장자리에 닿으면 첫 번째 포인트를 다시 눌러서 벡터 패스Path를 닫는다(혹은 인스펙터의 오른쪽 위에 있는 Close Path를 클릭한다).

도형을 그리는 동안은 포인트를 정렬하는 것이 불가능했으니 혹시 결과가 마음에 들지 않는다면 지금 손볼 수 있다. 벡터 포인트 편집 모드로 다시 들어가서 수평이나 수직으로 맞출 모든 포인트를 선택해서 인스펙터의 정렬 아이콘으로 위치를 다시 잡는다. 여러 개의 포인트를 선택하려면 Shift를 누른 채 포인트를 클릭하거나 드래그해서 선택한다. 이제 개별적으로 포인트의 위치를 다듬거나, 두 번의 더블클릭(한 번은 Straight 포인트로 전환하고, 나머지 한 번은 Mirrored 포인트로 되돌린다)으로 선이 더 부드러워지도록 다듬는다.

몇 포인트의 벡터 컨트롤 포인트를 각각 독립적으로 조정하기 위해 **Asymmetric**이나 **Disconnected**로 바꿔야 할지도 모른다. 마지막으로 기본 회색 Border를 빨간색 Fill로 바꾼다.

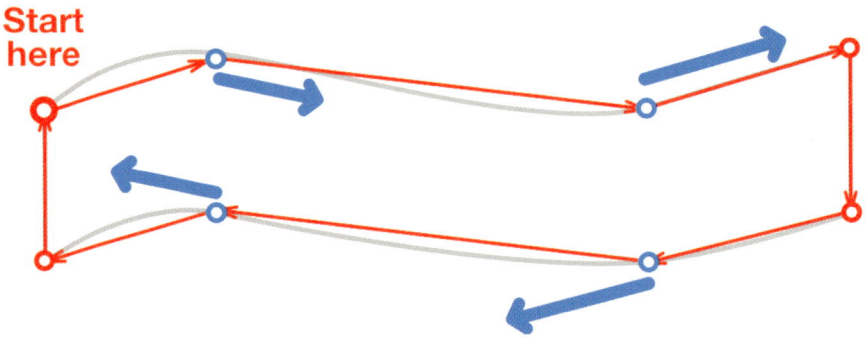

그림 4.9 왼쪽 위 포인트부터 시작해 처음부터 벡터를 그린다. 이를 위해 빨간색 화살표를 따라간다. 파란색 포인트에 도달하면 파란색 화살표 방향으로 드래그해서 위치별로 곡선을 만든다.

> **Quick tip**: 두 벡터를 만나게 하려면 두 벡터를 선택한 상태에서 메뉴 바의 **Layer→Path→Join**을 실행한다.

느꼈겠지만, 이 모든 과정이 꽤 지루하다. 대개 간단한 도형에서 시작해 부울 연산으로 다른 도형과 합치거나 포인트를 추가해서 변형하는 방법이 가장 좋다. 예외가 될 만한 상황이라면, 우리가 앞서 화살표 아이콘으로 했던 것처럼 다른 도형을 따라가며 똑같이 만들어보거나, 혹은 그림을 그리고 싶을 때 정도가 되겠다.

부분 합치기

벡터의 세상에서 돌아와 국기 만들기를 계속하자. 방금 만든 벡터 도형은 옆으로 치워두고(더 이상 필요하지 않으므로 지워도 무방하다) 앞서 만든 빨간 도형을 선택해서 Alt를 누른 채 아래로 드래그하는데, 복제본의 윗부분이 원본의 아랫부분과 완전히 겹치도록 놓는다. Cmd+D를 눌러 또 다른 복제본을 같은 간격으로 만든다. 중간 도형의 Fill 색을 흰색으로 바꾸면 우리가 만들고자 했던 바람에 날리는 오스트리아 국기가 완성된다.

세 개의 띠를 'Flag'라는 이름의 그룹으로 묶은 후, 핀의 구멍 위치로 옮겨 중앙에 둔다. 필요하다면 화살표 키로 미세하게 위치를 조정한다. 레이어 리스트에서 핀이 국기보다 아래에 있도록 한다. 핀 밖으로 국기가 나와서는 안 되기 때문에 국기에 마스크를 적용해야 한다. 캔버스에서 핀을 더블클릭해 부울 그룹으로 가서, 구멍에 해당하는 레이어를 레이어 리스트에서 선택한다. Alt를 누른 채 드래그해서 'Flag' 그룹 안에 복제본을 만든다. 이 레이어가 가장 아래에 위치하도록 Ctrl+Alt+Cmd+Down을 누른다. F를 눌러 이 원 도형의 Fill을 해제한 후, 레이어 리스트에서 마우스 우클릭해 **Mask**를 선택하거나 Ctrl+Cmd+M을 눌러 국기의 필요 없는 부분을 숨긴다.

마지막으로 우리가 해야 할 일은 구멍에 보기 좋은 그림자를 주어 깊이감을 만드는 것이다. 방금 작업했던 원 도형을 다시 복제해서 'Shadow'라고 이름 붙인 후, 레이어 그룹에서 가장 위에 위치하도록 옮긴다(Ctrl+Alt+Cmd+Up). 인스펙터에서

Inner Shadows를 클릭해 20%의 불투명도를 가진 검은색을 지정하고 속성값으로 '0/0/3/1'을 입력한다(그림 4.10, 오른쪽). 마지막으로 'Flag' 그룹을 핀과 묶어 'Pin' 그룹을 만든다. 이 부분은 이로써 완성이다. 이제 글자만 조금 추가해 로고를 마무리한다.

그림 4.10 완성된 국기. 국기를 핀의 구멍으로 옮겨서 마스크를 만든다. 그리고 Inner Shadow를 적용한 도형을 위에 올린다.

글자 로고

맵 핀 옆에 둘 콘텐츠로 *T*를 눌러서 새 텍스트 레이어를 만들어 'Visit Austria'를 입력한다. 기본 폰트는 다시 Avenir Next를 사용하고, Size는 '36', Weight는 'Bold', 색은 흰색을 지정한다. 정렬은 왼쪽(첫 번째 아이콘)으로 해둔다. 문장을 두 줄로 나누고 V와 A가 아주 인접하도록 **Line Spacing**을 '27'로 지정한다. 이 두 글자가 제대로 정렬되지 않기에(그림 4.11, 빨간 원) 자간을 조정해야 한다.

정렬 문제를 해결하기 위해 'V' 앞에 띄어쓰기로 빈칸을 하나 넣는다. 이 빈

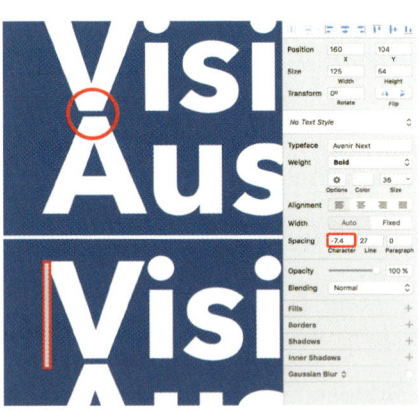

그림 4.11 기본적으로 V와 A는 제대로 정렬되지 않는다(위). V 앞에 빈칸을 하나 넣어서 이를 선택한 후, 두 글자가 완벽히 정렬될 때까지 Inspector에서 **Character Spacing**을 줄인다.

칸을 선택한 후 두 글자가 완벽히 정렬될 때까지 인스펙터에서 **Character Spacing**을 줄인다(그림 4.11. 아래). '–7'에서 '–8' 정도면 충분할 것이다. 이를 입력창에서 조정할 때 ↓과 *Shift*를 함께 사용해서 0.1 단위가 아닌 1 단위로 변경한다.

'Austria'의 'A'를 선택하고 'u'가 가까이 오도록 character spacing을 줄인다. 'u'와 'i'에도 같은 작업을 반복하고('s'와 'a'까지의 간격을 줄인다), 'Visit'에서 첫 'i'와 's'에도 다시 반복한다(이 세 글자가 조금 더 가까워지도록 한다). 그림 4.12를 참조하자.

그림 4.12 완벽한 자간 조정을 위해 글자 사이의 Character Spacing을 조절한다.

> **Quick tip**: 인스펙터에서 **Character Spacing**을 이용해서 글자의 자간Tracking과 커닝Kerning을 바꿀 수 있다. 자간은 전체 텍스트 레이어를 선택하고, 커닝은 원하는 글자만 따로 선택한다. 가장 빠른 방법으로는 0.1 단위로 수치를 바꾸는 화살표 키를 이용하는 것이다. 이때 *Shift*를 누르면 1 단위로, *Alt*를 누르면 0.01 단위로 수치를 바꾼다. 더 자세한 내용은 7장의 '자간, 커닝, 그리고 이음자'에 관한 Infobox를 참조한다.

이제 자간도 보기 좋아졌으니 글자를 윤곽선Outline 처리할 차례다. 로고 작업을 할 때는 항상 윤곽선으로 바꾸는 것이 좋은데(다음에 나오는 Quick tip을 참조하자), 이로써 'Austria'에서 'i'의 점을 핀으로 대체할 수 있다. 글자 편집 모드를 *Cmd + Enter*로 빠져나와서 나중에 수정이 필요할 것을 대비해 이 텍스트 레이어의 복제본을 백업으로 만들어둔다. 이제 **Layer → Convert to Outlines**를 실행하거나 *Shift + Cmd + O*를 누른다. 'Austria'에서 'i'의 점을 더블클릭해 새로 생긴 부울 그룹에 들어가 이를 지운다.

캔버스에서 맵 핀을 텍스트 옆으로 드래그해 옮기고, 3px의 간격이 있도록 'i' 위에 완벽하게 앉힌다. 마지막으로 텍스트 레이어와 'Pin' 그룹을 새 'Logo' 그룹으로 묶는다. 이로써 우리의 첫 로고가 완성됐다.

그림 4.13 모든 부분이 함께 배치된 완성본

> **Quick tip**: 언제든 로고 작업을 할 때는 마지막에 텍스트를 모두 윤곽선_{Outline}으로 변환하도록 한다. 이 과정을 통해 해당 폰트가 설치되지 않은 컴퓨터에서 로고 파일을 열어볼 수 있다. 특히, 인쇄를 넘겨야 한다면 이 과정이 더욱 중요하다. 6장 '디자인 공유와 프로토타이핑'에서 인쇄 작업에 대해 더 자세히 알아본다.

정확한 크기

로고 크기를 조정할 때 캔버스에서 핸들을 움직여 처리하는 방법이 가장 먼저 떠오르겠지만, 좋은 방법은 아니다. **Preferences**(Cmd+,)에서 **Pixel Fitting**이 활성화된 상황이라면 스케치는 모든 크기를 온전한 픽셀을 사용해 그려내려 노력한다. 하지만 핸들로 크기를 변경하는 방법은 자간 조정이나 정렬 작업 같은 이제까지 한 노력을 허사로 만든다. 이 옵션을 꺼둔다면 더 나은 결과를 얻을 테지만, 그림자 크기나 테두리 두께와 같은 요소는 핸들로 하는 크기 조정에 영향을 받지 않기 때문에 원본 크기로 그대로 남아 있다.

훨씬 나은 방법은 크기 변경 시 모든 것을 비율대로 유지하는 **Scale** 옵션을 사용하는 것이다. 이를 사용하면 상대적인 퍼센트값을 사용할 수 있다는 이점도 있다. Scale은 툴바에서 아이콘을 클릭하거나 *Cmd + K*를 눌러 실행한다.

스케일 대 스케일

요소의 크기를 바꿔야 할 때 캔버스에서 선택 핸들을 바로 사용하는 방법이 먼저 생각날지도 모르겠다. 간단한 도형이라면 큰 문제는 아니지만 아이콘이나 로고, 심볼 같은 복잡한 형태의 요소의 크기를 바꿀 때는 다시 한 번 생각해보는 것이 좋다. 특히 테두리와 그림자는 비율대로 크기가 변경되지 않기 때문에 여러 개의 레이어에 이런 효과가 적용된 경우라면 더욱 그러하다. 만약 테두리 두께가 2px인 레이어를 캔버스에서 반 틈 크기로 줄이면, 테두리는 1px이 아닌 2px을 계속 유지한다(그림 4.14). 텍스트 레이어의 경우 그룹 크기 변경 기능 때문에 원본 크기를 유지하므로 이러한 점이 더 눈에 띈다. 다른 요소와 함께 텍스트 레이어의 크기가 바뀌는 경우는 미리 윤곽선으로 바꾸었을 때뿐이다. 더 자세한 내용은 8장 '제약 조건을 고려한 디자인'을 참고하자.

더욱이 **Preferences**에서 **Pixel Fitting**이 켜진 상태라면 크기 변경 시 그룹에 속한 요소의 간격과 크기가 정수의 온전한 픽셀로 다시 계산되므로, 선택 핸들을 사용하는 것은 원치 않는 결과를 만들 수도 있다(3장 '픽셀 정확성' Infobox에서 이 설정에 관한 내용을 자세히 다룬다).

그림 4.14 캔버스에서 테두리로 만들어진 레이어의 크기를 변경하면, 요소의 크기와는 무관하게 같은 크기의 테두리 두께를 유지한다.

Infobox

인스펙터에서 **Size** 입력창을 이용해서 레이어의 크기를 변경하면 이 문제는 피할 수 있지만(자물쇠 아이콘을 클릭해서 미리 비율을 잠가두는 것을 기억하자), 여전히 툴바에서 **Scale**(Cmd+K)을 사용하는 것이 요소의 크기를 변경하는 가장 이상적인 방법이다.[21] 모든 레이어 속성에 상대적인 크기를 적용할 뿐만 아니라, 캔버스에서 미리 보기를 제공해 결과의 예상치를 보여준다. 덤으로 크기를 퍼센트 단위로 정할 수 있고, 홀수 크기도 여전히 사용할 수 있다.

Scale은 기본적으로 중앙을 기준으로 크기를 변경하는데, 대화창의 왼쪽 아래를 통해 기준점을 바꿀 수 있다(그림 4.15, 빨간 테두리). 하지만 연산 기능을 사용할 수 없다는 점을 알아두자.

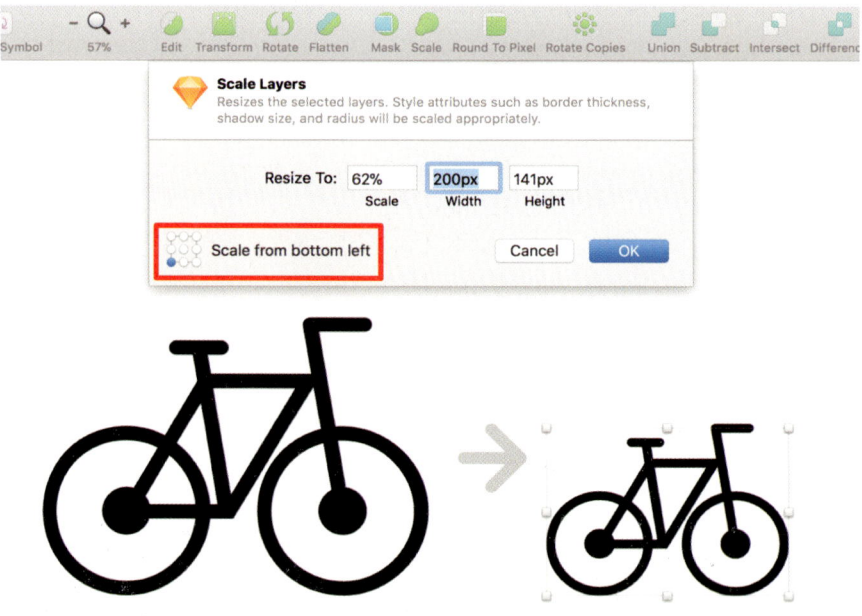

그림 4.15 Scale 옵션은 요소의 크기 변경 시 테두리 두께(다른 레이어 속성 또한)를 함께 줄인다.

---

21 스케치 48 버전부터 심볼도 Scale로 크기 조정이 가능하다.

모두 함께

상세 화면에 브랜딩을 조금 넣을 것이므로, 'Pin' 그룹을 복사한다. 'Details' 페이지로 이동한 후 레이어 리스트에서 'Navigation' 그룹 바로 위에 맵 핀을 붙여 넣는다. 아트보드의 중앙에 위치시키고 타이틀 바와 그리드 두 칸(16px)의 간격이 있도록 띄운다. 이 작업을 끝으로 상세 화면의 두 번째 이터레이션을 마친다(그림 4.16).

아트보드를 이용해서 디자인을 진화시키고 새로운 아이디어를 시도해보는 일이 얼마나 쉬운지 알아봤다. 이 방법을 계속해서 사용하도록 하자. 그리고 디자이너의 업무를 훨씬 쉽게 해주는 스케치의 고급 기술을 좋아하게 되길 바란다. 이제까지 배운 것과 함께 5장에서 아주 새로운 디자인인 관광지 목록을 보여주는 개요 화면을 만들어보자.

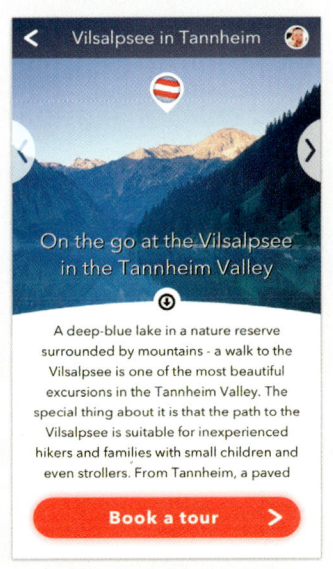

그림 4.16 상세 화면 완성본

Infobox

레이어 리스트에서 레이어 관리하기

여기까지 각양각색의 레이어를 레이어 리스트에 담아뒀다. 레이어가 많아질수록 무엇이 무엇인지 따라가기 힘들어진다. 많은 그룹이 열려 있는 상황이라면 특히나 그렇다. 모든 그룹을 접으려면 **View** → **Layer List** → **Collapse All Groups**(그림 4.17)를 실행한다. 이 기능은 키보드 단축키로 등록해두면 편리하다(3장 '사용자 지정 단축키' Infobox 참조).

아트보드 및 하위에 속한 그룹과 레이어를 펼치고 접는 또 다른 방법으로는 레이어 리스트의 아트보드 앞에 삼각형으로 된 펼치기 아이콘을 *Alt*와 함께 클릭하는 것이다(그림 4.17, 빨간 테두리). 다시 *Alt*를 누른 채 클릭하면 포함된 모든 콘텐츠와 함께 아트보드가 접힌다. 이제 다시 (*Alt*를 누르지 않은 채) 아트보드를 펼치면 최상위 그룹만 보인다. 이는 그룹들 사이에도 같은 방식으로 작동한다.

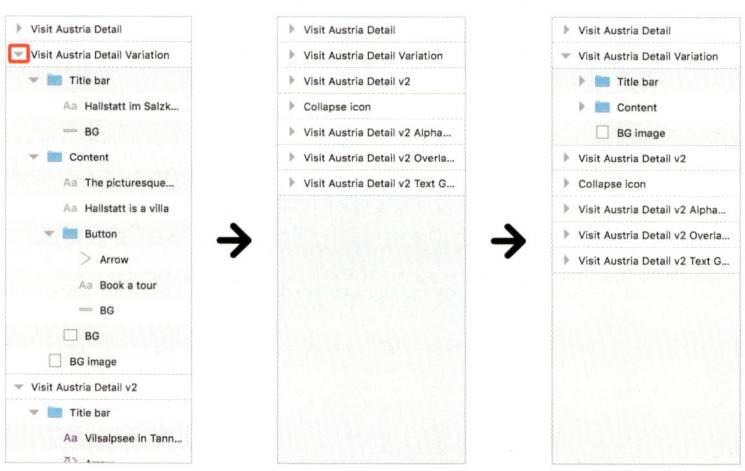

그림 4.17 Collapse All Groups(메뉴 바에서 View→Layer List)를 사용하거나 Alt를 누른 채 삼각형으로 된 펼치기 아이콘을 클릭해서 포함된 모든 콘텐츠와 함께 아트보드(혹은 그룹)를 접을 수 있다. 이제 (Alt를 누르지 않은 채) 아트보드를 펼치면 상위 그룹만 보인다.

이름 전체나 일부를 알고 있는 레이어를 찾고 있다면, 레이어 리스트 하단에 있는 검색 기능이 유용하다(그림 4.18). $Cmd+F$로 접근할 수 있고, 활성화 시 **Filter** 입력창이 강조된다. 입력과 동시에 매치하는 요소를 보여준다.

Infobox

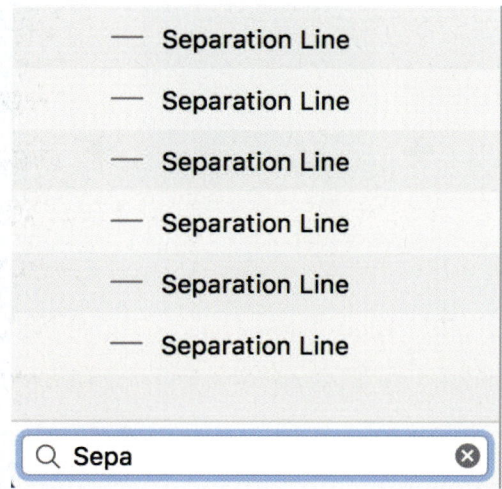

그림 4.18 레이어 리스트 가장 아래에 있는 Filter 옵션을 사용해 특정 레이어를 찾을 수 있다.

이때 레이어 리스트에서 요소의 순서를 간편하게 바꿀 수 있다. 한 위치에 모으려 하는 요소가 캔버스에 흩어져 있다고 가정해보자(그림 4.19, 왼쪽). 이 요소에 공통으로 쓰이는 이름을 **Filter** 입력창에 넣고 레이어 리스트에서 이 요소들을 모두 선택한다(첫 요소를 선택한 후 *Shift*를 누른 채 마지막 요소를 클릭한다). 그리고 드래그해 왼쪽에 원이 표시된 삽입선이 나타날 때까지 위로 올린다(그림 4.19, 중간. 삽입선이 무엇인지 알아보려면 **그림 2.17**을 참조하자). 이제 **Filter** 입력창의 내용을 지우면 이 요소들이 어느 레이어 위에서 같이 모여 있는 것이 보인다(그림 4.19, 오른쪽). 특정 레이어를 그룹 짓거나, 빠르게 이름을 바꾸거나, 혹은 캔버스에서 한꺼번에 움직여야 할 때 이 기능을 사용하자.

Infobox

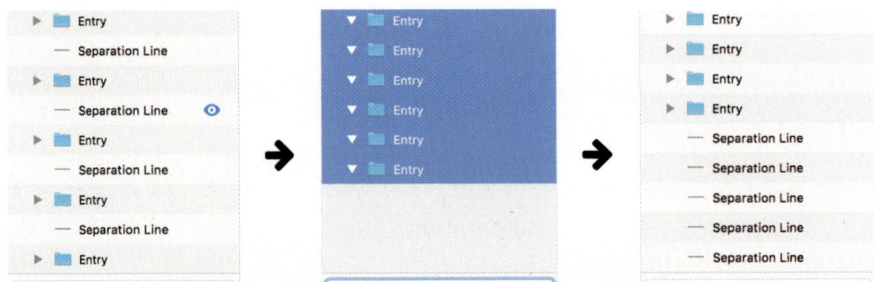

그림 4.19 왼쪽: 모든 'Entry' 그룹을 레이어 리스트의 상위에 모아야 한다. 중간: **Filter** 옵션에 'Entry'를 입력한 후 검색된 모든 요소를 선택해 레이어 리스트 상단으로 드래그한다. 오른쪽: 모든 'Entry' 요소가 한곳에 모였다.

그룹과 레이어도 같은 방식으로 선택하고 이동시켜 순서를 바꿀 수 있다. 흩어져 있는 레이어를 검색해서 찾을 필요 없이 레이어 리스트에서 원하는 요소를 간단히 선택해 원하는 장소로 드래그해 옮긴다.

5장

개요 페이지 만들기
Creating An Overview Page

이제 우리는 상세 화면을 마무리했다. 그 과정에서 스케치의 많은 기능을 배웠다. 다음 작업은 오스트리아의 관광지 목록을 보여주는 '개요^{Overview}' 페이지를 만드는 일이다. 개요 페이지는 사용자의 관심에 따라 목록을 재정렬할 뿐 아니라, 약간 다른 형식의 타이틀 바와 리스트 표현 방식을 바꾸는 옵션 바를 포함한다(그림 5.1).

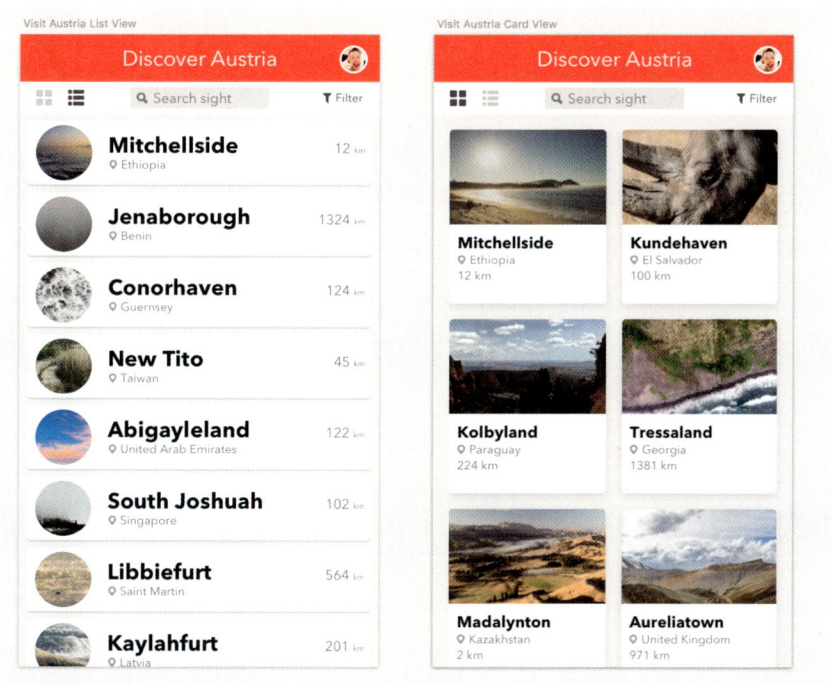

그림 5.1 5장에서 만들 개요 페이지의 리스트 뷰(왼쪽)와 카드 뷰(오른쪽)

개요 페이지 만들기   **147**

준비하기

작업물을 분리해서 정리할 것이므로 'Overview'라는 페이지를 만들어 앞으로의 디자인과 혹시 모를 이터레이션을 담아두도록 한다. 지금 레이어 리스트 위에 페이지 영역이 열려 있을 테니 오른쪽 위에 있는 + 아이콘을 클릭해 새 페이지 이름을 지정한다. 그런 다음 'Details' 페이지 아래로 드래그해 이동한다. Details 페이지에서 새 페이지로 필수 요소로 옮겨올 수 있는 몇 가지 방법이 있다. 첫 번째 방법은 'Details'에 있는 아트보드를 복사해서 새 페이지에 넣은 후 필요 없는 부분을 지우는 것이다. 다른 방법은—내가 조금 선호하는 방법이다—백지에서 시작하는 것인데, 전체적 작업 내용을 처음부터 다시 고려해야 한다. 우리는 상세 화면에서 가져다 쓸 수 있는 것이 많지 않다. 그러니 숨을 크게 한 번 쉬고, 새 **Mobile Portrait**로 아트보드를 만들어서 'Visit Austria List View'라고 이름 붙인다. '0/0' 위치로 옮겨두는 것도 잊지 말자.

기존 디자인에서 단 하나 가져올 것이 타이틀 바인데, *Fn + Up*을 눌러 'Details' 페이지로 간편히 이동한다. 마지막 이터레이션의 레이어 리스트에서 관련 그룹을 선택한 후, 툴바의 **Create Symbol**을 클릭해서 심볼로 만든다. 이름은 'Title bar'로 하고, **Send Symbol to 'Symbols' page**가 선택돼 있는지 확인한다. 개요 화면의 타이틀 바는 상세 화면의 것과 조금 다른 모습이겠지만, 심볼로 지정해두면 앞으로 사용할 아트보드에 간단히 타이틀 바를 넣을 수 있다. 그리고 모든 디자인 에셋을 참고 삼아 'Symbols' 페이지에 보기 좋게 정리해 두는 것도 나쁘지 않다.

수정하기

*Fn + Down*으로 'Overview' 페이지로 돌아가서, 메뉴 바의 **Insert → Symbols**로 (혹은 툴바에서 적당한 심볼 아이콘을 클릭) 방금 만든 **Symbol**을 아트보드에 넣고 왼쪽 위 모서리에 맞춰 정렬한다. 이 심볼에 해당하는 두 개의 인스턴스는 현재 서로

연결된 상태이므로, 마우스 우클릭으로 분리detach해 개별적으로 수정할 수 있도록 한다.

'개요' 페이지에서는 사용자가 더 뒤로 갈 수 없으니 뒤로 가기 화살표를 지우고, 사용자 설정을 바꿀 수 있는 프로필 사진은 유지한다. 그런 후 배경을 앞서 정의한 빨간색으로 바꾼다. *Cmd-click*으로 타이틀 바의 'BG' 레이어를 선택하고 색상 대화창의 **Document Colors**에서 빨간색을 선택한다. 'Details' 페이지와는 달리 불투명도를 100%로 바꾼다. 마지막으로 타이틀에 해당하는 텍스트 레이어를 'Discover Austria'(그림 5.2)로 바꾼다. 그리고 이 타이틀 바도 심볼로 만들어 'Title bar overview'라고 이름 붙인다.

그림 5.2 수정된 타이틀 바

> **Quick tip**: 그룹에 속한 레이어를 선택하기 위해 *Cmd-click*을 하는 대신 마우스 우클릭 후 **Select Layer**를 선택해도 된다. 이는 마우스 커서가 위치한 곳의 모든 레이어를 계층 구조와 함께 보여준다.

새 옵션 바

타이틀 바 바로 아래에 새 옵션 바를 만들 것이다. 이 옵션 바는 항목을 리스트 뷰에서 카드 뷰로 바꾸는 기능뿐 아니라, 검색창과 필터 버튼으로 화면에 보이는 내용을 걸러주는 역할을 한다(그림 5.3). 우선 배경이 될 사각형 도형을 추가한 후 'BG'라고 이름을 바꾸고, 그리드에 맞추어 Width는 100%, Height는 '32'로 설정한다. 그리드는 모든 아트보드에 자동으로 적용되지 않으므로, 툴바에서 **View → Canvas → Grid Settings**를 통해 8px 그리드를 다시 설정해야 한다. 앞으로 만들 아트보드에서 다시 정의하지 않아도 되도록 대화창의 Make default 버튼을 클릭해서 이를 기본값default으로 설정해둔다.

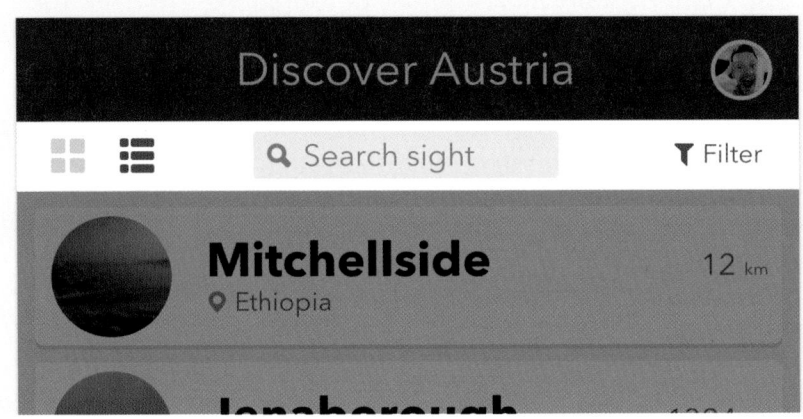

그림 5.3 완성된 옵션 바의 모습

아트보드를 확대해서 옵션 바의 배경 레이어 Fill 색상을 흰색으로 선택한다. 색상 대화창을 열 필요 없이 *Ctrl + C*로 Color Picker를 사용해 빠르게 색을 바꿀 수 있다. 흰색 아트보드 위에 흰색 Fill을 사용하는 것이 의미가 없으니, 아트보드의 배경색을 '#D2D0D0'로 바꾼다. 캔버스에서 아트보드 타이틀을 클릭한 후 인스펙터의 **Background Color**에 이 Hex 값을 넣는다. 회색이 너무 밋밋해 보이지 않도록 약간의 붉은색을 섞었다. 이런 배경색 지정 시 넓은 영역에 적용할 경우도 고려해서 골라야 한다.

Infobox

검정은 검정이 아니다

자연의 어두운 색은 순수하게 어둡기만 하고 아무런 색도 없는 듯 보인다. 하지만 보이는 대로 믿어선 안 된다. 대부분의 경우 가장 어두운 검은색도 아주 약간의 색을 지니고 있다. 이는 태양광과 주변 색 영향으로, 회색 톤이나 흰색에도 똑같이 적용된다. 믿기지 않는가? 사진 한 장을 찍어 스케치로 불러와서 Color Picker로 아무 부분이나 색을 추출해보라(그림 5.4). 거의 모든 지점이 어느 정도의 채도를 가지고 있음에 놀랄 것이다. 이안 스톰 테일러Ian Storm Taylor의 글 '디자인 팁: 절대로 검은색은 쓰지 마라Design Tip: Never Use Black'[22]는 이 아이디어를 더 자세히 들여다본다.

그림 5.4 이탈리아의 사랑스러운 도시 그라도Grado. 자연에서 색이 있을 것 같지 않은 부분에도 어느 정도의 채도가 존재한다(모든 색상은 HSB 형식으로 표시).

---

22 http://smashed.by/sketch-black

Infobox

다음 UI에 사용할 색을 정할 때 이를 기억하도록 하자. 음영이 어두워질수록 더 많은 색을 섞어야 한다(그림 5.5). 검은색에 가까울수록 스케치 색상표에서 아주 오른쪽으로 드래그해 채도를 올릴 필요가 있다. 반면에 밝은 회색 계열은 아주 약간의 색만 추가한다. 순수한 검은색은 일반적으로 사용하지 않는다. 이런 작은 차이로 디자인이 훨씬 자연스러워 보이고 밋밋하지 않게 된다. 하지만 이를 너무 지켜서 오히려 반대로 훌쩍 가버린 탓에 누가 페인트 통을 디자인에 쏟아부어 놓은 듯 이상해 보이지 않도록 조심해야 한다. 내 디자인에서 모든 것이 튀는 듯할 때 글자에 무채색을 사용하는 이유이기도 하다.

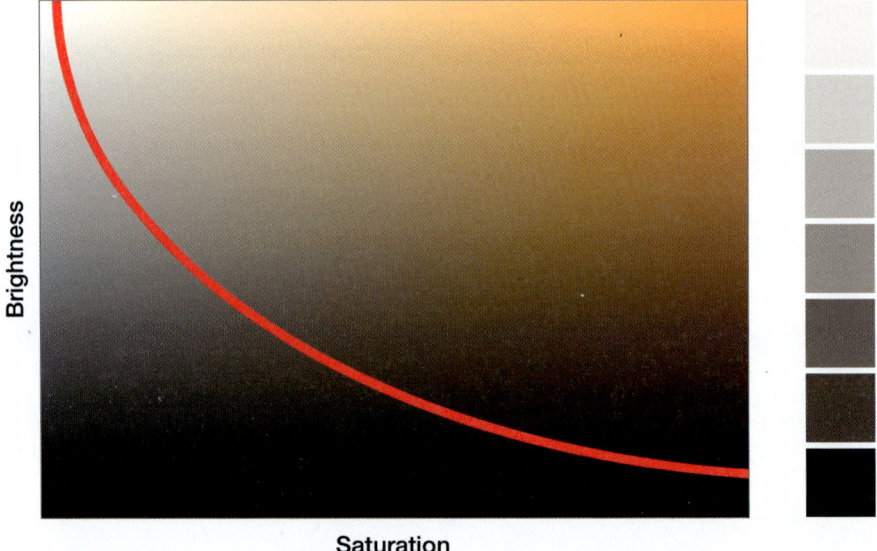

그림 5.5 음영이 낮을수록 더 많은 색상(채도)을 섞도록 한다.

카드 아이콘

아이콘을 만드는 일은 내가 UI 디자인에서 가장 좋아하는 일 중 하나다. 평소 디자인 작업에서 잠시 빠져나와 쉴 기회를 줄 뿐 아니라 스케치 같은 디자인 앱을 훨씬 깊게 이해할 수 있게 하기 때문이다. 작업 시작 전에 항상 영감이 될 만한 것을 모으는 것도 좋은 생각이지만(앞서 The Noun Project[23]를 이용한 것을 떠올리자), 카드 아이콘은 두 줄로 나뉜 네 개의 사각형으로 된 꽤 간단한 형식이니 이번에는 그리 고민할 것이 없다(그림 5.6 완성본 참조).

이젠 도움이 되기보다 방해가 되는 그리드를 숨겨놓고, 'BG' 레이어 위에 7px 폭의 사각형 도형을 추가한다(*Shift*를 눌러 정사각형으로 만든다). 8px 그리드에서 벗어나는 크기지만 걱정할 것 없다. 그리드는 깨뜨려서는 안 되는 신성한 법칙이 아니라, 도움을 주는 가이드 역할을 할 뿐이다. 아이콘 작업이 수월하도록 새로 만든 도형을 확대한다(*Cmd+2*를 기억하자). 모서리를 1px만큼 둥글려서 사각형을 부드럽게 만들고, 이를 복제해 2px의 간격이 있도록 오른쪽으로 옮긴다(*Alt+drag*를 사용하는 것이 가장 편하다). 두 사각형을 선택해서 다시 복제한다. 이번에는 같은 간격으로 아래쪽으로 옮긴다.

아이콘은 이미 우리가 생각했던 것과 비슷한 모양새다. 네 사각형을 선택해서 **Union** 부울 연산을 실행한다(*Alt+Cmd+U*). 배경 위에 있는 여러 항목을 선택할 때 레이어 리스트에서 선택하거나 *Shift*를 누른 상태에서 선택할 수도 있지만, *Alt* 키를 누른 상태에서 여러 항목을 감싸는 방식으로 선택할 수도 있다. 최종적으로 Fill을 검은색으로 선택하고 불투명도를 20%로 내린다(숫자 키 *2*를 누른다). 지금 우리는 리스트 뷰에 있으니 이 아이콘은 비활성화 상태를 나타낸다. 이 상태를 다음에도 사용하기 위해 Layer Style로 만들 것이다. 카드 아이콘이 여전히 선택된 상황에서 인스펙터의 **No Layer Style**로 표시된 드롭다운을 클릭한다. **Create**

---

[23] http://thenounproject.com

New Layer Style을 클릭해 'Options bar inactive state'라고 이름 붙인다. 이제 리스트 뷰를 위한 아이콘을 만들어보자.

리스트 아이콘

리스트 뷰 아이콘도 약간 다른 정렬로 된 여러 개의 사각형으로 만든다(그림 5.6 완성본 참조). 한 변이 4px인 정사각형을 하나 만들어서 Radius를 1px 준다. 이를 복제한 후 인스펙터에서 비율 잠금 아이콘을 푼다(그림 2.19). 1px 간격을 두고 정사각형의 오른쪽으로 옮긴다. 인스펙터의 Width 입력창을 주의 깊게 보며 *Cmd*와 오른쪽 화살표 키를 사용해 폭이 11px이 될 때까지 늘인다.

*Shift*로 두 사각형을 선택하고 *Alt*를 누른 채 아래로 드래그해 복제본을 만든 후, 원본과의 간격이 2px이 되는 곳에 위치시킨다. 이 방법은 스마트 가이드가 간격을 표시해주는 이점이 있다. 이제 *Cmd+D*로 같은 간격으로 요소를 다시 복제한다. 미션 완료! 새로 추가한 여섯 개의 사각형을 모두 선택해서 **Union** 부울 연산을 실행한다. Fill 색상으로 검은색을 선택하고 너무 튀지 않도록 불투명도를 70%로 낮춘다(숫자 키 7을 누른다).

비활성화 상태처럼 이 활성화 상태도 나중에 다시 사용할 것에 대비하자. 앞에 한 것처럼 새 Layer Style을 만들어서 'Options bar active state'라고 이름 붙인다.

깨끗한 집, 깨끗한 정신

아이콘 작업에 쓴 레이어 리스트를 정리할 시간이다. 카드 아이콘은 'Icon cards'로, 리스트 아이콘은 'Icon list'로 이름을 바꾼다. 두 아이콘을 'Icons' 그룹으로 묶어서 'Option bar' 그룹 안에 둔다. 이제 *Shift*로 배경 레이어를 선택해서 이 그룹에 추가한다. 이 모든 요소를 인스펙터의 오른쪽에서 두 번째 정렬 아이콘(수직 정렬)을 이용해서 수직 중앙선을 맞춰 정렬한다. 그리드를 사용해서 아이콘을 정렬해도 된다. 아이콘의 간격을 16px로 하고, 아트보드의 왼쪽 가장자리부터의 거리도 아이콘 간 간격과 같은 크기로 맞춘다.

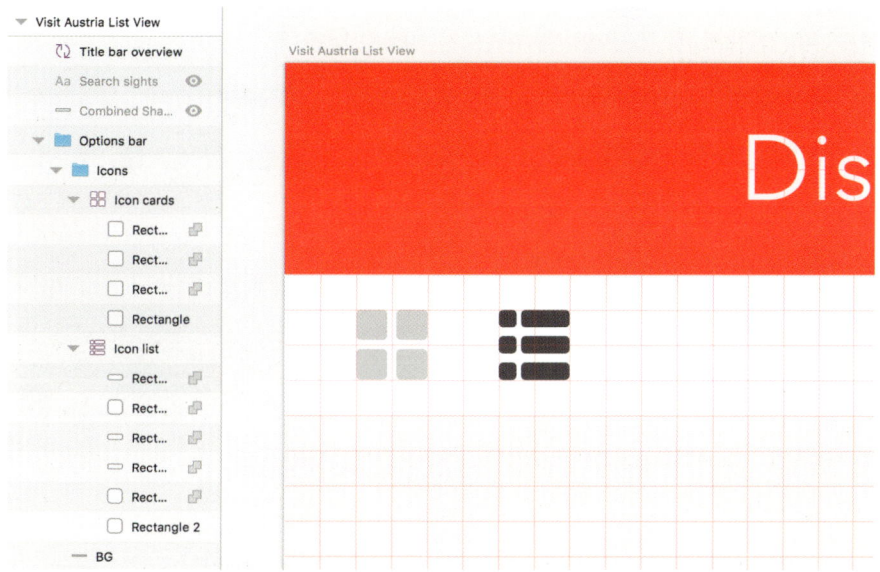

그림 5.6 완성된 카드 아이콘과 리스트 아이콘

관광지 찾기

검색창을 만드는 새로운 과제에 도전해보자(그림 5.11 최종 결과 참조). 몇 가지 특별한 것이 들어 있긴 하지만 레이아웃이 꽤 간단하니 두려워할 필요는 없다. 우선 *Cmd+3*으로 검색창이 들어갈 위치인 옵션 바를 캔버스 중앙에 오도록 한다. 필요하다면 약간 축소해서 적절한 시야를 확보한 후, 새 사각형 도형을 만든다. 140×22px 크기에 2px의 Radius를 적용하고 이름을 'BG'로 바꾼다. 배경색은 약간의 빨간색을 섞은 검은색으로 자연스러워 보이도록 했다. 우선 검은색으

로 색 선택 단추를 드래그한 후, **Hue** 슬라이더를 가장 오른쪽에 있는 빨간색으로 옮긴다. 그리고 Saturation을 30으로 Brightness를 20으로 올린다(RGB 색상표 상태라면 RGB 글자를 클릭해서 HSB 색상표로 변경하자, **그림 5.7**). 이 과정으로 얻은 색상 값 '#332424'를 나중을 위해 색상 대화창에서 **Document Colors**에 저장한다(그림 5.7, 아래). 마지막으로 이 레이어의 불투명도를 10%로 낮춘다.

입력창 안에 'Search sights' 텍스트를 기본으로 보여줘 사용자에게 이 입력창이 무엇을 위한 것인지 알려준다. Avenir Next 폰트를 사용해서 Weight가 Regular인 텍스트를 14px 크기로 입력한다. 그리고 완전 검은색을 지정하는데, 불투명도를 50%로 낮추어 플레이스홀더placeholder처럼 보이도록 한다. 텍스트를 입력창과 수직과 수평으로 모두 중앙에 맞춰 정렬한다. 독자들이 아직은 아이콘 만드는 것에 지치지 않았기를 바란다. 옵션 바에 쓸 아이콘이 아직 두 개가 더 필요하니 말이다.

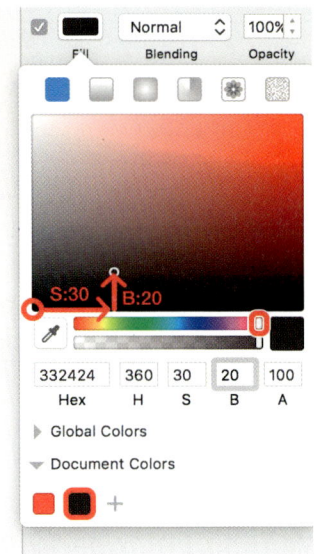

그림 5.7 검은색에서 시작해서 약간의 빨간색을 추가한다. 그 후 **Document Color**로 저장한다(아래).

검색 아이콘

널리 사용되는 전형적인 검색 아이콘인 돋보기를 만들 시간이다(그림 5.11 완성본 참조). 이 아이콘은 9px의 지름에 Fill 없이 2px 두께의 테두리를 Inside로 설정한 원이 사용된다. 검색창 왼쪽 가장자리에 가깝게 이 원을 만든다. 손잡이 부분은 우리의 오랜 친구인 사각형 도형을 사용할 것이다(R을 누르면 이 도형에 빠르게 접근함을 기억하자). 3×5px 크기의 사각형 도형을 그려서 1px의 Radius를 적용한다. 이 도형을 자유롭게 하기 위해 그리드를 끈다.

우리는 네 곳 모두에 둥근 모서리가 필요하지 않다. 아래 두 모서리로 충분하다. 벡터 포인트 편집 모드에 들어가서 마우스로 포인트를 선택해 Corners 값을 바꿀 수도 있지만, 더 빠른 수단으로서 인스펙터의 **Radius** 입력창에 '0;0;1;1'을 입력하도록 한다. 숫자는 순서대로 왼쪽 위/오른쪽 위/오른쪽 아래/왼쪽 아래임을 기억해두자. 두 도형을 수평 중앙점에 정렬한 뒤 1px만 겹치도록 손잡이를 원의 아래쪽으로 옮긴다.

  부울 연산으로 두 도형을 묶기 전에, 원이 현재 Fill이 아닌 Border로만 이루어져 있으므로 *Shift + Cmd + O*를 눌러서 Fill을 사용하는 도형으로 바꾼다. 생성된 부울 그룹을 'Icon'으로 이름을 바꾼다. 레이어 리스트에서 손잡이 부분을 이 부울 그룹 안에서 가장 위에 있도록 옮긴다. 핸들에 적용할 부울 연산은 **Union**으로, 두 원에 적용할 부울 연산은 **None**으로 지정한다. 상세 화면에서 만든 '접기' 아이콘처럼, 이 부울 연산은 쉽게 생각할 수 있는 방식과 조금 다르다(그림 5.11 정확한 부울 연산 참조). 전형적인 방식대로라면 작은 원을 큰 원 위로 옮긴 후 **Subtract**를 적용하고, 손잡이에는 **Union**이나 **None**을 적용할 것이다. 일단은 이 새로운 방식을 기억해 두도록 한다.

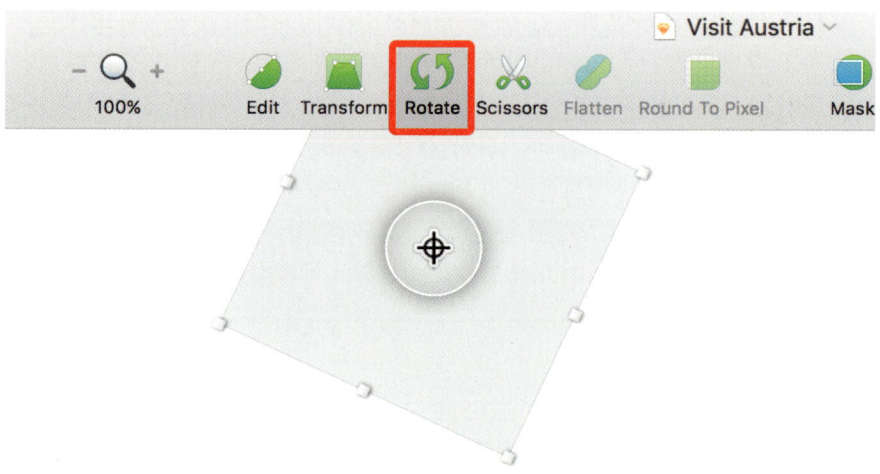

그림 5.8 스케치의 모든 객체는 작은 십자선 모양으로 나타나는 회전축을 가진다. 하지만 툴바에서 Rotate 아이콘을 통해 회전할 때만 볼 수 있다.

이런 유형의 검색 아이콘은 보통 기울어져 있다. 비록 아주 중요한 일은 아니지만, 이를 처리할 두 가지 방법을 살펴보도록 하자. 첫 번째 방법은 앞서 보여준 바 있는데, Cmd를 눌러서 잠시 회전 모드로 들어가는 것이다. 이 모드에서는 선택 핸들의 모서리를 이용해서 객체를 회전할 수 있다.

하지만 여기에서는 중요한 부분을 놓치게 된다. 스케치의 모든 요소는 각도 변경이 가능한 회전축을 가지고 있는데, 이 회전축은 툴바에서 **Rotate**를 눌렀을 때만 나타난다. 회전축은 객체의 중앙에 작은 십자선으로 표시되고(그림 5.8), 원하는 위치로 이동할 수도 있다. 안타깝게도 이 축은 해당 객체에 저장되지 않고 인스펙터의 입력창을 통해 회전할 경우에 영향을 받지 않는다.

두 방법 중 어느 것으로든 돋보기 아이콘을 반시계방향으로 45도(-45°) 돌린다. Fill 색상을 검은색으로 바꾸고 전체의 불투명도를 50%로 낮춘다. 회전 시 Shift를 누르면 한 번에 15도씩 움직인다는 것을 기억하자.

> **Quick tip**: 스케치의 특별한 점 중 하나는 그룹을 회전하면 포함된 요소의 축도 함께 회전한다는 것이다. 이는 크기 변경을 위해 사용한 것이 선택 핸들이든 키보드(Cmd+방향키)든 상관없이 동작한다. 새 객체를 그룹에 넣을 때 스마트 가이드가 그룹의 기울어진 상태를 보여준다. 하지만 벡터 포인트 수정은 기울기에 영향을 받지 않으므로, 그룹 밖으로 요소를 꺼내 포인트를 수정한 후 다시 그룹에 넣는 방식으로 작업한다. Shift+Cmd+G로 그룹을 해제해도 포함된 요소의 기울기는 그대로 유지한다.

이 규칙은 부울 그룹에는 적용되지 않는다는 점을 염두에 두자. 하지만 검색 아이콘의 부울 그룹 안으로 들어가서 요소를 마우스로 크기를 바꿔 보면 변형된 축대로 조정되는 것을 볼 수 있다(그림 5.9).

그림 5.9 회전한 그룹에 속한 자식 요소를 수정하면 부모의 회전과 같은 각도로 작용한다.

Infobox

변형하기

회전 외에도 스케치는 툴바의 Transform을 통해 요소를 변형할 수 있도록 한다. 모서리 핸들(그림 5.10, 빨간 핸들)을 움직이면 객체를 왜곡하는데, 이때 *Cmd*를 누르면 한쪽에만 왜곡 내용을 적용한다. 요소의 양 측면에 있는 선택 핸들로 객체를 기울여 일그러뜨릴 수 있다(그림 5.10, 파란 핸들). Transform은 3D 효과를 만들거나 원근감을 넣을 때 특히 편리하게 쓰인다. 심지어 Magic Mirror[24]라는 플러그인은 이 과정을 자동화하고 이미 변형된 요소의 콘텐츠를 수정한다(기본 기능으로는 가능하지 않다).

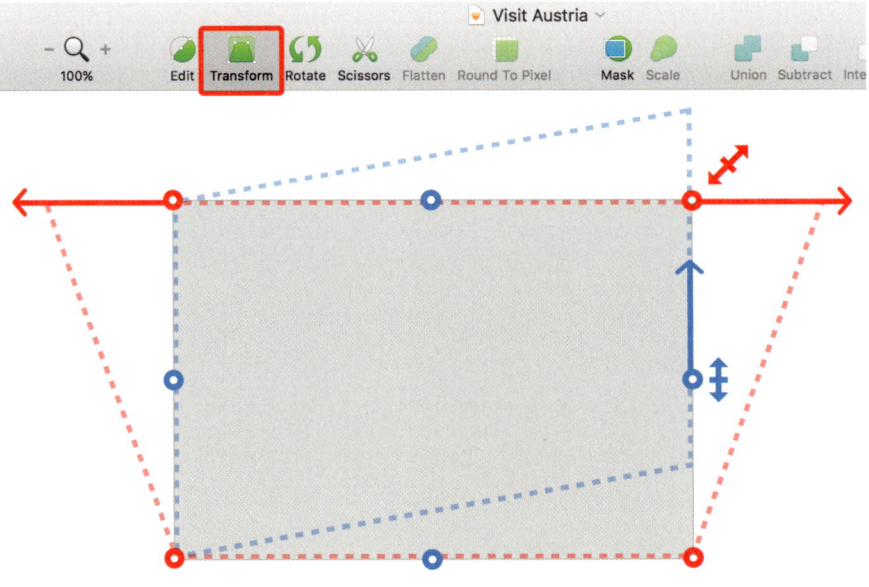

그림 5.10 툴바의 Transform을 이용해 레이어를 왜곡(빨간 핸들)하거나 기울인다(파란 핸들).

---

[24] http://magicmirror.design

마무리 작업

다시 검색창으로 돌아오자. 플레이스홀더 텍스트를 배경의 왼쪽 가장자리에서 22px만큼 띄워서 아이콘을 넣을 자리를 만든다. 마련한 자리의 중앙에 배경과 수직으로 가운데를 맞추어 깔끔하게 아이콘을 앉힌다. 마지막으로 레이어 리스트에서 모든 요소를 선택해 'Search field' 그룹으로 묶는다. 이 그룹을 정렬 아이콘(왼쪽 네 번째와 오른쪽 두 번째)을 사용해서 옵션 바의 배경과 수직과 수평 모두 중앙이 맞도록 조정한다. 'Search Field'가 'Option bar' 그룹 안에서 'BG' 레이어 위에 있는지 확인한다. 이로써 검색창을 마무리했다(그림 5.11). 이제 옵션 바의 마지막 요소인 필터 버튼을 만들어보자.

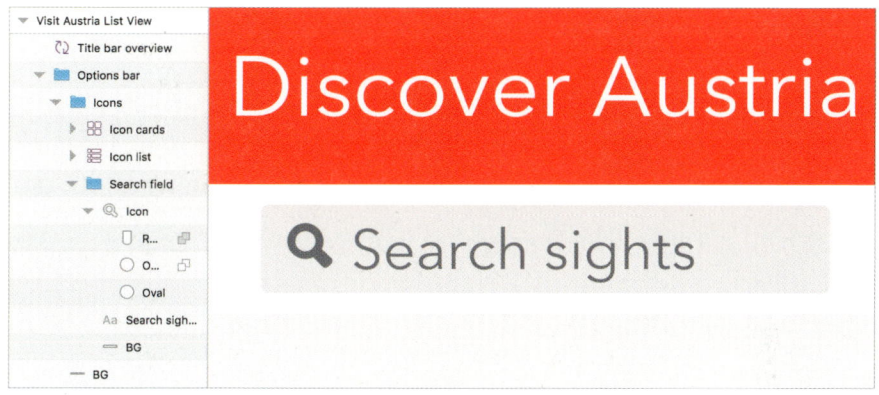

그림 5.11 완성된 검색창과 정확한 레이어 계층 구조

필터 버튼

필터 아이콘 제작을 준비하면서 이런 기능을 나타내기 위해 보편적으로 사용되는 하나의 아이콘이 존재하지 않음을 알게 됐다. 하지만 금방 두 가지 아이콘으로 좁혀졌는데, 범위를 설정하는 슬라이더와 깔때기 아이콘이다. 깔때기 아이콘은 나중에 카드 뷰를 위해 미뤄 두고 우선 슬라이드 아이콘부터 만들어보자. 슬

라이더는 사각형과 원을 만들어 복제하고 반전시키면 되니 작업이 꽤 간단하다(**그림 5.13**에서 이 아이콘을 확인한다). 옵션 바의 오른쪽이 잘 보이도록 캔버스를 조절하고 이제 시작해보자.

우리는 12×2px 크기에 2px의 Radius가 있는 사각형과 지름이 5px인 원이 필요하다. 사각형 도형을 사용하는 대신 L로 Line을 그린다. 이동을 수평으로 제한하기 위해 **Shift**를 누른 채 드래그한다. 10px의 Length에 2px의 Thickness를 지정하고 끝을 둥글리는데, 이는 Borders 옵션(톱니바퀴 아이콘을 클릭하면 볼 수 있다)에서 **Ends** 항목 중 중간에 있는 아이콘을 선택해 적용한다. 그런데 인스펙터에서 속성을 둘러보면 한 가지 문제점을 발견할 수 있다. 위칫값이 항상 반쪽짜리 픽셀을 이용한다는 것이다. 이 문제는 심지어 선을 도형화해도 사라지지 않는다. 내가 가능하다면 늘 사각형 도형을 이용하는 것도 이러한 이유 때문이다. 만들었던 라인을 지우고 12×2px 크기에 2px의 Radius가 있는 사각형을 그린다.

사각형의 크기는 짝수이고 원의 크기는 홀수라는 차이 때문에 중앙에 정렬시킬 수 없다. 한번 시도해보면 이 의미가 분명해진다. 지금 한 번만 반쪽짜리 픽셀을 사용하는 것을 신경 쓰지 않기로 하고, 이 원을 0.5px만큼 내린다. 가장 쉬운 방법은 인스펙터에서 **Y** 입력창에 대고 **Alt**를 누른 채 화살표 키를 눌러 0.1px씩 옮기는 것이다. 그런 후 사각형의 오른쪽 가장자리와 2px의 간격이 있도록 옮긴다. 두 도형을 모두 선택한 후 복제해 원본과 1px의 간격이 있도록 아래로 옮긴다.

둘째 줄에 있는 원은 사각형의 왼쪽 가장자리에서 2px 떨어진 곳에 있어야 한다. 이럴 때 쓸 수 있는 소소한 기술로서, 원이 선택된 상태에서 **Alt**를 누른 채 사각형으로 마우스 커서를 옮긴다. 마우스 커서의 위치를 유지한 채 원을 화살표 키를 이용해서 옮기면서 간격을 확인한다. 요소를 합치기 전 미리 만들어둔 네 개의 모든 요소를 선택해 **Union** 부울 연산을 실행한다. 앞서 리스트 아이콘을 만들며 설정했던 Layer Style을 적용한다. 드롭다운에서 Layer Style을 나타내는 아이콘을 클릭해 'Options bar active state'를 선택한다(**그림 5.12**). 적용한 스타일인 불투명도 70%인 검은색 속성은 필터 아이콘의 속성을 덮어쓴다. 스타일을 공유하고 있는 이 두 개의 아이콘의 색을 변경하고 싶다면 언제든지 색을 바꾼 후 드롭다운 드롭다운 메뉴에서 Update Layer Style을 클릭한다. 이 아이콘은 변경 내용을 Layer Style을 사용하는 모든 인스턴스에 자동으로 적용한다. 훌륭하다! 방금 만든 부울 그룹의 이름을 'Icon filter'로 바꾼다.

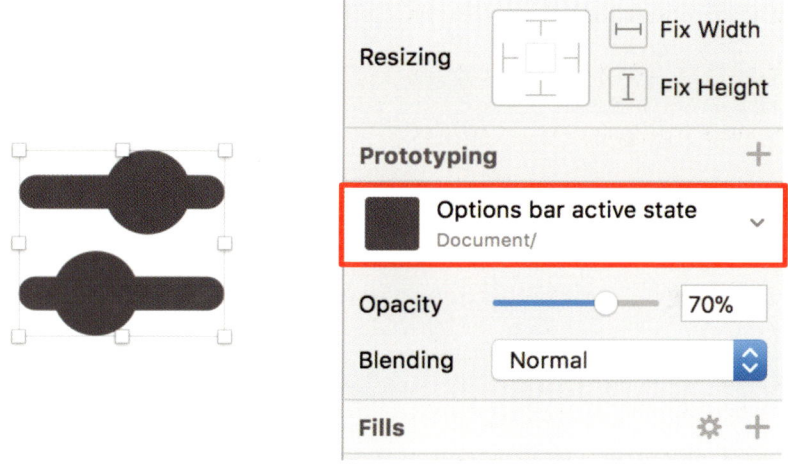

그림 5.12 리스트 아이콘으로 만든 Layer Style로 필터 아이콘의 속성을 덮어쓴다.

마지막으로, 아이콘과 같은 색으로 'Filter' 라벨을 붙인다. 라벨은 12px 크기에, Regular Weight로 설정한다. 이제는 요소의 이름과 위치를 정리하는 것만 남았다. 아이콘과 텍스트 간격을 4px로 하고 수직 가운데 정렬로 맞춘 후 'Filter' 그룹으로 묶는다. 그리고 그리드에 맞도록 아트보드의 오른쪽 가장자리에서 16px만큼 떨어뜨린다. 레이어 리스트에서 'Option bar' 그룹 안에 넣고 'Filter' 그룹을 옵션 바의 수직으로 가운데가 맞도록 정렬한다. 이로써 옵션 바는 완성이다. 축하한다!

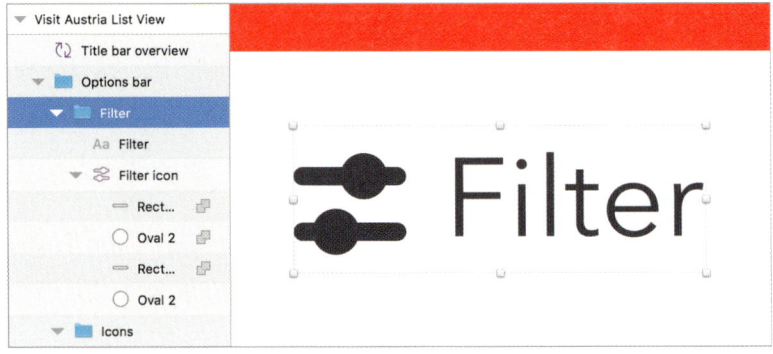

그림 5.13 필터 아이콘 완성본

관광지 목록

개요 화면의 리스트 뷰는 각기 다른 내용을 포함하는 같은 형태의 요소 여덟 개로 구성할 것이니(그림 5.1, 왼쪽), 첫 줄만 디자인하고 이를 활용해 나머지를 만들면 된다(그림 5.15). 스케치로 이런 작업을 처리하는 데는 여러 가지 방법이 있다. 각각의 방법을 보여줄 텐데, 우선 첫 항목부터 디자인해보자.

모델

그리드를 다시 불러내 높이가 64px인 흰색 사각형을 그린 후, 아트보드의 양 가장자리와 옵션 바로부터 각각 8px(그리드 한 칸)씩 떨어지도록 위치시킨다. Radius를 4px 주고 검은색 그림자를 '0/2/0/0' 속성으로 추가한다. 그림자의 알파 값을 10% 적용해 약간의 깊이감을 만든다. 다른 배경 레이어에서 그랬듯 'BG'로 이름을 바꾼다.

이제 콘텐츠를 만들자. 관광지 사진을 담을 '56×56' 크기의 원 도형을 만들고, 좋아하는 사진 하나를 스케치로 끌어온다. 나는 작업 속도를 높이기 위해 unsplash.com에서 가져왔다. 사진이 레이어 리스트와 캔버스 모두에서 원 도형 위에 있도록 한다. 사진과 원 도형을 선택한 상태에서 툴바에서 **Mask**를 클릭해 사진을 원 도형 안에서만 보이도록 제한한다. 사진의 원하는 부분이 보이도록 크기와 위치를 조정한다. 그리고 사진을 Shift + Cmd + L로 잠가 의도치 않게 선택하는 일이 없도록 하는 것도 좋은 생각이다. 이 마스크 그룹을 배경의 세로 중앙에 맞추고 왼쪽 모서리에서 8px만큼 들인 후, 'Image'로 이름을 바꾼다. 관광지 이름을 넣기 위해 텍스트 레이어를 추가해 글자를 왼쪽 정렬한다. 그리고 Weight는 Bold, 색상은 검은색, 크기는 22px을 지정한 후 이 마스크 그룹 밖으로 빼둔다.

이제 배경의 위 라인과 10px의 간격을 유지하면서 그리드와도 잘 맞춰졌을 것이다. 글자 내용을 곧 교체할 것이니 아무 거라도 상관없는데 우선 'Title'이라고 입력해두자.

다음 요소는 주와 도시, 핀 아이콘을 포함하는 위치 정보다. 아이콘은 로고를 만들며 배운 내용을 다시 사용한다(필요하다면 **그림 4.5**를 참조한다). 우선 지름이 8px인 외곽 원을 만든다. 지금은 그리드가 그다지 도움이 되지 않으니 숨겨둔다. 800%로 확대해서 외곽 원을 복제한 후, 비율을 유지하며 중앙부터 크기를 변경하기 위해 Alt와 Shift를 함께 눌러서 지름 4px의 원으로 만든다. 작은 원이 큰 원 위에 있는 상태에서 두 원을 모두 선택하고 **Subtract** 부울 연산을 실행한다. 생성된 부울 그룹에서 Enter를 쳐서 벡터 포인트 편집 모드로 들어간다. 이미 선택돼 있을 외곽 원의 가장 아래 포인트를 화살표 키를 이용해 2px만큼 아래로 옮긴다. 마지막으로 그 포인트를 **Straight** 유형으로 바꾸고, 편집모드에서 빠져나와 핀 요소의 색을 40% 검은색으로 지정한다. 'Pin'으로 이름을 바꾸고 아이콘을 마무리한다.

위치 정보를 위한 텍스트는 Regular Weight에 12px로 크기를 지정하고, 불투명도가 60%로 낮춰진 검정을 사용한다. 글자 내용은 'Location'으로 입력한다.

핀 아이콘과 수직 중간값을 맞춘 후, 'Location' 그룹으로 묶는다. 두 요소의 간격은 4px이 되도록 한다. 이 그룹을 'Title' 아래로 옮겨서 그리드에 맞춘다. 'Title'과 'Location' 모두 그리드의 세로 선에 왼쪽 정렬로 맞추고 이미지와의 간격이 16px이 되도록 한다.

모델이 될 항목에 들어갈 마지막 요소는 사용자의 현재 위치와 관광지까지의 거리를 나타내는 텍스트 레이어다. 우선 '100km'를 입력하고 'Location'에 사용했던 속성을 그대로 사용하되 크기는 14px로 바꾼다. 항목 배경의 오른쪽 가장자리와 그리드 하나의 간격이 있도록 배치하고, 'Title'과 같은 높이에 위치시킨다. 이 경우 두 텍스트 레이어의 Line Height가 다르므로 정렬 아이콘을 사용할 수 없다. 스마트 가이드를 대신 사용해도 되지만, 아트보드에 요소들이 아주 많을 때는 조금 성가시기도 하다.

> **Quick tip**: 텍스트 레이어를 추가한 후 *Alt + Cmd + =* 나 *Alt + Cmd + –* 를 사용해서 폰트 크기를 키우거나 줄일 수 있다. 기본적으로 크기 변경 시 윗부분이 기준이 되는데, Line Height를 수정한 적이 있다면 베이스라인에 맞춰 크기를 바꾼다.

새로운 것을 시도해보자. 처음으로 스케치의 사용자 지정 가이드를 사용해서 텍스트 레이어 정렬에 사용한다. 새 가이드를 추가하기 전에 *Ctrl + R*로 눈금자를 불러낸다. 왼쪽 눈금자에 마우스를 올려서 생성할 가이드를 미리 확인한다. 가이드가 'Title'의 베이스라인과 일치하는 위치에서 클릭한다. 그런 후, 거리 텍스트 레이어를 화살표 키를 사용해서 이 가이드에 맞게 옮긴다. 이제 눈금자를 숨겨도 좋다.

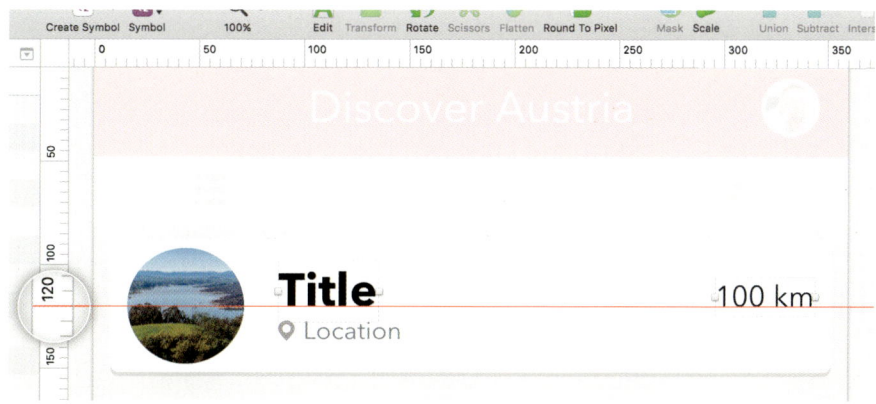

그림 5.14 Ctrl+R로 눈금자를 불러내 타이틀 텍스트와 거리 텍스트를 정렬하기 위한 사용자 지정 가이드를 설정한다. 왼쪽 눈금자를 클릭해 가이드를 추가한다.

이 레이어에서 할 마지막 작업은 'km'의 폰트 크기를 줄여서 숫자를 더 강조하는 것이다. 우선 인스펙터에서 이 레이어의 **Alignment**를 **Right**(세 번째 아이콘)로 바꾸고, 이미 정렬 기준을 바꿨으니 텍스트 크기를 바꾸면 위치가 재조정된다. 글자를 더블클릭해 편집 모드로 들어간 후 'km'를 선택해 8px이 될 때까지 Alt+Cmd+-를 누른다. Cmd+Enter로 변경 사항을 적용한다. 첫 항목에 속하는 모든 요소를 선택해서 'List entry' 그룹으로 묶고 Ctrl+Alt+Cmd+Down을 눌러서 레이어 리스트에서 아트보드의 가장 아래로 이동시켜 마무리한다.

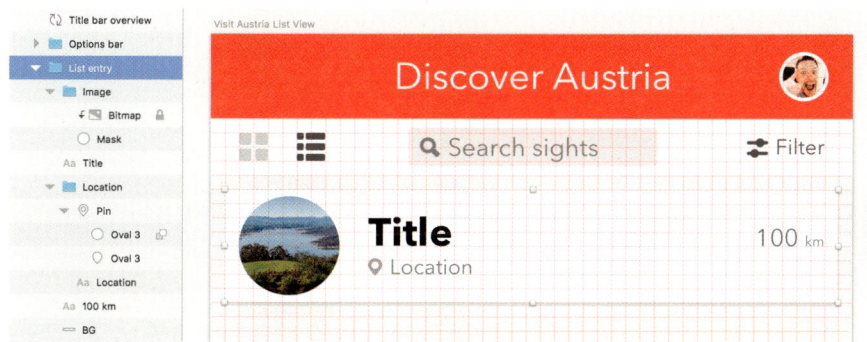

그림 5.15 리스트 항목을 위한 모델 완성본

Infobox

눈금자와 가이드

눈금자Ruler는 단독적으로는 그리 쓸모가 있지 않지만, 요소를 정렬하기 위한 사용자 지정 가이드를 추가하거나 참조용 포인트로서의 역할을 한다. 눈금자는 *Ctrl*+*R*로 불러낼 수 있다. 위쪽 눈금자를 클릭하면 세로 가이드 선(그림 5.16, 위쪽)이, 왼쪽 눈금자를 클릭하면 가로 가이드 선(그림 5.16, 왼쪽)이 캔버스에 생긴다. 가이드 선은 원하는 어느 위치로나 드래그해 이동할 수 있고, 눈금자 자체를 드래그하면 0점을 옮긴다. 레이어를 먼저 선택한 채 눈금자에 마우스 커서를 올리면 레이어의 가장자리에 가이드가 달라붙어서 쉽게 가이드 선을 위치시킬 수 있다.

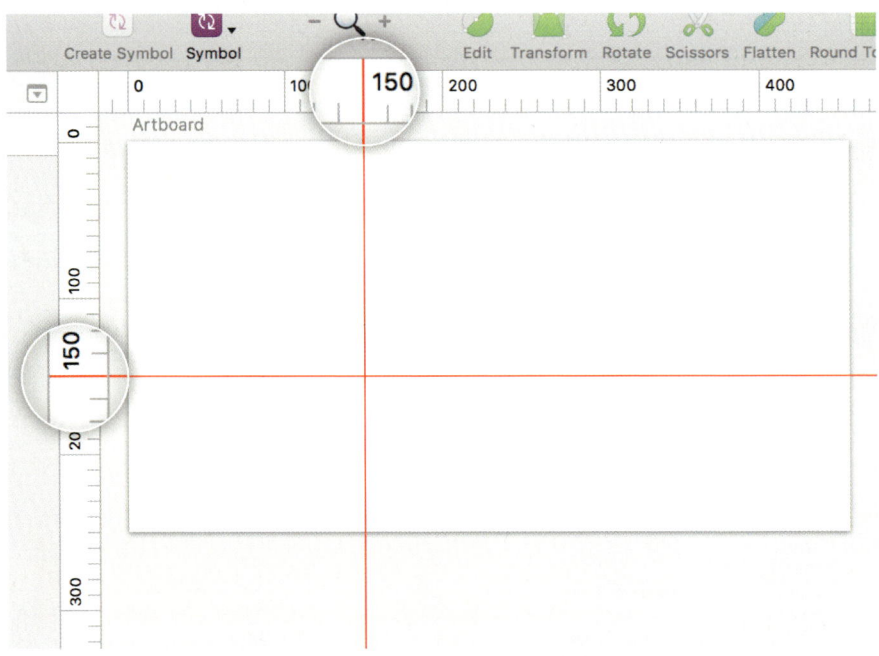

그림 5.16 상단 눈금자를 클릭하면 세로 가이드 선이, 왼쪽 눈금자를 클릭하면 가로 가이드 선이 생긴다.

가이드를 없애려면 간단히 캔버스 밖으로 드래그해서 빼내거나 눈금자에 마우스 우클릭해 **Remove Guide**, 혹은 전체 가이드를 한 번에 없애려면 **Remove All Guides**를 선택한다. 대부분의 경우 레이어 정렬을 위해 사용자 지정 가이드를 추가할 필요는 없다. 눈금자에 마우스 커서 위치를 고정해두면 가이드 선 미리 보기를 유지할 수 있으므로, 선택된 레이어를 화살표 키만으로 이 가이드 위치로 옮기면 되기 때문이다.

그림 5.17 눈금자에 마우스 커서를 올려서 가이드 미리 보기를 활성화한 후 키보드 화살표 키로 레이어를 움직여 정렬한다.

다른 항목들

첫 항목이 다른 항목들의 모델이 될 예정이니 최대한 다시 사용할 수 있도록 만들어야 한다. 이 작업을 위해 심볼보다 더 나은 게 있을까? 한번 해보자. 첫 항목의 레이어 그룹을 선택해 툴바에서 해당 아이콘을 클릭해 심볼로 만든다. 이름은 그대로 유지하고, 마스터 심볼이 목록 바로 옆에 있으면 수정 내용을 바로 확인할 수 있으니 **Send symbol to "Symbols" page**의 체크박스는 아직 선택하지 않는다. 'Symbols' 페이지로는 나중에라도 보낼 수 있다.

앞서 설명했듯이 목록에 다른 항목을 추가하는 데는 여러 방법이 있다. 첫 번째는 이미 아는 방법으로, *Alt*를 누른 채 마우스로 드래그해 복제본을 만드는 것이다. 이어서 *Cmd+D*를 눌러 같은 간격으로 복제본을 다시 여러 개 만든다. 이 방법을 새 심볼에 실행해보는데, 먼저 200%로 확대 배율을 바꿔 8px 간격을 제대로 확인하도록 한다. 아트보드의 아랫부분에 닿을 때까지 여섯 번 복제한다.

더 간편하지만 많이 사용하지 않는 방법으로 메뉴 바의 **Arrange**에 있는 **Make Grid...** 기능이 있다. 선택한 요소를 지정한 열과 행 수만큼 반복해서 나열해주고, 복제본 간 간격도 지정할 수 있다. 이를 사용하기 위해 이미 만든 복제본을 *Cmd+Z*로 모두 지우고 하나의 항목만 있는 초기 상태로 되돌린다. **Make Grid...** 대화창에서 Rows와 Margins에 각각 8을 입력한다. Columns를 1로 입력하면 해당 내용이 없는 **Margin** 입력창이 자동으로 비활성화된다(그림 5.18). **Make Grid**를 클릭하면 앞서 한 방법과 같은 결과를 만든다.

이 기능은 하나의 요소를 복제할 때뿐만 아니라 기존의 요소를 재배열하는 데도 활용할 수 있다. 항목 간 간격이 16px이 필요하다고 가정해보자. 항목을 모두 선택한 후 **Make Grid...**를 다시 불러내 위에서 했듯 항목을 모두 채우는데 이번에 Margins를 16px로 지정한다. **Arrange** 버튼을 누르면 새로 입력한 값으로 간격을 조정한다. 다시 8px 간격으로 되돌려둔다. 여러 개의 레이어를 선택한 상태로

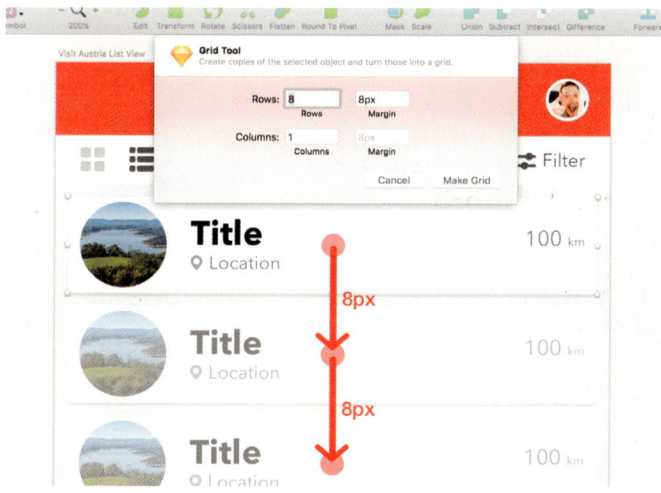

그림 5.18 메뉴 바의 **Arrange**에 있는 **Make Grid...**를 사용해 나머지 항목을 만든다.

Make Grid... 대화창을 열면 **Duplicate layers to missing cells** 체크 박스를 볼 수 있는데, 이는 Rows와 Columns에 입력한 값보다 적은 양의 레이어가 캔버스에서 선택됐더라도 입력값에 맞춰 결과를 출력한다. 이 경우 새로운 복제본을 생성한다.

 어느 방법을 선택하더라도 지금은 모든 항목이 같은 내용이라 다소 밋밋해 보인다. 이제 **Overrides**를 사용해 심볼의 힘을 제대로 발휘해보자. 항목을 하나 선택하면 인스펙터에서 Overrides 영역이 보인다. 텍스트 레이어별로 입력창이 있어서 각 인스턴스의 내용을 개별적으로 바꿀 수 있다(그림 5.19). 그런데 이미지에는 전용 Overrides 입력창이 없다는 것을 눈치챘을 것이다. 이는 우리가 앞서 의도치 않게 사진이 선택되는 상황을 방지하고자 이미지를 잠갔기 때문이다. 그러면서 Override 기능을 제거했으니 마스터 심볼에서 사진을 선택해서 $Shift+Cmd+L$로 잠금을 푼다.

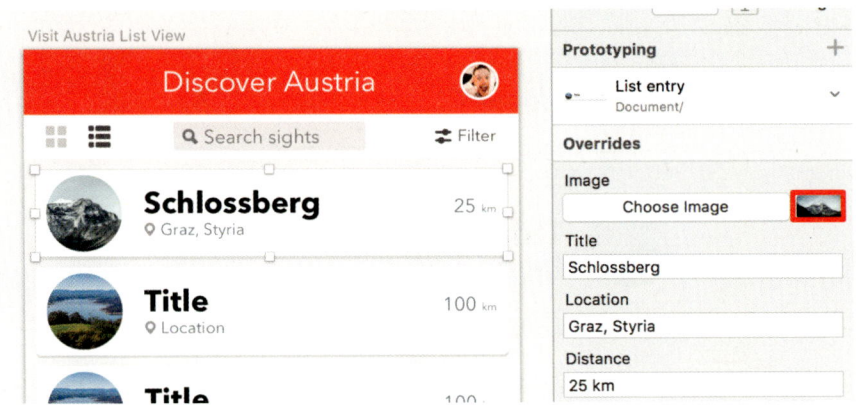

그림 5.19 인스펙터에서 **Overrides** 입력창을 통해 각 항목의 내용을 바꿀 수 있다. 섬네일을 클릭하면 이미지도 바로 붙여 넣을 수 있다(빨간 테두리).

인스턴스마다 **Overrides**를 통해 텍스트 레이어와 이미지를 다른 내용으로 바꿔서 다양한 자료로 된 목록을 만든다. 인스펙터에서 섬네일을 클릭해 이전에 해봤듯 다른 애플리케이션에서 비트맵을 바로 붙여 넣을 수 있다(그림 5.19, 빨간 테두리). 각 항목이 모두 다르게 보임에도 불구하고 우리는 여전히 같은 심볼을 사용하고 있다. 이 심볼을 'Symbols' 페이지로 보내지 않은 이유는 관련 아트보드와 나란히 놓으면 문맥을 보면서 수정할 수 있기 때문이다. 만약 이미지를 줄이는 게 나을 것 같다거나, 핀 아이콘이 더는 필요하지 않다거나, 타이틀로 다른 색을 쓰는 게 낫다고 생각된다면 여기에서 바로 변경해 이 변화가 실제로 어떤 차이를 만드는지 즉각적으로 확인할 수 있다. 모든 심볼을 'Entries' 그룹으로 묶어서 레이어를 정리한다.

Infobox

붙여넣기

붙여넣기처럼 간단해 보이는 일도 스케치는 상황에 따라 다르게 동작한다. 기본적으로 다른 애플리케이션에서 복사해서 *Cmd+V*로 붙여 넣는 요소는 현재 선택된 아트보드의 중앙에 놓는다(그림 5.20에서 이미지 참조). 아트보드에서 아트보드로 복사하는 경우라면 원본의 위치 정보도 함께 옮겨온다. 이 두 경우 모두 레이어 리스트에서 붙여 넣는 요소의 위치는 같다. 현재 선택한 레이어가 있으면 그 위에, 선택한 레이어가 없는 경우 아트보드의 최상위에 놓인다. 붙여넣기는 상황에 따라 다르게 동작하므로 사용이 까다로울 수 있지만, 몇 가지 옵션을 알아두면 원하는 곳에 정확히 삽입할 수 있다. *Shift+Cmd+V*는 항상 먼저 선택한 레이어의 왼쪽 위 모서리에 맞춰 요소를 붙여 넣는다. 여러 개의 레이어를 삽입할 때도 각 레이어의 상대적 위치를 유지하면서 왼쪽 위 모서리에 맞춰 정렬한다. 마우스 우클릭 후 **Paste Here**를 선택하는 것도 비슷한 기능을 한다(그림 5.20). 이는 캔버스에서 마우스 커서의 위치에 콘텐츠를 삽입하면서 레이어 리스트에서는 현재 선택한 레이어 위에 삽입한다.

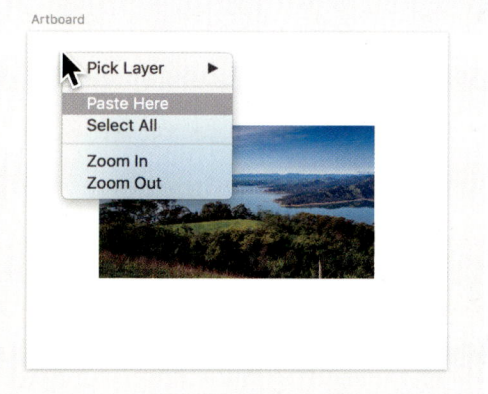

그림 5.20 기본적으로 다른 애플리케이션에서 스케치로 붙여 넣는 콘텐츠는 현재 선택한 아트보드의 중앙에 놓인다(혹은 다른 아트보드에서 복사해 왔다면 원본의 위치에 놓인다). 특정 위치에 콘텐츠를 넣으려면 마우스 우클릭 후 **Paste Here**를 선택한다. 혹은 다른 레이어를 먼저 선택 후 *Shift+Cmd+V*로 새 콘텐츠를 그 레이어의 왼쪽 위 모서리에 맞추어 배치한다.

비슷한 요소는 심볼을 사용하는 게 이상적인데, 심볼의 동생 격인 Layer Style을 사용해서 한 요소에서 다른 요소로 빠르게 속성을 넘기고 동기화할 수 있다. 어떤 방법이든 재사용 가능한 컴포넌트를 최대한 많이 만들어 디자인의 모든 요소가 일관성 있게 보이도록 노력한다. 이는 스타일 가이드 제작이나 Atomic Design[25] 같은 전체 디자인 시스템에서도 중요하다.

실제 데이터로 디자인하기

인스턴스의 모든 이미지와 텍스트 레이어를 일일이 바꿀 때, 이 지루한 작업을 더 간편하게 해주는 방법이 있을지도 모른다고 생각했을 것이다. 방법이 있다. 스케치 자체적으로는 아니지만 플러그인의 도움을 받아 가능하다. 가짜 콘텐츠로 디자인을 채우는 건 물론, 다양한 소스에서 실제 데이터를 가져오고, JSON 파일로 나만의 콘텐츠를 만들어 적용할 수도 있다. 그 중 몇은 실제 데이터로 요소를 채우면서 **Make Grid...** 기능처럼 요소를 배치하는 기능도 함께 가지고 있다.

이 플러그인들은 작업 속도를 높일 뿐만 아니라 내 디자인이 실제 콘텐츠와 어떻게 보이는지, 그리고 미처 고려하지 못한 예상치 않은 변수를 어떻게 처리하는지를 알아볼 수 있다. 간단히 말해서 우리의 생각을 전환하고 실무적인 관점에서 디자인을 볼 수 있도록 한다.

이런 콘텐츠 제작기에 대해 아래에 개략적으로 소개한다. 더 많은 정보와 상세한 사용법은 공식 웹사이트나 GitHub 페이지를 참조하자.

- Craft[26] by InVision[27]: 내 생각에는 현재 사용 가능한 플러그인 중 가장 좋다. 요소를 복사하고 내용을 채우는 여러 가지 유용한 기능을 가지고 있다.

---

[25] http://smashed.by/sketch-atomicdesign
[26] http://www.invisionapp.com/craft
[27] http://www.invisionapp.com/

텍스트와 이미지를 기존 웹사이트를 통해 선택하는 방식으로 기존 데이터를 이용하거나, JSON 파일로 콘텐츠를 불러들일 수 있다. 이 플러그인은 심지어 스타일 가이드도 자동으로 만들어주고, 디자인 자산을 팀과 공유할 수 있도록 해준다.

- Sketch Data Populator[28]: Craft와 비슷하지만, 나중에 JSON 파일로 레이어에 콘텐츠를 채워 플레이스홀더를 만들어준다. Craft처럼 요소를 쉽게 복제하고 다양한 데이터로 채울 수 있다.
- Content Generator[29]: 도시 이름이나 이메일 주소같이 미리 정의한 데이터를 제공하고, 데이터 형식에 맞추어 무작위로 숫자를 생성한다. Flickr에서 이미지를 가져와 채우고 아바타 이미지도 제작하지만, 텍스트 내용을 만드는 것이 이 플러그인의 가장 큰 장점이다.

Craft로 항목 만들기

모델 항목을 이용해서 다른 항목들을 만드는 두 가지 방법을 이미 배웠고, 이제 Craft 플러그인을 사용하는 세 번째 방법으로 넘어가자. 이 플러그인으로 관광지를 쉽게 복제하고, 콘텐츠를 한 번에 자동으로 바꿀 수 있다.

Craft를 내려받아 설치한 다음, 작업 중이던 아트보드를 준비한다. 우선 이 아트보드를 복제본을 나란히 만들어서, 다른 방식과 비교해볼 수 있도록 한다. 복제한 아트보드의 이름을 'Visit Austria List View Craft'로 바꾼다. 마스터 심볼도 복제해서 'List entry Craft'로 이름을 바꾼다. 이제 이 둘을 연결하기 위해 복제한 아트보드에서 첫 항목을 선택해 여전히 'List entry'(그림 5.21)라고 표시된 인스펙터의 드롭다운을 새 심볼로 바꾼다. 첫 항목만 남긴 채 나머지 항목을 지우고

---

28 http://smashed.by/sketch-datapopulator
29 http://smashed.by/sketch-contentgenerator

Overrides 입력창을 모두 비운다.

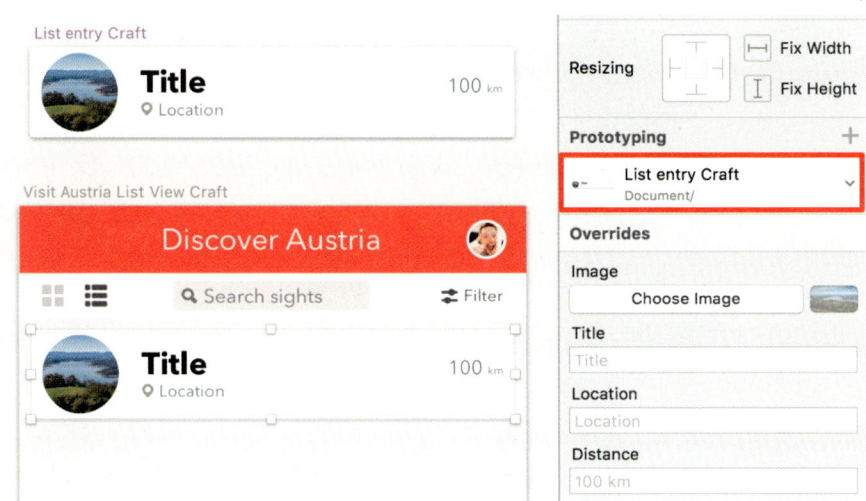

그림 5.21 리스트 항목의 심볼을 복제해서 새 아트보드와 연결한다. 이제 다른 항목을 모두 삭제하고 Overrides의 입력값도 모두 지운다.

　이제 단독적으로 사용하던 이미지 레이어를 패턴 채우기를 이용하는 형식으로 바꿔야 한다. 마스터 심볼로 가서 이미지 레이어를 지우고, 마스크로 사용했던 레이어를 선택한다. 비트맵 이미지로 채우기 위해 Craft 패널의 세 번째 아이콘을 클릭한다(만약 보이지 않으면 메뉴 바에서 Craft → Toggle Panel을 실행한다). 여기서 **Custom** 탭으로 이동해 **Photos**를 선택한 후 **Unsplash** 버튼을 클릭한다. 우리 목적에 적합한 분류로 **Landscape**나 **Scenery**를 드롭다운에서 선택한 후, **Place Photos**를 클릭하면 실제 이미지를 제공한다(그림 5.22, 왼쪽). 사진이 마음에 들지 않는다면 같은 과정을 반복한다.

　우리는 작업 종류에 상관없이 최대한 Craft를 사용할 수 있으니, 텍스트 레이어도 이미지와 같은 방식으로 만들도록 한다. 이번에는 **Photos** 대신 **Type**을 선택한다. 예를 들어, 타이틀에는 **Cities** 분류(그림 5.22, 오른쪽)를 고르고, 위치에는 **Countries**를 선택해서 콘텐츠를 만든다.

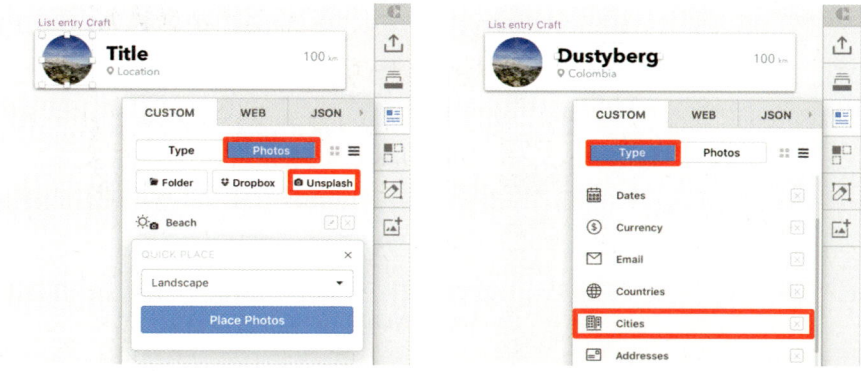

그림 5.22 마스크를 패턴 채우기로 바꾸고 Craft 플러그인을 이용해서 이미지를 채운다. 오른쪽: 타이틀로 Type에서 Cities를 고른다.

콘텐츠를 다 만들었으니 이제 Craft로 나머지 항목을 만드는 작업을 진행한다. 리스트 뷰에 있는 항목 심볼의 인스턴스로 돌아가자. Craft 패널로 다시 가서 이번에는 Duplicate 아이콘을 선택한다. 여기에서 **Make Grid**...처럼 복제할 양과 간격을 지정할 수 있다. 우리는 세로로 나열된 항목이 필요하므로, 앞서 했던 것처럼 **Vertical Count**와 **Gutter**에 각각 '8'을 입력한다. **Duplicate Content**를 클릭하면 남은 항목을 다양한 콘텐츠로 채우며 생성한다(그림 5.23). 와우!

이게 끝이 아니다. Duplicate content를 클릭한 이후에도 Duplicate 대화창의 슬라이더나 **Gutter** 입력창을 통해 복제본의 간격을 그 자리에서 수정할 수 있다. 캔버스에서 Duplicate control 레이어의 크기를 키우면 그에 맞춰 더 많은 항목을 생성한다(그림 5.23, 왼쪽). 놀랍지 않은가! 수동으로 조절해야 하는 오직 한 부분은 거리를 나타내는 텍스트 레이어다. 각 항목을 클릭해서 인스펙터의 Overrides를 이용해 개별적으로 값을 입력한다.

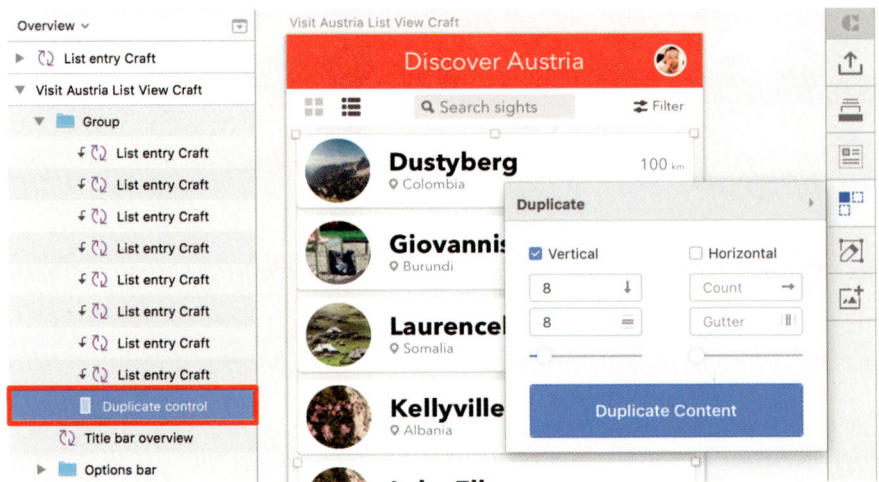

그림 5.23 Craft의 Duplicate 패널을 이용해서 남은 항목을 만든다. 왼쪽: Duplicate content를 실행한 후에도 레이어 리스트에서 항목 수를 바로 변경할 수 있다.

카드 뷰

개요 화면은 리스트 뷰로만 이루어져 있지 않다. 구성을 달리해 큰 이미지로 다양한 관광지에 대한 흥미를 돋우는 카드 뷰로도 전환이 가능하다(그림 5.1, 오른쪽). 우선 첫 카드를 제작하고 이를 심볼로 변환해서 나머지 아이템을 만들어보자.

기본 사항

우선 리스트 뷰를 만든 아트보드를 복제하는데, 이번에는 이터레이션이 아니라 완전히 새로운 상태를 만들 것이므로 Alt를 누른 채 아래쪽으로 드래그한다. 그리고 이름을 'Visit Austria Card View'로 바꾼다. Delete로 모델로 사용할 첫 항목을 제외한 나머지를 지운다. 리스트 뷰에 영향을 주지 않기 위해 항목에 마우스 우클릭 후 **Detach from symbol**을 선택해서 링크를 해제한다. 'Card entry'로 이름을 바꾸고, Craft가 생성한 이 항목의 부모 그룹을 해제한다. 아래에 있는 'Duplicate content' 레이어 또한 지운다.

수정을 시작하기 위해 *Cmd-click*으로 항목의 배경을 선택해 크기를 바꾼다. 카드는 아트보드의 반을 채우면서 양 가장자리로부터 16px의 여백을 가지고 옆 카드와도 16px의 간격을 유지해야 한다. 스케치의 연산 기능을 사용해 카드의 폭을 계산해보자. 아트보드의 너비를 반으로 나누고, 아트보드의 왼쪽 가장자리와의 간격을 빼고(16px), 옆에 올 항목과의 간격을 반으로 나눈다(16/2). 이로써 '360/2-16-16/2'이 성립해 156px이 카드의 폭으로 지정된다. 높이로는 일단 176px을 입력한다.

NUDG(e) IT

우리가 사용하는 모든 간격은 8px 그리드에 기반을 두고 있으므로, 이 카드 레이어를 그리드에 맞춰 마우스로 정렬할 수도 있다. 하지만 스케치는 화살표 키를 이용할 때 레이어의 이동 단위를 직접 설정해서 마치 그리드에 맞춰 옮기듯 사용할 수 있다. 가장 간편한 방법은 스케치 Preferences Canvas 탭에 있는 Nudging 설정을 이용해서 이동 간격을 설정하는 것이며, 설정 화면이 팝업된 상태로 사용할 수 있는 Nudg.it[30] 앱을 이용할 수도 있다. 이 앱은 간단한 대화창을 통해 이동 거릿값을 바꿔준다.

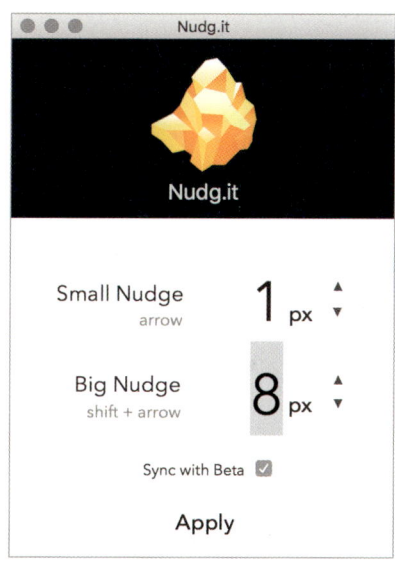

그림 5.24 스케치와 함께 사용할 수 있는 Nudg.it 앱으로 화살표 키로 레이어를 옮길 때 레이어의 이동 거리를 변경한다.

Nudg.it에서 화살표 키를 사용할 때 *Shift*를 함께 누르면 실행되는 Big nudge의 값을 10px에서 8px로 바꾼다. 이 Nudge 간격을 사용해보자. 'Card entry' 그룹에

[30] http://www.nudg.it

대고 *Shift+Right*를 눌러 오른쪽으로 8px 이동시킨다. 이어서 *Shift+Down*을 눌러 아래로 8px 내리면 위치 지정이 끝난다. 카드의 배경에 '0/3/8/0' 속성의 그림자를 넣고 작업을 마친다.

새로운 배치

이제 콘텐츠 차례다. 지금 타이틀은 카드 뷰에 쓰기엔 너무 기니까 16px로 크기를 줄인다. 'Distance' 텍스트 레이어도 12px로 크기를 줄이고('km' 포함), 글자를 왼쪽 정렬로 바꾼다. 이를 위치 텍스트 아래로 옮기고 다른 글자와 왼쪽 가장자리를 맞춰 배치한다. 타이틀, 위치, 거리에 해당하는 모든 레이어를 선택해서 'Text' 그룹으로 묶는다. 카드의 왼쪽 아래 가장자리에 맞도록 일단 옮겨둔다.

리스트 뷰와는 구분되는 인상을 주기 위해 이미지를 다른 모양으로 넣어야 한다. 기존의 'Image' 그룹을 삭제하고, 레이어 리스트에서 같은 위치에 컨테이너 역할을 할 사각형 도형을 넣은 후 카드의 왼쪽 위에 맞춰 위치시킨다. 인스펙터에서 폭은 '100%'로, 높이는 '54.5%(96px)로 지정하고 이름을 'Image'로 바꾼다. Craft 플러그인을 사용해서 다시 실제 이미지를 넣는다. 배경 마스크 때문에 적용되던 비트맵 윗부분의 둥근 모서리가 사라진 것을 알아챘을 것이다. 이를 다시 살리기

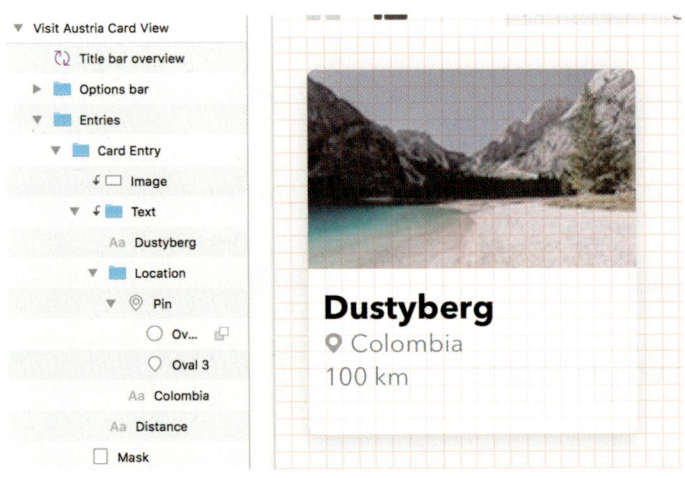

그림 5.25 새 카드 항목

위해 'BG' 레이어에서 Ctrl+Cmd+M을 눌러 마스크로 전환한다. 야호! 둥근 모서리가 다시 살아났다.

카드를 완성하기 위해 마지막으로 할 일은 'Text' 그룹을 그리드에 맞추는 것이다. Shift + Right를 눌러 8px만큼 카드 가장자리에서 안으로 들인다. 모든 텍스트 레이어가 그리드의 세로 선에 맞춰 정렬되도록 하고, 이미지와 텍스트 그리고 각 텍스트 레이어 사이에 충분한 공간이 있는지 확인한다.

심볼 사용하기

이제 카드가 꽤 보기 좋으니 'Card entry'를 같은 이름의 심볼로 전환한다. 앞에서 한 것처럼 'Symbols' 페이지로 아직은 보내지 않는다. 심볼을 아트보드 바로 옆에 두고 수정할 때 변경 사항을 바로 확인하기가 더 쉽다. 만약 새 심볼을 화면에서 찾을 수 없다면 캔버스에서 가장 오른쪽에 있는 아트보드 옆에 생성됐을지도 모르니 이를 확인해 'Card view' 옆으로 옮겨온다.

이제 Craft를 다시 사용해서 나머지 항목을 만들 모든 준비가 됐다. 아트보

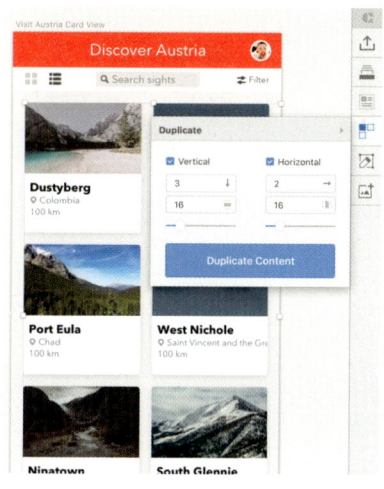

그림 5.26 Craft의 **Duplicate**를 다시 사용해서 카드 뷰의 남은 항목을 만든다. 이번에는 두 축으로 출력한다.

드에서 심볼을 선택하고, 이 플러그인의 패널에 있는 마지막 아이콘(Duplicate)을 클릭한다. 이번에는 요소를 가로와 세로로 모두 배열할 것이니 Vertical에 '3'을, Horizontal에 '2'를 입력해서 총 6개의 카드를 생성한다. Gutter는 두 축에서 모두 16px이 돼야 한다. **Duplicate Content**를 클릭하면 거의 완성에 가까운 카드 뷰를 만들어준다. 거리 텍스트 레이어만 다시 Overrides를 통해 항목별로 입력한다.

두 개의 아이콘

이 작업으로 한층 더 카드 뷰가 완성에 가까워졌지만, 우리가 처리해야할 두 가지가 아직 남았다. 하나는 옵션 바의 카드 뷰 아이콘을 활성화된 모습으로 바꾸는 일이고, 다른 하나는 대안으로 쓸 필터 아이콘(깔때기, 그림 5.28)을 만들어서 두 개의 버전 중 선택할 수 있도록 하는 것이다. 전자는 이미 만든 Shared Style을 전환하면 돼서 간단한 일이다(그림 5.27).

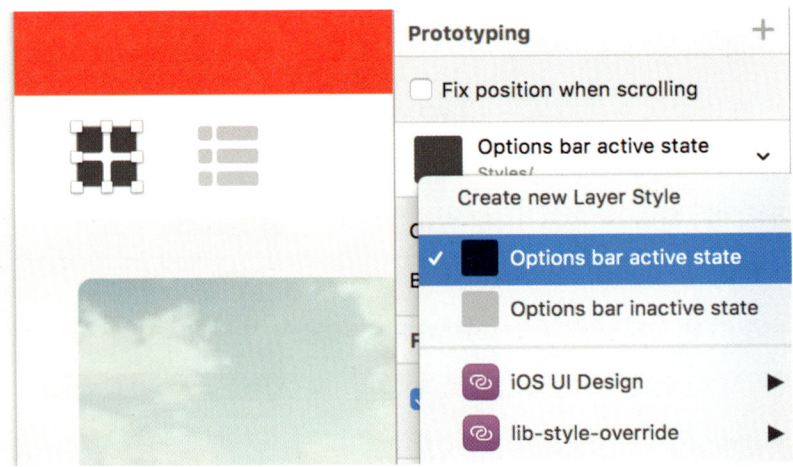

그림 5.27 두 아이콘의 레이어 스타일을 전환한다.

후자는 더 많은 노력이 필요하지만, 과거의 경험상 아이콘을 만드는 것이 크게 어렵지 않을 것이다. 먼저 이미 만든 필터 아이콘을 *Cmd+2*로 확대한 후, 깔때기의 몸체가 될 삼각형으로 대체할 수 있도록 기존 아이콘을 숨긴다. 뻔한 삼각형 도형을 사용하는 대신 '11×5' 크기의 사각형 도형을 추가한다. 벡터 포인트 편집 모드로 들어가서 아래 변을 *Shift-click*해서 중앙에 새 포인트를 넣는다(너비가 홀수 픽셀이어서 점을 먼저 추가한 후 끌어서 정중앙으로 이동시킨다). 그런 다음 같은 선상에 있는 바깥쪽 포인트를 지운다. 삼각형 도형은 단축키로 사용할 수 없거니와 항상 위를 향하고 있으므로 난 이 방법을 선호한다. 또한 Radius를 사용할 수 있다는 점도 사각형 도형을 사용하는 또 다른 이유다. 지금 Radius에 '2'를 입력해서 모서리를 둥글린다. *Esc*를 두 번 눌러 벡터 포인트 편집 모드를 종료한다.

이제 다른 '3×8' 크기의 사각형 도형 하나가 더 필요하다. 사각형의 윗부분을 삼각형의 아랫부분에 위치시켰다가 1px 위로 올려서 두 도형이 겹치도록 한다. 수평 중앙을 맞춰 두 도형을 배열한다. 둥근 모서리를 더 만들기 위해 두 번째 사각형 도형의 벡터 포인트 편집 모드로 들어간다. *Tab*으로 오른쪽 아래 포인트로 이동한 후 **Corners**를 '1'로 설정한다. *Esc*를 한 번 눌러 입력을 종료하고 다시 *Tab*으로 왼쪽 아래 포인트로 이동한 후 Corners에 '0.5'를 입력한다. 이 포인트를 도형의 폭(3px)만큼 화살표 키를 이용해서 위로 옮겨서 아랫선이 45도가 되도록 한다.

두 도형을 모두 선택해 Union 부울 연산으로 묶어 아이콘을 마무리한다. Shared Style에서 'Options bar active state'를 적용한 후 이름을 'Icon filter'로 바꾼다. 'Filter' 라벨과의 간격을 3px로 맞추고 중앙을 맞춰 나란히 놓는데, 이미 정확한 자리에 있는 라벨을 먼저 *Shift+Cmd+L*로 잠가둔다. 마지막으로 이 아이콘이 기존의 'Filter' 그룹 안에 있는지 확인한다. 두 필터 아이콘 중 어느 것을 사용할지는 본인이 선택한다. 난 슬라이더 아이콘을 사용할 것이다.

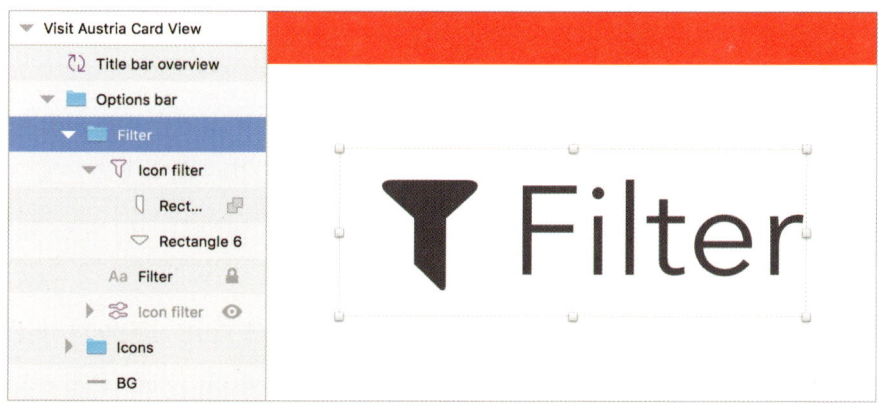

그림 5.28 깔때기 아이콘으로 만든 새 필터 버튼

활성화 상태

재사용 가능한 컴포넌트를 가능한 한 자주 만들기 위해 심볼을 이용해야 한다고 한 것을 기억하는가? 그렇다. 그러니 카드 뷰의 옵션 바도 다시 사용할 수 있도록 해두자. 'Option bar' 그룹을 선택하고 툴바에서 이제는 익숙한 **Create symbol**을 클릭한다. 이번에는 아트보드 옆에 나란히 둘 필요가 없으니 'Symbols' 페이지로 보내도록 한다. 이제 리스트 뷰로 가서 새로 만든 심볼을 기존의 'Options bar' 자리에 넣은 후 기존의 것은 지운다. 잠깐! 우리는 지금 리스트 뷰에 있는데 이 심볼은 카드 뷰가 활성화된 아이콘을 표시하고 있다.

두 개의 상태를 하나의 심볼에 모두 넣을 수 없으니, 작은 꼼수를 쓰도록 하자. 심볼을 더블클릭해서 마스터 심볼로 들어간 후, 두 아이콘 모두에 'Options bar active state'의 Shared Style을 지정한다(그림 5.29, 위쪽). 왼쪽 위 링크로 인스턴스로 되돌아와서, 카드 뷰 아이콘을 덮을 새 사각형 도형을 추가한다. 사각형 도형의 Fill을 흰색으로 하고 불투명도를 70%로 내려서 마치 아이콘의 불투명도를 30% 내린 것과 같은 효과를 만든다. 이제 비활성화 상태의 스타일이 다시 나타났다. 카드 뷰에서 리스트 아이콘에도 같은 작업을 실행한다.

> **Quick tip**: 컬러 베리에이션color variation을 빠르게 만들려면 선명한 색을 흰색이나 검은색 레이어 위에 올린 후 불투명도를 내린다. 이 기술에 대한 자세한 내용은 다음 Infobox를 참조하자.

뷰 아이콘의 활성화 상태와 관련해서 한 단계 더 나아가 각 아이콘을 하위 심볼로 만들 수도 있다. 'Option bar' 심볼을 더블클릭해서 'Symbols' 페이지로 이동 후, 카드 뷰 아이콘('Icon cards')을 선택한다. 이를 심볼로 만들고 레이어 이름 그대로 'Icon cards'를 심볼 이름으로 사용한다.

레이어 리스트에서 이 새 심볼을 선택해 *Cmd+D*로 복제한다. 'Icon cards deselected' 로 이름을 바꾸고 숫자 키 2를 눌러 레이어 자체의 (심볼이 아닌) 불투명도를 20%로 낮춘다. 리스트 뷰의 아이콘에도 같은 작업을 실행한다. 리스트 뷰 아이콘('Icon list')을 선택하고 같은 이름의 심볼을 만든 후 이를 복제한다. 복제한 심볼의 이름을 'Icon list deselected'로 바꾼 후 레이어의 불투명도를 20%로 내린다.

아이콘의 상태별로 총 네 개의 Symbol이 생겼다(그림 5.29. 아래). 원본 'Option bar' 심볼을 선택하고 **Return to Instance** 링크를 통해 'Overview' 페이지로 돌아간다.

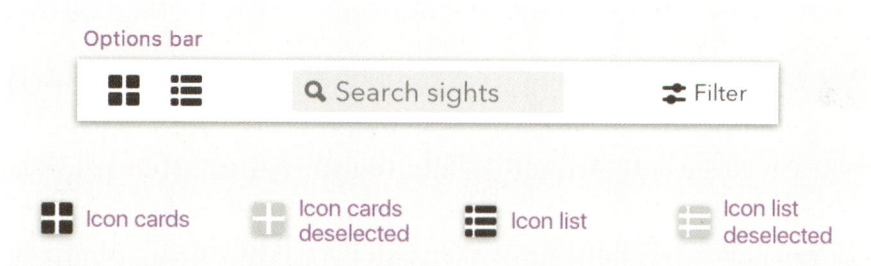

그림 5.29 위: 옵션 바의 심볼에 들어가서 두 아이콘에 Shared style로 'Options bar active state'를 지정한다. 아래: 뷰 아이콘 상태별로 심볼을 만든 후 인스턴스로 돌아간다.

이제는 간편하게 상태별 아이콘을 인스펙터의 Overrides에서 드롭다운을 통해 바꿀 수 있게 됐다(그림 5.30). 우선 오버레이로 사용하던 'Inactive state' 레이어가 더는 필요치 않으니 지운다. 우리는 현재 리스트 뷰에 있으므로 Overrides의 Icon cards에서 'Icon cards deselected'를 선택한다.

카드 뷰를 위한 아트보드에서도 같은 작업을 하는데, Overrides의 Icon list에 'Icon list deselected'를 선택한다. Overrides를 이용하면 왼쪽 아이콘을 리스트 뷰 아이콘으로 교체하는 식으로 비슷한 크기의 아이콘끼리 서로 자리를 바꿀 수도 있다.

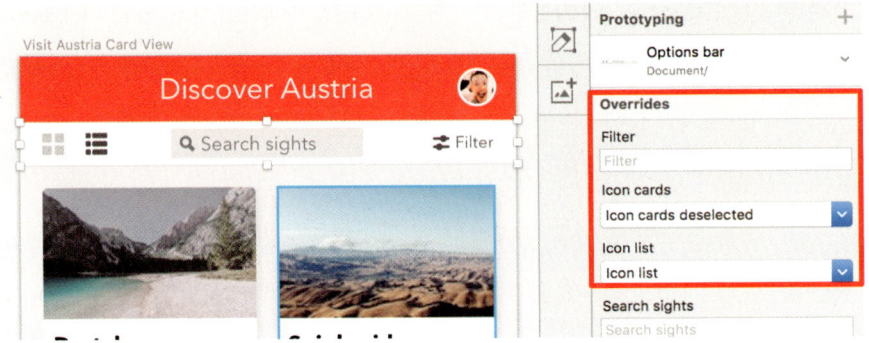

그림 5.30 리스트 뷰로 돌아오면, 'Options bar list view'와 'Options bar card view' 심볼을 이용해서 활성화 상태의 아이콘으로 편리하게 바꿀 수 있다. 카드 뷰에서도 마찬가지다.

옵션 바 자체도 심볼이기 때문에 모든 변경 내용을 자동으로 인스턴스에 전달한다. 만약 다른 필터 아이콘이 더 나을 것 같다면 바로 아이콘을 교체하고 다른 심볼들과 어떻게 어울리는지 확인할 수 있다. 혹은 두 필터 아이콘 모두를 하위 심볼로 만들어 사용할 수도 있다. 이때 두 아이콘의 크기가 같기만 하면 된다.

이 작업을 끝으로 개요 화면과 앱 디자인을 여기서 마무리한다. 스케치로 앱을 디자인하는 일이 여기까지 꽤 순조로웠다. 하지만 디자인을 웹사이트나 앱으로 만들지 못한다면 어떻게 최고의 디자인 애플리케이션이라고 할 수 있을까? 다행히 스케치는 이 방면에서도 아주 훌륭하다. 6장에서 디자인의 필요한 부분을 어떻게 내보내는지 보여줄 테니 계속 지켜보자.

Infobox

컬러 베리에이션 만들기

bjango[31]에서 배운 기법 중 고채도 색을 검은색, 흰색, 혹은 다른 가벼운 색과 겹쳐 놔 한 가지 색으로 여러 가지 컬러 베리에이션을 도출하거나 전체 색상표를 만들 수 있다. 'Color variations'라는 새 페이지를 만들어서 120×120의 사각형 도형을 추가하고 'Base color'라고 이름 붙인다. 이 도형의 Fill 색상을 다양화하고 싶은 색으로 지정하는데, 예를 들어 '#4A86E2'라고 해보자. 다시 새로운 사각형 도형을 추가하고 'Lighten'이라고 이름을 바꾼다. 이전 것과 폭을 같게 하되 높이는 40px로 한다. 'Base color' 레이어의 윗부분에 맞춰 위치시키고 Fill을 20%의 흰색으로 지정한다. 이 사각형 도형을 Alt를 누른 채 드래그해서 복제해 'Base color' 레이어의 아랫부분에 맞춰 옮긴다. 이번에는 Fill에 20%의 검은색을 지정하고 'Darken'으로 이름을 바꾼다. 이 작업만으로도 선택한 색상의 밝은 빛깔과 어두운 음영을 만들어낸다(그림 5.31, 왼쪽).

그림 5.31 왼쪽: 색이 들어간 사각형을 만들고 20% 흰색(위)과 20% 검은색(아래)의 사각형을 겹쳐 놓는다. 이 작업만으로도 이미 두 가지 컬러 베리에이션을 보여준다. 중간: 두 개의 사각형을 추가해서 윗부분을 맞춰 세워둔다. 두 도형 모두 블렌딩 모드를 'Overlay'로 바꾸고, 오른쪽 도형에 80%의 불투명도를, 가운데 도형에는 40%의 불투명도를 준다. 오른쪽: 다른 컬러 베리에이션을 만들기 위해 이제까지 만든 모든 레이어를 복제한 후 Base color의 색을 바꾼다.

여기서 멈출 필요는 없다. 더 많은 컬러 베리에이션을 위해 기존 레이어의 위 가장자리에 맞추어 노란색(#F8E71C) 같은 밝은 색의 사각형 도형을 추가한다. 이번에는 사각형 도형을 세우고(40×120), 'Variation 1'으로 이름을 바꾼다. 'Base color'

---

31 http://smashed.by/sketch-bjango

Infobox

의 오른쪽 가장자리에 맞춰 옮긴 후, 알파값을 80으로 내리고 Blending mode를 밑 색과 섞는 **Overlay**로 바꾼다. 왼쪽으로 복제본을 만들어서 'Variation 2'로 이름을 바꾼다. Blending mode는 그대로 유지하되 알파값을 40으로 내린다. 이로써 기본색과 여덟 개의 컬러 베리에이션을 만들어냈다. 다음 인터페이스 디자인에 사용하기에 충분한 양이다(그림 5.31, 중간). 마지막에는 Base color를 제외한 모든 레이어를 잠가서 이 레이어만 수정할 수 있도록 해둔다.

다른 기본색으로 컬러 베리에이션을 만들고 싶다면, 이제까지의 모든 레이어를 선택해서 'Color 1' 그룹으로 묶어서 바로 오른쪽으로 복제한다. 그런 후 새 그룹을 'Color 2'로 이름을 바꾸고 Base color를 원하는 색으로 바꾼다(그림 5.31, 오른쪽). '#63D321'와 '#B313FE' 같은 색을 적용해보자.

6장

디자인 공유와 프로토타이핑

Exporting Assets and Prototyping

스케치를 강력히 추천하는 이유 중 하나는 바로 간단하지만 강력한 내보내기, 심볼 공유, 프로토타이핑과 같이 협업을 지원하는 기능 때문이다. 갖가지 옵션이 붙은 복잡한 대화창 없이 인스펙터의 상대적으로 작은 공간으로 모든 내보내기를 처리한다. 디자인 작업 중 빠지지 않는 것이 전체 스크린이나 아트보드, 심볼

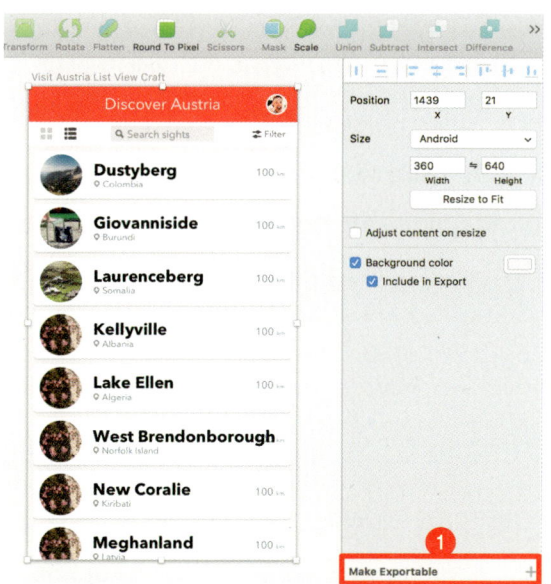 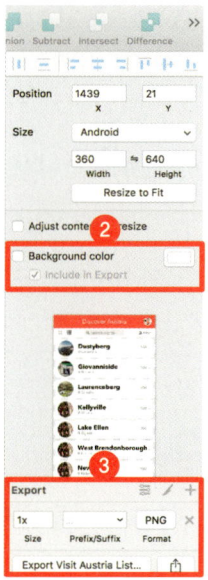

그림 6.1 아트보드를 선택하고 인스펙터의 오른쪽 아래에 있는 **Make Exportable** 버튼(①)을 눌러서 내보낸다. 이는 다양한 옵션을 제공하는데(②), 내보내는 파일의 배경색도 지정할 수 있다(③).

디자인 공유와 프로토타이핑 **189**

과 같은 디자인 자원을 내보내서 동료와 클라이언트에게 보여주거나 재사용하고, 혹은 모바일 디바이스에 넣어 실제 화면에서 어떻게 보이는지 확인하는 일이다.

아트보드를 내보내려면 먼저 아트보드를 선택한 후 인스펙터 오른쪽 아래에 있는 **Make Exportable**을 누른다. 이 영역은 내보낼 때 생성할 파일에 적용할 다양한 옵션을 제공한다.

Size

Size는 내보내는 파일의 해상도나 화소 밀도를 정의한다. 즉, 만약 우리가 작업한 스크린 하나를 내보낸다면, '1x' 설정은 원본과 같은 크기인 '360×640'으로, '2x'는 화소 밀도가 높은 디바이스에 적합하도록 두 배로 키워서 '720×1280' 크기로 내보낸다. 미리 설정된 옵션 중 선택하는 방법 외에도 '2.5x'같이 값을 직접 입력할 수도 있다.

해상도 외에도 내보내는 파일의 정확한 크기를 지정할 수도 있다. 만약 아트보드를 너비가 750픽셀인 고해상도 아이폰 6에서 확인하고 싶다면, **Size**에 '750w'를 입력한다. 여기서 중요한 것은 폭을 의미하는 'width'의 약자를 나타내는 'w'이다. 이는 높이를 나타내는 'height'의 'h'로 바꿔서 내보내는 파일의 높이를 지정할 수도 있다. 이러한 크기 지정은 모든 형식의 파일에 적용할 수 있지만, SVG는 예외다. 애석하게도 SVG는 가끔은 내보낼 크기를 정확하게 지정해야 할 때도 있다.

Suffix

다음 입력창인 **Suffix**(접미사)는 파일 이름에 연속되는 글자를 덧붙인다. 아이폰 4 초창기 시절에는 디자인 요소를 내보낼 때 원본 크기로 하나, 파일 이름에 '@2x'를 붙여서 두 배 해상도 크기로 하나, 이렇게 두 가지 버전으로 작업하는 것이 일반적이었다. **Suffix**에 '@2x'를 입력하면 정확히 그와 같은 일을 처리한다.

파일 형식

PNG, JPG, TIFF, WebP 같은 비트맵 기반 형식 외에도 벡터 기반 형식인 PDF, EPS, 그리고 가장 잘 알려진 SVG를 선택할 수 있다. PNG 형식이 투명도를 지원하고 이미지 손실도 없어서 가장 많이 쓰인다.

PNG 최적화를 위해 가장 많이 쓰는 툴 중 하나로 TinyPNG[32]가 있는데, 이는 비슷한 색상을 합치는 웹 기반의 이미지 손실 압축 툴이다. 사진을 내보내는 경우라면 JPG를 선택하는 것이 대개 제일 보기 좋고, 내보낼 때 품질 수준도 설정할 수 있다(그림 6.2). 하지만 투명도를 지원하지 않으니 내보낸 파일을 다시 한 번 확인해야 한다. TIFF는 주로 인쇄에 쓰인다. 이 형식은 투명도를 지원하긴 하지만 파일을 상당히 크게 생성한다. 어느 형식을 사용하든 이미지를 최적화해 데이터 양과 로딩 시간을 줄이도록 한다. 당신 웹사이트 사용자들이 고마워할 것이다! 효율성을 극대화하려면 ImageOptim[33] 같은 외부 툴을 사용하거나, 공식 플러그인인 SVGO Compressor[34]나 Sketch Image Compressor[35]를 사용한다.

벡터 형식 중에서 PDF는 로고 같은 브랜딩 디자인 자산을 저장하거나 디자인 자산을 교환하는 등 인쇄 작업에 아주 적합하다. 각 아트보드를 개별적으로 내보내는 대신, 스케치에서는 여러 페이지로 된 하나의 PDF를 메뉴 바의 **File → Export Artboards to PDF**를 통해 만들 수 있다. 관련 설정은 **Preferences**의 **General** 탭에 있는 **Artboard Export**에서 변경한다.

---

[32] https://tinypng.com/
[33] https://imageoptim.com
[34] http://smashed.by/sketch-compress1
[35] http://smashed.by/sketch-compress2

한편 EPS는 요즘은 거의 쓰지 않는 상황이므로 이 형식으로 내보낼 일은 거의 없다. 요즘 웹의 대세는 SVG다. 간단한 아이콘이든 복잡한 일러스트레이션이든 관계없이 SVG는 모든 상황을 소화해낸다. 또한 무제한으로 크기 변경이 가능하다. 디바이스와 해상도가 항상 바뀌는 요즘 환경에서 아주 중요한 특징이다. 단,

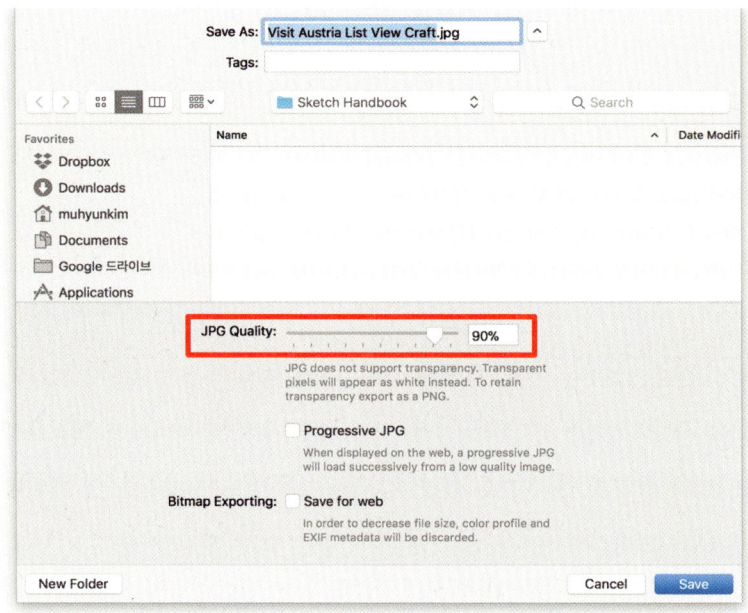

그림 6.2 JPG는 다른 옵션과 함께 품질 수준도 선택할 수 있다.

일부분이 스케치에서 보이는 모습과는 다르게 나타나기도 하므로 내보내기를 할 때 눈여겨봐야 한다. 이럴 경우 구조를 단순화하거나 문제되는 영역을 합친다.

내보내기

모든 변수를 정의한 후, 아래에 보이는 **Export...** 버튼을 클릭하면(그림 6.1, 그림

6.2. 아래) 저장 대화창이 나타난다. 내보내는 파일의 이름은 아트보드의 타이틀을 기본값으로 한다. 하나만 내보낼 때와는 달리 여러 개를 한 번에 내보낼 때는 저장 대화창에서 파일 이름을 바꿀 수 없으므로 이름 지정은 더 중요해진다. 이때 내보낸 여러 개의 파일 이름은 스케치에서 레이어 리스트에 쓰인 이름으로 지정된다.

바로 눈에 띄진 않지만, 각 비트맵 형식은 몇 개의 추가 옵션을 가지고 있다. WebP를 제외한 모든 비트맵 형식은 **Save for Web** 옵션이 있다. 이는 'color profile and EXIF metadata'를 삭제하는데, 만약 색을 일관성 있게 사용해야 하는 경우라면 고심해야 할 옵션이다. JPGs와 WEBP는 파일 크기와 품질에 지대하게 영향을 끼치는 **Quality** 슬라이더를 제공한다. 최상의 품질이 필요하면 '100%'로 설정한다. 특히 넓은 면적에 색상을 입힌 경우라면 높은 품질이 필요하다. **Progressive**는 추가로 용량을 줄여주기 때문에 웹에 사용할 JPGs에는 항상 활성화해야 한다.

Infobox

지원 파일 유형

앞서 언급한 형식을 스케치가 내보내듯이 스케치로 불러올 수 있다. PSD와 AI 파일도 지원하지만 레이어가 모두 합쳐진 상태로 불러온다. PDF와 EPS는 해당 형식을 온전하게 지원하지 않아 종종 엉망인 상태로 보여준다. 그래서 해당 형식은 불러오기Import 기능을 사용하기 전에 **Preferences**의 **General** 탭에서 **Insert PDF and EPS files as bitmap layers**를 선택해서 불러올 때 자동으로 파일을 병합한다.

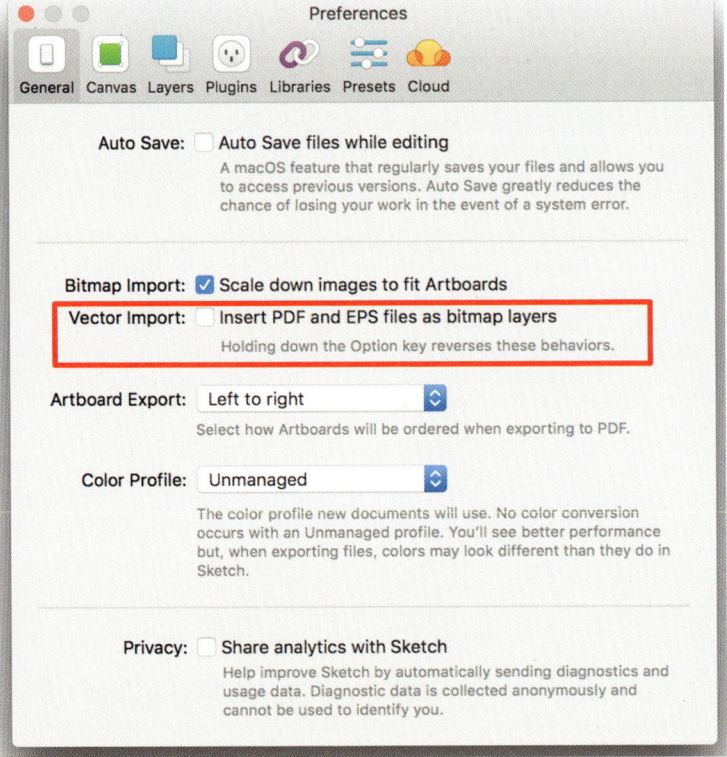

그림 6.3 Preferences의 Insert PDF and EPS files as bitmap layers는 스케치가 파일을 망가뜨리지 않도록 한다.

Infobox

이미지 다이어트하기

웹이 출현한 이후 평균 웹사이트 용량이 매년 증가함에 따라 로딩은 더욱 느려졌다.[36] 이는 모바일로 접속하는 사용자에게 특히나 더 짜증스러운 경험이다. 이런 경험 때문에 모바일 사용자 중 50% 이상이 3초 이내에 웹사이트가 로딩을 시작하지 않으면 사이트를 떠난다.[37] 모든 이미지를 최적화하는 것은 웹사이트의 로딩 속도를 향상하기 위한 필수사항이다. 한 가지 방법은 JPGs를 아주 낮은 품질(약 30%)로 내보내되 필요한 크기의 2배가 되도록 만드는 것이다(그림 6.4). 심지어 이 방법은 고해상도 기기에 적용해도 이미지 품질 저하가 눈에 보이지 않는다. 다른 방법으로, 높은 품질로 저장하되 크기를 1.2, 1.3, 혹은 1.5배로만 내보내도 이미지 품질을 저하시키지 않는다. 이런 기술에 대해서는 데이브 루퍼트 Dave Rupert가 Netvlies' blog[38]와 A List Apart[39]를 통해 웹사이트 이미지 크기를 줄이는 방법에 관해 설명하고 있으니 참조해보자.

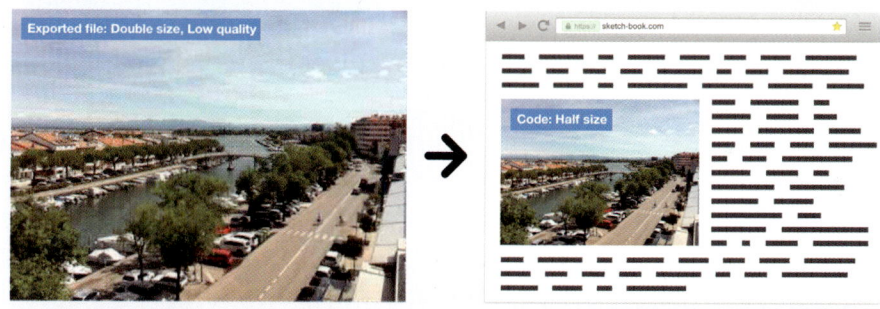

그림 6.4 왼쪽: 두 배의 크기지만 아주 낮은 품질(30%)로 저장한 JPG. 오른쪽: 원래 크기대로 사용된 모습. 낮춘 품질이 눈으로 확인되지 않는다.

36 http://smashed.by/pageload
37 http://smashed.by/webobesity
38 http://smashed.by/sketch-netvlies
39 http://smashed.by/sketch-ala

내보내기 영역에서 오른쪽 아래 버튼을 이용하면 파일을 다양한 방법으로 공유할 수 있다. 예를 들면, 팀원에게 클릭만으로 파일을 메일로 보내는 식이다.

> **Quick tip**: 요소를 내보내는 빠른 방법은 레이어 리스트에서 데스크톱(혹은 아무 응용 프로그램)으로 드래그하는 것이다. 이 방법은 기본적으로 '1x'의 PNG로 내보내는데(그림6.5), 드래그하는 동안 *Alt*를 누르면 PDF로 만들 수 있다. **Make Exportable** 버튼을 눌러서 설정한 내용은 이 방식으로 내보낸 파일에도 적용된다.

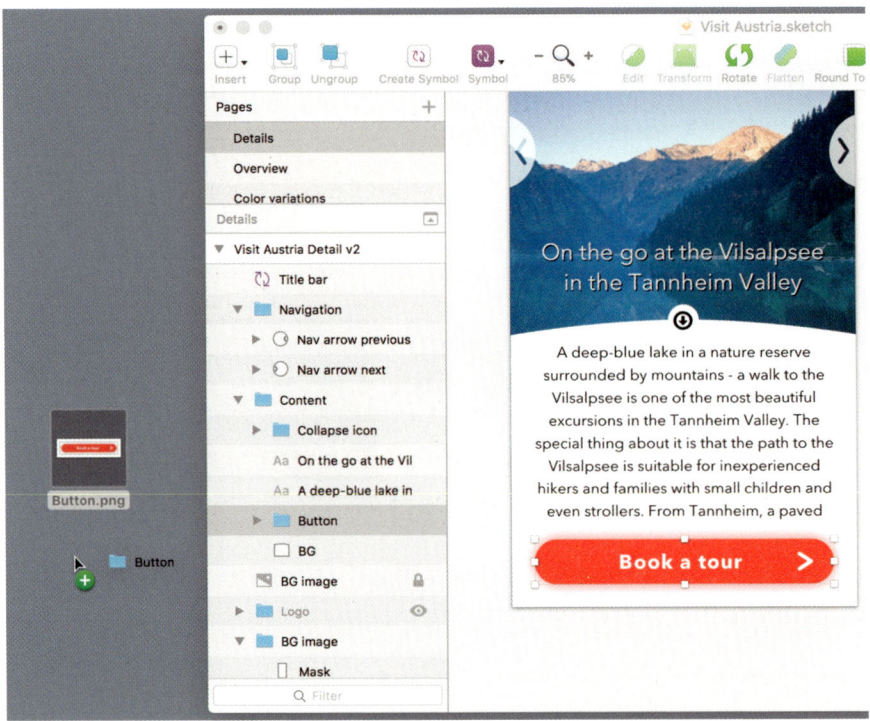

그림 6.5 요소를 레이어 리스트에서 데스크톱(혹은 아무 응용 프로그램)으로 드래그해서 빠르게 내보낸다.

원래 아트보드는 투명한 배경을 가지고 있으므로, 아트보드를 내보내기 전에 인스펙터의 상단 중간쯤에 있는 Background Color와 Include in Export의 체크박스를 살펴보자(그림 6.1, 오른쪽 중간). 이는 아트보드를 미리 보기 창으로 볼 때 자주 하는 실수다. 예컨대 이 경우에는 흰색 배경이 아닌 못생긴 회색 배경이 나타난다. 스케치는 이를 알려주기 위해 배경색이 지정되지 않은 아트보드 영역을 내보낼 때 미리 보기에서 이 부분을 체크무늬로 보여준다(그림 6.8의 ②, 아래).

여러 개 내보내기

스케치의 내보내기 기능은 아트보드 외에도 레이어와 그룹에도 사용할 수 있다. 레이어 리스트에서 원하는 요소를 선택한 후 아트보드에 했듯이 인스펙터에서 **Make Exportable**을 클릭한다. 지금 레이어 리스트에서 요소의 이름 옆에 작은 칼 아이콘이 추가된 것이 보일 것이다(그림 6.6의 ①). 이 아이콘은 해당 레이어가 내보낼 요소임을 알려주는 표식이다.

내보내기의 진정한 힘은 **Export** 영역 타이틀의 + 아이콘(그림 6.6의 ②)을 반복해서 누를 때 나타난다. 이 기능은 같은 요소를 여러 개의 버전으로 한 번에 내보낸다. 예를 들어 한 아이콘을 안드로이드에 필요한 다양한 크기로 내보내야 할 때, **Size**에 'mdpi'를 위해 '1x'를, 'hdpi'를 위해 '1.5x'를, 'xhdpi'를 위해 '2x'를, 'xxhdpi'를 위해 '3x'를, 그리고 마지막으로 'xxxhdpi'를 위해 '4x'를 설정해서 해상도별 버전을 만들 수 있다. 각 **Suffix**는 비워둔다. 오른쪽 끝에 보이는 x 아이콘을 누르면 해당 줄을 삭제한다(그림 6.6의 ③).

iOS를 위한 내보내기 작업도 비슷하다. 낮은 해상도의 아이폰 3G도 지원한다면 아이폰 3용으로 '1x'를, 아이폰 4와 5용으로 '2x'를, 아이폰 6 플러스용으로 '3x'를 적용해 내보낸다.

여기에서는 내보내는 파일 크기를 표시하는 '@2x'와 '@3x'를 파일명에 넣을 수 있어서 **Suffix** 입력창이 요긴하게 쓰인다(그림 6.6 오른쪽 아래, 여러 크기를 추가한 모습).

 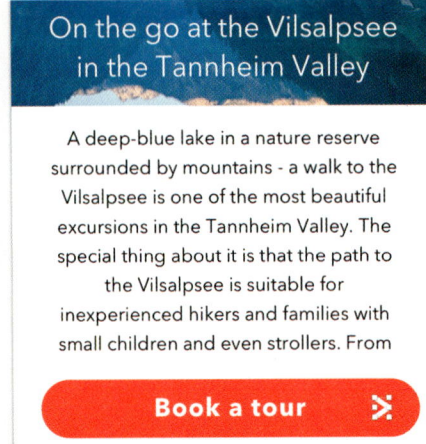 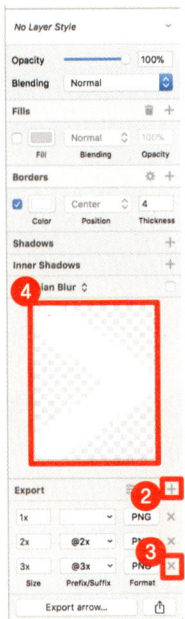

그림 6.6 ① 요소를 내보내는 순간 레이어 리스트에서 작은 칼 아이콘이 이름 옆에 나타난다. ② 레이어를 다양한 크기와 형식으로 내보내려면 Export 영역의 타이틀 부분(혹은 + 아이콘)을 클릭한다. ③ x 버튼으로 내보내기 옵션을 삭제한다. ④ 스케치 50 버전부터 레이어도 Make Exportable 버튼을 클릭하면 인스펙터에서 미리 보기가 가능하다.

아래에 있는 **Export...** 버튼을 클릭하는 순간 모든 파일을 지정한 크기로 선택한 하드드라이브 폴더에 내보낸다. 아트보드와 마찬가지로, 레이어 리스트에 쓴 레이어와 그룹 이름을 내보내는 파일의 이름으로 지정한다. 선택한 폴더 내 하위 폴더에 파일을 내보내고 싶다면 레이어 이름 앞에 '/'를 추가하고 폴더 이름을 넣는다. 예를 들면 'arrow' 레이어를 'image' 폴더 안의 'symbols' 폴더에 저장하려면 레이어 리스트에서 'arrow' 레이어의 이름을 'image/symbols/arrow'로 바꾼다. 이런 지정이 없다면 기본적으로 모든 파일을 한 폴더로 내보낸다. 안타깝게도 이 방법은 파일별로 다른 폴더가 필요한 안드로이드 작업에는 사용할 수 없다. 하지만 걱정할 것 없다. 슬라이스가 이를 해결해준다.

이미지 자르기

이미지 슬라이스^{Slice}는 두 가지 기능을 가진 특별한 레이어다. 아트보드나 캔버스의 특정 부분을 레이어 단위와 상관없이 내보내는 기능과 한 요소로 다양한 버전을 만드는 기능이 있다. 두 번째 기능은 Slice 레이어에서 '/'로 폴더 이름을 지정할 수 있어서 안드로이드 작업을 위한 해상도별 폴더 생성을 간편하게 해준다. Slice 레이어를 추가하려면 S를 누른 후 캔버스에서 요소를 클릭한다. 앞서 했듯이 *Cmd*를 함께 누르면 그룹을 관통해 하위 레이어를 선택할 수 있다. 슬라이스를 적용하면 칼 모양 아이콘과 함께 파선으로 표시된 새 항목이 레이어 리스트에 추가된다(그림 6.7의 ①). 캔버스에서도 슬라이스 영역이 파선 테두리로 나타난다(그림 6.7의 ②).

앞에서처럼, 선택한 레이어의 이름이 슬라이스의 이름으로 지정된다. 만약 안드로이드의 'xxhdpi'를 위한 파일을 내보내는 작업을 하려면 모든 파일이 'drawable-xxhdpi' 폴더 안에 있어야 하므로, 슬라이스 레이어의 이름을 'drawable-xxhdpi/'로 지정하고, 인스펙터의 Export 영역에 가서 **Size**에 '3x'를 선택한다. 내보낼 크기별로 슬라이스 레이어와 **Size** 설정을 맞추는 작업을 반복한다(그림 6.8). 슬라이스를 만드는 또 다른 방법으로, 내보낼 요소를 정한 후 인스펙터의 Export 영역에 있는 작은 칼 모양 아이콘을 클릭해도 된다.

슬라이스는 캔버스에서 일반 레이어처럼 동작하기에 위치를 옮기거나 크기를 변경할 수 있다. 예를 들어 이미 내보낸 파일에 내부 여백^{padding}이 더 필요하다면 위에서 설명한대로 슬라이스를 추가한 후 크기를 늘려서 공간을 추가한다(그림 6.7의 ②, 버튼 주변의 빈 공간). 레이어를 통해 슬라이스를 지정하는 방법 외에도 S를 눌러 툴을 활성화한 후 드래그해 원하는 크기의 사각형을 그릴 수 있다. 이 방법을 사용하면 디자인 일부분을 그룹 구조와 관계없이 내보낼 수 있다.

슬라이스 사용이 늘어나면 레이어 리스트가 금방 번잡해질 수 있는데, 오른쪽 아래에 있는 아이콘으로 슬라이스를 숨길 수 있다(그림 6.7의 ③). 이때 캔버스에 보이는 파선도 함께 사라진다. 반대로 슬라이스만 선택할 수 있도록 하려면 바로 왼쪽에 있는 아이콘을 클릭한다.

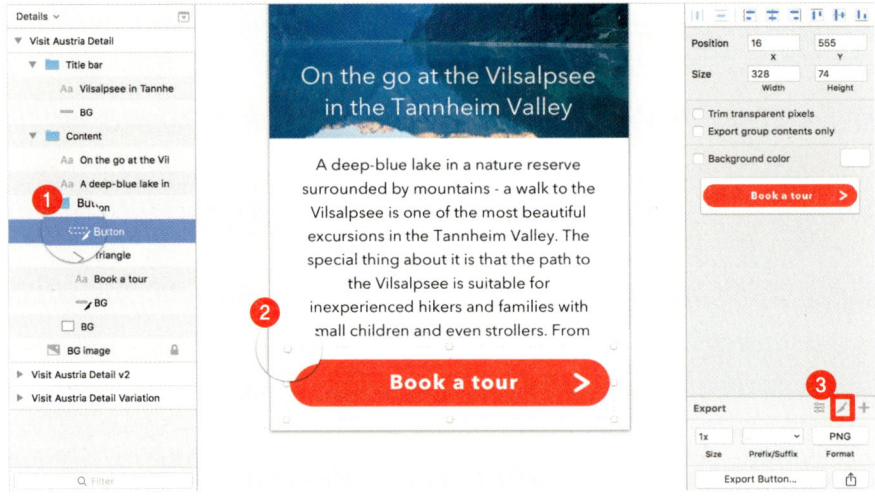

그림 6.7 ①과 ② 슬라이스는 레이어 리스트와 캔버스 모두에서 파선으로 나타난다. ③ 내보내기 설정을 한 레이어를 슬라이스로 전환할 수 있다.

더 많은 옵션

슬라이스는 인스펙터에서 두 개의 추가 옵션을 갖고 있다. **Export Group Contents Only**는 그 이름이 말하듯 그룹 안에 속한 슬라이스에만 작동하는데, 해당 그룹에 속한 콘텐츠만 내보낸다. 그룹 밖에 있거나 그 아래에 있는 콘텐츠를 제외하고 투명한 픽셀로 처리한다(그림 6.8의 ①과 ②).

이 투명한 영역 없이 콘텐츠만 내보내고 싶다면 **Trim transparent pixels**를 추가한다(그림 6.8의 ③). 예를 들어 버튼이 포함된 그룹에 지정한 슬라이스가 그룹보다 크면, 내보낸 파일은 슬라이스의 크기가 아닌 버튼의 크기와 같고 주변은 잘려나간다. 이 옵션은 단독으로 사용할 수 없음을 알아두자. 만약 단독으로 사용한다면 슬라이스 뒤에 레이어가 없고 아트보드의 배경색을 지정하지 않은 경우에만 제대로 동작한다.

마지막으로 슬라이스에도 배경색을 지정할 수 있다. 이 모든 옵션 때문에 정확히 어떤 부분이 최종적으로 내보내질지 가끔은 가늠하기 어려울 수도 있다. 그러니 출력 내용을 보여주는 미리 보기를 항상 확인하도록 한다(**그림 6.8**의 ②, 아래). 아트보드 때처럼 내보낸 파일에서 투명하게 처리될 영역은 체크 무늬로 표시한다.

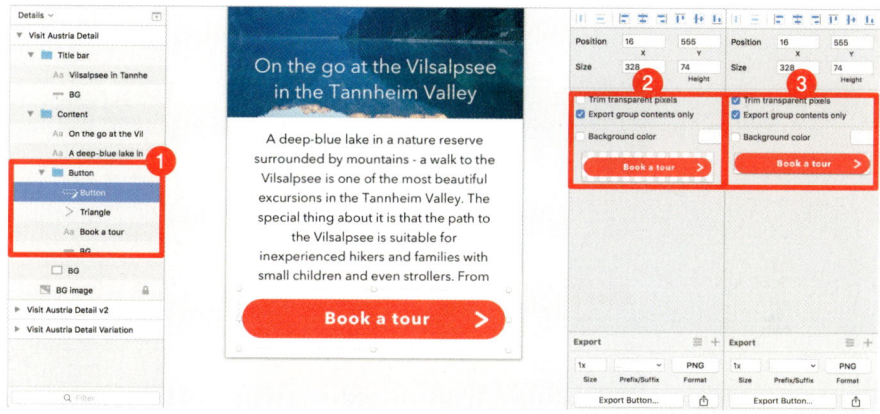

그림 6.8　①과 ② 슬라이스가 그룹에 속해 있을 때 Export group contents only를 선택하면 해당 그룹의 콘텐츠만 내보낸다. 슬라이스 영역 안에 있는 공간은 인스펙터의 미리 보기에서 확인할 수 있듯 빈 픽셀로 처리한다(②, 아래). ③ **Trim transparent pixels**를 추가 선택하면, 이 투명한 공간을 잘라내 콘텐츠 자체만 남는다.

모두 한 번에

내보내는 요소가 많아질수록 관리가 어렵고, 요소마다 **Export...** 버튼을 클릭하는 것도 번거로워진다. 다행히도, 모든 내보내는 요소를 한눈에 보여주는 별도의 대화창이 있다. *Shift+Cmd+E*를 눌러서 (혹은 툴바에서 Export 아이콘을 클릭해)

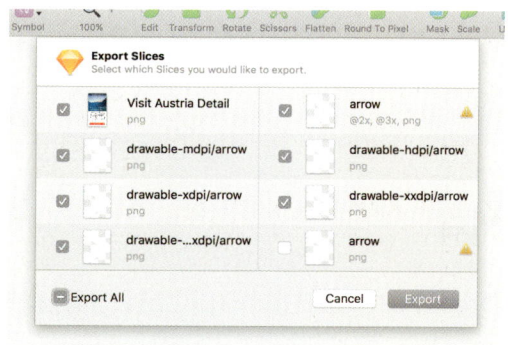

그림 6.9　*Shift+Cmd+E*를 누르면 나타나는 내보내기 대화창은 내보내기 설정이 된 모든 부분을 보여준다. 중복하는 이름에는 경고 표시가 나타난다.

이 대화창을 열자. 여기에는 내보내는 파일의 개요를 보여주고, 특정 파일을 제외할 수 있도록 한다. 그리고 중복하는 이름이 있는 경우 경고 아이콘을 보여준다.

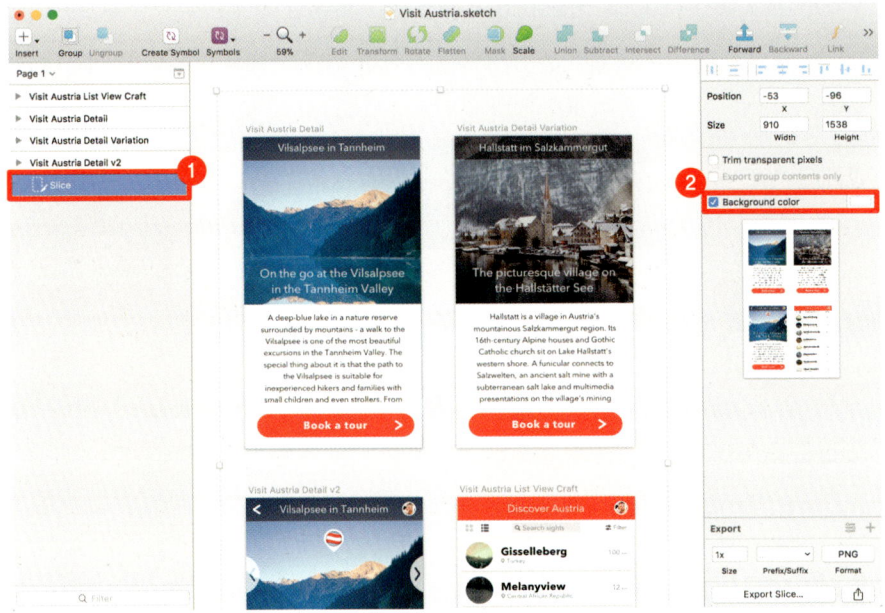

그림 6.10 ①영문 S를 눌러 내보내기를 할 여러 개의 Artboard를 담을 수 있는 슬라이스를 추가하여 한 화면에 여러 개의 Artboard를 보여준다. ②슬라이스의 배경색을 체크하여 흰색으로 설정한다.

> **Quick tip**: 아트보드를 개별적으로 내보내는 대신, 이를 모두 포함하는 슬라이스를 내보낼 아트보드들 뒤에 만들어서 하나의 큰 파일로 내보낼 수 있다(그림 6.10). 이는 다른 옵션을 한 번에 보여줘야 하는 프레젠테이션용으로 좋다. 배경색을 흰색으로 설정하는 것을 잊지 말자.

예제

이제까지 본 옵션을 가지고 우리 앱의 상세 화면으로 돌아가서 실제로 어떻게 사용하는지 살펴보자. 버튼에 있는 화살표를 안드로이드와 iOS에 필요한 크기로 내보내도록 하자. 상세 화면 초기 작업물 혹은 심볼 안에 들어가서 화살표를 선택한다. 우선 'arrow' 레이어를 같은 이름의 그룹에 넣어서 **Export Group Contents Only**를 사용할 수 있도록 한다. 새 그룹을 선택한 채 인스펙터의 오른쪽 아래에서 **Make Exportable**을 클릭한 다음, + 버튼을 두 번 클릭한다. 이 방법은 '1x' 부터 '3x'까지 iOS에 필요한 옵션을 자동으로 설정한다. 간단하다!

안드로이드는 다양한 크기의 하위 폴더가 필요하므로 일이 조금 더 복잡하다. 'mdpi'부터 시작해보자. 그룹이 아닌 화살표를 선택하고 S를 눌러서 캔버스에서 화살표 레이어를 클릭해 슬라이스를 추가한다. 말했듯이 슬라이스가 그룹에 속해 있어야 **Export Group Contents Only** 옵션을 사용할 수 있다. 그렇지 않았으면 버튼의 배경도 함께 내보낸다.

이 슬라이스의 내보내기 옵션의 기본값은 그대로 사용해도 된다. 하지만 레이어 이름이 'drawable-mdpi/'로 시작해야만 나중에 저장 대화창에서 선택할 폴더의 하위로 내보낸다. 이제 $Cmd+D$로 슬라이스를 복제해 이름을 'drawable-hdpi/'로 바꾸고 Export 옵션에서 **Size**를 '1.5x'로 지정한다. 같은 작업을 반복해 'xhdpi'(2x), 'xxhdpi'(3x), 'xxxhdpi'(4x)의 슬라이스를 만든다(그림 6.11). 슬라이스의 이름에 'copy'가 포함되지 않도록 주의한다.

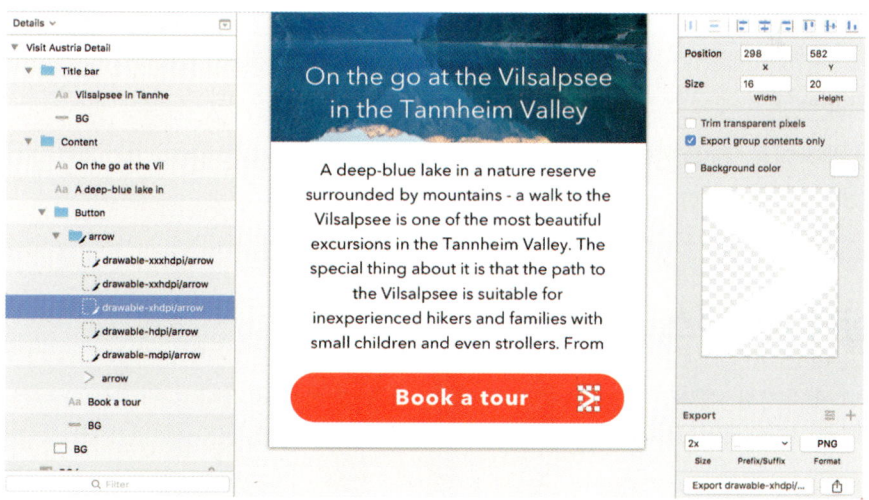

그림 6.11 안드로이드에 필요한 모든 크기별로 슬라이스를 추가한다.

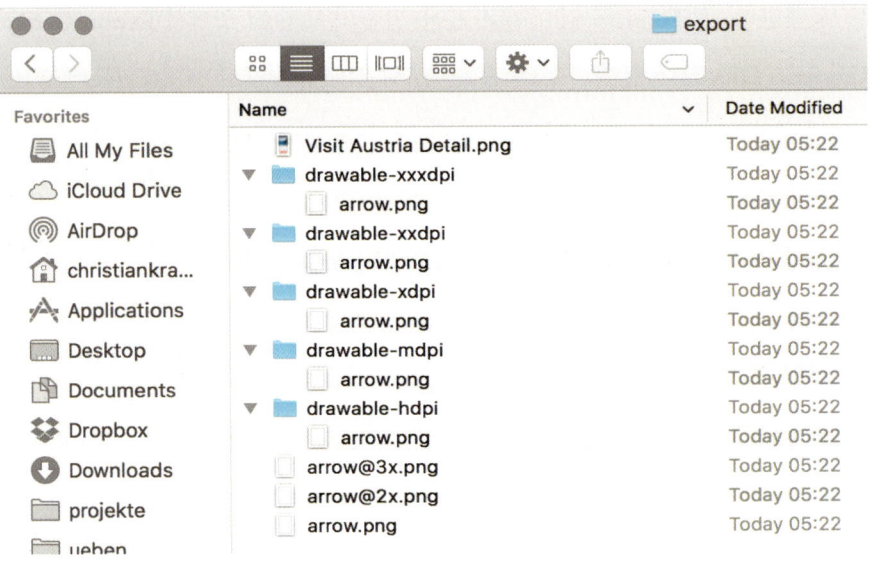

그림 6.12 모든 파일을 정확하게 생성했다.

이제 Shift + Cmd + E를 눌러 내보내기 대화창으로 들어가면 각기 다른 내보내는 파일이 나열된 것을 볼 수 있다(그림 6.9). **Export**를 누른 후 적당한 폴더를 선택하면 지정한 파일 이름과 폴더 구조를 생성한다.

많은 파일을 이렇게 설정하는 일은 상당히 번거로울 수 있는데, Sketch Export Assets[40] 플러그인이 이 문제를 해결해준다. 내보낼 요소를 선택한 뒤 메뉴 바의 **Plugins**에서 적당한 메뉴를 통해 원하는 플랫폼을 선택하고, 파일을 저장할 하드 드라이브 위치를 지정한다.

실제 디바이스

스케치에서 디자인을 보는 것도 좋지만, 실제 품질을 평가하기 위해서는 디바

---

40 http://smashed.by/sketch-exportassets

이스에 넣어 디자인을 확인해야 한다. 쉬운 방법으로, 아트보드를 내보내서 드롭박스Dropbox 같은 것으로 디바이스에서 열어볼 수 있다. 이 방법을 해보려면 아트보드를 선택한 후 필요한 해상도를 설정한다. 개요 화면의 카드 뷰를 아이폰 6와 넥서스 6에서 확인한다고 가정하자. 아트보드를 선택하고 인스펙터에서 **Make Exportable**을 누른다. 각 **Size** 입력창에 'w'를 붙인 수치를 입력해서 크기를 정의하는데, 화소 밀도만큼 곱한 값을 넣어서 선명한 결과를 얻도록 한다.

아이폰 6의 경우, 본래 화면 너비인 375 DP에 화소 밀도 '2x'를 적용해 Size는 '750w'(375×2)가 된다. 그리고 내보낸 스크린샷을 쉽게 구분하기 위해 **Suffix** 창에 '-iphone6' 같은 내용을 넣는다. Format은 PNG인 기본값을 유지한다. 넥서스 6는 411 DP의 화면 너비와 '3.5x'의 밀도를 가지고 있다. 그래서 두 번째 내보내기 옵션은 **Size**에 '1439w'(약 411×3.5), 그리고 **Suffix**에 '-nexus6'를 입력하도록 한다. 이제 *Shift+Cmd+E*로 내보내기 대화창을 열면 앞서 내보내기를 설정한 여러 버전의 화살표와 함께 새 아트보드를 볼 수 있다(두 개 이상의 슬라이스를 생성한 경우 첫 번째 슬라이스 이름이 아트보드 하단 목록에 보이지 않을 수 있으나 Export하고 나면 결과물은 정상적으로 Export된다). 모두 내보내려면 체크박스를 선택 후 **Export**한다(혹은 간단히 Export all을 누른다).

바로 보는 미리 보기

하지만 실제 디바이스에서 디자인을 미리 보는 것이 스케치 안에서 처리된다면 더 쉽지 않을까? 바로 Sketch Mirror[41] 앱이 이를 가능하게 한다. Sketch Mirror 앱은 동일한 와이파이 또는 USB 라이트닝Lightning 케이블로 연결된 상태에서 모든 아트보드와 페이지를 실제 모바일 디바이스에서 확인할 수 있다. 특히 스케치 49 버전에 추가된 프로토타이핑Prototyping 기능을 이용해서 연결한 아트보드끼리 이동

---

[41] http://smashed.by/sketch-mirror

도 모바일 디바이스에서 바로 시연할 수 있다. 또한 스케치에서 디자인을 변경하는 즉시 화면을 자동으로 업데이트하기에 즉각적인 미리 보기를 제공한다. 미리 보기를 실행하려는 디바이스(화소 밀도 포함)와 아트보드의 크기가 일치해야 선명한 결과를 얻을 수 있음을 알아두자.

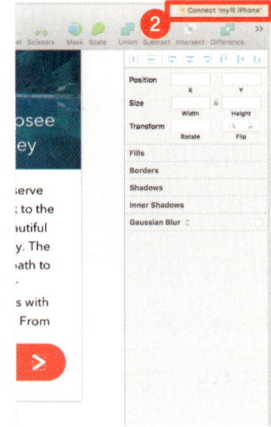

그림 6.13 Sketch Mirror 앱은 모든 아트보드의 미리 보기를 모바일 앱으로 제공한다. ①동일한 와이파이에 접속한 상태에서 Sketch Mirror 앱을 구동하면 ②스케치 앱 우측 상단에 Connect 'my iPhone' 같이 연결 알림이 표시된다. 알림을 클릭하면 모바일과 싱크가 이루어진다.

Sketch Mirror 앱을 이용하면 연결한 디바이스의 픽셀 비율을 알아서 미리 보기에 맞춘다. 그래서 스케치에서 1x로 디자인했더라도 아이폰 6 이상의 고해상도 디바이스에서도 선명한 결과를 보여준다. 디바이스에서 페이지별 아트보드 목록을 스와이프swipe해서 둘러볼 수 있다. 안타깝게도 아직 프리뷰가 안드로이드를 지원하지 않으니, 플러그인 Mira와 Crysta[42]를 대용으로 한번 둘러보자.

Sketch Mirror 앱이 연결된 내 장비에서 미리 보기를 제공했다면, 스케치 클라우드Sketch Cloud 기능은 모든 아트보드와 페이지를 공유와 동시에 브라우저를 통해 볼 수 있어 세상 어디서든 미리 보기에 접속할 수 있도록 확장해준다. 툴바에서 해당 아이콘을 눌러서 **Upload**를 선택하면 디자인을 서버로 전송한다. 그리고 브

---

[42] http://smashed.by/sketch-crystal

라우저에서 작업물을 미리 볼 수 있는 링크를 제공한다. 스케치 클라우드 로그인은 **Preferences**(Cmd+,) **Cloud** 탭을 이용해서 로그인한다.

또한 스케치 클라우드는 이 장 뒤에서 다룰 라이브러리Libraries를 업로드하고 공유할 수 있는 저장소 역할도 한다.

다른 방법들

iOS와 안드로이드 모두를 위한 패키지인 Bjango의 Skala Preview 번들을 살펴보자. 이는 맥 앱과 함께 쓰는 iOS와 안드로이드 모바일 앱으로 구성되어 있다. 그 사실만으로 이미 대단한 경쟁력을 지닌 셈이다. 안타깝게도 이 앱은 스케치 안에서 동작하지는 않지만, 무료 앱이니 사용해서 손해 볼 것은 없다. 데스크톱과 모바일을 같은 와이파이 네트워크에 연결한 후 각각에서 앱을 연다. 맥 응용 프로그램에 스크린샷을 드래그해서 넣으면 모바일 앱에 나타난다. 더 나아가 색맹과 색약을 위한 다양한 시뮬레이션과 미리 규정한 확대/축소 단계를 실행하는 등 유용한 기능도 탑재해 있다.

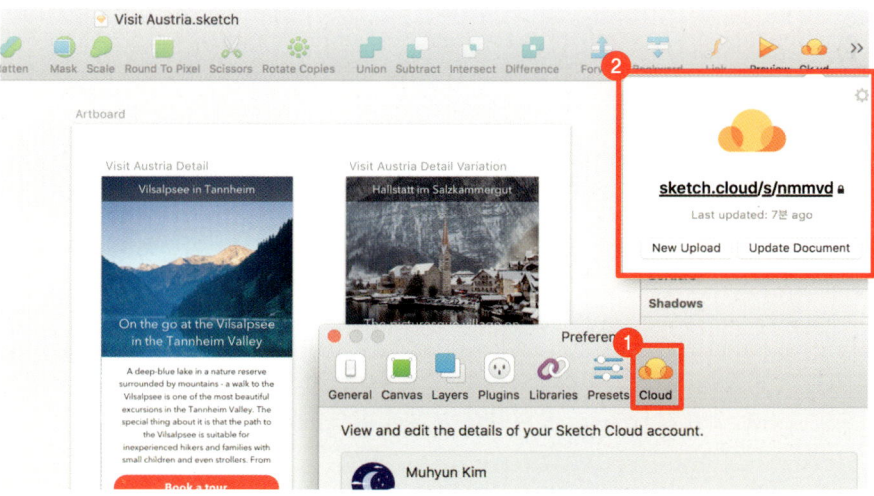

그림 6.14 ①Preferences의 Cloud 탭에서 로그인 후 ②툴바의 Cloud 버튼을 클릭해서 디자인을 서버로 업로드한다. 업로드가 완료되면 Cloud 웹사이트가 자동으로 연결된다. 업로드 대화창의 링크를 클릭해서 연결할 수도 있다.

그림 6.15 Skala Preview 번들은 맥 응용 프로그램과 함께 사용하는 iOS와 안드로이드 앱으로 구성된다.

Skala Preview를 사용할 때 크게 도움이 될 스케치 플러그인으로 Sketch Preview[43]가 있다. 이 플러그인은 선택한 아트보드를 자동으로 모바일 디바이스의 Skala View로 보낸다. 이때 디바이스에서 화면에 출력할 크기를 선택한다.

아킬레스건?

스케치의 가장 큰 단점이라면 아마도 윈도우에서 사용할 수 없다는 점일 것이다. 많은 디자이너가 맥을 선호하는 반면, 대다수 개발자는 여전히 마이크로소프트 운영체제를 신뢰한다. 이는 디자인 단계에서는 상관없지만 개발 작업을 위해 스크린을 넘겨줘야 할 때 문제가 될 수 있다. 윈도우를 사용하는 팀원에게 스케치 파일을 제공할 수 있는 공식적인 방법이 없기 때문이다.

43 http://smashed.by/sketch-preview

물론 수작업으로 모든 요소를 따로 내보내고 색이나 간격 및 크기 같은 필요한 정보를 직접 손으로 덧붙일 수 있지만, 효율적인 방법이라 할 수 없다. 다행히도 똑똑한 몇 사람이 Avocode[44], Zeplin[45], Sympli[46]를 만들어 이 문제를 해결했다. Zeplin과 Sympli는 무료 앱으로 누구든 사용할 수 있다.

이 서비스는 기본적으로 읽기 전용의 스케치 파일을 검토해서, 파일을 내보내고 노트와 스타일 가이드를 나타내는 데 필요한 모든 정보를 모은다. 심지어 자동으로 필수적인 CSS 코드도 제공한다. 이로써 개발자에게 디자인에 접근할 수 있도록 할 뿐 아니라, 디자인 팀원들과 공유할 수 있어 더욱 유용하다. 스케치 플러그인은 파일에 변화가 있을 때마다 그에 맞춰 내용을 업데이트한다.

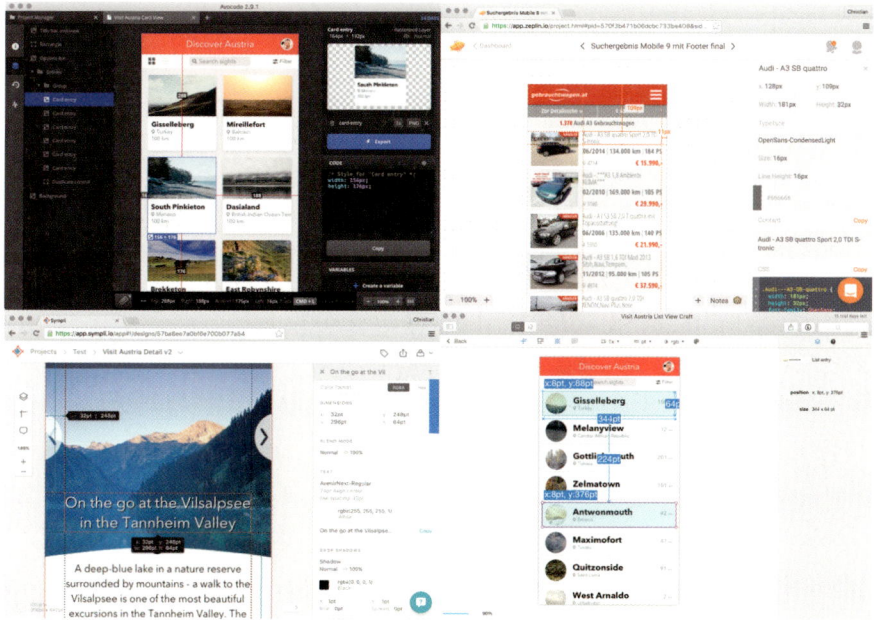

그림 6.16 왼쪽부터 위: Avocode, Zeplin. 아래: Sympli, Markly. 디자인 요소의 속성을 분리해 보여주고 디자인을 공유하도록 해준다.

44 https://avocode.com
45 https://zeplin.io
46 https://sympli.io/

이 서비스는 기본적으로 읽기 전용의 스케치 파일을 검토해서 파일을 내보내고 노트와 스타일 가이드를 나타내는 데 필요한 모든 정보를 모은다. 심지어 자동으로 필수적인 CSS 코드도 제공한다. 이로써 개발자에게 디자인에 접근할 수 있도록 할 뿐 아니라, 디자인 팀원들과 공유할 수 있어 더욱 유용하다. 스케치 플러그인은 파일에 변화가 있을 때마다 그에 맞춰 내용을 업데이트한다.

만약 현란한 고급 기능이 필요하지 않다면 무료인 Marketch[47]를 이용한다. 이 플러그인은 위에 설명한 기능의 기본적인 버전을 제공한다. 게다가 디자인을 코딩하는 데 필요한 모든 것이 이미 포함되어 있다. Sketch Measure[48]도 같은 기능을 제공한다. **Spec Export** 기능을 통해 디자인 가이드, 스타일 정보, 해상도별 이미지 다운로드를 볼 수 있는 HTML 페이지를 자동 생성할 수 있으며, 스케치 내에서 별도의 레이어를 이용해 치수와 크기, 색상 코드 등을 입력할 수 있다.[49]

끝으로 디자인 가이드만 전문적으로 다루는 Markly App[50]은 다른 방식으로 이 문제에 접근하면서 필요한 모든 수치 및 크기, 색상을 제공한다.

윈도우 컴퓨터에서 맥OS를 실행하는 것이 두렵지 않다면 가상 시스템을 구축해 안정적인 환경에서 스케치 앱을 사용할 수 있다. 마타인 슈엔마커$^{Martijn\ Schoenmaker}$는 Medium[51]을 통해서 이 방법에 관해 설명한다.

---

[47] http://smashed.by/sketch-marketch
[48] http://utom.design/measure
[49] 국내 대기업 프로젝트 수행 시 엄격한 보안 환경 때문에 Zeplin과 같은 외부 서비스 이용에 제약이 있을 수 있다. 이런 경우 Sketch Measure 플러그인을 사용한다. 결과물을 파일 형태로 관리 가능하기 때문에 형상 관리가 단순한 장점도 있다.
[50] http://marklyapp.com
[51] http://smashed.by/sketch-windows

Quick tip: 만약 요소의 CSS 속성만 필요하다면, 요소에 마우스 우클릭 후 **Copy CSS Attributes**를 선택한다. 요소에 따라 다르지만, 스타일 시트에 바로 적용할 수 있는 border-radius, font-size and color, background-image 같은 CSS 속성을 얻을 수 있다. 같은 메뉴에서 **Copy SVG Code**는 SVG 제작에 필요한 코드를 제공하니, 이를 코딩하는 에디터에 붙여 넣어 사용한다.

Infobox

할인 시간!

독자의 편의를 위해 위에서 언급한 디자인 가이드 툴에 사용할 수 있는 할인 코드를 모았다.

- Avocode: 프로모션 코드 'sketchbookpromo'를 입력하면 3달간 무료로 이용할 수 있다.
- Zeplin: 프로모션 코드 'ZeplinLovesSketchHandbook'을 사용하는 선착순 100명에게 세 달간 25% 할인된 금액을 제공한다.
- Sympli: 할인 코드 'SMASHINGMAGAZINE'을 사용하면 처음 6개월간 15% 할인된 가격으로 사용할 수 있다.
- Markly: smashed.by/sketch-markly 링크로 접속 시 30% 할인된 가격으로 구매할 수 있다.

인쇄

스케치가 **File** 메뉴에서 아트보드(아트보드가 없으면 슬라이스) 인쇄 옵션을 제공하기는 하지만 앞에 내세우는 기능이 아니다. 인쇄가 멋대로 작동하는 것을 고려하면 아트보드나 요소를 PDF로 내보내서 더 안정적인 앱을 통해 프린트하는 것이 낫다. 그게 비록 맥에서 기본 제공하는 미리 보기 응용 프로그램이라고 할지라도 말이다.

스케치는 분명히 디지털 디자인을 위한 툴이지만 포스터, 문구류, 브로셔 같은 인쇄물을 제작하는 데도 놀라울 만큼 편리하다. 단, 몇 가지 고려 사항은 있다. 측정 단위가 픽셀이라는 점과 도련 및 여백을 설정하는 옵션이 없다는 점, 그리고 RGB 색상만 사용한다는 점이다. 그러니 인쇄로 바로 넘길 문서를 만들려면 어도비 일러스트레이터Adobe Illustrator나 어피니티 디자이너Affinity Designer 같은 별도 응용 프로그램을 사용할 준비를 해야 한다.

문서 크기

첫 번째 제한 사항인 픽셀 측정은 약간의 수학으로 쉽게 피해갈 수 있다. 기본 탑재된 아트보드 크기를 살펴보면 **Paper Size**에서 '595×842'픽셀로 된 **A4**를 발견할 수 있다. 2.83픽셀이 1mm에, 28.3픽셀이 1cm에 해당하므로, 이 크기를 밀리미터로 치환하면 210×297이 나온다(그림 6.17, 빨간색). 정확하게 계산하기가 쉽지는 않지만 그래도 출발점으로는 나쁘지 않다. 이 비율을 온전하게 사용하려면 **Preferences**(Cmd+,)에서 **Layers** 탭에 있는 **Pixel Fitting**을 끄도록 한다. 정수의 온전한 픽셀은 여기에서 더는 필요하지 않다.

1인치는 정확하게 72픽셀에 해당해서 인치 단위로 된 미국 측정값은 훨씬 쉽다 (그림 6.17, 파란색). 공식적인 'Letter' 크기인 8.5×11인치는 612×792픽셀로 치환된다.

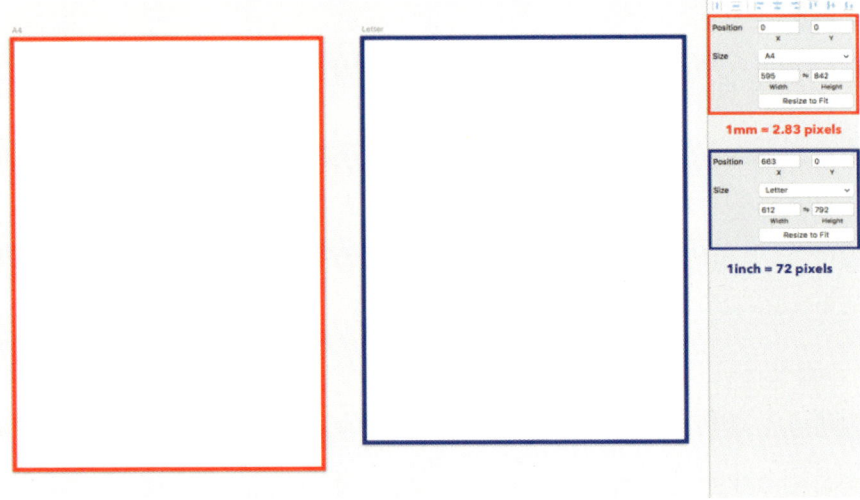

그림 6.17 아트보드 프리셋은 크기 계산의 기초가 된다. 빨간색: A4, 파란색: Letter.

도련^{Bleed}

인쇄소에서 100% 정확하게 재단한다는 보장이 없으므로 디자인 파일에 사방으로 안전 영역을 만들 필요가 있다. 출력물에서 종이의 가장자리에 닿아야 하는 모든 요소를 재단선을 넘은 공간까지 확장해야 한다. 스케치는 이러한 추가 공간을 위한 옵션을 제공하지 않는다. 하지만 이 목적을 위해 사용자 지정 가이드를 활용할 수 있다. 필요한 크기의 아트보드를 만든 다음(**그림 6.18**, 도련 없음), 아트보드를 가득 채우는 사각형(Position: 0/0, Width: 100%, Height: 100%)을 추가한 후 Fill을 Border로 바꾼다. 그리고 *Alt*를 누른 채 아트보드의 크기를 중앙을 기준으로 해 키워서 도련 부분을 만든다. 추가한 부분이 사방으로 9px(=⅛인치 도련) 혹은 12px(=4mm 도련)이 되도록 한다.

그런 후 *Ctrl+R*로 눈금자를 불러낸다. 사각형 도형을 선택하고 위와 왼쪽 눈금자에서 드래그로 가이드를 끌어와서 사각형 도형의 각 면에 붙도록 위치시킨다(**그림 6.18**, 중간). 이제 도형을 삭제한다. 가이드 안쪽 공간은 초반의 문서 크기를 나타내고, 가이드 밖은 도련이 된다. 이제 필요한 모든 요소의 크기를 키워서 도련 영역까지 나오도록 디자인한다(**그림 6.18**, 오른쪽).

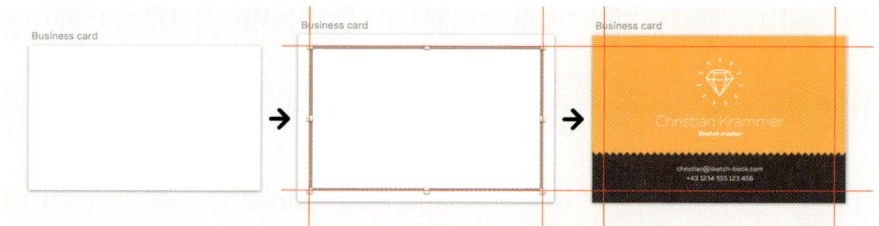

그림 6.18 왼쪽: 필요한 크기의 아트보드를 만든다(도련 없음). 중간: 테두리가 있는 사각형 도형을 추가하고, 아트보드는 도련 영역이 생기도록 크기를 늘린다. 사각형의 크기에 맞게 가이드를 추가한다. 오른쪽: 디자인을 중앙에 정렬하고 필요한 부분은 도련 영역까지 확장한다.

다른 최적화 작업

디자인이 끝나면 다른 중요한 작업이 기다리고 있다. 모든 텍스트를 윤곽선 outlines으로 변환하는 일이다. 디자인에 사용한 폰트의 설치 여부와 관계없이 다른 컴퓨터가 이 텍스트를 제대로 나타낼 수 있도록 해, 모든 것이 의도한 바 그대로 보이도록 해준다. 이 작업은 적용할 레이어를 선택한 상태에서 *Shift + Cmd + O*를 눌러서 처리한다. 이로써 텍스트 레이어의 모든 부분을 도형으로 만든다. 만약 텍스트 레이어가 많은 문서를 작업한다면, 이는 나중에 처리하는 것이 나으니 이 점을 주의하자.

이제 인스펙터의 아래에 있는 **Make Exportable**을 클릭해서 아트보드를 내보내는 설정을 한다. **PDF**가 좋은 형식이지만(그림 6.19, 위쪽 export format), 이미지가 많은 디자인이라면 아주 고해상도의 PNG로 저장하는 것을 고려하도록 한다. 기본 72DPI를 인쇄에 적합한 300DPI로 바꾸기 위해 '4.17x'(300DPI/72DPI)로 크기를 설정한다(그림 6.19 하단 export format). 두 경우 모두 스케치 문서에 포함된 이미지가 최종 형식의 4.2배 크기인지 확인해 선명한 결과물을 얻도록 한다. **Export** 버튼을 클릭해서 이 작업을 완료한다.

그림 6.19 디자인을 PDF나 높은 해상도의 PNG로 내보낸다.

RGB에서 CMYK로

CMYK 색상이 필요한 이 과정에는 RGB 색상만 사용하는 스케치를 사용할 수 없다. 이 작업을 위해 어도비 일러스트레이터나 어피니티 디자이너 같은 인쇄용 응용 프로그램이 필요하다. 먼저, 전체 문서를 CMYK 공간으로 데리고 가자. 일러스트레이터는 메뉴 바에서 **File → Document Color Mode → CMYK Color**를 실행한다. 어피니티 디자이너에서는 **Document Setup → Colour → Colour Format**을 통해 색을 바꿀 수 있다.

텍스트 레이어를 윤곽선으로 바꾸는 작업을 미뤄왔다면 이제 그 작업을 할 시간이다. 일러스트레이터에서는 스케치에서처럼 *Shift + Cmd + O*를, 어피니티 디자이너에서는 *Cmd + Enter*로 윤곽선 작업을 실행한다.

변환했거나 내보낸 PNG가 만족스럽다면 여기서 작업을 마무리한다. 만약 그렇지 않다면 중요한 색상별로 적합한 대안을 찾아야 한다. 여기서 자세한 내용을 다루진 않을 것이다. 색을 선택하고 변경하는 정확한 과정은 관련 안내글을 찾아 보기 바란다.

절단선

PDF로 저장하기 전에 절단선을 규정해야 할 때도 있다. 내보내기 전에 스케치에서 직접 설정하는 것이 가장 안전하다. 도련을 나타내는 사용자 지정 가이드를 따라 모서리마다 일반 선을 그린다(그림 6.20). 일러스트레이터에서 할 수도 있는데, 이 경우 문서를 도련이 없는 원본 크기로 되돌려야 한다. 그런 후, **Save As** 대화창에 있는 **Marks and Bleeds** 탭을 이용해서 정의한다.

그림 6.20 스케치에서 자르는 표시를 바로 넣는 것이 가장 안전한 방법이다. 사용자 지정 가이드 위치에 맞추어 몇 개의 선을 그린다.

안타깝게도 어피니티 디자이너에서는 자르는 선을 자동으로 설정하지 못한다. 하지만 원본 크기로 되돌릴 필요 없이 도련을 정의할 수 있다. 앞에서처럼 **Document Setup**의 **Bleed** 탭에서 관련 설정을 정의한다.

모든 준비 작업이 끝났으면, 파일명에 '-print' 같은 접미사를 넣어 최종본임을 나타내며 문서를 저장한다.

인쇄 넘기기

스케치는 인쇄 프로젝트를 처리하는 능력도 분명 갖추었다. 시작부터 끝까지 모든 것을 처리하지는 않지만, 이 디자인 앱은 우리가 성공적으로 프로젝트를 할 수 있도록 해준다. 일러스트레이터 같은 다른 응용 프로그램을 사용한 후에야 스케치가 실제로 얼마나 쉬운지, 보기 좋은 무언가를 디자인하는 데 얼마나 적은 노력이 드는지를 깨닫는다. 미디엄에 있는 피터 노엘 Peter Nowell의 글[52]을 소개하고 싶다. 이 글은 내가 처음 인쇄 프로젝트를 했을 때 아주 유용한 자료였다.

대안

스케치는 유일한 벡터 기반의 디자인 앱은 아니지만, 안타깝게도 맥 전용인 앱으로는 유일하다. 이 전략이 성공과 실수 중 어느 곳으로 가는 열쇠인지는 시간이 지나봐야 알 것이다. 아래에 나열한 모든 응용 프로그램은 윈도우용을 함께 제공한다. 어도비 포토샵과 일러스트레이터같이 몇 응용 프로그램은 시중에 나온 지 아주 오래됐지만, 피그마와 어도비 XD 같은 앱은 새롭게 떠오르며 모든 방면에서 스케치에 도전장을 내밀고 있다. 대안이 될 만한 디자인 앱을 간단히 둘러보자.

ADOBE PHOTOSHOP[53]

우리가 상상할 수 있는 그 어떤 것이라도 만들어내는 올인원 응용 프로그램이자 전 세계 많은 디자이너에게서 여전히 사랑받는 최고의 디자인 앱이다. 주로 비트맵을 기반으로 하지만, 해상도에 구애 받지 않고 작업할 수 있는 벡터 툴 역시 제공한다.

---

52 http://smashed.by/sketch-print
53 http://smashed.by/sketch-photoshop

최소의 노력으로 인터페이스 만들기와 같은 기본적인 사용자 요구를 어도비가 놓치는 동안, 포토샵은 시간이 지나면서 점차 거인으로 자랐다. 이를 보완하고자 최근에 새로운 기능을 추가했지만-몇몇 기능은 분명하게 스케치에서 영감을 받았다-많은 디자이너에게 이미 너무 늦은 시기였다. 대안을 찾아 나선 디자이너들은 스케치라는 새집을 발견했고 일부는 다시는 돌아가지 않았다.

ADOBE EXPERIENCE DESIGN CC[54]

줄여서 XD라고 부르는 이 앱은 어도비가 스케치에 보낸 답변과 같다. 스케치의 기능을 따라오려면 아직 한참 멀었지만, 네이티브 프로토타이핑native prototyping이라는 비밀 병기가 앱에 들어 있다. 하지만 몇 번 언급했던 Craft[55] 플러그인을 스케치에 사용하면 XD가 단독적으로 제공하는 모든 기능을 사용할 수 있으므로, 더는 강점으로 보이지 않는다.

만약 Creative Cloud에 이미 가입했다면, 이 앱은 써 볼 만한 옵션일 수도 있다. 더욱이 XD 팀이 발빠르게 움직이며 기능을 정기적으로 추가하고 있으니, 스케치에 해당하는 기능을 갖추거나 완전히 새로운 기능을 추가하는 것은 시간 문제다. (2018년 7월 현재 윈도우용과 맥OS용 10.0 버전이 출시된 상태다.)

ADOBE ILLUSTRATOR[56]

일러스트레이터는 로고와 로고 디자인에 있어서 어도비가 가진 엄청난 양의 응용 프로그램 중에 가장 경쟁력 있는 프로그램이다. 스케치에서 알고 있고 좋아하는 기능의 많은 부분을 제공하지만, 직관성이 떨어진다. 주로 일러스트를 그리거나 브랜드 관련 디자인을 한다면 일러스트레이터가 분명 더 나은 대안이다. 하지

---

54 http://smashed.by/sketch-xd
55 http://smashed.by/sketch-craft
56 http://smashed.by/sketch-illustrator

만 엄청나게 많은 기능과 옵션은 스케치보다 지나치게 복잡해 보이고 위협적인 인상을 준다. 나도 시도는 했지만, 보헤미안 코딩이 만든 대안책으로 돌아갈 수 있어서 다행이라 생각했다.

AFFINITY DESIGNER[57]

어피니티 디자이너는 사실 일러스트레이터의 경쟁자에 가깝다. 어도비의 강력한 기능을 제공하면서 인터페이스를 상대적으로 쉽게 디자인할 수 있도록 한다. 스케치의 일부 기능이 빠져 있는 데다 쉬운 사용법이나 인터페이스 디자인 집중도 면에서 비교할 수준이 아니지만, 벡터와 비트맵 툴을 결합해 스케치로는 절대 만들지 못한 엄청난 효과를 만들어내기에 예의 주시할 필요가 있다. 최근에 윈도우 버전을 출시했다.

FIGMA[58]

피그마를 통해 드디어 스케치 파일을 윈도우에서 열고 편집할 수 있는 방법이 생겼다. 스케치와 기능이 유사한데다, 혁신에 대한 열정이 대단한 피그마 팀이 이 앱을 스케치의 대항마로 키워낼 가능성이 있다. 이 프로그램의 가장 중요한 점은 한 플랫폼에 국한되지 않는다는 점이다. 브라우저에서도 앱이 구동하기 때문에 세상 어디에 있든 사용할 수 있다. 디자인을 공유하고, 코멘트를 남기고, 심지어 동시에 수정도 할 수 있다. 데스크톱 응용 프로그램은 윈도우와 맥에서 모두 사용할 수 있다.

---

[57] http://smashed.by/sketch-affinity
[58] http://figma.com

GRAVIT[59]

미친 속도로 발전하고 있는 브라우저 기반의 디자인 툴이다. 무료 회원 가입을 거치면 모든 기능을 사용할 수 있다. 스케치와 아주 비슷한 기능에 그래빗만의 특별한 툴과 필터를 제공한다. 더욱이 앱에서 바로 사용할 수 있도록 이미 만들어둔 템플릿, 아이콘, 컴포넌트용 마켓 기능이 있다. 협업 기능에도 강하게 집중돼 있어서 다른 사람과 디자인을 공유함은 물론 함께 작업할 수도 있다.

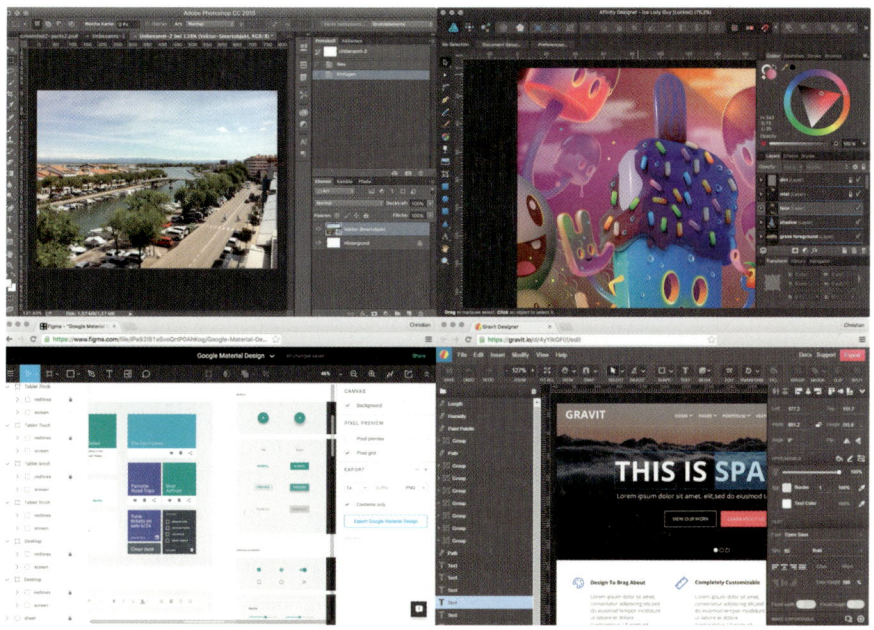

그림 6.21 스케치의 몇 가지 경쟁 앱들. 왼쪽부터 위: Photoshop, Affinity Designer, 아래: Figma, Gravit

스케치 프로토타이핑

스케치에 가장 많이 요구된 기능 중 하나가 아마 프로토타이핑prototyping일 것이

---

59 https://gravit.io

다. UX 디자인 프로젝트에서 개별 화면 디자인만큼 중요한 것이 각 화면과 기능의 자연스러운 연결 흐름이다. 그래서 UX 디자인 프로젝트에서는 개별 화면 디자인 후 유저의 이용 흐름을 테스트하고 이를 통해 다시 화면을 보강하는 과정이 필수적이다. 보헤미안 코딩이 이런 요구에 응답해 49 버전부터 자체적으로 프로토타이핑 기능을 제공하여 유저의 이용 흐름 점검을 지원한다.

연결하기

프로토타입은 아트보드를 연결해서 만드는데, 아트보드 연결 방식은 링크link와 핫스팟hotspot 두 가지 방식이 있다. 링크는 심볼이나 도형, 텍스트와 같은 특정 오브젝트를 클릭해서 이동할 아트보드를 연결할 때 사용하며, 특정 영역을 클릭해서 이동하는 경우에는 핫스팟을 추가해 연결을 설정한다(뒤에 살펴볼 InVision이나 Marvel은 모두 핫스팟과 같은 영역에 기반한 연결 방식을 사용한다).

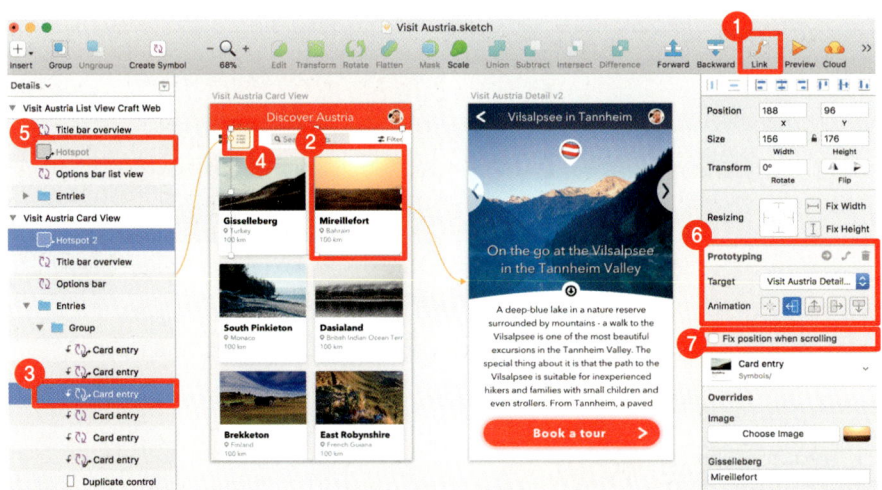

그림 6.22 ①레이어를 선택한 후 툴바의 Link를 클릭하거나 단축키 W를 입력한 후 연결될 아트보드를 선택하여 연결을 설정하며 ②와 같이 아트보드 연결이 표시된다. 연결된 레이어는 ③과 같이 레이어리스트 아이콘에 링크 표시가 추가된다. ④핫스팟은 Insert→Hotspot(단축키 H)을 입력하여 영역을 추가할 수 있으며, 추가된 핫스팟은 ⑤와 같이 레이어 리스트에 표시된다. ⑥프로토타이핑 정보는 연결 대상이 되는 타깃(Target) 아트보드와 화면 이동 시 트랜지션 애니메이션으로 구성된다. ⑦ 헤더나 풋터처럼 스크롤 시 고정되는 영역을 설정할 수 있다.

49 버전에서 제공하는 프로토타이핑 기능은 InVision이나 Marvel에서 제공하는 프로토타이핑 설정 기능에 비해 아직까지는 조금 부족하다. 트랜지션의 유형도 현재는 네 가지만 제공되며, 일정 시간 후 자동 이동되는 리다이렉팅 링크 방식이나, 스크린 오버레이 기능은 아직 제공되지 않는다. 하지만, 스케치 자체 기능인 만큼 심볼을 이용한 링크가 가능한 점은 프로토타입 구성에 있어 매우 큰 장점이다.

Back 버튼 심볼에 Previous Artboard 링크를 걸어서 사용하거나, 상품 목록 모듈 심볼에 상품 상세로 이동 링크를 걸면 여러 페이지에 링크를 설정하지 않아도 되는 이점이 있다.

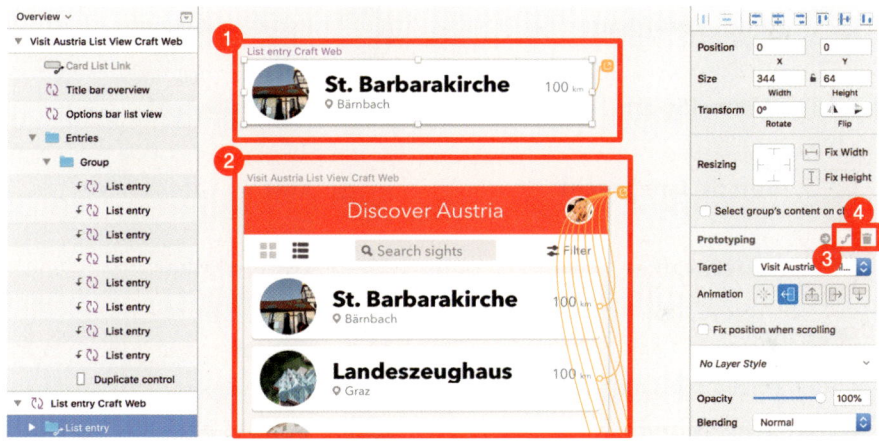

그림 6.23 ①심볼에 링크를 설정할 수 있다. ②와 같이 심볼이 사용된 모든 곳에 동일한 링크가 설정된다. ③링크를 핫스팟으로 전환할 수 있으며 ④생성된 링크는 휴지통 아이콘을 클릭해서 삭제할 수 있다.

미리 보기

프로토타이핑 구성이 완료되면 Sketch Mirror, 미리 보기preview, 스케치 클라우드 세 가지 방법으로 프로토타입을 확인할 수 있다. 이 중 앞에서 설명하지 않은 미리 보기 기능과 스케치 클라우드 프로토타입 보기에 대해서 살펴보자.

미리 보기 기능은 아트보드에 설정된 디바이스로 작업된 디자인 결과물을 확인하는 용도로 사용되며, 연결되지 않은 개별 화면을 확인할 수도 있지만, 연결된 프로토타입을 확인할 때 그 효용성이 크다.

Prototyping → **Preview Prototype**(*Cmd+P*) 메뉴를 선택하거나 툴바의 Preview 버튼을 클릭하면 미리 보기용 화면이 표시되며, 프로토타이핑에서 설정된 링크를 클릭하거나 아트보드나 심볼 목록을 선택해서 이동할 수 있다.

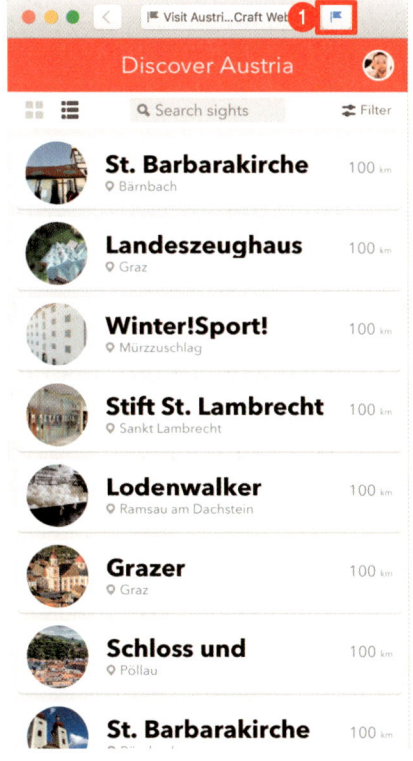 

그림 6.24 ①Prototyping→Use Artboard as Start Point 메뉴를 선택하거나 미리 보기 모드 상단의 스타트 포인트 (Start point) 버튼을 클릭하면 미리 보기 모드에서 첫 번째로 표시될 화면을 설정할 수 있다. ②링크나 핫스팟 이외의 영역을 클릭하면 화면에 포함된 모든 링크와 핫스팟 영역을 표시해준다.

링크를 설정하여 프로토타입을 만든 후 스케치 문서를 스케치 클라우드에 업로드하면 스케치 클라우드 웹사이트에 페이지 영역 외 Prototypes 영역이 추가로 표시되며, 프로토타입을 선택하면 링크와 핫스팟으로 연결된 프로토타입을 확인할 수 있다. 이때 첫 번째 화면은 Start point로 설정한 화면이 나타난다(2개 이상의 아트보드를 Start point로 설정하면 각각의 화면을 Start point로 하는 프로토타입이 별도로 생성된다).

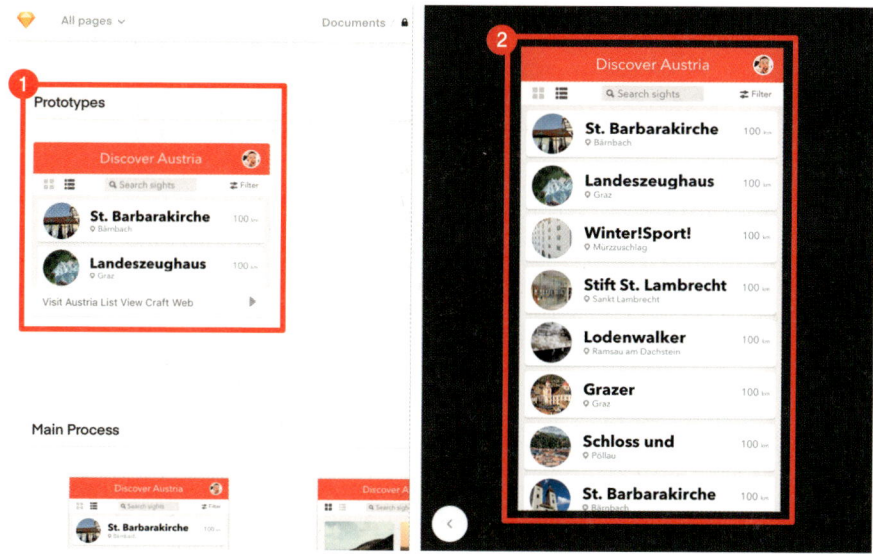

그림 6.25 ①스케치 문서에 프로토타이핑 설정이 추가된 경우 Prototypes 영역이 추가로 표시됨 ②프로토타입을 선택하면 연결된 이용 흐름을 확인할 수 있다.

CRAFT PROTOTYPE[60]

프로토타이핑 툴의 왕좌를 차지할 응용 프로그램 중 가장 매력적인 후보다. 기능이 가장 좋기 때문이 아니라, 스케치 내부에 설치해 끊김 없는 프로토타이핑 경험을 제공하기 때문이다. 기존에 Silver Prototype으로 알려진 이 프로그램은 이 책을 통해 이미 언급한 다른 유용한 기능과 함께 최근에 Craft 수트에 통합됐다.

---

60 http://smashed.by/sketch-craft

PRINCIPLE[61]

어떤 면으로나 스케치와 관련은 없지만, 가장 스케치 같은 느낌의 응용 프로그램이다. 레이어 리스트와 인스펙터가 오른쪽에 있고 요소를 추가하는 캔버스가 있다. 캔버스에서 요소들이 서로 간 어떻게 상호작용하는지 정의한다. 작업이 끝나면 비디오나 애니메이션 GIF로 프로토타입을 내보낼 수 있다.

INVISION[62]과 MARVEL[63]

이 둘은 아주 비슷하게 화면끼리 링크를 거는 웹 인터페이스를 제공한다. 그리고 고정된 요소에 몇 가지 트랜지션transitions을 사용할 수 있다. 다른 대부분 옵션과는 대조적으로 이 두 앱은 둘 이상의 프로젝트나 프로토타입이 필요하지 않은 한 무료로 사용할 수 있다(Marvel은 셋 이상).

PROTO.IO[64]와 FLINTO[65]

이 둘은 간단한 프로토타입을 만드는 것뿐만 아니라 고급 인터랙션과 기능을 추가할 수 있어서 앞서 언급한 툴의 슈퍼 버전이라 할 수 있다. 두 프로그램 모두 아이디어를 구현해 볼(어두운) 웹 인터페이스와 맥 전용 응용 프로그램을 제공한다. Proto.io의 경우 http://smashed.by/sketch-protoiotrial 링크를 이용하면 15일이 아닌 60일간 시험 버전을 사용할 수 있다.

---

61 http://principleformac.com
62 http://smashed.by/sketch-invision
63 http://smashed.by/sketch-marvel
64 http://smashed.by/sketch-protoio
65 http://smashed.by/sketch-flinto

FRAMER[66]

다른 응용 프로그램과 대조적으로 Framer는 코드로만 프로토타입을 만든다. 요소를 직접 변경할 수 있는 시각적인 편집기도 있지만, 모든 것이 즉각적으로 코드 편집기에 전달되어 거기에서 바로 손볼 수 있다. 이 방식은 이미 정의한 패턴에 제한되지 않고 다양한 아이디어를 시도할 수 있도록 한다. 프로그램 구매 시 프로모션 코드 'FRMR-SKETCH-HANDBOOK-2016-CK'를 사용해 20% 할인 혜택을 챙기자.

KEYNOTE[67]

이 리스트에서 아마도 가장 쉬운 옵션일 것이다. 스케치에서 벡터 형식이나 심지어 전체 아트보드를 복사해서 바로 붙여 넣을 수 있다. 그런 후 'Magic Move' 트랜지션을 사용해서 한쪽 아트보드에서 다른 쪽으로 옮긴다. 이는 아이디어를 빠르게 시각화할 수 있는 완벽한 방법이다. 하지만 그게 다가 아니다. iOS용 키노트로 프레젠테이션을 수정하거나 혹은 링크를 안드로이드 디바이스로 보내 거기에서 프로토타입을 경험해볼 수 있다. 모든 맥에서 키노트가 무료이므로 이 방법은 전혀 비용이 들지 않는다.

실제로 구축하기

이 모든 응용 프로그램의 단점은 결과물을 보기 위해 디자인, 프로토타입, 개발, 이렇게 세 단계를 거쳐야 한다는 것이다. 중간 단계를 건너뛰고 HTML, CSS, 자바스크립트를 사용하거나, Xcode 혹은 안드로이드 스튜디오로 바로 코딩하는 건 어떨까? 처음부터 그럴듯한 것을 만들기는 어려울 수도 있다. 하지만 첫 프로

---

[66] http://smashed.by/sketch-framerjs
[67] http://smashed.by/sketch-keynote

토타입을 끝내는 순간, 제품 개발을 끝내는 일 또한 멀지 않은 이야기다. 한번 생각해보길 바란다.

라이브러리를 이용한 디자인 협업

1명의 작업자가 모든 디자인을 하는 경우도 있지만 2명 이상의 작업자가 협업을 하는 경우가 일반적이다. 이 경우 공통 디자인 요소를 라이브러리화하여 사용하면 결과물의 일관성을 높이고, 재작업을 줄여 업무 효율성도 높일 수 있다(실무에서는 다양한 화면에 사용된 공통 요소를 일치시키거나, 디자인 요소에 변경이 있을 때 해당 요소가 사용한 전체 화면을 업데이트하는 현행화 작업이 업무의 상당 부분을 차지하기 때문에 디자인 요소의 라이브러리화와 재사용은 매우 중요한 주제다).

라이브러리는 주로 디자인 PL[68]과 같은 디자인 책임자가 관리하게 된다. 디자인 과정에서 식별된 공통 요소를 모아서 라이브러리를 만들어 배포하고 이를 디자인 팀원이 사용하는 방식으로 운영된다. 한번 배포된 라이브러리는 지속적으로 업데이트되기 때문에 동기화 개념이 중요하다.

저장소와 실시간 동기화

처음 라이브러리 개념을 접하면 동기화 과정에 대한 혼란스러움을 느낄 수 있다. 환경에 따라 동기화가 기대한 것처럼 되지 않는 경우가 있는데, 이는 라이브러리를 공유하기 위해 저장하는 '공유 저장소'와 작업자가 실제 사용하기 위해 로컬 컴퓨터에 저장되는 '로컬 저장소'의 개념, 그리고 두 저장소가 동기화되는 과정을 명확히 이해하지 못하기 때문이다. 마치 공유 저장소의 라이브러리를 스케치가 바로 사용하는 것처럼 생각할 수 있으나 실제로는 공유 저장소의 파일을 로컬

---

[68] Project Leader. 프로젝트 수행 시 직능별 프로젝트 리더로 디자인 가이드를 수립하고 관리하는 책임자.

로 가져와 저장한 후 이를 사용하며, 이후 이를 동기화하는 방식이다.

그렇기 때문에 드롭박스나 구글드라이브와 같이 서버의 공유 저장소와 로컬 저장소를 실시간으로 동기화시켜주는 저장소를 이용하면 라이브러리가 실시간으로 동기화된다(우리가 기대하는 방식은 이것이다). 반면 스케치 클라우드나 사내 파일 서버를 이용하여 라이브러리를 공유하는 경우 공유 저장소와 로컬 저장소가 실시간으로 동기화되지 않기 때문에 스케치 앱을 재구동하는 것과 같은 별도의 과정을 거쳐야 라이브러리가 동기화된다.

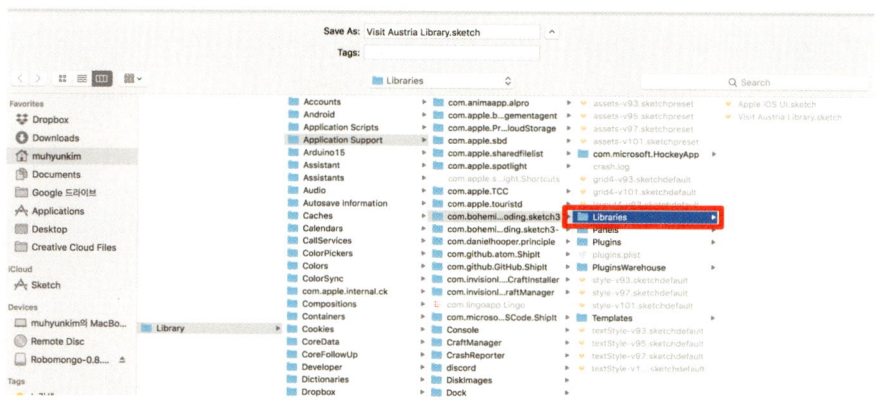

그림 6.26 스케치 클라우드를 통해 라이브러리를 추가하면 로컬의 Libraries 폴더에 해당 파일이 추가된다.

그림 6.27 드롭박스를 이용하는 경우 로컬 저장소(드롭박스 폴더)와 공유 저장소가 실시간으로 동기화된다.

라이브러리 문서 생성

라이브러리 심볼library symbol, 공유 라이브러리shared library와 같은 용어 때문에 라이브러리 심볼은 일반 심볼과 다른 형태로 저장해야 하는지 궁금해하는 경우가 있다(심지어 **File → Add as Library** 메뉴가 있다 보니 더 헷갈린다. 이 메뉴는 현재 문서를 라이브러리로 추가하는 명령이다). 라이브러리 심볼 개념은 심볼을 사용할 때 일반 심볼과 구분하기 위한 관념적 용어다. 심볼을 저장하고 공유할 때는 별도의 개념 구분이 필요 없다. 라이브러리는 심볼만 대상으로 하기 때문에 심볼로 구성된 문서를 만든다(심볼 이외의 내용이 포함되어도 상관없지만 사용할 때는 심볼만 라이브러리 목록에 표시된다).

우리는 스케치 클라우드를 이용해 라이브러리를 공유하고 동기화하는 예제를 학습할 것이다. *Cmd + N*으로 새로운 문서를 생성한 후 'Design Assets' 폴더를 만들어 'Visit Austria Libraries.sketch'로 저장한다.

2장에서 다운로드한 스케치 파일 Visit Austria.sketch 파일의 심볼 인스턴스 Instance[69]를 복사한 후 붙여 넣는다(Symbols 페이지에 저장하는 것이 목적이므로 별도의 아트보드 없이 붙여 넣기하면 된다).

이번 장에서만 사용될 예제이기 때문에 몇 개의 심볼만 복사해 넣는다. Overview 페이지 두 번째 아트보드인 Visit Austria List View Craft 아트보드의 Title bar overview, Options bar list view , List entry 심볼 인스턴스를 *Shift*와 *Cmd* 키를 누른 상태에서 클릭해서 선택하여 복사한 후 Visit Austria Libraries.sketch 파일의 Page1에 붙여 넣는다. Visit Austria Card View 아트보드의 Card entry 심볼 인스턴스도 복사하여 동일하게 붙여 넣는다. Symbols 페이지에서 4개의 심볼과 심볼에 포함된 하위 심볼을 확인하고 문서를 저장하자.

스케치 51 버전부터 라이브러리 기능에 중요한 업데이트가 포함됐다. 라이브러리를 이용해 레이어 스타일과 텍스트 스타일까지 공유할 수 있게 되었다. 이를 확인하기 위해 Title bar 배경 스타일을 레이어 스타일로 정의한다(인스펙터 Layer Style

---

[69] Symbols 페이지에 있는 것이 심볼 원본이고 이를 페이지에서 실제 사용하는 것이 심볼의 인스턴스다.

영역에서 Create new Layer Style을 선택하여 'Title bar' 스타일을 만든다).

이제 라이브러리를 공유할 준비가 끝났다.

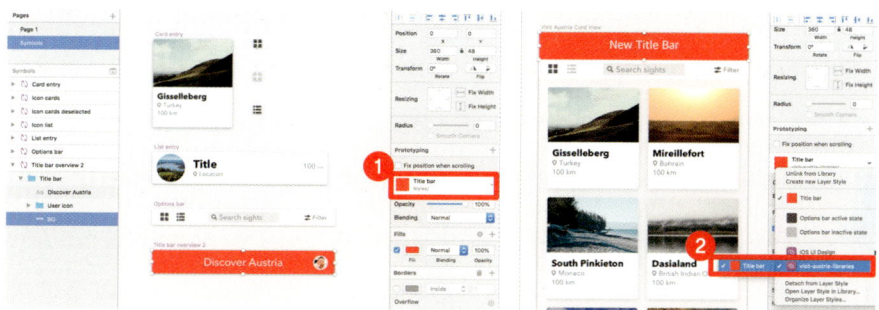

그림 6.28 Page1에 심볼 인스턴스를 복사해 넣으면 Symbols 페이지에서 심볼을 확인할 수 있다. ①라이브러리를 통한 레이어 스타일 공유 기능을 확인하기 위해 Title bar 배경 스타일을 정의한다 ②51 버전부터 라이브러리 문서 생성 시 정의한 심볼뿐 아니라 스타일도 사용할 수 있다

라이브러리 업로드 및 공유 (내보내기)

문서 생성 후 이를 공유 저장소에 저장한다. 스케치 49 버전부터 스케치 클라우드를 통해 라이브러리 공유가 가능해졌는데, 문서 생성 후 툴바의 클라우드 버튼

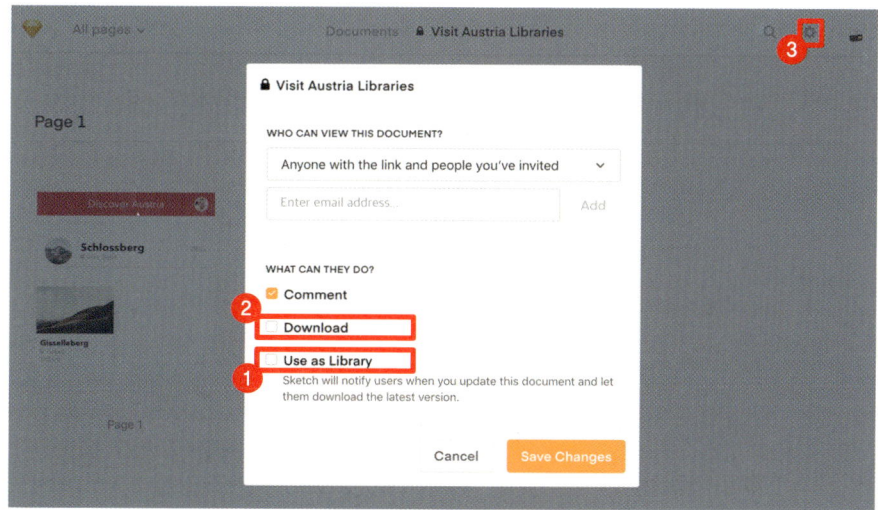

그림 6.29 ①다른 사람이 이 문서를 다운로드하여 라이브러리로 추가하기 위해서는 이 부분이 체크되어 있어야 한다. ②공유할 대상을 특별히 지정하지 않고 URL로 접속한 사용자가 라이브러리 문서를 사용할 수 있게 하려면 이 부분이 체크되어야 한다. ③설정 아이콘을 눌러 공유 설정을 다시 할 수 있다.

을 클릭해 문서를 업로드 한다(드롭박스나 파일 서버에 업로드하는 것은 파일을 폴더에 저장하는 일반적인 방식과 동일하다. 파일 다운로드 속도나 실시간 동기화를 고려하면 드롭박스나 구글 드라이브와 같은 파일 공유 서비스를 활용하는 것이 가장 효율적이다).

문서 업로드가 완료되면 공유 설정 팝업이 뜬다. 다른 사람이 라이브러리를 다운로드하여 라이브러리로 설치할 수 있도록 'Use as Library'를 체크한 후 **Save Changes** 버튼을 눌러 설정을 저장한다.

문서의 공유는 공유할 대상의 이메일을 등록하거나 URL로 공유할 수 있다(URL은 라이브러리 문서의 스케치 클라우드 URL과 동일하다). 이로써 라이브러리 공유까지 완료했다.

스케치 앱에 라이브러리 추가 (가져오기)

이메일로 초대를 받은 경우 초대 메일을 클릭한 후 shared with me 탭에 있는 라이브러리 문서를 클릭해서 공유된 문서를 볼 수 있다. URL로 공유한 경우에는 스케치 클라우드 URL로 접속하면 공유된 문서를 볼 수 있다. 문서 우측 상단의 Download 버튼을 클릭한 후 Add Library to Sketch를 선택해서 라이브러리에 추가할 수 있다(Download Document를 선택해서 문서를 다운로드할 수 있다. Add Library to Sketch를 선택하면 문서를 다운로드한 후 Preferences에서 Add Library하는 과정을 한 번에 처리해준다).

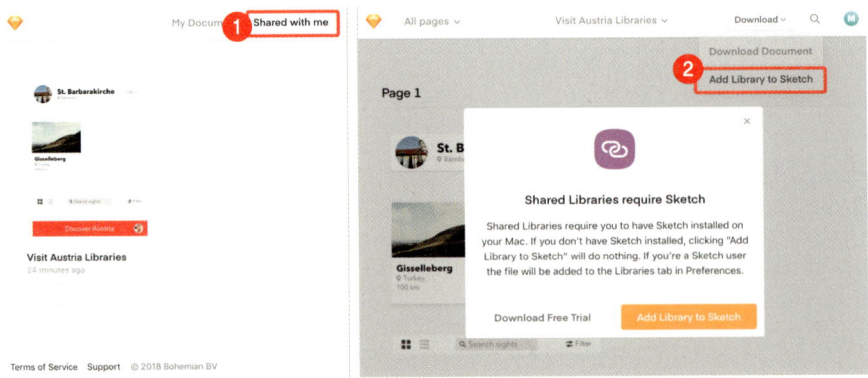

그림 6.30 ①공유된 라이브러리 문서는 Shared with me 탭에서 확인할 수 있다. ②Download 버튼 클릭 후 Add Library to Sketch를 선택해서 라이브러리를 스케치 앱에 추가한다. (저자가 스케치 클라우드에 공유한 라이브러리는 https://sketch.cloud/s/Yym0Z 사이트에 접속해서 확인할 수 있다.)

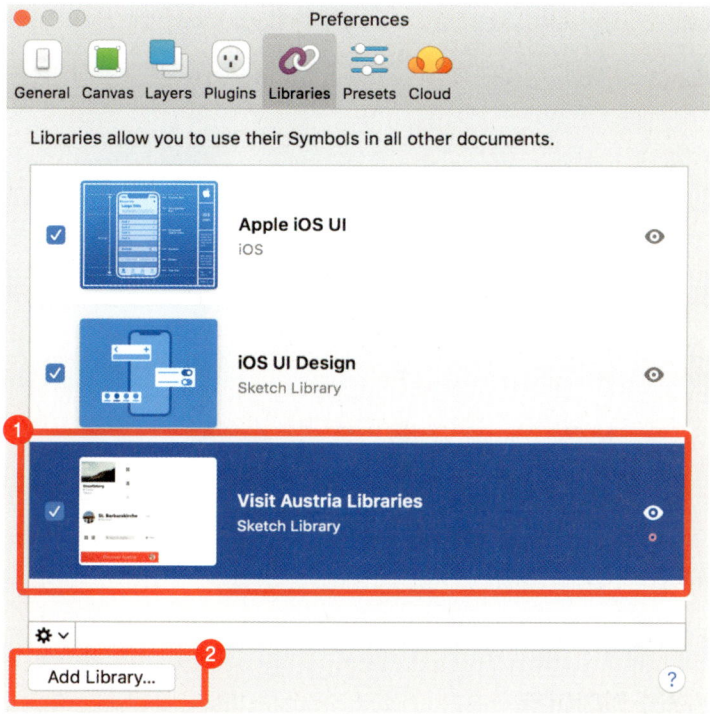

그림 6.31 ①추가된 라이브러리는 Preferences(Cmd+,) Libraries 탭에서 확인할 수 있다. ②라이브러리가 저장된 위치를 아는 경우 Add Library 버튼을 클릭해서 추가할 수 있다.

드롭박스나 파일 서버로 공유된 라이브러리를 사용할 경우에는 Preferences (Cmd+,)의 **Libraries** 하단의 **Add Library** 버튼을 클릭하여 라이브러리용 파일을 선택해서 자신의 스케치 앱에 추가한다.

라이브러리 심볼 삽입

스케치 앱에 추가된 라이브러리는 심볼과 유사하게 문서에 삽입할 수 있다. Insert 메뉴나 툴바의 심볼[70]을 누르면 Symbols 그룹 아래에 라이브러리 심볼 목록이 표시된다(Apple iOS UI와 iOS UI Design은 스케치 설치할 때 자동으로 추가되는 라이브러리 심볼이다).

---

[70] 기본 툴바에는 심볼 버튼이 없다. 3장 툴바 사용자 정의 Quick Tip을 참고하여 심볼 버튼을 툴바에 추가한다.

Overview 페이지의 List View 아트보드 2개와 Card View 아트보드의 기존 Title bar overview를 삭제하고, 라이브러리의 Title bar overview 심볼을 삽입한다.

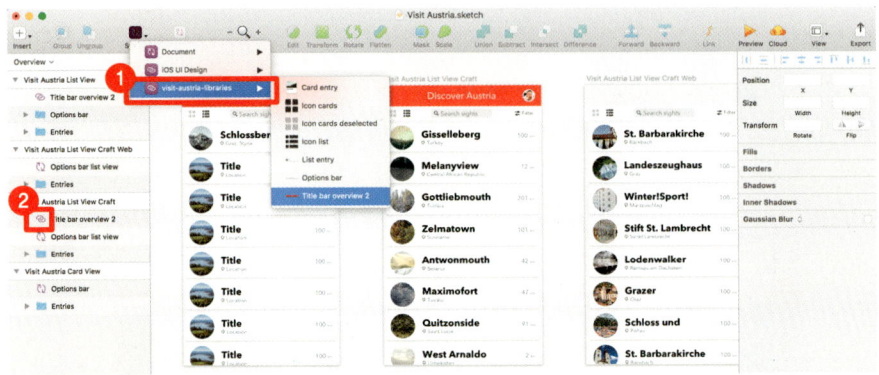

그림 6.32 ①툴바의 심볼 버튼을 클릭하면 아래에 라이브러리 목록이 표시된다. ②라이브러리 심볼은 일반 심볼과 아이콘이 다르다.

라이브러리 업데이트

라이브러리를 이용해서 추가된 디자인 요소는 디자인이 고도화되면서 효용성이 더 커진다. 예제에서는 변화를 극적으로 보여주기 위해 Title bar overview 심볼의 배경색을 임시로 바꿔본다.

Design Assets 폴더의 Visit Austria Libraries.sketch 파일을 다시 열어서 Title bar overview의 배경색을 #0476B2으로 바꾼다. 저장 후 툴바의 클라우드 버튼과 대화창의 Update Document 버튼을 클릭해서 스케치 클라우드에 문서를 업데이트한다.

스케치 클라우드는 드롭박스와 같이 동기화가 실시간으로 이루어지지 않기 때문에 특정한 시점에 문서를 확인하는데, 스케치 앱이 재구동되는 시점에 라이브러리 파일이 업데이트되었는지 확인한다. 따라서 문서를 모두 저장 후 $Cmd+Q$를 눌러 스케치 앱을 완전히 종료한 후 라이브러리를 추가한 Visit Austria.sketch 문서를 열어 다시 스케치 앱을 구동한다. 스케치 앱이 재구동되면 라이브러리 업데이트가 가능하다는 알림이 표시된다.

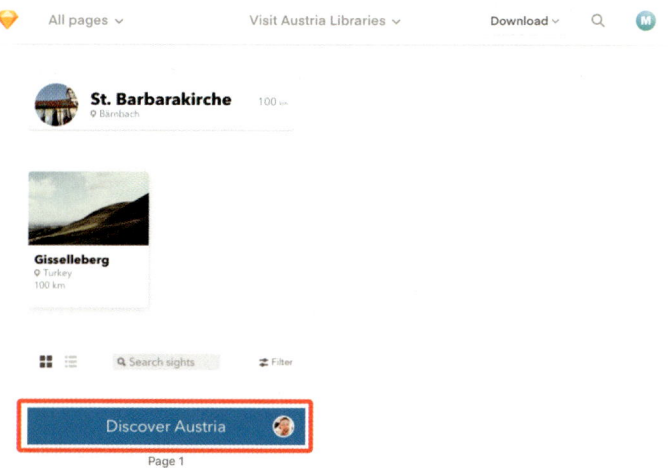

그림 6.33 스케치 클라우드 문서가 업데이트되면 문서를 공유받은 사용자의 화면도 업데이트된다. 자동으로 업데이트되지 않기 때문에 페이지를 리로딩해야 업데이트된 정보를 확인할 수 있다. 문서를 다시 다운로드할 필요는 없다.

알림이 표시된다고 바로 업데이트되는 것은 아니다. Preferences(Cmd+,)의 Libraries 탭에서 업데이트된 라이브러리에 있는 Download 버튼을 클릭해서 라이브러리를 다시 다운로드해야 한다(드롭박스와 같이 실시간으로 동기화되는 서비스를 이용할 경우 Preference의 라이브러리 다운로드 과정 없이 바로 프로그램 우측 상단에 알림 메시지가 뜬다).

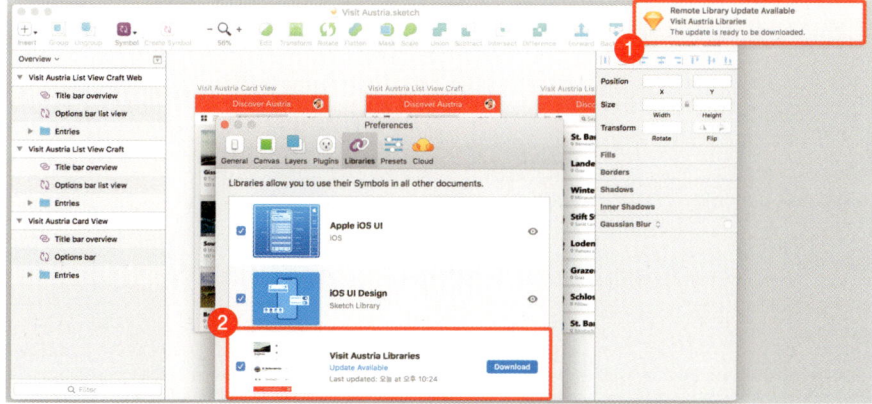

그림 6.34 ①업데이트된 라이브러리가 있을 경우 스케치 앱을 재구동하면 스케치 파일 업데이트 알림 메시지가 표시된다. ②Preferences(Cmd+,)의 Libraries 탭에 Download 버튼이 표시되며 라이브러리를 다시 다운로드해야 라이브러리가 업데이트된다.

라이브러리 문서가 업데이트되면 해당 라이브러리를 사용한 문서의 우측 상단에 알림 메시지가 뜬다. 해당 알림을 클릭하면 기존의 심볼과 업데이트된 심볼을 비교해서 업데이트 여부를 결정하는 대화창이 표시된다. 업데이트할 라이브러리 심볼을 선택하고 **Update Symbols** 버튼을 클릭하면 해당 라이브러리 심볼이 모두 업데이트된다.

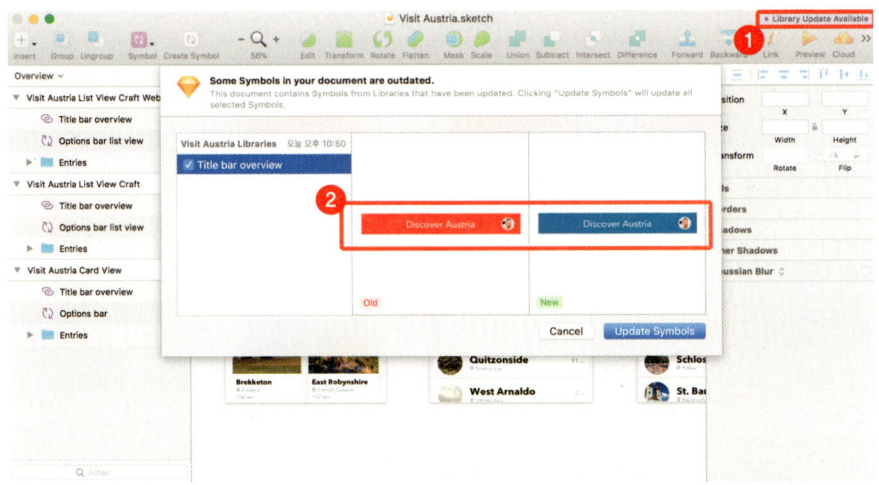

그림 6.35 ①알림을 클릭하면 업데이트 대화창이 표시된다. ②기존의 심볼과 변경된 심볼을 비교할 수 있다.

수십, 수백 개의 페이지를 디자인해야 하는 프로젝트에서 공통으로 사용된 항목을 수정하고 관리해야 할 때 라이브러리 심볼과 공유 기능은 빛을 발한다.

Infobox

디자인 시스템[71]

라이브러리 생성, 공유, 적용, 업데이트까지 스케치 라이브러리에 대해 기능 면에서 전반적으로 살펴보았다. 스케치 라이브러리는 일을 하는 방식과 관계된 것이기 때문에 단순히 '기능'을 사용하는 것 못지 않게 어떻게 '활용'할지 이해하는 것이 매우 중요하다.

스케치 앱은 중첩 심볼이나 스타일을 통해 디자인 요소를 체계적으로 구성하고 이를 라이브러리로 만들어 다른 사람과 협업할 수 있도록 한다. 한마디로 스케치 앱의 특징을 말하자면 디자인을 체계적으로 하는 데 최적화된 도구라고 할 수 있다.

심볼, 라이브러리 개념 등 스케치의 발전 과정이 말해주듯 UX 디자인에서 일관성과 효율성을 높이기 위한 '디자인 체계화'는 매우 중요한 주제다. 그리고 그 체계화를 위한 시도와 노력은 '디자인 시스템Design System'이라는 개념으로 정리되고 있다. 이번에는 스케치를 활용한 디자인 시스템에 대해서 살펴보려고 한다. 디자인 시스템을 실제로 제작하는 것은 프로젝트나 서비스의 특성에 따라 다르다. 디자인 시스템은 방대한 설명이 필요하기 때문에 디자인 시스템의 사례, 디자인 시스템 구성에 스케치가 효율적인 이유, 디자인 시스템 제작 과정과 유의 사항 등 그 원리만 간단히 알아보자.

글로벌 숙박 공유 시스템으로 유명한 에어비앤비[72]는 2015년부터 스케치를 활용하여 서비스 전체의 디자인 언어 시스템design language system을 구축하고 이를 이용해 서비스를 유지하고 있다. 최근 2년 사이 다수의 하위 사이트를 가진 그룹사나 대형 서비스를 운영하는 회사를 중심으로 국내에서도 스케치를 활용한 디자인 시스템 구축 사례가 크게 증가하고 있다. 전체 디자인 일관성을 높이고 디자인 작업의 효율성을 높이기 위한 비주얼 아이덴티티 수립 프로젝트에 스케치를 활용하고 있다. 그리고 스타트업에서도 스케치를 기반으로 자체적인 디자인 시스템

---

71 『Design System』(Smashing Magazine) 한국어판 출간 예정(웹액츄얼리)
72 https://airbnb.design/building-a-visual-language/

디자인 공유와 프로토타이핑 **237**

Infobox

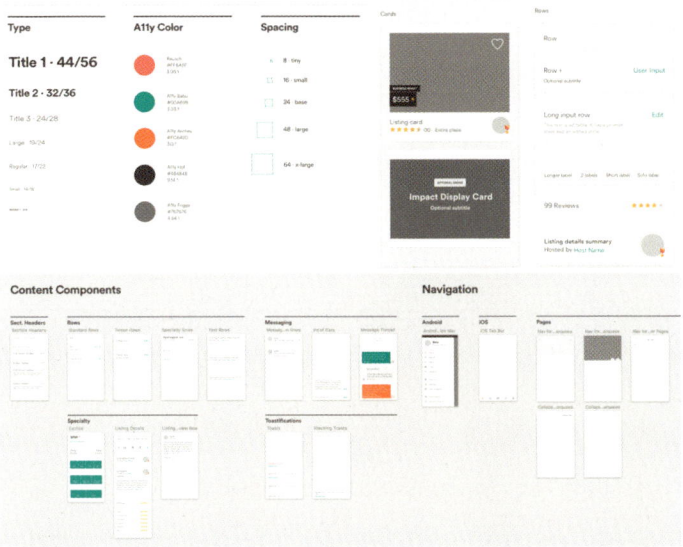

그림 6.36 에이비앤비의 디자인 시스템은 타이포, 컬러, 간격, 콘텐츠 컴포넌트, 내비게이션 등 다양한 디자인 요소를 정의하고 있다.

을 바꾸거나 새로 만드는 사례가 늘고 있다.

디자인의 일관성을 유지하고, 작업의 효율성을 높이기 위한 시스템적 접근인 디자인 시스템은 다양한 디자인 툴의 기능을 이해한 후 실제 작업을 진행하면서 반드시 이해해야 하는 개념이다(특히 다수의 작업자가 협업을 할 때). 물론 디자인에 대한 시스템적 접근은 스케치 이전에도 있었다. 하지만 디자인 시스템에 대한 변경과 유지를 대부분 수작업으로 처리하다 보니, 과정이 매우 비효율적이었고 비용 또한 엄청나게 요구되었다. 결과적으로 디자인 시스템은 구축되더라도 제대로 유지되거나, 활용되지 못하는 상황이 많았다. 하지만 스케치와 라이브러리 기능을 통해 변경과 유지에 드는 비용이 획기적으로 줄어들게[73] 되면서 디자인 시스템은 그 의미를 제대로 찾아가고 있는 중이다. 이런 면을 생각해보면 스케치는 라이브러리 기능을 통해 비로소 의미를 완성했다는 생각이 들 정도다.

---

73 Abstract(https://www.goabstract.com)와 같은 형상 관리 서비스를 이용하면 변경과 유지가 더욱 효율적이다.

Infobox

저녁 있는 삶을 주는 라이브러리

스케치 47 버전부터 제공된 라이브러리 기능은 디지털 미디어 UI 디자인 과정에 큰 변화를 가져오고 있다. 스케치 라이브러리 심볼은 앞에서 살펴보았듯이 공용 또는 로컬 컴퓨터의 특정 저장소에 스케치 파일을 공유하고, 해당 파일에 포함된 심볼을 라이브러리처럼 가져다 쓰는 기능이다. 여기서 잠깐 스케치는 잠시 잊고 일주일 전 혹은 그 이전 언젠가 우리 일상으로 돌아가보자.

더 좋은 품질의 결과물을 만들기 위해서 스스로 변경 작업을 시작했거나, 누군가의 변심이 있었거나, 고객사 임원진 보고 후 결정 사항에 대응하기 위해 계획에 없던 변경 작업을 시작하게 된다. 이때 변경해야 하는 사항이 상품 컴포넌트의 디자인이나 폼 요소와 같은 공통 사항이라면 해당 요소가 사용된 수십, 수백 페이지 화면을 모두 확인하고 수정해야 하는 상황이 발생한다. 공통 요소이지만 메뉴별로 작업자가 다르다 보니 확인하는 것만 해도 막막하다. 게다가 프로젝트가 막바지라 여유가 없는 상황이라면 오랜만에 보는 반가운 친구들과의 저녁 약속은 물 건너가는 순간이다.

하지만 만약 해당 컴포넌트를 사용한 페이지가 잘 설계되어 컴포넌트가 교체되더라도 문제가 없다면, 그리고 여러 명의 작업자가 모두 공통의 컴포넌트를 사용한 상황이고 교체가 쉽게 이루어지는 도구가 제공된다면, 그렇다면 작업은 의외로 쉽게 끝나 30분쯤 늦더라도 저녁 모임에서 친구의 얼굴을 볼 수 있을 것이다.

이렇듯 적절한 디자인 요소의 라이브러리화와 재사용은 우리에게 여유로운 저녁 시간을 제공한다. UI 디자인 역사(정확히는 디지털 세계)에 있어 오랜 시간 염원해온 꿈 같은 이야기다. 디자인 요소 중 공통적인 요소를 식별하고 이를 가이드화하여 재사용하고 버전업하는 과정이 그것인데, 수십에서 수백 페이지에 이르는 시스템을 디자인함에 있어서 일관성 있는 디자인을 효율적으로 하기 위해 이 과정은 필수다.

Infobox

디자인 시스템의 핵심 개념, 라이브러리

트위터에서 만든 부트스트랩Bootstrap[74]은 반응형 웹사이트 구축에 필요한 마크업 구조와 다양한 컴포넌트 라이브러리를 제공하는 UI 프레임워크다. 부트스트랩을 사용하면 복잡할 수도 있는 브라우저별 대응과 마크업 개발을 효율적으로 대응할 수 있다. 부트스트랩이 성공할 수 있었던 이유는 잘 정리된 컴포넌트 라이브러리와 적용하기 쉬운 라이브러리 코드 때문이다.

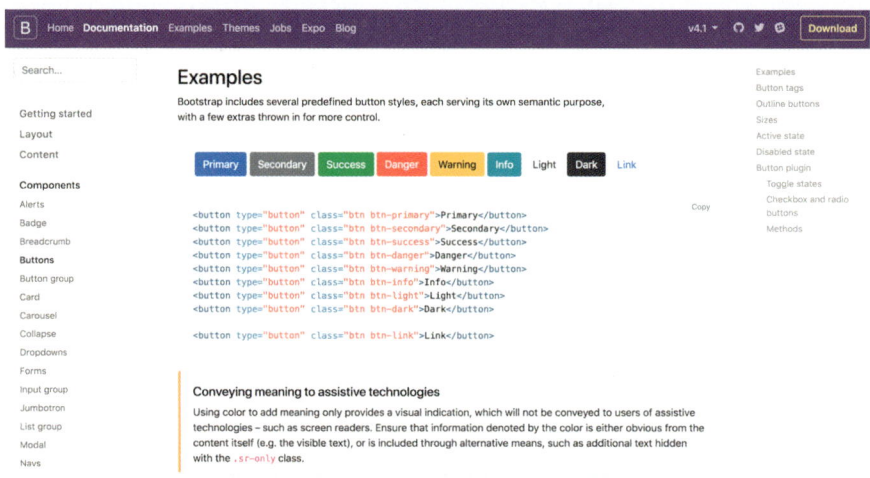

그림 6.37 재사용성이 높은 디자인 요소별로 그룹핑을 하고 디자인 요소의 사례, 사용 방법을 제시한다.

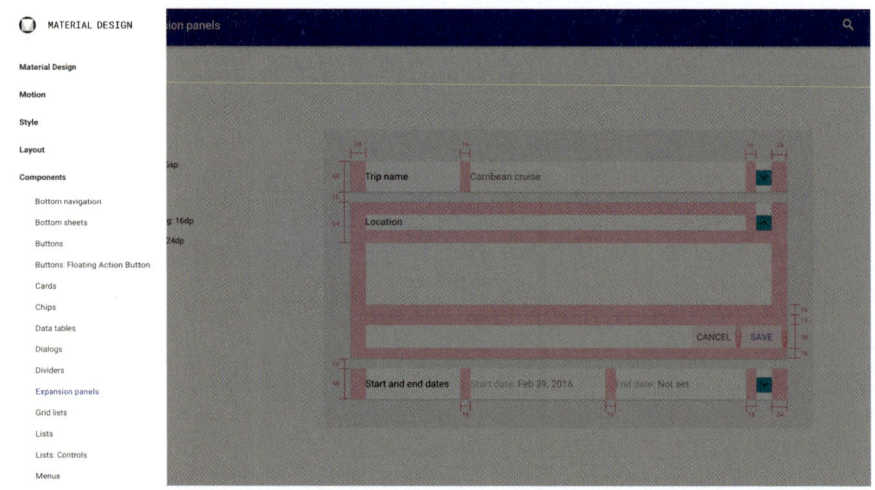

그림 6.38 구글의 머티리얼 디자인은 모션, 스타일, 레이아웃 및 각종 컴포넌트에 대한 디자인 가이드를 제공하고 있다.

[74] https://getbootstrap.com

Infobox

가장 널리 알려진 디자인 시스템 중 하나인 구글의 머티리얼 디자인[75]은 섬세하고 충실한 디자인 정책과 가이드를 제공하고 있으며, Angular Material[76] 모듈처럼 실제 구현을 쉽게 하는 라이브러리도 구글에서 제공하고 있다.

아토믹 디자인 시스템Atomic Design System은 최하위 UI 요소와 그 조합이 템플릿과 페이지로 조립되는 구조화 과정을 원자와 분자, 유기체의 합성 과정에 비유하여 설명한다. 그 사상은 다양한 디자인 시스템의 진화 방향과 맞닿아 있다. 대표적인 디지털 콘텐츠 관리 시스템 중 하나인 Adobe Experience Manager 시스템이나 이와 유사한 모듈형 CMS가 대부분 비슷한 콘텐츠 구성 원리를 갖는다. 텍스트나 폼 요소와 같은 최하위 엘리먼트와 이를 조합하여 의미 있게 재사용할 수 있는 최소 단위인 컴포넌트, 컴포넌트 조합인 템플릿, 다양한 템플릿을 활용해 만든 페이지와 같은 개념으로 콘텐츠가 구성된다.

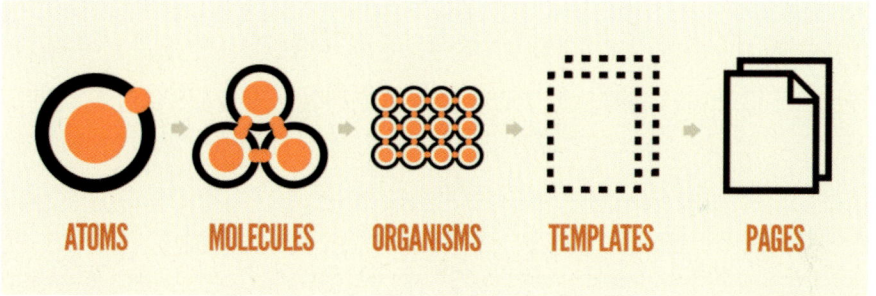

그림 6.39 아토믹 디자인은 디자인 요소들을 조합하여 컴포넌트와 템플릿, 페이지를 구성하는 원리를 보여준다.

실무 프로젝트에서도 공통적인 컴포넌트를 식별하고 이를 UI 가이드 또는 스타일 가이드에 포함하여 이후 구현 작업의 기준으로 삼는다. 예를 들어 웹사이트 구축 프로젝트에서는 웹 스타일 가이드Web Style Guide, WSG라는 체계를 통해 구현 작업을 효율적이면서도 일관성 있게 진행한다.

[75] https://material.io/guidelines/
[76] https://material.angular.io/

Infobox

위 사례들은 각각 비중은 다르지만 모두 디자인을 체계화하려는 시스템적 접근이다. 그 핵심에는 재사용을 위한 라이브러리 개념이 자리잡고 있다. 이러한 노력은 복제 비용이 (이론적으로) 0에 가까운 디지털 제작 환경에서 매우 자연스러운 것이다.

의미 있는 라이브러리 세 가지 조건

그렇다면 어떤 면에서 스케치가 디자인 시스템을 활성화시켰고, 어떤 특징이 있는 것일까? 디자인 시스템의 핵심이라고 할 수 있는 라이브러리는 어떤 조건을 갖춰야 할지 알아보자.

머티리얼 디자인의 충실한 가이드, 부트스트랩의 활용이 용이한 라이브러리 태그, 아토믹 디자인의 구조적이며 잘 짜인 UI 조합 개념은 많은 디자인 시스템에 영감을 주었다. 하지만 제대로 된 디자인 시스템과 의미 있는 라이브러리가 되기 위해서는 몇 가지 부족한 점이 있다. 구조적으로 잘 설계되지 못한 경우 비효율적인 수작업이 많게 되고, 업데이트가 쉽지 않을 경우 버전이 뒤엉켜 혼란만 일으킨다.

그림 6.40 라이브러리는 위 세 가지 조건을 갖출 때 제대로 활용될 수 있다.

디자인 시스템을 의미 있게 만드는 라이브러리가 가져야 할 첫 번째 요소는 잘 정리된 구조다. 구조성은 다시 2가지 요소로 구분해서 볼 수 있다. 라이브러리가 어떻게 분류되고 구성되는지가 구조성의 첫 번째 요소인데, 너무 넓은 구조를 가질 경우 관리가 용이하지 않다. 반대로 좁고 깊은 구조를 가지면 관리는 용이하나 찾아서 적용하기가 쉽지 않다.

구조성의 두 번째 요소는 라이브러리 심볼 자체의 구조에 대한 부분이다. 라이브러리는 상황에 따라 변경되는 내용과 그것을 담고 있는 패턴/템플릿이 구조적으로 잘 설계되어야만 최소한의 작업으로 다양한 상황에 대응할 수 있게 된다. 이 부분은 대니얼 이든Daniel Eden의 글[77]에서 자세히 내용을 이해할 수 있다. 스케치 앱은 중첩 심볼과 오버라이딩 개념을 통해 라이브러리 자체의 구조성 측면에서 경쟁 앱에 비해 획기적인 사용성을 제공한다.

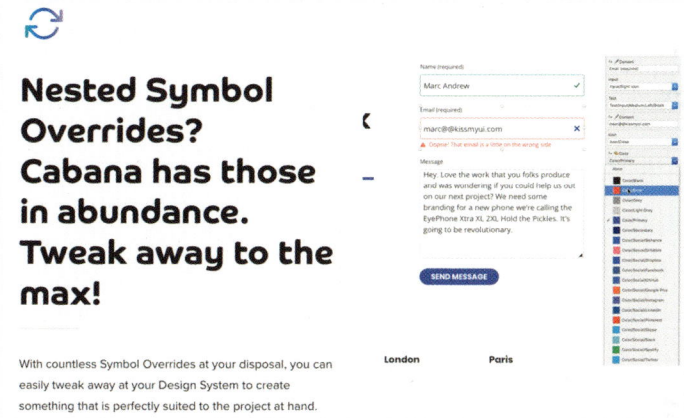

그림 6.41 대표적인 스케치 기반의 상업 디자인 시스템 라이브러리 Cabana[78]는 중첩 심볼로 잘 구조화된 심볼을 디자인 라이브러리로 제공하여 디자인 작업 시 재작업을 획기적으로 줄인다.

두 번째 필요한 것은 적용 용이성이다. 라이브러리가 너무 복잡하거나 결과물에 적용하거나, 삽입하는 인터페이스가 불편하다면 라이브러리로서의 효용성이 떨어질 수밖에 없다. 스케치 앱은 라이브러리 심볼과 스타일 텍스트Styled text 삽입 인터페이스를 통해 매우 쉽게 기존 디자인에 라이브러리를 추가할 수 있다. 또한

[77] http://bit.ly/2IQWMjH
[78] https://www.cabanadesignsystem.com

Infobox

심볼의 오버라이딩 기능을 이용하면 텍스트, 이미지, 심볼을 손쉽게 바꿀 수 있다.

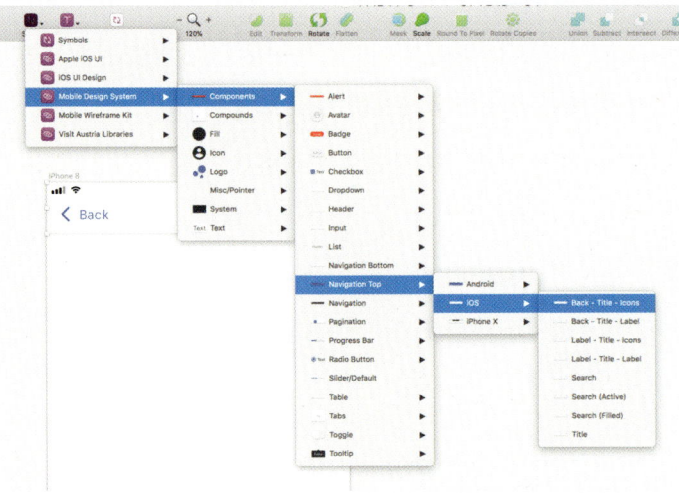

그림 6.42 상업용 스케치 디자인 시스템 판매처 중 하나인 UI/UX Assets[79]의 모바일 디자인 시스템을 라이브러리로 추가 후 삽입하기 위해 라이브러리를 펼친 상태. 심볼을 입력하는 것과 동일한 인터페이스다.

세 번째 조건은 업데이트 용이성이다. 간과하기 쉽지만 디자인 시스템의 운영 측면에서 가장 중요한 부분이다. 한번 사용된 라이브러리는 전체 디자인이 지속적으로 진화되면서 자연스럽게 변화가 일어난다. 이때 일일이 수작업으로 기존 라이브러리와 변경된 라이브러리를 찾아서 비교해야 한다면 지속적인 디자인 개선도 어려울 뿐만 아니라 라이브러리 자체가 노후화되는 문제를 야기한다.

스케치 앱은 그림 6.34와 6.35에서 볼 수 있듯이 라이브러리 업데이트할 때 알림을 제공하며, 변경 부분을 쉽게 비교할 수 있다. 또한 교체 시 적용된 부분이 일괄적으로 변경됨에 따라 업데이트가 매우 쉬워졌다. 이런 점은 개별 프로젝트뿐만 아니라 스타트업이나 디자인 에이전시에서 회사 전체의 디자인 시스템을 구축하는 데 스케치가 많이 활용되는 이유이기도 하다.

[79] https://uiuxassets.com

위에서 본 것처럼 스케치는 47 버전부터 디자인 시스템의 핵심 개념인 라이브러리를 의미 있게 만들고 운영하는 데 필요한 기능을 모두 지원한다(그 어려운 것을 스케치가 해냈다. 물론 그 전에도 Craft 플러그인의 라이브러리 기능이 있었지만 스케치 자체의 라이브러리 기능은 플러그인 의존성 문제가 없기 때문에 더욱 의미가 크다). 스케치가 디자인 시스템에 어떻게 기여하고 있는지 이해했다면 이제 스케치를 활용해 디자인 시스템을 만드는 과정을 살펴보자.

디자인 시스템 제작 과정

의미 있는 디자인 시스템이 갖춰야 할 세 가지 조건 중 적용과 업데이트 부분은 스케치 기능이 알아서 해주기 때문에 우리가 할 일은 첫 번째 조건인 '높은 구조성'을 갖도록 체계적이고 구조적인 디자인만 하면 된다. 구조적인 디자인은 다시 2가지로 나뉜다.

디자인 시스템 요소 구성하기

첫 번째 디자인 시스템을 어떻게 분류하고 구성하는지에 대한 부분으로 스타일과 컴포넌트 목록을 담고 있다. 일종의 정보 구조 설계와 비슷한데 가능한 중복되지 않으면서도 누락되지 않도록 구성해야 한다. 마인드맵 프로그램을 이용하면 구성이 용이하다.

이 단계에서 유의해야 할 사항은 다음과 같다.

- 다양한 디자인 시스템 사례를 참고하되 중첩 심볼, 스타일과 같은 스케치 기능을 가정하여 분류해야 한다.
- 컬러는 컬러 심볼을 만들어 오버라이딩해서 사용하기 때문에 컴포넌트는 색상별로 구분하여 만들 필요가 없다.
- 타이포를 크기별로 구분할 때 페이지 타이틀, 섹션 타이틀, 버튼 레이블과 같

> Infobox

이 역할별로 구성할 수 있다. 역할은 컴포넌트에 적용되는 것으로 타이포는 Heading 1~4, 본문 Large, Medium, Small과 같이 더 세분화된 크기의 의미를 담아 구성한다.

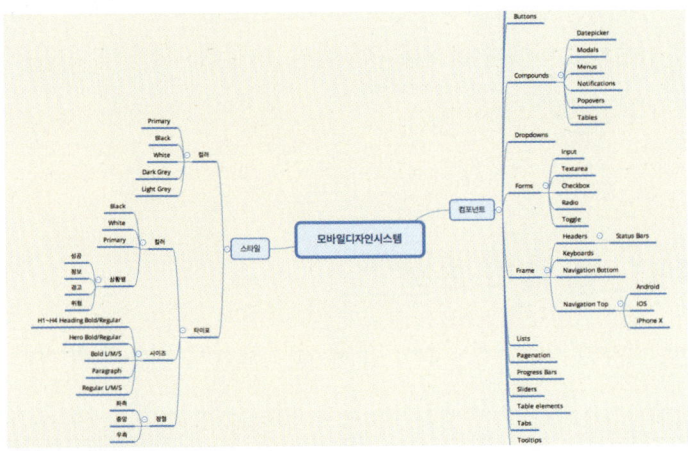

그림 6.43 디자인 시스템 구성도 예

구조적으로 라이브러리 심볼 만들기

두 번째는 심볼 자체의 구조성이다. 적절한 중첩을 활용하고, 리사이징 제약 조건을 활용하면 컬러, 아이콘, 구성 형식을 자유롭게 재정의할 수 있다. 이를 통해 유사한 여러 개의 디자인 요소를 하나로 줄여 업데이트와 관리를 쉽게 할 수 있다.

그림 6.44 구조를 잘 정리하면 다양한 버튼을 하나의 버튼 심볼로 만들 수 있다. [80]

---

[80] http://bit.ly/2v96Atz

상업 디자인 시스템을 판매하고 있는 UX 파워툴스 UX Power tools[81] 사의 스케치 튜토리얼 중 버튼 디자인 방법에 대한 포스트[82]를 통해 UI 요소의 심볼이 얼마나 구조적으로 만들어질 수 있는지 그 방법을 살펴보자.

우선 각각의 UI 컴포넌트를 설계하기 전 첫 번째로 해야 할 것이 있다. 그림 6.45 좌측에 있는 스타일 항목인 컬러와 타이포 스타일을 마치 요리 과정에서 사용하는 식재료처럼 미리 준비해야 한다. 컬러는 스타일로 정의 후 형태별로 심볼화하여 만들어둔다. 그리고 텍스트 스타일은 크기와 색상별로 제작해둔다.

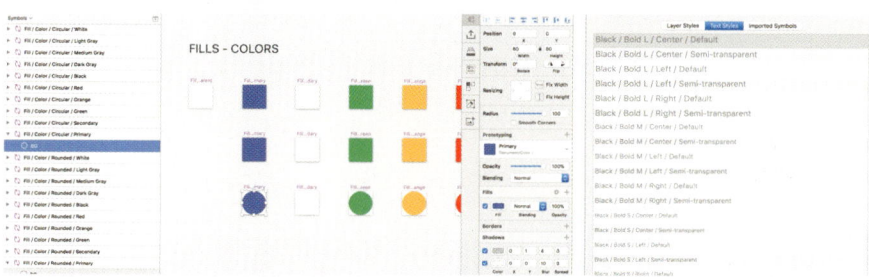

그림 6.45 컬러와 텍스트 스타일을 미리 준비한다.

구조적인 디자인을 위해서는 UI의 내부 구조를 용도에 맞게 잘 분해해야 한다. 버튼은 텍스트와 버튼의 모양을 결정하는 컨테이너, 그리고 버튼을 클릭했을 때 표시되는 로딩 요소로 구성된다.

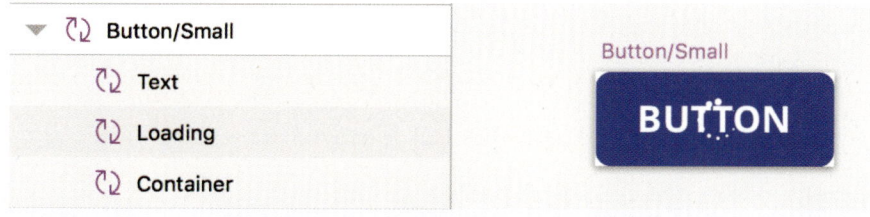

그림 6.46 버튼 심볼 구조, Loading 요소는 필수 사항이 아니다. Container가 중요한 요소다.

---

81 https://www.uxpower.tools/
82 http://bit.ly/2NoZvxt

Infobox

버튼의 모양인 컨테이너는 Rectangle, Rounded, Left cap과 같은 형태로 구분된다. 각각의 형태는 Hover, Focused, Disabled와 같은 상태와 색상으로 구성된다.

그림 6.47 버튼 컨테이너는 마스크를 활용해 형태를 달리하며, 형태를 기준으로 분류한다. 각각의 컨테이너는 상태와 컬러 심볼로 구성된다.

이렇게 버튼을 구조화하면 하나의 버튼 심볼을 사용하면서도 모양과 색상, 상태, 텍스트, 아이콘을 적절히 변형하여 사용할 수 있다. 또한 상태별 디자인이 바뀌게 될 경우 모든 버튼의 상태가 일관되게 적용될 수 있어 업데이트가 쉽고 관리가 용이해진다. 이와 같은 방법으로 디자인 시스템을 구성하는 각종 컴포넌트를 구조적으로 제작한다.

심볼을 구조적으로 제작하는 더 자세한 방법은 또 다른 상업 디자인 시스템을 판매하고 있는 Cabana의 디자이너인 마크 앤듀Marc Andrew의 글[83]을 참고하자. 2017년 12월부터 현재까지 5편의 글이 올라와 있다.

---

[83] http://bit.ly/2IQYem9

그 외 몇 가지 유의 사항

- 스타일 가이드 페이지를 두어 손쉽게 라이브러리를 찾고 수정할 수 있도록 해야 한다.
- 타이포그라피는 별도의 페이지로 모아서 폰트 변경 시 손쉽게 변경할 수 있도록 해야 한다.
- 가능하면 8포인트 그리드 시스템을 적용해서 디자인한다.
- 각 라이브러리는 크기 제약 조건을 적용하여 화면 크기에 반응해서 쉽게 조절할 수 있도록 해야 한다.

유료로 판매되는 스케치 디자인 시스템은 스케치를 학습하기에 아주 좋은 도구다. 구글에서 'Sketch design system'으로 검색하면 다양한 유료 디자인 시스템이 검색 결과로 나온다. 5만 원에서 10만 원 사이에 구입할 수 있는데, 분석해보면 디자인 시스템과 라이브러리를 어떤 항목으로 어떻게 구성하고, 라이브러리 심볼을 어떻게 만들어야 하는지 알 수 있다. 물론 유료로 판매되는 디자인 시스템과 라이브러리는 실무에서 바로 사용하기에는 스타일이나 구성 요소가 범용적인 것으로만 되어 있다는 한계가 있다. 하지만 디자인 시스템의 구성 항목과 스케치를 활용한 구성 방법을 참고하는 데는 더 없이 좋은 도구다. 이를 바탕으로 개별 프로젝트나 회사에 맞는 디자인 시스템을 구성해보자.

보안과 형상 관리

잘 정리된 디자인 라이브러리는 서비스 또는 회사의 중요한 자산이다. 이것이 쉽게 유출된다면 심각한 문제가 될 수 있다. 또한 라이브러리의 업데이트가 체계적으로 관리될 필요가 있기 때문에 보안과 형상 관리는 중요한 주제다. 깃허브 Github[84]와 같은 형상 관리 서비스를 활용하면 접근과 업데이트 시 이를 모니터링

---

84 https://github.com/

Infobox

할 수 있도록 한다(에어비앤비에서는 형상 관리는 깃허브를 이용하고 실시간 라이브러리 업데이트를 위해 shared Box를 활용하고 있다.)[85] 다음에 살펴볼 InVision DSM도 보안과 형상 관리 기능이 제공되는 뛰어난 디자인 시스템 공유 도구다.

InVision의 DSM

DSM[Design System Manager][86]은 Craft 플러그인을 제공하는 InVision에서 디자인 시스템을 체계적으로 관리하기 위해 제공하는 서비스로 아래와 같은 기능을 제공한다.

- 온라인상에 개인이나 회사 계정으로 디자인 시스템 관리(DSM) 공간을 생성할 수 있다.
- Craft 플러그인을 이용하여 스케치에서 만든 컬러, 텍스트 스타일, 레이어나 심볼을 DSM에 추가할 수 있다. 또한 그룹이나 각 요소에 대해 설명을 추가할 수 있어서 가이드 기능을 충실히 할 수 있다.
- DSM에 등록된 디자인 자산을 드래그 앤 드롭 형태로 스케치에서 사용할 수 있다. 중첩 심볼의 경우 하위 심볼까지 자동으로 모두 가져올 수 있다.
- DSM을 관리하는 팀원을 초대하고 추가하는 등 권한을 관리할 수 있다.
- 제플린[Zeplin]처럼 스케치를 사용하지 않는 작업자에게 DSM에 등록된 디자인 자산에 대한 정보를 웹상에서 볼 수 있도록 제공하며, 이미지를 다운로드할 수 있다.
- 디자인 시스템의 버전을 관리할 수 있다.

---

[85] https://airbnb.design/building-a-visual-language/
[86] 자세한 설명은 http://bit.ly/2KNEE5d에서 확인할 수 있다.

Infobox

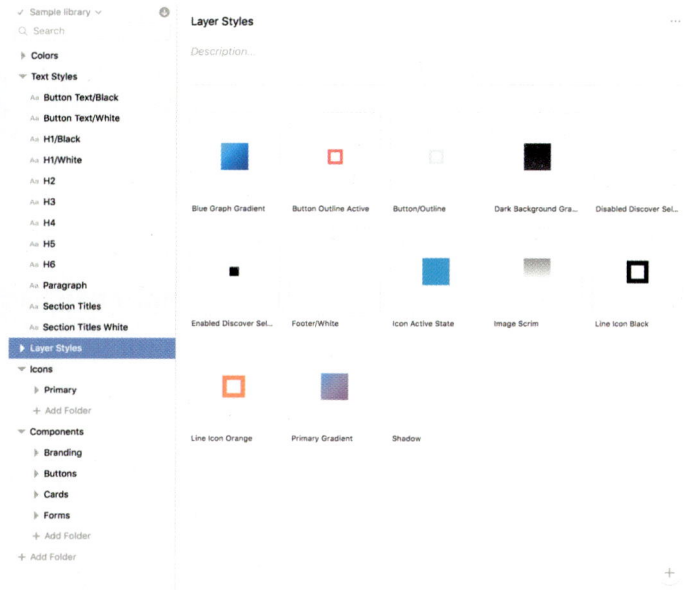

그림 6.48 InVision에서 제공하는 DSM 서비스의 스케치 플러그인으로 컬러, 텍스트, 아이콘, 컴포넌트 등 디자인 시스템을 체계적으로 관리할 수 있도록 다양한 기능을 제공한다.

디자인 시스템의 한계와 활용 기준

무지갯빛 변화를 가져올 것 같은 디자인 시스템은 실제 활용 과정에서 몇 가지 한계에 다다르게 된다. 30여 페이지 남짓의 소규모 서비스나 단기간 시험을 위한 프로젝트라면 구조적인 접근이 오히려 비효율을 낳게 된다. 예를 들면 초기 아이디어 도출을 위한 시안 단계에서는 구조적인 접근보다는 아이디어를 빠르게 발산할 수 있도록 평면적인 디자인 접근 방식이 효율적이다. 또한 디자인 시스템을 구성하는 라이브러리의 크기가 달라지는 경우 라이브러리가 적용된 화면 구조를 재정렬해야 하는 실무적인 이슈도 있다.[87]

위 두 가지 문제 모두 시각 매체 디자인이 갖는 두 부류의 상충적인 속성 때문이라 생각한다. 차별성/가변성과 구조성/일관성 속성이 그것인데, 위에서 언급

---

[87] 물론 이 문제는 기존 디자인 방식에서도 동일하게 발생한다.

Infobox

한 디자인 시스템의 한계를 보여주는 사례가 있음에도 불구하고 이 속성들을 적절히 만족시키기 위한 몇 가지 활용 기준을 따른 다면 디자인 시스템의 효용성을 높일 수 있을 것이다.

- **프로젝트의 규모나 성격에 따라 디자인 시스템을 적용한다.** 20~30여 페이지 소형 시스템이나 시안 단계에서는 최소한의 구성 요소만 담는 수준으로 디자인 시스템 규모를 달리한다. 100페이지 이상 중대형 프로젝트나 오랜 시간 유지해야 하는 시스템에서는 필수적이다.
- **디자인 시스템은 그 구성 요소가 사전에 준비돼야 한다.** 디자인 시스템을 도입하는 목적 중 하나는 디자인 가이드의 충실성을 높이기 위한 것이다. 상태별로 정의돼야 하는 UI 요소에 대해서 한 가지 상태만 정의된다거나 공통적으로 사용되는 폼 요소가 누락되는 경우를 방지하기 위한 목적이 있는데, 이런 목적을 달성하려면 전사적인 디자인 시스템을 사전적으로 구비하는 것이 좋다.
- **디자인 시스템은 그래픽 디자인뿐만 아니라 설계 단계에서 더욱 필요하다.** 사전적으로 구비된 디자인 시스템은 당연히 빠른 설계와 프로토타이핑에 많은 도움을 준다. UX 컨설팅이나 기획 단계에서 작업하는 와이어프레임 작업 시 디자인 시스템은 큰 역할을 수행하는데, 이때 주의할 점은 기획자가 사용하는 디자인 시스템은 컬러나 이미지와 같은 시각 요소가 최소화된 와이어프레임 수준으로 정의되어 그래픽 디자이너가 사용하는 디자인 시스템과 분리되어야 한다는 점이다.
- **디지털 도구를 이용한 디자인 작업 전 펜으로 충분히 스케치한다.** 이를 바탕으로 컴포넌트 구조를 정리한 후 스케치를 활용해 디자인해야 한다. 시각적 차별성이나 완성도 때문에 개괄적인 기능 이해가 완료되면 바로 디지털 도구를 이용해 시안을 잡게 되는데, 이 경우 최소한의 구조적인 관점을 잃어버리기 쉽다. 특히 스케치를 이용할 경우에는 그 손실이 나중에 더 크게 다가온

Infobox

다. 차별성/가변성을 확보하기 위해 변경 비용이 낮은 수기 스케치를 통해 다양한 시도를 한 다음 그 결과물에 대해 구조적인 해석을 하고서 스케치를 통해 최소한의 디자인 시스템을 구성하면서 디자인함으로써 차별성과 구조성 두 마리 토끼를 잡을 수 있도록 하자.

- 모바일 디자인 시 **Anima Autolayout** 플러그인(13장 부록의 반응형 플러그인 참고)의 **Stacked Group**을 활용하자. Stacked Group을 활용하면 UI 요소의 크기 변화 시 하위 UI 요소의 위치가 자동으로 재정렬[88]되기 때문에 라이브러리의 크기 변화에 좀 더 효율적으로 대응할 수 있다.

[88] 즉시 반영되지는 않고 filter에서 변경된 심볼을 검색 후 레이어 리스트에서 모든 항목을 드래그한 다음, 항목을 선택한 상태에서 우클릭하여 Set to Original Size 명령을 선택한다.

7장

기사 페이지 디자인하기
Designing An Article Page

모바일은 미친 듯이 성장하고 있지만 모바일이 콘텐츠를 소비하는 유일한 방법은 아니다. 여전히 큰 화면을 가진 무수히 많은 디바이스가 있으니 거기에서 정보를 보여주는 방법도 살펴봐야 한다. 그런 이유로 모든 상세 내용을 담은 포괄적인 기사 형식의 관광 사이트를 만드는 과정을 보여주기로 했다(그림 7.1). 모바일 버전보다 훨씬 많은 정보를 담고 있으니, 이를 새로운 아이디어와 형식을 시도하는 이터레이션이라고 생각하자.

그림 7.1 기사 전체 내용. 스크린샷 길이 때문에 세 개의 열로 나열한다.

이제까지 디자인 작업과 깔끔히 분리하기 위해 'Article'이라는 이름의 새 페이지를 만든다. 앞으로 만들 다양한 크기의 기사 화면을 이 페이지에 담아둘 것이다. 모바일 우선주의에 따라 작은 화면부터 시작해서 큰 크기로 작업을 진행한다. 기사글 제작은 그리드를 활용할 좋은 기회다. 그리드는 디자인 구조에 일종의 제약을 부여하여 반응형Responsive 버전이 예상할 수 있는 범위에서 생성되도록 한다. 적당한 시작점으로 아트보드 프리셋에서 **Responsive Web Design**에 있는 **Tablet Portrait**를 선택한다. 높이인 '1024px'은 우리에겐 너무 짧으니 우선 '4500'으로 바꾼다. 이름을 'Article Small'로 바꾸고 위치를 '0/0'으로 맞추는 것도 잊지 않는다.

> **Quick tip**: 새 아트보드 프리셋Preset을 설정하는 방법은 아주 간단하다. 아트보드를 추가하기 위해 A를 누른 후 인스펙터의 오른쪽 아래에 있는 + 아이콘을 클릭한다. 이 방법을 통해 지정된 크기는 아트보드 프리셋 리스트의 마지막 탭인 **Custom**에서 찾을 수 있다.

그리드 혹은 레이아웃?

스케치에서 그리드는 아주 쉽게 만들 수 있다. 이 기능은 스케치에서 필수적인 부분이기에 애드온add-ons이나 요란한 템플릿을 사용할 필요가 없다. 그런데 여기에서 '그리드Grid'라는 용어가 꽤 모호하다. 우리가 이미 모바일 화면에서 요소 배치를 위해 사용했던 8픽셀 그리드 형식처럼 가로와 세로 선이 겹치는 격자창을 그리드라고 말하기 때문이다. 그런 이유로 웹이나 프린트 디자인에서 우리가 알고 있는 다양한 열columns로 구성된 전형적인 그리드를 스케치에서는 Layout이라고 부른다. 혼동을 방지하고자 이 책에서는 후자를 레이아웃 그리드Layout grid 혹은 칼럼 그리드Column grid라고 칭한다.

칼럼 그리드 정의하기

열로 구성된 레이아웃 그리드를 설정하려면 메뉴 바의 **View → Canvas**에서 **Layout Settings...**를 선택한다. 이어서 큰 대화창이 다양한 설정과 함께 나타난다. 그리드를 적용하려는 아트보드가 선택된 상태인지 먼저 확인하자. 그렇지 않으면 특정 아트보드용이 아닌 일반 레이아웃 그리드로 설정된다. 우리는 칼럼 그리드뿐만 아니라 베이스라인 그리드인 **Rows**도 함께 정의할 것이다. 이는 요소 배치를 단순화하고 임의적 크기의 공간이 생기는 것을 방지한다.

칼럼 그리드부터 시작해보자(최종 설정은 **그림 7.3** 참조). 각 열의 크기를 정하는 **Total Width**부터 시작한다. 일종의 안전 영역을 만들기 위해 나는 항상 전체 너비의 94% 정도를 콘텐츠 영역으로 설정한다. 스케치가 계산하도록 '768×0.94'를 창에 입력하면 '722px'이 콘텐츠 너비로 산출된다. 간격을 띄우는 오프셋^{Offset}은 열 너비의 일부만 사용하면서 왼쪽에 정렬하는 디자인을 만들고 싶을 때 편리하다. 우리는 중앙에 정렬하는 레이아웃 그리드를 만들 것이니 **Center** 버튼을 눌러서 디자인이 아트보드의 중간에 배치되도록 한다.

레이아웃 그리드에서 두 번째로 결정해야 할 것은 열의 개수인 **Number of Columns**다. 요소 배치에 다양한 옵션을 주기 위해 '12'로 설정했다.

개발 단계에서 사용할 열 간격에 맞춰 **Gutter on outside**를 설정해야 한다(그림 7.2, 위). 열 간격을 각 열의 앞과 뒤에 고르게 분배하려면 이 체크박스를 선택한다. 예를 들어 부트스트랩^{Bootstrap} 사이트는 이

그림 7.2 위: Gutter on outside를 설정하면 간격(밝은 빨간색)을 각 열의 왼쪽과 오른쪽에 고르게 분포한다. 아래: 간격을 열 뒤에 지정하려면 마지막 열을 지운다.

런 식으로 간격을 처리한다. 만약 간격이 열의 앞(혹은 뒤)에만 있어야 한다면 첫(혹은 마지막) 열을 지운 후, 체크박스를 선택 해제한다. 우리는 이 방법을 사용할 것이다.

레이아웃 그리드로 쓸 공간을 정의했으니, 이제 열과 간격을 어떻게 배분할지 정한다. 이 값은 하나를 바꾸면 다른 하나가 따라 바뀌며 서로 밀접하게 관련한다. 나는 열 너비의 약 3분의 1 크기의 간격을 선호하는데, 안타깝게도 스케치는 **Total Width**에나 **Gutter Width**에 상대적 퍼센트값을 허용하지 않는다. 직접 계산해보면, 열당 약 60픽셀을 사용할 수 있으니(722÷12) 이 값을 4로 나누면(열로 3을, 간격으로 1을 사용) 된다. 이로써 '15px'의 **Gutter Width**가 정의된다. 나머지 공간인 약 46px은 **Columns Width**로 남게 된다. 이 수치는 그저 근사치인 관계로 스케치가 약간 다르게 공간을 배분할 것임을 알아두자.

> **Quick tip**: 레이아웃과 그리드는 아트보드별로 존재한다. 모든 아트보드에 같은 그리드를 적용하려면 아트보드를 선택하지 않은 상태에서 **Grid Settings**나 **Layout Settings** 대화창을 연다. 여기에서 **Make Default**를 클릭하면 앞으로 생성하는 모든 파일에 이 설정을 적용한다.

베이스라인 그리드 설정하기

칼럼 그리드 설정이 끝났으니, **Rows** 및 베이스라인 그리드를 설정해보자. 대화창의 Rows 체크박스를 선택한다. 앞으로 조금 헷갈리는 부분이 있을 수 있으니, 간략하게 소개하고 진행하겠다. 행^{row}은 단순히 **Gutter Height** 모음이기 때문에 이 값이 모든 것을 결정한다. **Row Height**가 클수록 만드는 블록^{block}이 커지고, 각 블록 사이에는 **Gutter Height**가 존재한다. 각 Row와 Gutter를 눈으로 확인하는 가장 좋은 방법은 **Draw all horizontal lines**를 선택해서 블록과는 관계없이 나타나는 각 행을 확인하는 것이다. 그저 블록만 필요하다면 이 설정을 선택하지 않는다.

간단한 베이스라인 그리드를 만들기 위해 **Row Height**를 '1'로 남겨두고 **Gutter Height**로 베이스라인을 규정한다. 나는 Gutter Height로 '12px'을 지정했는데, 이는 사용할 글자 크기인 '16px'을 기준으로 깔끔하게 '1.5'의 행간을 만들어낸다 (12px×2=24px÷16px=1.5). 16px은 브라우저에서 기본적인 글자 크기이고, 768픽셀 너비의 화면에서 적당한 행간과 읽기 경험을 만들어주기 때문에 이 값을 선택했다. 게다가 나중에 다양한 폰트 크기를 결정할 때 적용할 타이포그래픽 스케일 typographic scale에도 완벽하게 들어맞는다.

마지막으로 '20%'의 빨간색을 그리드의 **Light** 색상으로 선택한다. 만약 행을 색으로 채우기보다 선만 보이는 것이 좋다면, **Stroke Outline**을 선택한다. 선 색상은 **Dark**에 지정한 색상을 사용한다. **Make Default**를 선택하면 앞으로 만드는 모든 아트보드에 이 설정을 적용한다.

전체 개발 단계에서 베이스라인을 지키는 것이 현실적이지 않을 수도 있지만, 디자인 단계에서는 요소를 배치할 위치가 미리 정해진 격이므로 작업에 큰 도움이 된다.

그림 7.3 레이아웃과 베이스라인 그리드의 최종 설정

머리말

 설정을 마치고 **OK**를 누르면, 가지런하게 그리드가 배치된 것을 볼 수 있다. 요소 배치에 드디어 그리드를 사용할 수 있게 됐다. 이제 헤더^{Header}를 배치해보자. 모바일 디자인에서와 비슷하게 뒤로 가기 링크, 로고, 타이틀, 그리고 관광지에 대한 사용자의 흥미를 돋울 커다란 메인 이미지로 구성할 것이다. 모바일 디자인에서 사용했던 이미지 크기가 충분하다면 'Details' 페이지(잠긴 'BG image' 레이어)에서 복사해와서 바로 사용할 수 있다. 이때 메뉴 바의 **Layer → Image → Set to Original Dimensions**를 선택해서 원본 크기로 되돌린다. 아니라면 적당한 다른 이미지를 찾아온다. 이미지 뒤로 폭 '768'(100%) 그리고 높이 '432'인 사각형 도형을 넣는다. 아트보드의 왼쪽 위 모서리에 맞춘 후 이미지와 함께 선택해 툴바의 **Mask**를 클릭해서 이미지를 잘라낸다. 끝으로 이미지의 크기와 위치를 조정해서 적당한 부분이 화면에 보이도록 조정한 후 레이어를 잠근다(*Shift + Cmd + L*).

 여기서 마스크 크기를 임의로 정한 게 아니라, 요즘 대부분 디스플레이가 사용하는 16:9의 비율을 적용했다. 이는 크기 간에 적당한 상관관계를 만들고 임의로 크기를 설정하는 것을 막아준다. 또한 베이스라인 그리드에도 보기 좋게 정렬된다. 높이값을 계산하기 위해 Height 입력창에 '768/(16/9)'를 넣어서 스케치의 연산 기능을 다시 사용할 수도 있다.

마스크 대신 사각형 도형에 패턴을 채우는 식으로 이미지를 넣을 수도 있다(그림 7.4). 이 방법을 사용하려면 우선 레이어 리스트에서 마스크를 적용한 이미지 레이어를 선택해서 복사한다. 사각형 도형의 Fill 설정에 들어가서 오른쪽에서 두 번째 아이콘(패턴 채우기)을 선택한다. 기본으로 보이는 체크 패턴을 클릭한 후 *Cmd + V*를 누르면, 마스크로 잘렸던 형태 그대로 이미지가 삽입된다. 여기에서 오른쪽에 있는 드롭다운에 **Fill**이 선택돼 있는지 확인한다. 'Article' 페이지에도 패턴을 사용하는 방식을 채택할 것이니, 이제 레이어 리스트에서 이미지를 지운다. 마스크였던 사각형 도형을 'image'로 이름을 바꾸고 마우스 우클릭 후 **Mask** 옵션을 해제한다. 이제 그룹은 더는 필요하지 않다.

그림 7.4 메인 이미지를 위해 패턴 채우기를 적용한 사각형 도형을 만든다.

로고와 뒤로 가기 링크

'Article' 페이지에서 로고를 간편히 다시 사용할 수 있도록 'Logo' 페이지로 가서 앞서 만든 로고를 심볼로 추가한다. 이때 **Send Symbol to 'Symbols' page**가 선택돼 있도록 한다. 물론 간단하게 복사해올 수 있지만, 모든 중요한 디자인을 보기 좋게 한 장소(우리의 경우 'Symbols' 페이지)에 모아서 손해 볼 것은 없다.

'Symbols' 페이지에 텍스트 요소와 색상 견본 같은 (아직) 심볼이 아닌 요소도 추가할 수 있다. 이로써 디자인에 쓰인 모든 컴포넌트와 중요한 부분을 한눈에 볼 수 있고, 비슷한 요소가 반복해서 생기는 것을 방지한다. 재사용을 많이 할수록 무엇이 사용 가능한지 쉽게 알 수 있고, 이는 작업자에게 도움이 된다.

새로 만든 로고 심볼을 'Article' 페이지 오른쪽 위에 넣는다. 레이아웃 그리드의 오른쪽 가장자리에 붙이고 위 가장자리에서 한 행을 띄운다. 이제 뒤로 가기 링크의 배경을 넣을 왼쪽 위 모서리로 가자(그림 7.5, 뒤로 가기 링크의 완성본 참조). 완전히 둥근 모서리를 가진 사각형 도형을 그려 넣고 배경색을 30%의 검은색으로 지정한다. 항상 그렇듯, 'BG'라고 이름을 바꾼다. 'Arrow' 심볼을 넣은 후 심볼에서 분리Detach한다. 그런 후 스케일Scale 기능(*Cmd+K*)을 이용해 폭을 '10px'로 변경한다. 스케일은 테두리 두께가 비율에 맞춰 함께 바뀌도록 한다. 화살표에 마우스 우클릭 후 **Transform → Flip Horizontal**을 선택해서 뒤로 가는 화살표가 되도록 뒤집는다.

이제 화살표에서 '10px' 떨어진 위치에 'All destinations'라는 흰 글자를 추가한다. 나는 이 라벨에 'Avenir Next Bold' 폰트를 18px 크기로 사용했다. 화살표와 텍스트를 모두 선택해서 배경 도형과 수직 가운데가 맞도록 정렬한다. 관련 부분을 모두 추가한 지금 요소 간에 충분한 공간이 있도록 배경 레이어의 크기를 조절한다. 양 가 쪽으로 '19px', 그리고 텍스트의 위와 아래로 각 '9px' 공간을 만든다. 세 요소를 'Back' 그룹으로 묶고 로고와 수직 가운데가 맞도록 정렬한다. 이때 로고의 위치가 바뀌지 않도록 미리 잠가두거나 스마트 가이드를 이용해 정렬한다. 그런 후 레이아웃 그리드의 왼쪽 가장자리에 붙여둔다(X position 값이 '23'이 돼야 한다).

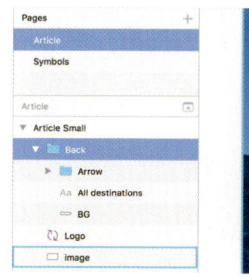

그림 7.5 뒤로 가기 링크 완성본

제목

헤더에서 또 하나 중요한 것이 큰 제목이다. 구글 폰트^{Google Font}[89]에서 선형의 'Avenir Next'와 대조적으로 장난스러워 보이는 'Playfair Display'를 골랐다. 이 폰트는 기울인 스타일로 사용하면 더 사랑스럽다.

제목으로 Weight는 'Bold Italic'을 선택하고 크기는 '48', 색은 흰색으로 한다. 글 내용은 모바일 상세 화면에서 사용했던 내용 그대로 사용한다. Line Spacing을 '60'으로 해 베이스라인에(5×12) 완벽히 정렬한다. **Alignment**는 **Center**(두 번째 아이콘)로 바꾸고, 페이지에서도 중앙에 배치한다. *Alt*를 누른 채 선택 핸들을 드래그해 열 개의 그리드 열을 채우도록 크기를 조절한다.

[89] http://smashed.by/sketch-playfair

Infobox

폰트 관리하기

내 시스템 폰트를 관리하고자 오래 사용하고 있는 프로그램은 RightFont[90]이다. 이 프로그램은 구글 폰트나 Typekit용으로 미리 지정된 폰트와 함께 내 시스템 폰트를 목록으로 정리해준다. 또한 폰트 설치와 비활성화를 빠르게 처리하고, 사용자가 지정한 내용으로 빠르게 미리 보기를 제공한다. 그리고 드롭박스나 구글 드라이브Google Drive와 쉽게 동기화할 수 있어서 모든 컴퓨터에서 같은 폰트를 사용할 수 있다.

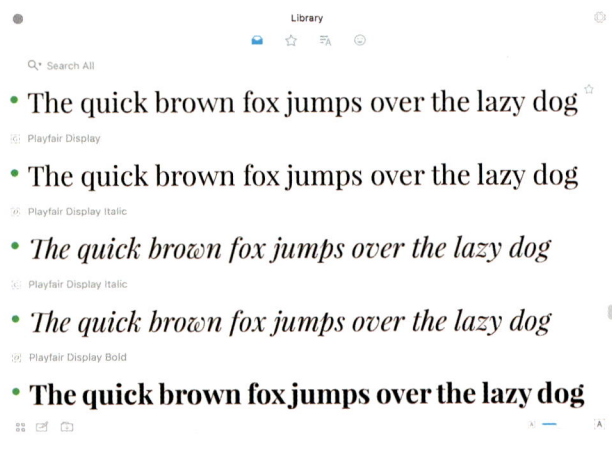

그림 7.6 RightFont를 통해 폰트를 쉽게 설치 및 관리할 수 있다(그 외에도 많은 기능이 있다).

RightFont는 심지어 엄청난 양의 아이콘을 제공한다. 디자인에 꼭 맞는 아이콘을 찾으면 이를 스케치의 텍스트 레이어에 바로 지정할 수 있다. 편한 사용을 위해 **Sans**, **Sans Serif**와 **Script**로 폰트를 분류하거나, **Weight**와 **Width**에 대한 필터를 설정할 수 있다. http://smashed.by/sketch-rightfont 링크를 통해 구매 시 30% 할인된다.

90 http://rightfontapp.com

텍스트 레이어를 이미지의 아래 가장자리에서 여섯 행(72픽셀)을 띄워서 배치해 텍스트의 베이스라인(둘째 줄 글자의 아랫부분)이 그리드 라인과 정렬한다. 마지막으로 속성이 '1/1/0/0'인 그림자를 50%의 검은색으로 추가해 배경 이미지 위에서 글자가 눈에 잘 보이도록 한다.

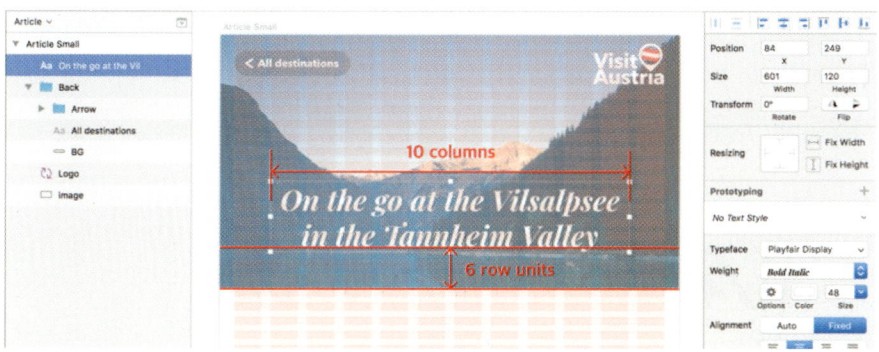

그림 7.7 제목을 열 개의 열에 맞도록 크기를 조절하고 메인 이미지의 아랫부분에서 여섯 행 떨어진 곳에 배치한다. 레이아웃 그리드가 잘 보이도록 메인 이미지의 불투명도를 내렸다.

분류 아이콘

헤더의 마지막 요소는 색 하단 선과 관광지 유형을 표시할 아이콘이다(그림 7.9). 우리는 '해변seaside', '산mountainside', '도시cityscape', '전원countryside', 이렇게 네 가지 유형을 사용할 것이고 각 분류에 맞는 아이콘은 미리 만들어두었다. 아이콘 제작 과정과 SVG로 사용하기 위해 내보내는 가장 좋은 방법을 나중에 보여줄 것이다. 우선 지금은 이 책의 리소스에서 완성된 아이콘을 가져다 쓰거나, 지름이 64px인 흰색 원을 이미지 위에 만들어서 임시로 사용한다. 두 경우 모두 Outline으로 8px 두께의 테두리를 추가한다.

Infobox

글자와 테두리

스케치에서 테두리는 도형뿐 아니라 텍스트 레이어에도 사용할 수 있다. 아쉽게도 **Center** 옵션만 가능하므로, 폰트 크기와 관계없이 약 4px 두께까지만 유용하게 사용할 수 있다. 더 큰 바깥 선이나 외부 테두리가 필요하면 다른 방법으로 해결해야 한다. 텍스트 레이어를 복제해서 Alt+Cmd+↓를 눌러 원본 뒤로 옮긴 후 이 복제본에 테두리를 설정한다. 원본 뒤에 있으므로 어떤 크기의 테두리를 사용하더라도 텍스트의 모양에 영향을 주지 않는다.

그림 7.8 실제 테두리를 적용할 복제본을 텍스트 레이어 뒤에 만든다. 두 레이어가 겹쳐서 최종 텍스트 효과가 나타난다.

안쪽 테두리가 필요한 경우, Inner Shadow를 사용할 수 있다. **X**와 **Y**, 그리고 **Blur**에 모두 '0'을 설정하고 **Spread**를 이용해서 테두리의 두께를 정한다. 일반 테두리처럼 활용이 제한적이지만 아예 없는 것보단 나은 방법이다.

테두리 색은 원하는 아무 색이나 적용하는데, 페이지의 나머지 부분과 배경 이미지에서 두드러지는 밝은 색조를 선택하도록 한다. 나는 녹색이 약간 섞인 밝은 파란색(#55BFE1)을 골랐다. 그리고 색상 대화창의 **Document Colors**에서 + 아이콘을 눌러서 색을 추가했다. 이렇게 해두면 나중에 아이콘을 만들 때 쉽게 이 색을 가져다 쓸 수 있다. 다음 요소를 만들기 편하도록 레이아웃 그리드를 *Ctrl+L*로 잠시 꺼두는 것이 좋겠다. 하단 선을 만들기 위해 폭이 100%이고 높이가 '8'인 사각형 도형을 추가하거나, 혹은 같은 두께의 선 도형을 추가한다. 선 도형을 사용한다면 그려 넣을 때 *Shift*를 눌러서 수평으로 움직임을 제한한다. 어느 방법을 사용하든 'Line'으로 레이어 이름을 바꾸고 아이콘 테두리와 같은 색을 지정한다. 그리고 레이어 리스트에서 아이콘보다 아래로 옮긴다.

이 아이콘은 픽토그램뿐 아니라 이미지 위에서 더 잘 보이도록 하는 흰색 배경도 함께 구성돼 있다. 앞서 설명했듯이 이 아이콘 자체의 크기는 '64×64', 그리고 바깥으로 8px 두께의 테두리를 가지고 있다. 아이콘의 테두리 밖으로 8px 두께의 반지 효과를 주려면 배경인 원 도형이 아이콘보다 '32px' 더 커야 한다. 즉, 원 도형의 지름은 '96px'이 돼야 한다. 아이콘과 배경 원 도형을 서로 수평 수직 중앙을 맞춰 정렬한 후, 하단 선과도 수직 가운데를 맞춘다. 흰 도형의 이름을 'Mask'로 바꾸고, 선과 아이콘 부분 모두 함께 'Category' 그룹으로 묶는다. 마지막으로 이 그룹을 아트보드의 왼쪽 가장자리에 맞추고 그룹의 수직 가운데가 메인 이미지의 아랫부분과 일치하도록 위치를 조정한다. 이때 스마트 가이드를 사용하면 편리하다.

새 'Header' 그룹을 만들어서 이제까지 만든 모든 레이어와 그룹을 새 그룹 안으로 옮겨서 레이어 리스트를 정리한다. 이로써 헤더는 마무리했다. 이제 실제 기사 내용 부분으로 넘어가자.

그림 7.9 아이콘과 하단 선으로 된 관광지 분류를 마무리하면 헤더 작업은 끝난다.

콘텐츠

모든 디자인은 실제 콘텐츠를 기반으로 만들어야 하고 모든 결정 사항 또한 콘텐츠에 기초해야 한다. 하지만 현실이 매번 그렇지는 않다. 디자이너가 가진 콘텐츠는 클라이언트가 넘겨준 몇 개의 문장이나 이미지가 전부다. 적당한 콘텐츠를 찾는 일도 간단하지 않다. 그러니 앞에서 언급했던 콘텐츠 제작기의 도움을 받도록 하자.

머리말

하나로 모든 것을 해결하는 방식은 InVision의 Craft[91] 플러그인이 확실히 보여준다. 다양한 콘텐츠를 제작함은 물론 요소를 배치 및 정렬하고, 플레이스홀더 이미지를 만들며, 팀원을 위해 스타일 가이드나 디자인 라이브러리를 만들어준다. 그리고 언제까지일지는 모르지만, 무료다. 당장 우리에게 필요한 부분은 텍스트 내용을 만들어주는 기능이다. 기사 제목에 가장 먼저 사용할 것인데, 그에 앞서 제목 스타일을 들여다보자.

91 http://smashed.by/sketch-craft

헤더 아래에 이제 믿고 쓸 수 있는 'Avenir Next Regular' 폰트로 새 텍스트 레이어를 만든다. 흰 배경 위에 완전 검은색의 큰 텍스트를 쓰는 것은 좋지 않으니, 읽기 편하도록 나는 약간 옅은 검은색인 '#1A1A1A'을 골랐다. 이 색도 **Document Color**에 추가해둔다. 폰트 크기는 36으로 하고, 텍스트 레이어의 내용은 기본값을 텍스트 베이스라인을 맞추기 쉽도록 대문자로만 바꾸고, 캔버스에서 그리드의 왼쪽 가장자리로 옮긴 후, 그리드 레이아웃의 전체 너비를 사용하도록 오른쪽 선택 핸들로 크기를 늘린다. 이로써 인스펙터의 **Width**가 **Fixed**로 바뀌어서 글 길이에 상관없이 오른쪽 가장자리에서 줄을 바꾼다.

  마지막으로 제목의 **Alignment**를 인스펙터에서 첫 번째 아이콘을 클릭해 **Left**로 바꾼다. 그리고 텍스트의 베이스라인을 베이스라인 그리드(*Ctrl+L*로 다시 불러낼 수 있다)에 맞추고, 그림 7.9의 헤더 영역과의 간격이 여섯 행이 되도록 위치를 조절한다. **Line Spacing**을 '48'로 해두면 나중에 생길 글줄이 지금 한 정렬 설정과 맞춰진다(텍스트 베이스라인과는 다섯 행, 텍스트 레이어 하단과는 여섯 행의 간격이 있어야 한다).

Infobox

폰트 크기 정하기

언제든 텍스트 레이어의 크기를 정해야 할 때면, 나는 전통적인 타이포그래픽 스케일typographic scale[92]을 참고한다. 이는 최적의 대비를 가진 다양한 글자 크기를 조화롭게 단계별로 만들어준다. '16px'은 브라우저의 기본 폰트 크기라서 웹 프로젝트의 글자로 이상적일뿐더러, 아래와 위의 크기에도 쓸만한 옵션이 많이 있다. 큰 화면에서는 타이포그래픽 스케일에 속하는 18이나 21픽셀로 기본 폰트를 쉽게 키울 수 있으니, 반응형 사이트를 제작할 때도 유용하다. 머리말 같은 큰 텍스트를 위한 몇 가지 옵션이 크기 표에 있긴 하지만 그 예시가 모자란다면, 적당히 4씩 키워서 크기를 추가해 사용한다.

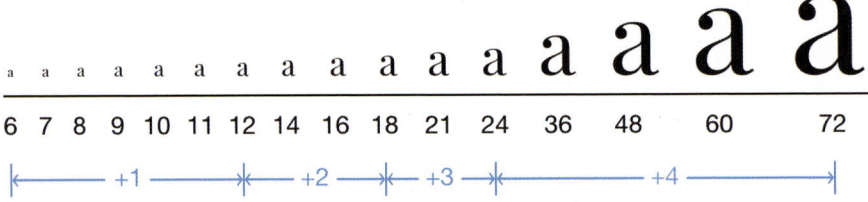

그림 7.10 타이포그래픽 스케일을 이용하면 폰트 크기를 선택하기 좋다.

한걸음 더 나아가, 소위 말하는 모듈러 스케일modular scale을 사용할 수도 있다(위의 기사에서 자세한 내용을 참조한다). 이는 폰트 크기를 '황금 비율golden ratio'(1:1.618), '완전 4도perfect fourth'(3/4), '완전 5도perfect fifth'(2:3) 같은 이미 정해진 조화로운 비율에 맞춰 계산한다. 하지만 이를 응용하고 계산하는 일은 꽤 지루하기에, 나는 대개 전통적인 타이포그래픽 스케일을 활용한다.

[92] http://smashed.by/sketch-scale

이제 Craft 플러그인으로 머리말을 만들 시간이다. 이 플러그인의 패널은 이미 열려 있을 테니, 머리글의 제목 텍스트를 선택한 상태에서 **Data** 패널 아이콘을 클릭해서 **Custom** 탭의 **Type**에서 **Headlines**를 고른다. 그리고 테마로 **Travel** 분류를 선택한다(그림 7.15). 간단하다!

이제부터 아이템 정렬을 편하게 하도록 사용자 지정 가이드를 레이아웃 그리드의 바깥쪽 경계에 맞춰 추가할 것이다. 이러면 레이아웃 그리드를 항상 켜두지 않아도 된다(가끔은 그리드가 콘텐츠에 집중하는 데 방해된다). 우선 *Ctrl+R*로 눈금자를 불러낸다. 위쪽 눈금자를 클릭하고, 캔버스를 확대한 후, 정확히 옮겨 레이아웃 그리드의 왼쪽 바깥 선에 맞춰 가이드를 추가한다. 오른쪽에도 반복한다.

> **Quick tip**: 눈금자에서 마우스 우클릭 후 **Show All Guides**를 선택 해제하면 사용자 지정 가이드를 화면에서 숨긴다.

위로 아래로

머리글의 제목이 이미 꽤 보기 좋지만, 더 큰 효과를 주기 위해 모두 대문자로 만들 것이다. 기본으로 지정된 단축키가 없으니 메뉴 바에서 **Text → Transformation → Uppercase**를 클릭해서 이를 처리한다. 3장 '사용자 지정 단축키'에서 언급했듯이 간단히 대문자 적용에 *Alt+Cmd+P*를, 소문자 적용에 *Alt+Cmd+L*을 지정할 수 있다(*Alt+Cmd+U*는 이미 부울 연산 Union이 차지하고 있다).

안타깝게도 모든 문장의 첫 글자를 대문자로 바꿔주는 'Capitalize' 설정은 여기에서 빠져있다. 하지만 다른 방법으로 이런 글자 변화를 만들 수 있다. 텍스트 레이어를 선택하고 *Enter*를 눌러서 텍스트 편집 모드로 들어간다. 여기에서 마우스 우클릭을 하면 풍부한 글자 옵션이 나타난다(그림 7.11). **Capitalize**는

Transformations 안에 숨어 있다. 여기서 눈여겨볼 만한 설정은 인스펙터에 있는 글자 옵션의 확장판이라 할 수 있는 **Font → Show Fonts**다. 이곳의 주요 기능에 키보드 단축키를 설정하려면 플러그인 Comma를 사용하면 편리하다.

그림 7.11 텍스트 편집 모드에서 마우스 우클릭을 하면 다양한 글자 관련 옵션이 나타난다.

> **Quick tip**: 오픈 타입Open Type 폰트의 기능인 작은 대문자small caps, 올드 스타일old-style figures, 스타일 변경stylistic alternatives, 이음자ligatures 등을 조정하려면, 텍스트 레이어에서 *Enter*를 쳐서 텍스트 편집 모드에 들어간다. 그리고 마우스 우클릭 후 **Font → Show Fonts**를 선택한다. 이 대화창에서 왼쪽 위 모서리에 있는 톱니바퀴 아이콘을 클릭하면 보이는 **Typography...**를 통해 오픈 타입의 모든 기능을 사용할 수 있다.

　Regular 스타일이 만드는 밀도 높은 모습에 대문자까지 적용하니 서체로서 꽤 무거워졌다. **Character Spacing**을 '3.75'(그림 7.12)로 바꿔서 가볍고 편안한 느낌을 줘 이를 해결한다.

Infobox

자간, 커닝, 그리고 이음자

인스펙터의 **Spacing**에 있는 **Character** 입력창에는 두 가지 기능이 있다. 첫째로, 이곳을 통해 글자 사이의 전반적인 공간인 자간*tracking*을 조절해서 느슨함과 빽빽한 정도를 조절한다. 그리고 개별적 글자 사이의 공간인 커닝*kerning*을 변경한다. 예를 들면 'Wa'나 'AV' 조합의 글자가 너무 벌어져 있으면 서로 가까이 위치시키는 것이다. 보통은 폰트 자체에서 알아서 잘 처리하지만, 재조정이 필요한 경우가 가끔 있다.

자간을 바꾸기 위해 텍스트 레이어 자체나 글 일부분을 선택해서 **Character** 입력값을 수정한다. 커닝을 줄이려면 원하는 부분의 첫 글자만 선택한다. 화살표 위와 아래 키를 사용하면 이 값을 빠르게 변경할 수 있다. 이때 *Shift*를 함께 누르면 1단위로, *Alt*를 함께 누르면 0.01 단위로 값을 조정한다.

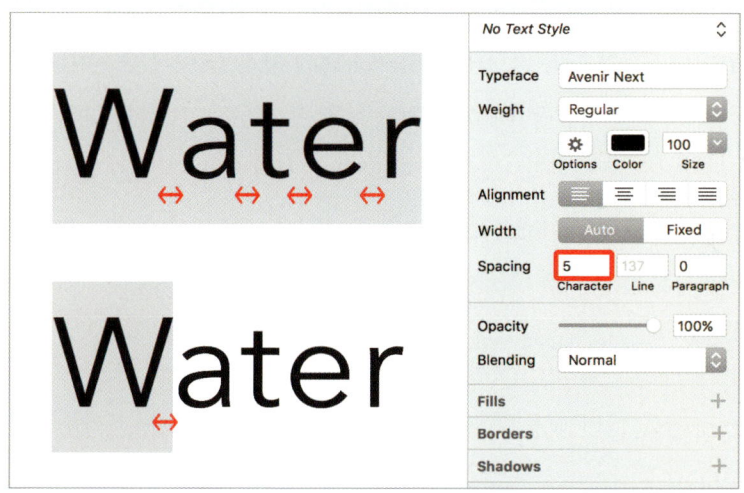

그림 7.12 글자 사이의 전반적 간격인 자간을 바꾸려면 전체 단어를 선택한 후 **Character** 창에서 값을 조정한다. 기본적으로 너무 먼 두 글자 사이의 간격을 줄이는 커닝 조절은 줄이고자 하는 부분의 첫 글자만 선택해서 조정한다(아래).

자간을 줄일 때는 텍스트 편집 모드에서 *Ctrl+Alt+T*를, 늘릴 때는 *Ctrl+Alt+L*을 누른다. 이미 조절한 커닝을 모두 취소하려면 메뉴 바에서 **Text → Kern →**

Infobox

Use None을 실행하고, 기본값으로 돌리려면 **Use Default**를 선택하거나 입력창에서 값을 지운다. 이 단축키는 텍스트 편집 모드 안에서만 사용할 수 있음을 알아두자.

커닝과 밀접한 관련이 있는 것이 이음자ligatures다. 이음자는 너무 가까이 있으면 이상한 모양을 만드는 'ff'나 'fi'로 조합된 글자에 적용하는 특별 조치다. 메뉴 바에서 **Text → Ligatures**로 가서 **Use None**, **Use All**, **Use Default** 옵션 중 선택한다. 이음자에 대한 자세한 내용은 타이포 관련 주제를 접할 수 있는 훌륭한 리소스인 버터릭Butterick의 Practical Typography를 참조한다.

최적의 읽기 경험

텍스트의 가독성을 최적화하려면, 항상 특정한 글줄 길이를 목표로 해야 한다. 예를 들어 한 줄(글줄이라고 한다)에 들어가는 글자 수(빈 칸과 구두점 포함)를 조절하는 것이다. 한 줄에 글자가 많을수록 읽기를 마친 후 사람 눈이 다음 줄을 찾아서 넘어가기 어려워진다. 일반적으로 가장 적당한 수치는 짧은 구절은 한 줄당 45에서 85글자인데, 아주 엄격하게 이를 지켜야 할 필요는 없다. 스케치가 이 길이를 알아내는 데 도움을 주지는 못하지만 이 문제를 풀기 위해 온라인에서 도움을 받을 수 있는 http://www.charactercountonline.com 같은 곳이 많다.

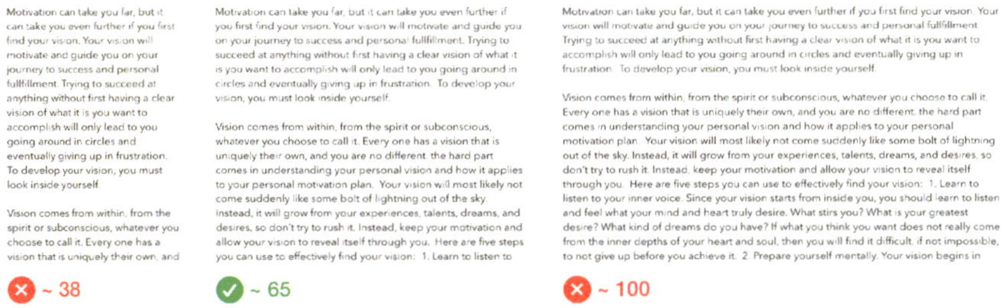

그림 7.13 최적의 글줄 길이는 줄당 45에서 85글자 사이쯤이다(중간). 왼쪽은 너무 짧고 오른쪽은 너무 길다.

Infobox

지나치게 글줄 길이가 긴 단락이 보이면 열 너비를 줄이거나 폰트 크기를 키운다. 이 중 어느 방법도 사용할 수 없다면 공간을 모두 채우지 않도록 특정 거리에서 줄 바꿈을 한다.

가독성에서 중요한 또 다른 요소는 행간과 단락 사이의 공간이다. 행간은 이상적으로 133%에서 150% 사이 값으로 설정한다. 16px 크기의 폰트는 약 21(16×1.33)에서 24(16×1.5) 사이의 행간이 필요하다. 좁은 텍스트 블록의 경우 행간을 줄이는 것도 괜찮지만 열이 넓어지면 더 큰 행간이 필요하다.

글줄 길이와 마찬가지로, 행간이 너무 좁으면 줄을 구분하기가 어려워진다. 하지만 행간이 너무 커도 선이 모두 따로 놀게 되므로 지나치게 넓히지 않도록 한다. 더 자세한 정보는 스매싱 매거진Smashing Magazine[93]에 있는 로라 프랜츠Laura Franz가 쓴 행간과 폰트 크기의 관계에 관한 기사를 읽어보자.

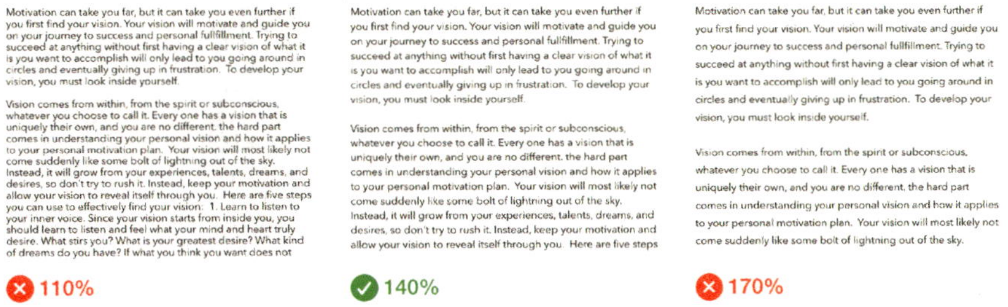

그림 7.14 행간의 최적 값은 133%에서 150% 정도다(중간). 왼쪽은 너무 낮고 오른쪽은 너무 높다.

[93] http://smashed.by/sketch-linelength

소개글

이제 본문보다 약간 큰 기사의 소개 부분을 다뤄보자. 레이아웃 그리드의 전체 너비(721픽셀)만큼 드래그해서 텍스트 레이어를 추가한다. 'Avenir Next Regular' 폰트에, 폰트 크기는 '18'(우리의 타이포그래픽 스케일에 해당), Line Height는 '30', 색은 제목과 같은 색을 지정한다. 그리고 제목 설정에서 따라온 Character Spacing은 입력창에서 값을 지워서 **auto**로 되돌린다. 이제부터 모든 텍스트 레이어가 칼럼 그리드의 전체 너비를 사용하면서 베이스라인 그리드에 정렬되도록 한다.

다시 Craft를 이용해서 글 내용을 만들어보자. 하지만 이번에는 **Article** 분류에서 **Travel**을 선택한다(그림 7.15). 마음에 드는 글이 나타날 때까지 반복한 후 세 줄만 남기고 나머지는 지운다. Craft는 필요 이상의 글 내용을 만드는 편이니, 텍스트 레이어의 높이를 다시 조정할 필요가 있다. 아래쪽 선택 핸들을 조금 끌어올리면 글 내용의 높이에 핸들이 자동으로 들어맞는다. 제목과의 간격이 네 행이 되도록 위치를 조절한다.

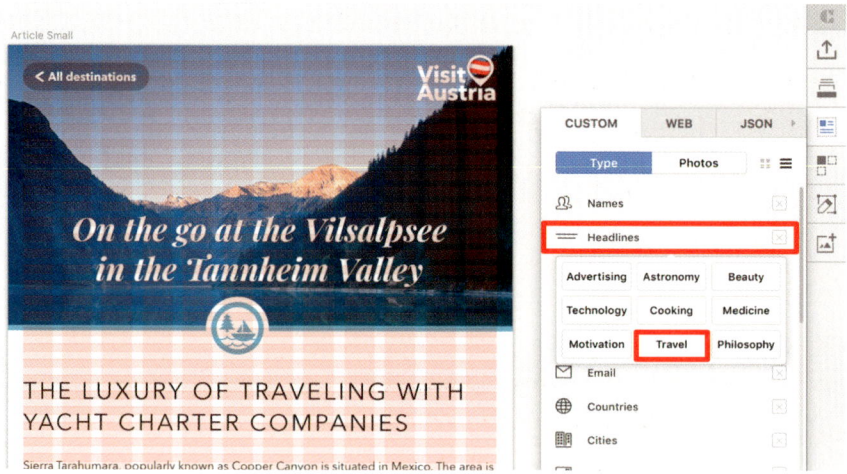

그림 7.15 제목과 소개글 완성본. Craft 플러그인으로 글 내용을 채웠다. 제목은 Headlines 분류에서 Travel을, 소개글에는 Headlines 분류에서 Article을 사용했다.

Craft를 사용하면 미리 정의된 콘텐츠뿐만 아니라 웹사이트에서 실제 글 내용을 가져올 수도 있다. 웹사이트를 다시 디자인해야 할 때, **Custom** 탭 대신 **Web** 탭으로 가서 재작업할 웹사이트로 이동한다. 그 후에는 간단히 클릭만으로 웹사이트의 내용을 스케치의 레이어에 적용할 수 있다. 링크를 찾으려면 *Cmd*를 누른 채 텍스트를 클릭한다.

혹시 Line Spacing에 왜 짝수 줄만 베이스라인 그리드에 정렬되는 '30'을 설정했는지 의아해할지도 모르겠다. 모든 텍스트 레이어가 완벽하게 그리드를 준수해야 하는 것은 아니기 때문이다. 몇 폰트 크기는 그리드 정렬에 억지로 맞추면 오히려 어색해 보이기도 한다. 상황에 따라 규칙을 벗어나는 것도 괜찮다.

본문

이제 본문을 넣을 차례다. 소개 부분을 *Alt*를 누른 채 아래로 드래그해서 복제본을 만들어서 원본과의 간격이 세 행이 되도록 위치시킨다. 기본 폰트인 '16px'을 선택하고 Line Spacing을 '24px'로 해서 보기 좋은 1.5배의 행간을 만든다. 그리고 Craft를 이용해서 글 내용을 추가한다(다시 Article에서 Travel을 선택). 여섯 줄이 되도록 내용을 지우고 텍스트 레이어의 아래 선택 핸들을 글 내용까지 드래그해서 올린다. 폰트 크기를 16픽셀로 선택하면 글줄 길이(한 줄의 글자 수)가 지나치게 길어지지 않는다. 한 라인은 45에서 85글자가 적당하다. 이렇게 하면 눈이 다음 줄의 시작점을 쉽게 찾을 수 있어서 글을 읽는 흐름을 최적화한다.

단락 시작 표시 문자

이미 보기에 꽤 그럴듯하지만, 타이포그래픽 전략 삼아 드롭 캡[Drop cap]이라고 하는 단락 시작 표시 문자를 추가하기로 했다. 이는 문단 첫 글자에 다른 크기와 스타일을 적용하는 방법이다. 아쉽게도 스케치는 이를 자동으로 만들지 않으니 다른 방법을 통해 처리하기 위해 텍스트 레이어 두 개를 만든다.

지금 있는 문단의 텍스트 편집 모드로 들어가면서 작업을 시작하자. 첫 글자를 잘라내 그 글자로 원문 문단 아래에 새 레이어를 만든다. 글자 하나로 된 이 레이어가 세 개의 행을 차지하도록 확대하는데, 폰트 크기가 약 48픽셀이 돼야 한다. 더 많은 변화를 주기 위해 Typeface로 'Playfair Display Bold'를 선택하고, 메인 이미지 하단의 분류 아이콘에 쓴 색상을 적용한다. 이 단락 시작 표시를 레이아웃 그리드의 왼쪽 가장자리에 붙인다.

그런 다음 글 영역이 레이아웃 그리드의 오른쪽 가장자리에 닿도록 새 텍스트 레이어를 그 옆에 만든다. 원문 단락의 첫 두 줄을 가져와서 새 텍스트 레이어의 내용을 채운다(가져온 부분은 원문 단락에서 지운다). 단락 시작 표시 글자와의 간격이 '8px'이 되도록 위치를 조정하고, 아래의 단락과 베이스라인 그리드에 맞춰 정렬해 마치 하나의 텍스트 레이어로 보이게 한다. 마지막으로 지금껏 사용한 모든 요소를 'Drop cap' 그룹에 넣은 후, 소개글과의 간격이 세 행이 되도록 배치한다.

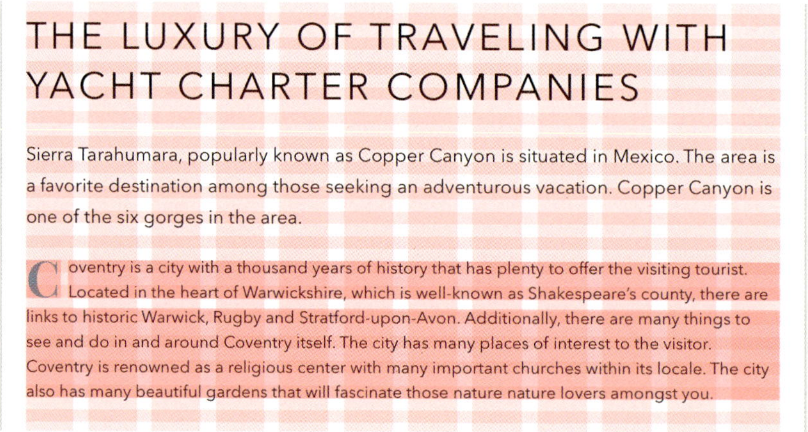

그림 7.16 단락 표시 문자 부분은 세 개의 텍스트 레이어로 구성된다. 두 문단을 아래위로 배치해서 마치 한 문단처럼 보이도록 한다.

또는 단락 시작 문자를 둘 공간을 만들기 위해 첫 두 줄을 안으로 들여 써서 단락 시작 문자를 제외한 모든 것을 하나의 레이어에 둘 수도 있다. 이 방법은 첫 줄 끝에서 Enter를 쳐서 강제로 줄 바꿈을 해야 한다. 그래야 빈칸을 두거나 탭 키를 눌러서 두 번째 줄을 들여 쓸 수 있다. 스케치에서는 강제 줄 바꿈 없이 이를 구현할 방법이 없다. 두 방법 모두 이상적이진 않지만, 단락 시작 문단의 시각적 효과는 이런 수고를 할 가치가 있다.

변화 주기

가로 너비를 가득 채우는 보기 좋은 이미지는 많은 텍스트 이후에 쉼표가 돼준다. 이를 위해 레이아웃 그리드의 너비를 가득 채우는 새 사각형 도형을 만든다. 이 도형의 높이를 임의로 정하지 말고, 메인 이미지의 비율인 16:9에 맞춰 정해보자. 이 비율로 계산하면 높이가 406픽셀이 된다('722/(16/9)', 반올림). 앞의 문단과 세 개의 행만큼 떨어뜨리고 이름을 'Image'로 바꾼다.

Craft 플러그인을 다시 사용해서 플레이스홀더를 콘텐츠로 채운다. 패널에서 아래 두 번째 아이콘을 클릭한 후, **Custom** 탭에서 **Photos** → **Unsplash** → **Travel**을 선택한다. 이런 종류의 이미지를 다시 사용해야 할 수도 있으니 점선 상자를 클릭해서 이 경로를 즐겨찾기해둔다. 적당한 이름을 지정하고 위와 같이 속성을 지정해둔다.

Craft의 한 가지 작은 단점이라면 이미지를 단독 레이어가 아닌 항상 패턴 채우기 형식으로 넣는다는 것이다. 이 방법은 도형의 크기에 맞춰 비트맵을 대응하므로 이미지 크기를 키우면 품질이 저하된다. 이때 훨씬 큰 크기의 도형으로 플레이스홀더를 만들어서 이미지를 먼저 채운 다음, 필요한 크기로 다시 줄이면 이미지 품질 저하를 피할 수 있다.

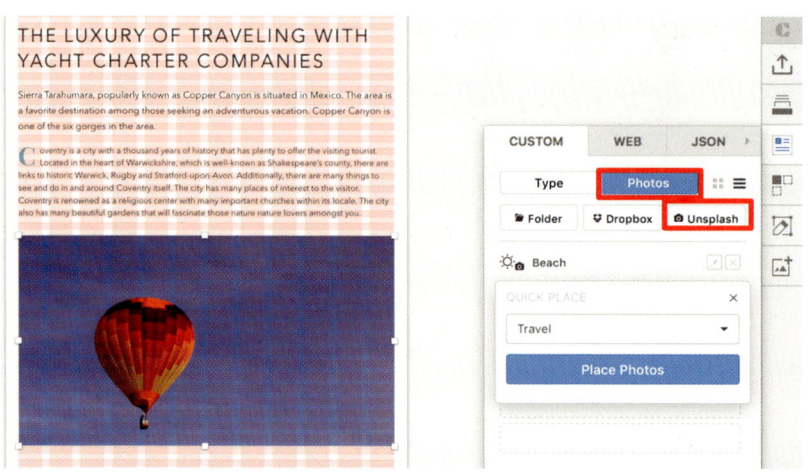

그림 7.17 기사의 콘텐츠 영역의 첫 이미지. Craft를 사용해서 넣는다.

　Craft를 사용하면 Unsplash 사이트에서뿐 아니라 로컬 폴더나 드롭박스에서 이미지를 불러와 채울 수 있다. 더 나아가 **Web** 탭에 설치된 브라우저로 웹사이트를 방문해 사이트에 쓰인 이미지를 선택해서 적용할 수도 있다(위에 설명한 텍스트와 같은 방식). 그리고 JSON 파일을 가져와서 그 안에서 데이터를 선택할 수도 있다.

Infobox

이미지 조작

스케치에서 인스펙터의 **Color Adjust**를 통해 이미지의 모습을 바꿀 수 있고(더 많은 내용은 나중에 다룬다) 더블클릭하면 이미지를 조작할 수 있다. 여기서 사각형 선택 툴이나 **Magic Wand**로 유사 색상 영역을 선택할 수 있는데 이때 *Shift*를 눌러서 영역을 추가하거나 *Alt*로 영역을 제거한다.

선택 영역을 지정하면 더 많은 옵션이 나타난다. 색을 반전하거나(그림 7.18의 ①), 선택 영역으로 이미지를 자르거나(그림 7.18의 ②), 색을 채울 수 있다(그림 7.18의 ③). 마지막 옵션은 흥미롭지만 Magic Wand의 제한된 기능 때문에 작업에 한계가 있다.

이미지 일부를 선택해서 *Delete*나 백스페이스로 지우는 것도 가능하다. *Cmd+C*로 선택 영역을 복사해서 *Cmd+V*를 눌러 별도의 레이어로 붙여 넣을 수도 있다.

이 조작 기능은 다른 응용 프로그램에서 드래그해왔거나 메뉴 바의 **Insert**

그림 7.18 이미지를 더블클릭하면 조작이 가능하다. 선택 영역을 만들면 더 많은 옵션이 나타난다. ①반전, ②자르기, ③색 채우기

→ **Image...**를 통해 넣은 단독 이미지 레이어에서만 동작한다. Craft가 생성하는 것처럼 이미지가 패턴으로 채워진 도형을 비트맵으로 변환하려면, 도형을 선택하고 메뉴 바에서 **Layer → Flatten Selection to Bitmap**을 실행한다.

글자 연결하기

다음 단락으로 넘어가기 전 텍스트 스타일을 만들 것이다. 이는 남아있는 텍스트에서 다시 사용할 수 있고 변경 내용을 모든 부분에 쉽게 적용할 수 있도록 한다. 단락 시작 글자 옆에 있는 두 문단을 선택하고 인스펙터에서 **No Text Style**(그림 3.21)로 표시된 드롭다운 메뉴를 클릭한다. **Create New Text Style**을 선택하고 이름을 'Article paragraph'로 지정한다. 이 과정을 제목과 소개글에도 반복해서 적당한 이름을 지정한다. 앞으로 만들 모든 텍스트 요소에도 이 작업을 시행할 것이다. 이제까지 만든 다양한 스타일의 개요를 보려면, 'Symbols' 페이지에 'Text'라는 이름의 새 아트보드를 만들어서 새 텍스트 레이어를 텍스트 스타일별로 추가한다.

이미지 아래에 글자가 몇 줄 포함된 텍스트 레이어를 추가한다. 위에 사용한 텍스트 레이어를 선택해서 *Alt*를 누른 채 드래그해서 내리는 것이 가장 간단한 방법이다. 그리고 이 텍스트 레이어는 'Drop cap' 그룹 밖으로 옮겨둔다. 그리고 이미지와의 간격이 세 행이 되도록 배치한다. Craft를 이용해서 새 글 내용을 넣고, 글 내용에 줄 바꿈을 적용해서 두 개의 단락으로 나눈다. 이때 단락을 만들기 위해 줄 바꿈을 여러 번 하는 대신 한 번만 실행한 후 **Spacing**의

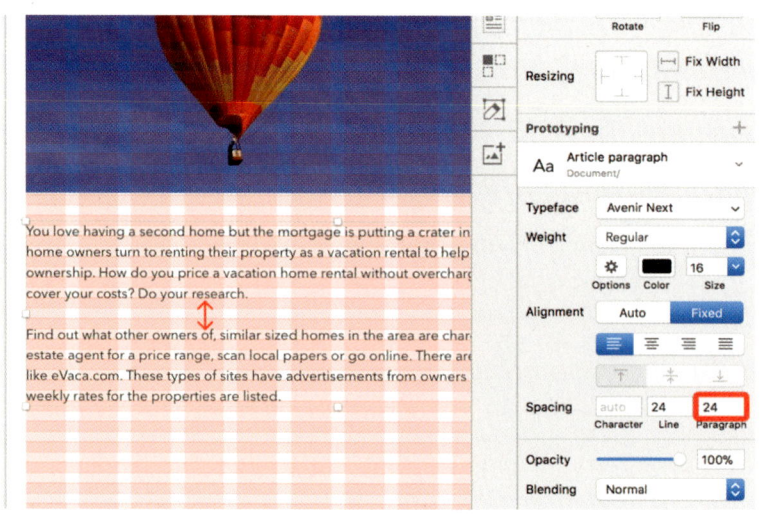

그림 7.19 Paragraph 입력창을 이용해서 줄 바꿈으로 구분한 두 문단의 간격을 조절한다.

Paragraph 입력창을 통해 간격을 조절한다(그림 7.19). 행간(24픽셀)과 값을 맞혀 두 단락 사이에 세 행만큼의 간격이 있도록 만든다.

언제라도 다른 글자체나 색이 이 문단에 더 잘 어울릴 것 같으면, 이 텍스트 스타일을 사용하는 인스턴스로 수정 내용을 전달할 수 있다. 그러려면 해당 스타일의 드롭다운을 클릭한 후 Update Text Style을 선택하면 된다(그림 3.22).

좋아하는 문구

한 행에 단락이 너무 많으면 기사가 밋밋해 보이니, 흐름에 변화를 줄만한 다른 요소를 만들어보자. 우리가 만들 요소는 행 몇 개 크기의 다른 스타일로 된 인용구다.

단락 내용 중 짧은 문구 하나를 복사한다. 새 텍스트 레이어를 삽입해서 복사한 내용을 붙인다. 글자체는 다시 'Playfair Display'를 선택하는데, 이번에는 Weight를 Regular로 지정한다. 이미 이 폰트를 사용한 적이 있으므로 **Typeface** 드롭다운의 최상단에서 쉽게 찾을 수 있다. 폰트 크기는 타이포그래픽 스케일에 있는 '24'로 한다. 행간은 '36'으로 해 베이스라인에 정렬한다. 세 번째 열의 시작점으로 옮긴 후 오른쪽으로 두 열만큼 공간이 있도록 크기를 조절한다. 이런 위치 변화로 문구가 더 눈에 띄게 된다.

같은 글자체로 새 텍스트 레이어를 만들어서 따옴표를 추가한다. 여기에 20%의 검은색을 지정하고, Weight는 'Italic', 그리고 크기는 '84'로 한다. 이 레이어는 여는 따옴표(")로 사용한다. 텍스트와 15px의 간격을 두고 왼쪽에 위치시킨다. *Alt*를 누른 채 이 따옴표를 드래그해서 복제본을 만들어 오른쪽 아래로 옮기고 닫는 따옴표를 입력한다("). 여는 따옴표와 같은 간격을 두고 마지막 단어 옆에 배치한다.

이제, 두 따옴표를 선택하고 *Shift + Cmd + O*를 눌러 윤곽선으로 변환한다. 이 과정으로 텍스트가 도형으로 바뀌어 다음 작업이 쉬워진다. 세 요소를 모두 선택해서 'Quote' 그룹으로 묶는다.

마지막으로, 그리드의 행에 맞춰 놓아서 앞 내용과 (나중에는 뒤 내용에도) 세 행만큼의 간격이 있도록 배치한다.

더 많은 텍스트

다른 텍스트 레이어를 위에서 한 방법대로 추가해서 역시 두 단락으로 나눈다. 페이지에 텍스트가 너무 많으니 부제목을 붙여서 글 내용을 나누도록 한다. 이를 위한 준비 작업으로 크기가 '24'인 'Avenir Next Regular' 폰트를 사용하는 새 텍스트 레이어를 추가한다. 페이지 제목에 했듯, Craft의 **Headlines**에서 **Travel** 분류를 사용해서 글 내용을 만든다. 이 텍스트도 느슨한 느낌이 들도록 **Character Spacing**을 조금 적용한다. 나는 '2'를 입력했다. 앞 단락과 네 행의 간격이 생기도록 배치하고, 언제나처럼 레이아웃 그리드의 왼쪽 가장자리에 붙여 배치한다(그림 7.20, 아래).

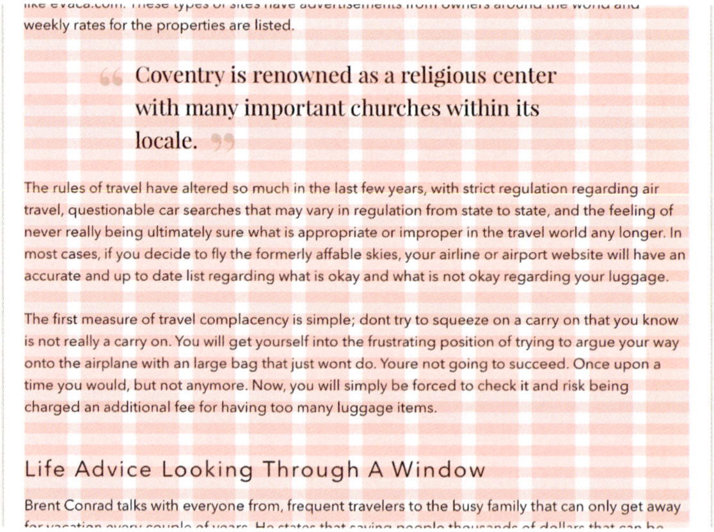

그림 7.20 인용구(위)와 첫 부제목(아래)

다른 텍스트 요소에서 했듯이 새 **Text Style**을 만든 후, 이 스타일 역시 'Symbols' 페이지에 예시를 추가해둔다. 이 과정으로 이제까지 디자인에 사용한 모든 요소를 한눈에 확인할 수 있다.

새 요소를 만들어야 할 때, 다시 사용할 수 있는 요소가 있는지 이곳을 먼저 살펴본다. 'Article' 페이지로 돌아가서 방금 만든 부제목 아래에 두 행을 띄워서 새 문단을 추가한다.

> **Quick tip**: 날짜(2nd)나 제곱근(12^2) 같은 위 첨자를 만들려면 메뉴 바에서 **Text → Baseline → Superscript**를 실행한다. 반대로 H_2O 같은 아래 첨자는 **Subscript**로 만든다. 텍스트의 베이스라인을 바꾸려면 이 메뉴에서 Raise나 Lower를 이용해서 수동으로 조절한다. 이 모든 명령은 텍스트 일부를 선택해야 사용할 수 있다. 제일 위의 **Use default**는 표준 정렬로 되돌린다.

더 크게, 최대로

기사의 흐름을 전환하기 위해 또 다른 이미지를 넣을 시간이다. 앞에서처럼 플레이스홀더용 사각형 도형을 그리드의 전체 너비 크기로 추가하는데, 이번에는 조금 다른 느낌으로 적용할 것이다. 16:9 비율 대신 또 다른 영화 형식인 2.35:1을 선택해서 더 큰 변화를 만든다. 너비가 768픽셀이니 높이는 326픽셀이 된다('768/2.35,' 반내림).

이미지를 넣기 전에, 우리는 더 큰 화면에 대비해둬야 확대했을 때 상세 부분이 손실되지 않는다. 플레이스홀더 도형의 비율을 먼저 잠그고(인스펙터에서 Width와 Height 사이에 있는 자물쇠 아이콘), 인스펙터의 Width 창에 '*2'를 추가해서 크기를 두 배로 키운다. 이제 Craft 플러그인으로 앞에서 했듯이 이미지를 추가한다. 그런 후, 플레이스홀더 도형의 폭을 '768px'로 되돌린다.

Infobox

작업 공간 최대화

스케치의 인터페이스는 이미 꽤 최소화돼 있지만, 캔버스에 더 많은 공간이 필요해질 때가 온다. 크기가 큰 이미지를 다룰 때면 더 그렇다. 작업 공간을 넓히려면 Alt + Cmd + 1을 눌러서 레이어 리스트를, Alt + Cmd + 2를 눌러서 인스펙터를 잠시 숨길 수 있다. 혹은 Cmd + .을 눌러 프레젠테이션 모드로 들어가면 모든 인터페이스를 한꺼번에 숨긴다. 툴바를 숨겨서 세로 공간을 조금 더 확보하려면 Alt + Cmd + T를 누른다(그림 7.21).

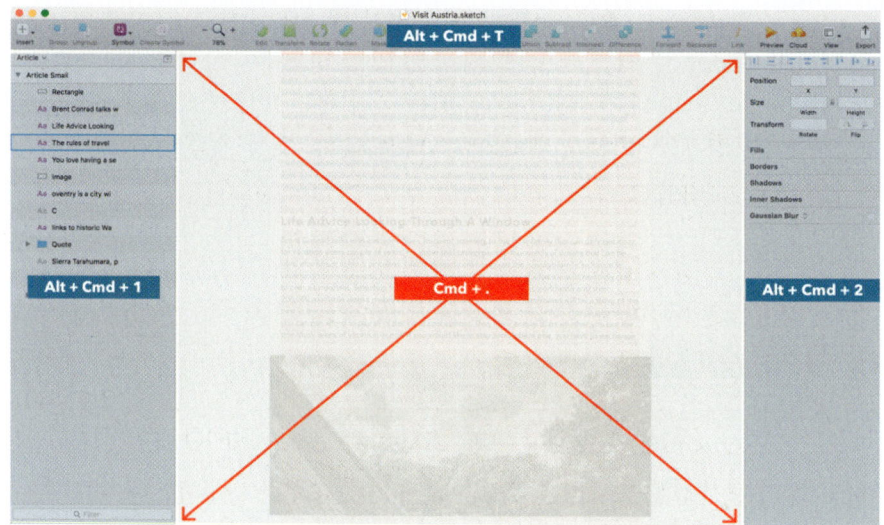

그림 7.21 여러 가지 방법으로 캔버스 공간을 넓힐 수 있다.

Ctrl + Cmd + F를 눌러 전체 화면 모드로 들어가면 스케치의 남은 공간이 모두 사라진다. 메뉴 바의 **View → Canvas**에서 **Show Selection Handles**와 **Show Layer Highlight**를 해제해 작업에 방해가 될 만한 것을 최소화한다.

이 기사글에 추가한 첫 이미지와는 대조적으로, 이번 이미지는 비율이 다를 뿐 아니라 캡션caption도 함께 있다. 캡션은 Regular에 12px 크기로 지정하고 50%의 검은색을 적용 후 중앙 정렬한다. 단락 내용을 일부 복사해서 이미지 아래 그리드 라인에 맞춰 붙여 넣고 아트보드의 중앙에 배치한다. 이미지와 캡션을 'Big image' 그룹에 넣는다. 앞 단락과 세 개의 행만큼 간격을 둔다.

이 이미지의 세 번째 차이점은 스타일이다. 그림 7.22를 확인해보면 이 이미지가 흑백인 것을 알 수 있다. 처음부터 이런 이미지를 삽입한 것이 아니라 스케치에서 스타일을 변경한 것이다. 이 작업을 위해 패턴 채우기로 된 이미지를 단독 이미지 레이어로 전환해야 한다. 작업에 앞서 이미지를 복제해서 숨기고, 이름을 'Big image backup'으로 바꾼다. 이제 원본 이미지를 Cmd를 누른 채 클릭해 선택한 후 메뉴 바의 Layer → Flatten Selection to Bitmap을 실행한다. 이렇게 비트맵으로 변환하면 인스펙터의 Color Adjust에서 다양한 옵션으로 이미지를 조작할 수 있다.

그림 7.22 스케치에서 바로 색 조정을 할 수 있다. 기사의 두 번째 이미지 완성본이 스크린샷에 보인다.

흑백 효과는 채도Saturation 슬라이드를 간단히 '0'으로 드래그해 만든다. 뿐만 아니라 이미지의 색조, 밝기와 대조를 조정할 수 있다. 만약 흑백으로 바꾼 이미지

가 너무 어둡다면 밝기|Brightness를 오른쪽으로 약간 옮긴다. 원본 상태로 되돌리려면 동그란 화살표 아이콘을 누른다. 하지만 이런 조작은 이미지 품질을 떨어뜨리므로 데모용으로만 사용하는 것이 좋음을 알아두자. 추후에 이런 식의 수정을 거친 이미지를 써야 하는 경우에는 다른 그래픽 응용 프로그램에서 만드는 편이 더 나을 수 있다.

Infobox

블렌딩 모드

이미지 품질의 손상 없이 흑백 이미지를 만드는 방법은 블렌딩Blending 모드를 사용하는 것이다. 포토샵이나 다른 그래픽 응용 프로그램을 통해 이미 알고 있을지도 모르겠지만, 블렌딩 모드는 두 레이어가 특정 방식으로 상호작용하며 만들어진다. 우선 현재의 'Big image' 그룹을 삭제하고, 앞서 만들어 둔 백업을 꺼내온다. 백업을 다시 복제해 Fill에 흰색을 (혹은 색조가 '0'인 아무 색이나) 지정한다. **Blending** 드롭다운을 **Color**로 선택하고 레이어 이름을 'Black/white'로 바꾼다.

이미지가 지금은 너무 어둡다면, 효과를 부드럽게 하기 위해 그 위에 또 다른 흰색 레이어를 만들어서 겹친다. 이번엔 블렌딩 모드를 **Soft Light**로 선택하고 이름을 'Brightness'로 바꾼다. 이렇게 블렌딩 모드별로 전용 레이어를 두는 대신, 한 레이어 안에서 Fill을 추가해서 지정할 수도 있다. 하지만 이 경우 효과가 너무 강하더라도 불투명도를 슬라이더나 숫자 키로 바꿀 수 없다.

그림 7.23 블렌딩 모드는 이미지를 흑백으로 바꾸는 등 이미지의 모습을 변경하는 좋은 방법이다. 페이나 별도의 레이어(사진에 미포함)를 사용해서 적용한다.

다른 블렌딩 모드 역시 사용해봐야 한다. 이 모드들은 종종 비트맵에 아주 특별한 효과를 만들어낸다. 나는 주로 이미지 위에 색이 있는 레이어를 겹쳐서 **Overlay**, **Multiply**나 **Color**를 적용해 사용한다. 12장 '질감 있는 텍스트 만들기'

Infobox

의 미니 프로젝트에서 이를 실제로 어떻게 사용하는지 살펴보자. 모든 블렌딩 모드를 설명하려면 이 책 범위 밖의 아주 복잡한 수학을 설명해야 한다. 더 자세히 알아보고 싶다면 PhotoBlogStop에 블렌딩 모드를 아주 깊게 다루는 글이 있다. 포토샵에 관한 글이지만 스케치에도 역시 적용된다.

  아래의 레이어와 상호작용하는 방식을 정의하는 일반적인 블렌딩 모드는 모든 레이어에 존재한다. 하지만 Fill이나 Border Color 같은 속성에도 같은 유형끼리 작용하는 블렌딩 모드가 따로 있다. 최근에는 CSS만으로 블렌딩 모드를 흉내 낼 수 있게 됐다. 늘 그렇듯 CSS-Tricks의 크리스 코이어Chris Coyer[94]가 이에 관해 설명해준다.

---

[94] http://smashed.by/sketch-csstricks

기사글에 쓸 마지막 텍스트 요소는 부제목으로 나눠진 또 다른 두 개의 단락이다. 다른 텍스트 요소에 사용한 간격과 텍스트 스타일을 여기에도 적용한다. 이미지 캡션과 세 행만큼의 간격을 둔다.

투어 예약하기

'Details' 페이지처럼 방문자가 관광지 투어를 예약할 수 있는 버튼을 넣도록 하자. 다행히도 이전에 버튼을 심볼로 만들어뒀으니 이제 심볼 리스트에서 골라 넣기만 하면 된다. 버튼의 모든 속성이 'Article' 페이지에 완벽하게 맞으니 이번엔 심볼을 분리할 필요도 없다. 버튼을 페이지의 중앙에 배치하고 위 단락에서 네 행만큼 떨어뜨린다.

레이어 리스트를 정리하기 위해 버튼을 'Content'라는 새 그룹을 만들어서 그 안으로 넣는다. 머리글, 단락들, 그리고 이미지까지 기사글의 모든 요소 또한 이 그룹 안으로 이동시킨다. 단, 첫 이미지만 이 그룹 안으로 옮기고 캡션을 단 두 번째 이미지는 일단 레이어 리스트에서 상위 요소로 남겨둔다. 'Header' 그룹도 상위 요소로 남겨둬 레이어 리스트에서 가장 위에 있도록 한다.

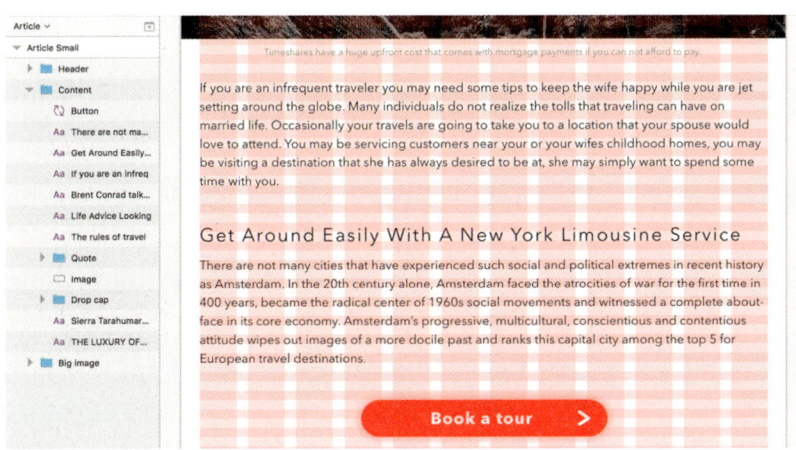

그림 7.24 남아있는 텍스트 레이어와 예약 버튼. 왼쪽에 내용 요소 레이어의 전체 계층 구조가 보인다.

고르기

기사가 벌써 꽤 길어졌지만 아직 여기서 끝이 아니다. 마지막 요소로 우리 관광지와 비슷한 다른 지역 관광지 리스트('You might also like')를 제공해야 한다. 기사를 다 읽은 사용자에게 몇 가지 선택지를 제공하는 부분이다.

우선 이 영역의 배경에 전체 너비의 사각형을 넣을 건데 높이를 일단 800픽셀로 해둔다. 개요 화면에서 검색창의 배경에 썼던 색(#332424)을 Fill로 지정하되 80%의 불투명도를 적용한다. 다행히 우리는 이 색을 색상 대화창의 **Document Colors**에 저장해뒀다. 레이어 리스트에서 'BG'로 레이어 이름을 바꾸고 예약 버튼에서 네 행 떨어뜨린다.

제목은 'You might also like'로 하고, 예쁜 Playfair Display 폰트를 적용해 크기는 '828px', Weight는 'Regular', Character Spacing은 기본값을 적용한다(입력값을 지우면 된다). 이번에는 타이포그래픽 스케일에 있는 값을 사용하지 않아도 괜찮다. 그 스케일에 있는 크기가 항상 적합한 것은 아니니 규칙을 깨는 것을 두려워하지 않아도 된다. 글의 **Alignment**는 중앙이 돼야 하니 Cmd+|를 누르고, 색은 순수한 흰색을 적용한다. 이 제목을 어두운 배경의 윗부분에서 세 행만큼 띄어서 그리드에 맞춘 후 아트보드에서 중앙 정렬한다.

> **Quick tip**: 텍스트 레이어의 **Alignment**는 키보드 단축키인 Cmd+{(왼쪽 정렬), Cmd+|(중앙 정렬) 그리고 Cmd+}(오른쪽 정렬)를 이용해서 빠르게 변경한다.

이 영역의 주인공은 관광지 그 자체다. 그런데 관광지끼리 비슷한 형태니 하나만 디자인해서 나머지 다섯 개를 복제 생성하도록 한다. 복제본의 내용을 일일이 바꿀 필요 없이 이 모두를 아주 사랑스러운 Craft 플러그인에 맡긴다.

관광지의 모델이 될 요소를 만들기 위해서 이미지 플레이스홀더로 사용할 새 사각형 도형을 추가한다. 다섯 열의 너비를 지정하고('292px'), 이미 사용한 믿을 만한 비율인 16:9를 적용해서 높이 '164px'('292/(16/9)', 반올림)을 입력한다. 이미지를 넣을 때 다른 화면 크기를 대비해 앞서 이미지에 했듯이, 먼저 비율을 잠그고 도형의 폭을 두 배로 키운 후 확대된 이 상태에서 Unsplash를 통해 이미지를 삽입한다. 그런 다음 인스펙터에서 Width에 '/2'를 추가해 원래 크기로 되돌린다.

레이아웃 그리드의 왼쪽 가장자리에서 한 열만큼 안으로 들이고, 제목과의 간격이 세 행이 되도록 띄운다. 그리고 레이어 이름을 'Image'로 바꾼다. 이 관광지의 제목은 '18px'에 'Bold'를 지정한 'Avenir Next' 폰트를 사용하고, 관광지 위치는 '12px' 크기에 'Regular'를 사용해서 제목 아래에 둔다. 둘 다 흰색으로 바꾸고, 이미지의 수평 중앙에 맞춰 정렬한다. 관광지 제목을 베이스라인에 맞추고, 위치는 적당한 공간을 띄워 그 아래에 놓는다. 마지막으로 Cmd+I를 눌러서 글자 **Alignment**를 **Center**로 바꾼다.

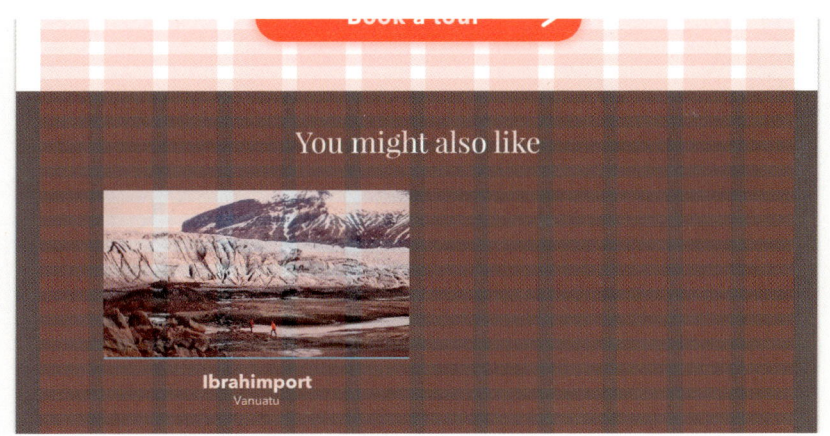

그림 7.25 비슷한 관광지를 위한 모델

Craft의 복제 기능뿐 아니라 복제본에 자동으로 내용을 채워주는 기능도 사용하려면 먼저 이 플러그인으로 각 내용을 정의해둬야 한다. 이를테면 플레이스홀더 텍스트 기능으로 관광지 제목에는 **Cities**를, 위치에는 **Countries**를 지정하는 식이다.

관광지에 들어갈 마지막 요소는 이미지 하단에 겹쳐놓을 관광지 분류 선이다. 이미지와 같은 너비에 높이는 '2'인 새 사각형 도형을 만든다. 레이어 리스트에서 이미지가 들어 있는 그룹 안에 이 사각형 도형을 넣으면 너비에 '100%'를 사용할 수 있다. 기사 헤더에 있는 아이콘과 같은 색을(Document Colors에서 색을 얻는다) 지정하고, 'Category'로 이름을 바꾼다. 'Sight'라는 새 그룹을 만들어서 관광지 제목과 위치 텍스트와 함께 이 그룹 안으로 넣는다. 이제 이 모델 그룹을 심볼로 만든다. 심볼로 만들어두면 여러 번 복제한 후에도 다른 화면 너비에 맞춰야 할 때 쉽게 조정할 수 있다. 'Symbols' 페이지로 보내지 말고 현재 아트보드 옆에 추가한다. 캔버스에 추가된 심볼을 아트보드 아래로 옮겨둬서 적용 영역 가까이에 둔다.

파워 복제

모든 요소가 준비됐으니, 이제 Craft 플러그인의 강력한 복제 기능을 사용할 차례다. 앞에서 배운 스케치의 **Make Grid...** 기능을 사용할 수도 있지만, 이는 각 요소에 내용(이미지, 제목, 위치)을 자동으로 채우지는 않는다. 게다가 복제 후 간격 조절도 Craft를 사용하는 편이 훨씬 쉽다. 복제 과정을 실행하려면 'Sight' 심볼을 아트보드에서 선택한 후 Craft 패널의 **Duplicate** 아이콘을 클릭한다.

우리는 수평으로 두 개, 수직으로는 세 개의 관광지를 보여줄 그리드가 필요하다. 수평 간격은 이미 사용하고 있는 그리드의 간격인 '15'와 맞추고, 수직 간격은 '30'으로 한다. **Duplicate Content**를 클릭하면 지정한 내용을 채워줌은 물론, 다른 관광지 항목도 생성한다. 더 나아가 레이어 리스트에 'Duplicate control' 레이어를 생성해서, 단순히 이 레이어의 크기를 변경함으로써 요소를 추가하거나 삭제할 수 있도록 한다. 요소가 베이스라인에 맞지 않으면 'Duplicate control' 레이어를 선택한 후 Craft의 대화창에 있는 슬라이더나 입력창을 통해 **Vertical** 간격을 조절한다. 요소의 개수도 여기에서 쉽게 바꿀 수 있다. 관광지 사이에는 두 개에서 세 개의 행이 간격으로 있어야 한다. 마지막으로 Craft가 만든 그룹을 'Sights'로 이름을 바꾼다.

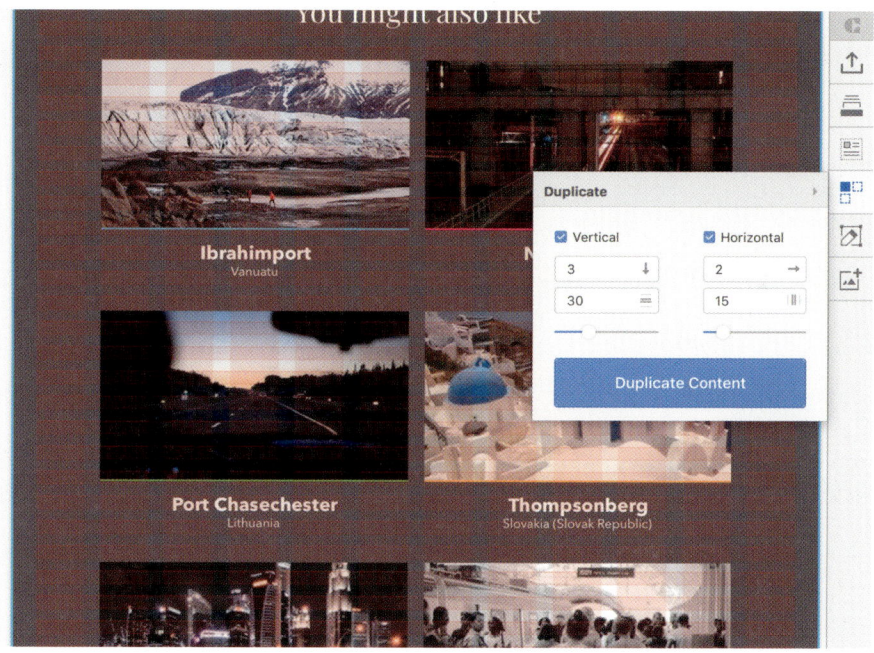

그림 7.26 Craft는 각 내용을 자동으로 채우며 남아 있는 요소를 추가한다.

분류 색상

수동으로 우리가 바꿔야 하는 유일한 부분은 이미지 하단의 분류 선 색상이다. 심볼을 사용했기 때문에 다른 인스턴스에 영향을 주지 않고 선을 변경할 수 없다. 그래서 우리는 각 분류 색상을 하위 심볼로 생성할 것이다. 아트보드 아래에 둔 마스터 심볼을 복제해서 'Sight Category 1'으로 이름을 지정한다. 복제본에 담긴 모든 내용을 지우고 대신 'Sight' 심볼을 넣어 왼쪽 위 모서리에 맞춰 위치시킨다. 'Sight' 심볼로 돌아가 분류 색상을 *Cmd+X*로 잘라낸 후, 새 심볼로 돌아와 *Cmd+V*를 눌러 정확한 위치에 붙여 넣는다.

새 심볼의 복제본 3개를 더 생성한 후 'Category color 2'부터 'Category color 4'까지 이름을 붙인다. 그리고 선마다 다른 색을 지정한다(그림 7.27, 아래). 나는 파란색 외에도 주황색(#F5A623), 보라색(#E01081), 그리고 녹색(#79C03D)을 선택했고, 나중에 필요할 것을 대비해 색상 대화창의 **Document Colors**에 색을 추가했다. 그리고 'Symbol' 페이지에 있는 'Style Guide'에도 추가해서 이제까지 사용한 색상의 개요를 볼 수 있도록 한다.

각 색상의 견본은 하나의 원 도형과 두 텍스트 레이어로 구성한다. 지름이 100 픽셀인 원 도형은 해당 색상으로 채운다. 굵은 텍스트로 색상의 이름을 표시하고, 그리고 Hex 값을 나타내는 텍스트를 그 아래에 배치한다. 이 세 요소를 첫 텍스트 레이어와 같은 이름의 그룹으로 묶고, 이렇게 생성한 그룹들을 다시 'Colors' 그룹으로 묶는다. 원한다면 이런 색 견본을 위한 새 아트보드를 만들어도 좋다. 디자인에 새로운 색을 소개할 때 **Document Colors**뿐만 아니라 이곳에도 추가하도록 한다. 이는 기존의 색을 최대한 자주 재사용하도록 해 디자인 일관성을 높일 것이다.

'Article' 페이지로 돌아와서, 이제 관광지 복제본에 변화를 줄 다양한 색상의 분류 선을 지정할 수 있다. 한 관광지를 선택해서 인스펙터의 Overrides에서 'Category' 드롭다운을 다른 색으로 변경한다(그림 7.27). 관광지별로 다른 분류 선을 적용하지만, 여전히 같은 심볼을 사용하고 있으므로 나중에 수정이 훨씬 쉽다. 이제 아트보드 아래에 있는 다섯 개의 심볼이 더는 필요하지 않으니 'Symbols' 페이지로 옮긴다. 캔버스에서 *Shift*를 누른 채 각 심볼의 이름을 클릭해서 모두 선택한 후 레이어 리스트에서 옮길 페이지로 드래그한다.

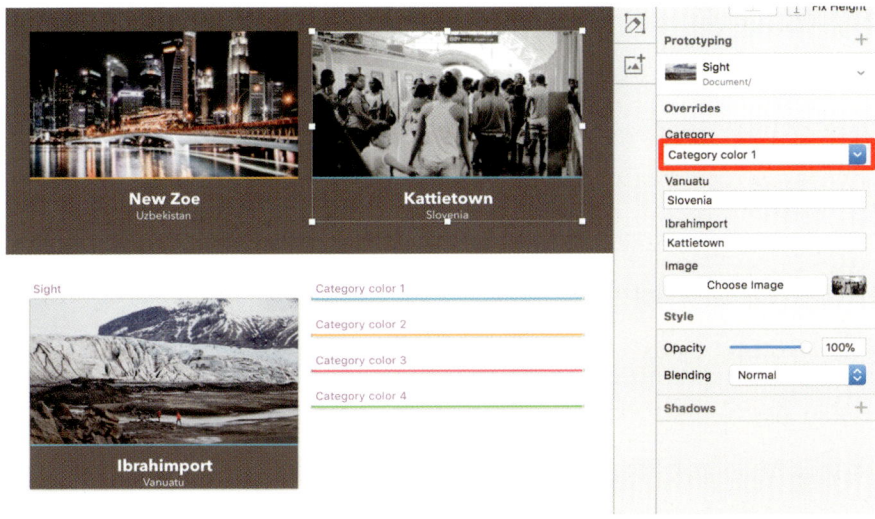

그림 7.27 인스펙터의 **Overrides**를 통해 관광지마다 다른 분류 색을 지정한다. 아래: 관광지 심볼과 분류 색상을 위한 하위 심볼

깔끔한 마무리를 위해 관광지 목록, 배경, 제목을 모두 'You might also like' 그룹으로 묶은 후, *Ctrl+Alt+Cmd+↓*를 눌러 레이어 리스트의 아래로 옮겨둔다. 그리고 마지막 관광지와 배경 아래 가장자리 사이에도 세 행의 간격이 있도록 한다. 그리고 아트보드를 선택한 후 인스펙터의 **Resize to Fit** 버튼을 눌러 아트보드의 높이를 'Article' 페이지의 모든 내용의 높이에 맞춘다.

레이어 순서에 관해서

디자인 요소가 많아지면서 기사의 길이만 길어진 것이 아니라 레이어와 그룹도 많아진다. 이를 정리하는 데 온 힘을 다했지만, 열리고 닫힌 그룹들로 여전히 레이어 리스트가 엉망일 수도 있다. 4장 '레이어 리스트에서 레이어 관리하기' Infobox를 통해 혼란을 피할 수 있는 몇 가지 방법을 보여준 바 있다.

그렇긴 하지만, 레이어 리스트에서 레이어가 나열되는 방식에 대해 몇 마디하고자 한다. 스케치는 복제하거나 복사한 요소를 원본 위로 배치한다. 오래된 요소가 새것을 가려서는 안 되니 합리적인 방법이다. 하지만 캔버스에 보이는 순서에 맞춰 레이어를 정리하는 나의 습관과는 반대되는 방법이다. 아트보드에서 위에 있는 내용은 레이어 리스트에서도 위에 있어야 한다. 이 경우 레이어는 캔버스와 레이어 리스트에서 모두 같은 순서로 나열된다. 이 방식이 계층 구조를 이해하기 더 쉽고 나중에 요소를 찾기도 편하다.

아트보드에도 방식은 같다. 스케치는 복제한 아트보드를 원본 위에 두는데, 새 내용이 레이어 리스트에서 위에 있어야 하니 합리적으로 보이기도 한다. 하지만 내 관점에서는 전형적인 좌-우 정렬이 더욱 합리적이다. 왼쪽에 있는 내용이 레이어 리스트 상단에, 오른쪽으로 갈수록 리스트에서 하단으로 내려간다. 다음에 콘텐츠를 추가하고 순서를 정리할 때 이것에 관해 고민해보기 바란다. 좋은 생각거리다.

이 원칙에 따라, 나는 기사의 'Header'를 레이어 리스트의 제일 위에 두었다. 그리고 'Big image'와 'Content' 그룹이 그 아래를 차지한다. 거기에서 제목부터 시작해서 소개글로 이어지며, 단락 시작 표시 글자가 있는 문단이 나오고, 다음 이미지가 보이는 식으로 레이어 순서를 정리했다. 마지막으로 예약 버튼이 나오며 이 그룹이 끝난다. 레이어 리스트의 최상위 계층 구조에서 'You might also like'를 가장 아래에 두었다. 나와 의견이 같다면 이 순서를 따르는 것이 좋겠다. 레이어 순서를 이 방식으로 유지하는 가장 쉬운 방법은 키보드 단축키 *Alt + Cmd + ↑*로 레이어 리스트에서 레이어를 위로 올리고, *Alt + Cmd + ↓*로 내려서 정리하는 것이다. 물론 드래그해서 원하는 위치로 바로 옮겨도 된다.

관련 있는 플러그인으로 Sort me[95]가 있다. 이 플러그인은 레이어 리스트에서 알파벳순이나 번호 역순으로 레이어를 정렬한다.

95 http://smashed.by/sketch-sortlayers

8장

반응형 만들기
Going Responsive

현대의 웹사이트는 하나의 폭으로만 구성하지 않는다. 반응형 웹 디자인을 고려해서 화면 너비의 변화에 맞춰 레이아웃이 바뀌는 여러 개의 브레이크포인트 breakpoint를 만들어야 한다.

스케치에는 아트보드를 브레이크포인트별로 분리해주는 기능은 없지만, 디자인이 다른 화면 크기에서 어떻게 보일지 확인할 필요는 있다. 이 작업의 흐름을 이해하려면 너비가 각각 1024px, 1920px인 두 개의 아트보드가 필요하다.

제약 조건을 고려한 디자인[96]

1024픽셀 너비부터 시작하자. 현재 아트보드를 복제한 후 인스펙터에서 너비를

---

96 스케치 45 버전에서는 드롭다운 메뉴가 아이콘 형식으로 교체됐다.

1024로 넓히고 이름을 'Article Medium'으로 바꾼다. 그리드에도 새로운 크기를 적용하기 위해 메뉴 바의 **View → Canvas → Layout Settings...**에서 레이아웃 그리드를 업데이트한다. 앞서 했듯이, 전체 너비의 94%를 그리드 영역으로 정의하고 **Gutter on outside** 옵션 없이 12개의 열을 중앙에 정렬한다. 간격은 열 너비의 3분의 1이 되도록 한다. 이로써 **Total Width**는 '962px'(1024×0.94, 반내림), **Gutter Width**는 '21px'(962/12≈80,80/4=20), Column Width는 '61px'(≈80-20)이 된다. 이 설정이 끝나면 **Center** 버튼을 누른다.

넓어진 공간에 맞춰 디자인 요소를 조정하는 데 새 레이아웃 그리드를 사용한다. 이 작업에는 인스펙터의 '**Resizing**' 제약 조건 Constraints를 이용한다. 이 제약 조건을 이용하면 아트보드, 그룹, 심볼의 크기를 변경할 때 하위 요소의 반응 방식을 스케치 내에서 정의할 수 있다.

그룹(혹은 심볼)에 속한 레이어나 하위 그룹을 선택하면 **Inspector**에 **Resizing** 제약 조건 설정 영역이 나타난다. 기본적으로 리사이징resizing은 크기(폭과 높이)와 위치(X와 Y의 좌표)를 어떻게 변경할지를 정의한다. 부모 요소의 상하좌우 각 변에 고정된 채 유동적으로 변경할지, 혹은 원래 너비나 높이 값을 유지한 채 조정할지를 규정할 수 있다.

Resizing에는 2가지 유형의 제약 조건이 있다.

1. 설정 영역의 왼쪽, Pin to corner 제약 조건은 부모 그룹의 상하좌우 각 변에 일정 간격을 두고 자식 레이어를 고정할지 여부를 결정한다. 기본 설정은 유동적이며 아래 그림의 ①과 같이 간격을 고정하지 않고 비율에 따라 리사이징된다. 상하좌우 간격 아이콘을 각각 클릭하면 ②와 같이 해당 간격을 유지한 채로 리사이징된다.

2. 설정 영역의 오른쪽은 너비와 높이를 고정시킬지 여부를 결정한다. ③과 같이 너비와 높이를 고정하면 부모 그룹를 리사이징해도 너비와 높이가 고정된다. 좌상단 간격 고정을 설정하면 좌상단과의 간격을 고정한 채로 높이와 너

비가 고정된다. 이때 주의할 점은 부모 그룹의 사이즈 조정보다 제약 조건의 우선순위가 먼저라는 점이다. ④와 같이 부모 그룹의 너비를 50%로 줄이더라도 자식 레이어에 걸린 제약 조건 너비의 합이 더 크다면 그 이하로는 줄어들지 않는다.

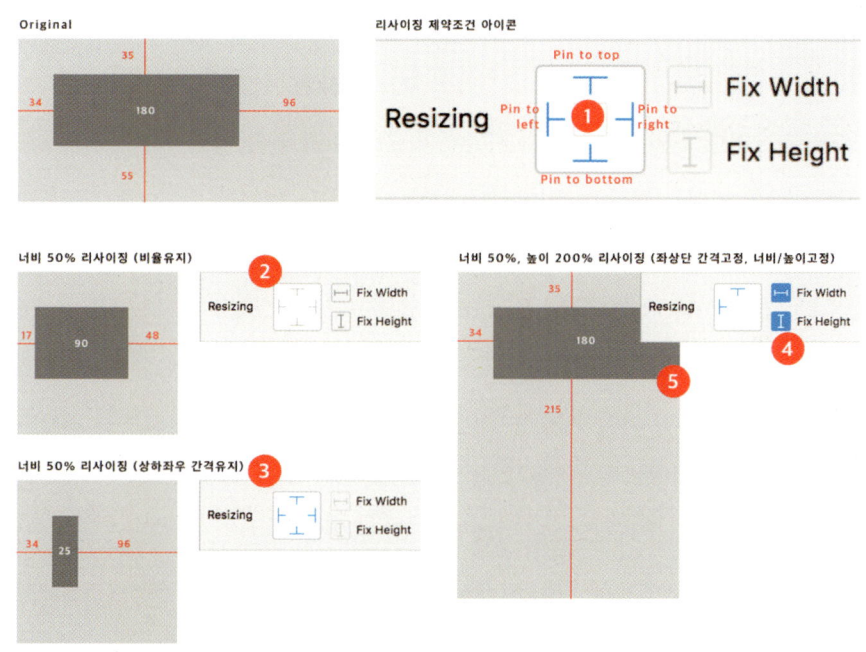

그림 8.1 ①부모 그룹과의 상하좌우 간격을 고정시키는 제약 조건 아이콘으로 고정과 해제가 토글된다. ②제약 조건이 없는 상태(같은 비율로 줄어듦) ③상하좌우 간격을 고정한 상태(간격이 유지된 상태로 줄어듦) ④너비와 높이를 고정한 상태 ⑤제약 조건의 우선순위가 높아 더 이상 줄어들지 않음

게다가 스케치는 똑똑하게도 요소가 원래 있던 장소인 'corner'를 기억한다. 만약 요소가 부모의 오른쪽 가장자리에 붙어있고 이 부모를 오른쪽에서 크기를 변경한다면, 요소는 변경된 크기 내에서 여전히 오른쪽 가장자리 위치를 유지한다. 이는 중앙에 정렬한 요소와 세로축에도 똑같이 적용된다. 하지만 안타깝게도 크기 변경의 기준점을 바꿀 수 없고 축별로 다른 동작을 적용할 수 없다는 한계가 있다.

반응형 그리드

아마도 레이아웃 그리드의 가장 큰 제약은 아트보드의 크기에 반응하지 않는다는 점이다. 그래서 사용자가 화면 너비별 그리드를 따로 설정해야 한다. 하지만 반응형 버전을 만드는 꼼수가 한 가지 있다. 스케치에 탑재된 레이아웃 그리드를 사용하는 대신, 나만의 그리드 오버레이Grid overlay를 추가하는 것이다. 그리드 오버레이를 만들기 편하도록 레이어 리스트의 모든 최상위 그룹을 잠시 숨긴다.

반응형 그리드의 왼쪽 여백부터 시작하자. 그리드의 왼쪽 바깥 마진영역을 나타내는 사각형 도형을 모든 콘텐츠 위에서 하나 만든다. 너비는 레이아웃 그리드를 만들 때처럼 지정한다(Layout Settings의 Offset 값). 높이는 100%로 하고, 녹색 같은 밝은색을 지정한다. 'Left margin'이라고 이름을 바꾸고 'Grid'라는 새 그룹 안으로 옮긴다. 이제 첫 열을 만들어보자. 다시 세로 100%의 사각형 도형을 추가해서 열 하나 너비에 맞춘다. 이를 복제해서 옆으로 옮긴 후 간격에 맞춰 크기를 줄인다. 이 둘에 어두운 빨강과 밝은 빨강처럼 서로 비슷한 색을 지정한다. 두 레이어를 'Column' 그룹으로 묶어서 'Grid' 그룹 안으로 옮긴다.

그런 후, **Arrange** 메뉴에 있는 **Make Grid...** 기능을 이용해서 남아있는 11개의 열을 만든다(Rows: 1; Columns: 12; Margin: 0px). 마지막 열 뒤에 있는 간격은 삭제

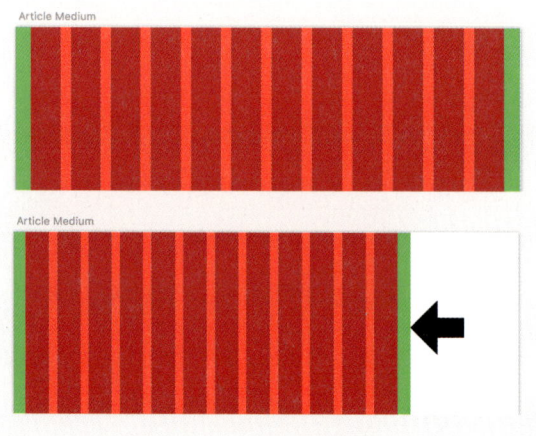

그림 8.2 다양한 화면 너비에 맞추어 쉽게 조정할 수 있는 유동적인 그리드.

한 후 모든 'Column' 그룹을 새 'Inner' 그룹으로 묶는다. 이 도형들이 레이아웃 그리드와 정확하게 일치하지 않는 것이 보이겠지만 지금은 그리 중요하지 않다. 마지막으로 'Left margin' 레이어를 복제해서 마지막 열의 오른쪽 가장자리에 둬 한 쌍을 만들고 'Right margin'으로 이름을 바꾼다.

지금 캔버스에서 'Grid' 그룹을 선택해서 너비를 변경하거나, 아트보드의 Adjust content on resize를 체크한 상태에서 아트보드 크기를 변경해보면 열과 간격이 새로운 너비에 어떻게 반응하는지 확인할 수 있다. 각 레이어의 기본 옵션인 **Stretch** 덕분에 이런 유동적인 그리드가 가능하다. 다른 레이어를 배치하는데 이 그리드를 활용하기 위해 불투명도를 30%로 낮춰 잠가둔다. 그런데 이 방법에는 두 가지 단점이 있다. 첫째는 일반 레이아웃 그리드와 달리 요소가 그리드에 달라붙으며 쉽게 정렬하지 않는다는 것이고, 둘째는 단축키로 끌 수 없으니 레이어 리스트에서 'Grid' 그룹을 숨겨야 한다는 점이다. 그 대가로 아트보드의 너비에 맞춰 쉽게 변하는 유동적인 그리드를 갖게 된다. 이 반응형 그리드에 관한 아이디어를 내 준 안토니 컬루라피치Anthony Collurafici[97]에 감사한다.

헤더

어떤 유형의 그리드를 사용하든, 이제 모든 그룹을 화면에 보이도록 해서 아트보드의 새로운 너비에 맞추어 재배치를 시작한다. 헤더Header에 있는 뒤로 가기 링크와 로고부터 시작해보자. 이 둘의 위치를 각 가장자리에 고정하면서 아트보드의 94%인 새 레이아웃 그리드의 너비에 맞춰 간격을 바꿔야 한다. 두 요소를 포함하는 'Inner'라는 새 그룹을 만들고 이 새 그룹의 **Resizing**은 별도로 제약 조건을 주지 않고 기본값인 **Stretch** 상태(제약 사항을 선택하지 않은 상태)를 유지한다. 반면에

---

[97] http://smashed.by/sketch-grid

'Back' 그룹은 위치를 그대로 둔 상태에서 좌측과의 간격과 너비(Fix Width)를 각각 고정한다. 로고는 우측과의 간격과 너비를 각각 고정하여 **Pinned to corner** 상태로 바꿔 부모 컨테이너의 너비에 맞춰 움직이되 위치는 고정되도록 한다.

이제 캔버스에서 'Header' 그룹을 선택 핸들을 이용해서 전체 너비로 늘리면, 두 요소가 레이아웃 그리드의 바깥쪽 가장자리로 이동하며 우리가 원했던 결과가 나타나는 것을 볼 수 있다. 하지만 아직 손을 봐야 할 몇 요소가 더 남아있으니, 일단 Cmd+Z를 눌러서 원래 너비로 되돌린다.

X와 Y축에 각각 다른 동작을 설정할 수 없으므로 우선은 요소의 수평적 요소를 조정하는 데 집중하고 수직 위치는 나중에 처리하기로 한다. 먼저, 제목과 그 폭부터 확인하자. 제목의 폭은 아트보드의 너비에 비례해야 하므로 기본값인 **Stretch** 상태가 적당하다. 다음으로 분류 아이콘과 아이콘 뒤의 흰 마스크는 늘 중앙에 배치할 것이다. 'Icon' 그룹과 'Mask' 레이어를 모두 선택하고 **Fix Width**를 클릭하여 너비를 고정한다. **Pinned to corner** 값은 별도로 선택하지 않아 자동으로 좌우 간격이 현재 비율을 유지하도록 하여 중앙 정렬이 되도록 한다. 분류 선은 변경할 내용이 없다.

'Header' 그룹의 폭을 인스펙터에서 100%로 바꾸면 모든 요소가 계획한 대로 움직이는 것을 볼 수 있다. 뒤로 가기 아이콘과 로고는 바깥쪽 가장자리로 이동하고, 제목은 그리드 너비에 맞춰 폭을 바꾸며 제 위치를 찾아간다. 그리고 분류 아이콘과 마스크는 여전히 중앙에 자리한다. 레이아웃 그리드와 열을 아트보드d의 너비에 맞춰서 계산했기 때문에 이 조정이 가능하다. 이는 디자인 단계뿐 아니라 개발 단계에도 유용한 방식임을 알게 될 것이다.

한 가지 우리가 직접 수정해야 할 부분은 요소의 수직 위치다. Cmd+Z를 눌러서 헤더를 원래 너비로 되돌린다. 이 그룹의 Width와 Height 비율을 인스펙터 Size에서 잠근 후 다시 전체 너비로 확장하자. 결과가 꽤 괜찮아 보이긴 해도, 헤더의 위쪽에 있는 요소를 중심으로 몇 가지 수정할 부분이 있다.

뒤로 가기 링크와 로고를 감싸고 있는 'Inner' 그룹이 **Stretch** 상태로 설정되어 있어서 헤더의 높이가 변하면서 이 그룹의 위치도 바뀌었다. 우리에게 필요한 것은 이 그룹을 고정해서 원래 위치를 유지하는 것이다. **Inner** 그룹을 선택한 상태에서 **Pin object to Top** 아이콘을 클릭하여 상단과의 간격을 고정하고, 부모 그룹의 높이 변화에 관계없이 높이가 고정되도록 Fix Height 아이콘을 클릭하여 높이를 고정한다.

'Category'는 **Stretch** 상태로 배경 이미지의 아래 위치를 유지하며 완벽하게 변경됐다. 배경 이미지 또한 헤더의 새 크기대로 정확하게 늘어났다. 아쉽게도 지금 이미지가 약간 흐려졌을 수도 있으니, 원한다면 'Content' 안의 이미지에 했듯이 이미지의 비율을 잠그고 폭을 두 배로 늘린 뒤 이미지를 다시 삽입한 후 원래 크기로 줄이는 방법으로 이미지를 최적화하도록 한다. 이 과정을 통해 다음 화면 너비인 1920픽셀 작업도 준비하는 셈이 된다. 이는 나중에 더 자세히 다루도록 한다.

수직 위치를 조정해야 할 마지막 요소는 제목이다. 하지만 이 작업은 작지만 중요한 베이스라인 그리드 작업을 마칠 때까지 잠시 미루도록 한다.

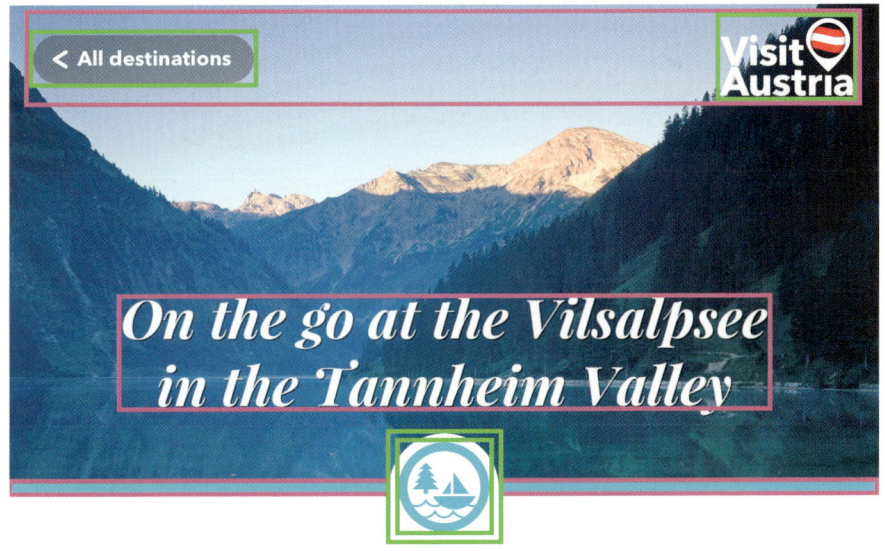

그림 8.3 헤더 요소별 정확한 리사이징 설정

숨바꼭질

헤더의 높이가 늘어나며 아쉽게도 그 아래 내용을 덮어버린다. 덮힌 요소를 하나씩 옮기는 대신 모든 요소를 새 'Container' 그룹으로 묶는다. 'Content', 'Big image' 그리고 'You might also like' 그룹이 여기에 포함된다.

이렇게 하면 모든 것을 한 번에 움직이기 편할뿐더러, 정확한 리사이징 작동을 위해서도 이 그룹이 필요하다. *Shift*를 누른 채 (이동을 수직으로 제한하기 위해) 모든 내용이 다시 보일 때까지 이 그룹을 아래로 내린다. 지금은 행 그리드를 신경 쓰지 않아도 된다.

그런 후, 아트보드의 넓어진 공간에 맞게 콘텐츠 크기를 늘린다. 예를 들어 헤더에서 했듯이 새 'Container' 그룹의 폭을 '100%'로 입력하고 화면에 나타나는 마술을 구경한다. 이는 공간을 새 레이아웃 그리드에 자동으로 맞출 뿐 아니라, 하위 요소도 전체 너비로 확장한다. 하지만 늘어난 너비 때문에 텍스트의 글줄 길이가 지나치게 길어져서 읽기 경험을 해치는 문제가 발생한다. 다른 접근법을 시도하기 위해 *Cmd+Z*를 눌러 다시 원본 너비로 되돌린다.

새 베이스

텍스트에 적당한 글줄 길이를 다시 적용하는 가장 간단한 방법은 폰트 크기를 키우는 것이다. 텍스트 레이어를 일일이 수정하는 대신, 우리는 디자인의 기본 폰트 크기를 키워서 모든 텍스트 요소를 자동으로 변경할 것이다. 그러기 위해선 적당한 행간을 만들기 위해 베이스라인 그리드도 늘려야 한다.

이 작업을 위해 아트보드를 선택한 상태에서 메뉴 바의 **View → Canvas**에 있는 **Layout Settings**에 다시 들어간다. 이후에 본문에 사용한 기본 폰트 크기인 16px을 18px로 키울 예정인데, 이 확대는 18÷16=1.125 비율을 만든다. 이것이 앞으로 우리가 쓸 '황금값'이다. 이 비율은 베이스라인 그리드뿐 아니라 각 텍스트 요소에도 적용해야 한다. 기존 베이스라인 그리드의 **Gutter Height**에 사용했던 '12px'에 이 비율을 적용해서 '13.5px'(12×1.125)로 바꾼다. 스케치는 이 대화창에 소수점을 허용하지 않으니 반올림해 '14px'을 입력한다. **OK**를 눌러서 나머지 입력값은 그대로 적용한다.

모든 텍스트 레이어에 이 새 비율을 일일이 적용하는 것은 꽤 지루한 작업이다. 그 대신 **Scale...** 대화창을 사용해서 'Container' 그룹에 한 번에 적용할 것이다. 'Container' 그룹을 선택하고 *Cmd+K*를 누른다. 그룹의 폭과 높이의 비율을 유지하며 크기를 변경하는 **Scale** 입력창에 집중하자. 위에서 찾은 '황금값'을 여기에 적용하면 '112.5%'(100×1.125)값을 갖게 된다. 소수점을 허용하므로 112.5%를 입력해도 되지만 편의상 '113%'(그림 8.4의 ①)를 입력한다. 그리고 크기 변환 기준점을 **Center**에서 **Top-left** 모서리로 바꾼다(그림 8.4의 ②). **OK**를 누르면 텍스트가 거의 정확한 크기로 바뀌는 것을 볼 수 있다.

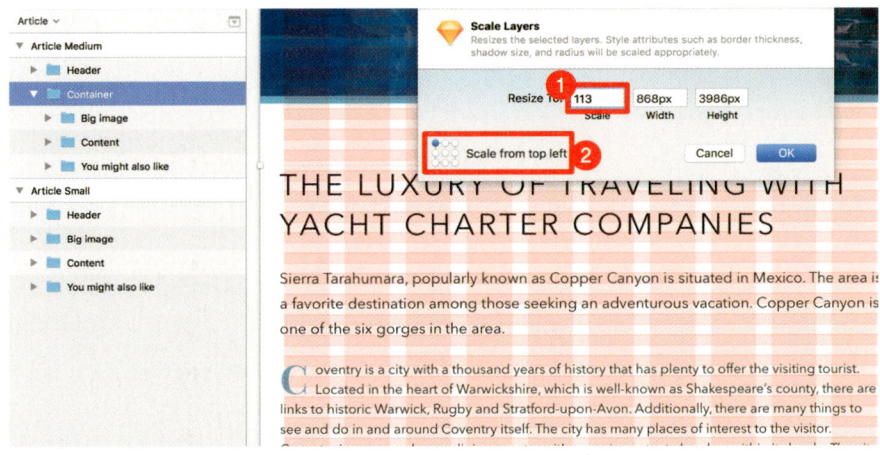

그림 8.4 요소를 하나씩 키우는 대신, 'Container' 그룹 전체 크기를 바꾼다. 1.125인 황금값을 적용하면 ① Scale값은 113%(100%×1.125 반올림)이 된다. ② 크기 변경 기준점을 왼쪽 위로 바꾸는 것도 빠뜨리지 않도록 한다.

천천히 그리고 꾸준히

헤더의 요소를 새 베이스라인 그리드에 맞추도록 하자. 먼저 로고의 크기는 좋으니 그대로 두고 아래로 조금 내려서 로고의 윗부분을 첫 베이스라인에 맞춘다. 다음으로 뒤로 가기 링크를 살펴보자. 각 요소를 따로 키우는 대신 앞에서 했듯 스케일을 이용할 것이다. 그룹에 '황금값'을 적용해서 '113%'(100×1.125, 반올림) 키운다. 크기 변경 기준점은 **Scale from left**(첫 열의 중간 점)로 지정한다.

헤더의 제목에 새로운 크기와 위치가 필요하다. (잠시 미뤄뒀던 걸 기억하는가?) 여기에도 우리의 '황금값'을 적용해 폰트 크기를 '1.125'배 키워서 '54px'로 바꾼다. 둘째로 Line Spacing을 새 베이스라인 그리드에 맞게 '70'(14×5)으로 바꾼다. 그리고 분류 아이콘과의 간격이 네 행이 되도록 아래로 내린다. 아니면 **Scale** 대화창을 사용해서 폰트 크기와 행간을 한 번에 바꿔도 된다.

이제 중요한 순간이다. 'Container' 그룹을 선택한 후 인스펙터에서 Width를 '100%'로 설정한다. 이제 적당한 글줄 길이뿐 아니라 모든 요소가 새 레이아웃 그리드의 가장자리에 맞춰 변경되어서 우리가 필요한 결과물과 아주 가까워진다. 아트보드의 크기에 맞춰 Container의 폭을 정하는 것이 중요하다.

콘텐츠 영역

이제 콘텐츠 영역의 모든 텍스트 레이어를 새 베이스라인 그리드에 맞출 '신나는' 시간이다. Scale에 적용한 '113%' 값은 그저 근사치일 뿐이니, 우리가 직접 폰트 크기를 아주 꼼꼼하게 재정비할 수도 있다. 하지만 대부분 폰트가 이미 정확한 크기에 아주 가깝거니와, 몇 퍼센트 안된 값 때문에 일일이 교정을 하는 일은 그다지 의미 없어 보인다. 개발자에게 이 '황금값'을 알려주고 모든 수치에 이 비율을 적용해야 한다고 말하는 것만으로 충분할 것이다.

그렇긴 해도 새 베이스라인 그리드에 요소를 정렬하는 일은 여전히 필요하다. 관광지 분류 표시와 제목 사이에 네 행의 간격이 생길 때까지 'Container' 그룹을 이동시켜서 베이스라인에 정렬한다. 소개글의 위치와 행간은 이미 보기 좋지만, 몇 픽셀만 조정해서 더 깔끔하게 맞춘다. 첫 아트보드에서 했던 것처럼 이제 모든 텍스트 레이어를 베이스라인 그리드에 정렬한다. 그리고 사용자 지정 가이드도 새 레이아웃 그리드의 바깥 경계에 맞춰 이동해서 레이아웃 그리드를 항상 켜둘 필요가 없도록 한다. 'Content' 그룹을 선택한 상태에서 가이드 선을 옮기면 이 그룹의 경계에 맞춰 쉽게 옮길 수 있다.

여기까지 식은 죽 먹기였다. 본문에도 같은 방식으로 작업을 이어가면 된다. 콘텐츠 영역에 있는 모든 단락을 선택하고 행간을 약간 올려 '28'(14*2)로 바꾼다. 그리고 새 텍스트 스타일을 만들어서 모든 단락을 동기화한다. 스타일의 이름은 'Article paragraph Medium'으로 하자. 다른 유형의 텍스트 레이어도 나중에 수정이 쉽도록 새 텍스트 스타일로 만들어둔다.

단락 시작 표시 문자

폰트 크기를 새로 정의했으니 단락 시작 표시 문자가 있는 단락 윗부분에도 약간의 수정이 필요하다. 인근 한 텍스트를 좀 더 가깝도록 옮겨서 간격이 10px이 되도록 한다. 단락은 모두 베이스라인에 맞추고, 아랫줄 내용 일부를 윗줄로 옮겨서 글줄이 다시 가득 차도록 한다. 마지막으로 위에 있는 소개글과 세 행의 간격이 있는지 확인한다.

위로 띄우기

그룹 단위로 크기를 변경하는 기능은 그룹 내 이미지의 비율을 유지하지 않는다는 한 가지 단점이 있다. 심지어 이미지의 크기 비율이 잠겨있을 때도 사정은 마찬가지다. 이 기회에 이미지를 완전히 새로운 것으로 바꿔 보자. 이미지의 높이를 원래의 16:9 비율에 맞춰 다시 수정하는 대신, 레이아웃 그리드에 첫 여섯 열 정도를 채우도록 완전히 다르게 배치한다.

이미지 레이어의 오른쪽 선택 핸들을 드래그해서 폭을 470픽셀로 바꾼다. 이미지 비율이 잠겨있다면 먼저 풀고 작업한다. 높이에는 '470/(16/9)'를 입력해서 우리가 사랑하는 비율 16:9로 다시 만든다. 그리고 앞 화면에서처럼 앞 문단과의 간격이 세 행이 되도록 한다.

나머지 작업 내용은 단락 시작 표시 문자에서 했던 것과 비슷하다. 다음 단락에서 내용 몇 줄을 복사한다. 그런 후 이미지 옆에 새 텍스트 레이어를 드래그해서 추가하는데, 남아있는 모든 열과 높이에 맞게 글 영역의 크기를 지정한다. 그런 후, 이 공간이 다 찰 때까지 복사해온 내용으로 채운다. 글을 베이스라인에 정렬하고, 새로 만든 'Article paragraph Medium' 스타일을 적용한다. 이 영역에 사용된 글 내용을 원래 문단에서 지운다. 두 문단의 글 양을 맞추려면 이 작업을 몇 번 반복해야 할 수도 있다. 이렇게 하기에 글 내용이 충분하지 않다면 Craft 플

그림 8.5 기사의 첫 이미지가 여섯 개 열만 차지하도록 크기를 줄이고 그 주변에 글자가 떠 있도록 수정한다.

러그인을 다시 사용한다. 마지막으로 나머지 문단을 이미지 아래의 그리드에 잘 맞도록 위로 옮긴다. 이 레이어들을 'Image' 그룹에 넣는다.

인용구

인용구 부분은 기본 리사이징 제약 조건 값이 거의 완벽한 결과를 이미 만들었기에 수정할 것이 별로 없다. 두 가지만 손보고 넘어가도록 한다. 우선 Line Spacing을 '42'로 바꾸고 오른쪽 따옴표를 '21px'(그리드 간격 크기) 간격을 두고 글자의 끝으로 다시 옮긴다. 그런 후 전체 그룹을 선택해서 위 단락과 세 행의 간격이 있도록 베이스라인에 맞춰 옮긴다.

나머지 요소

콘텐츠 영역의 나머지 요소에 할 수정 작업은 베이스라인 그리드에 맞도록 위치를 조정하는 일뿐이다. 조정할 간격이 크면 *Shift*를 누른 채(이동을 한 축으로 제한한다) 캔버스에서 마우스로 드래그하고, 작은 간격은 키보드 화살표 키를 사용해서 더 세밀하게 조정한다. 10픽셀 단위로 조정하려면 *Shift*를 함께 누른다(8픽셀 단위로 움직인다면 5장에서 사용한 nudg.it 앱에서 Big Nudge 값을 10으로 다시 조정 후 적용한다).

다음 단락은 조금 올려서 인용구와 간격이 세 행이 되도록 베이스라인 그리드에 맞춘다. 단락 사이의 공간을 **Paragraph** 입력창을 사용해서 정의했다면, 이를 행간과 같은 크기인 '28'로 바꿔야 한다. 부제목은 앞 단락과는 네 행을, 뒤 단락과는 두 행을 띄워 배치한다.

Big image는 2.35:1 비율에 맞도록 높이를 다시 변경한다. 색 조정 레이어와 함께 이미지를 선택한 상태에서 **Height** 입력창에 '1024/2.35b'를 입력한다. 이때 크기 비율이 잠겨있는지 먼저 확인한다.

여기에 접미사 'b'가 특히 중요하다. 'b'는 이미지 아랫부분^{bottom}을 기준으로 크기를 변경해 캡션과 정확한 거리를 유지하는 역할을 한다. 이 그룹이 앞 문단과의 간격이 세 행이 되도록 이동하고, 캡션을 포함한 모든 요소를 베이스라인 그리드에 다시 정렬한다.

그림 8.6 두 이미지 사이에 정렬된 텍스트 레이어

    남아있는 텍스트 레이어는 다음과 같이 위치시킨다. 캡션과 다음 단락의 간격은 세 행이 되도록, 그리고 그 단락과 두 번째 부제목까지는 네 행 떨어져 있도록 한다. 부제목은 기사의 마지막 단락과 두 행의 간격을 지닌다.
    콘텐츠 영역의 마지막 요소인 버튼은 마지막 단락에서 네 행 떨어진 곳에 있어야 한다. 스케치 48 버전부터 심볼도 Scale 명령으로 자연스럽게 크기 조정이 되기 때문에 버튼은 확대된 그대로 둔다(심볼 마스터와는 독립적으로 크기가 조정된다).

추천 관광지

여기까지 기사 글 반응형 버전 제작이 꽤 많이 진척됐지만, 마무리하려면 아직 'You might also like' 영역이 남아있다. 앞서 한 수정 작업 덕분에 작업량이 이제 별로 남지 않았지만, 아직 해결해야 할 것 몇 가지가 있다. 이 영역과 예약 버튼과의 간격이 네 행이 되도록 위로 옮기고, 제목의 아래위로 세 행씩 간격을 두어 베이스라인 그리드에 정렬한다(그림 8.7).

관광지 목록으로 넘어가자. 이 관광지의 크기와 간격을 새 레이아웃 그리드에 맞춰 변경해야 함은 물론, 새 아트보드의 넓은 공간을 누리기 위해 각 관광지를 세 열과 두 행 크기로 늘릴 것이다. 스케치의 심볼과 그룹 크기 변경 기능 덕분에 해야 할 일은 그리 많지 않다.

그런데 Craft가 관광지의 크기 변경 작업까지는 처리하지 못하니 이 작업은 우리가 처음부터 직접 해야 한다. 'Sights'에서 첫 항목을 제외하고 모두 지운다. 첫 항목의 폭을 그리드 네 칸 크기인 '306'으로 인스펙터에서 바꾼다. 이때 크기 비율이 잠겨있도록 해 높이도 비율대로 함께 변경하도록 한다. 텍스트 레이어가 지금 베이스라인 그리드에서 약간 벗어나 있지만, 나머지 요소가 그리드에 완벽히 정렬하고 있으니 이 부분은 그냥 넘어가도록 한다. 이제는 필요 없어진 'Duplicate content' 레이어도 지운다.

이제 Craft의 **Duplicate** 패널로 가서 세로의 **Count**는 '2', **Gutter**는 '46', 그리고 가로로 '3'개의 요소가 새 그리드 레이아웃의 간격인 '21'과 일치하는 간격으로 나머지 항목을 만든다. **Duplicate Content**를 클릭하면 나머지 관광지가 다시 나타난다. 만약 두 번째 줄이 베이스라인과 맞지 않으면, 첫째 줄과의 간격이 세 행이 되도록 Craft에서 세로 간격을 조정한다. 관광지의 제목 몇 개가 빈 글줄과 함께 두 줄로 표시될 수도 있는데, 이 경우 마스터 심볼의 제목 텍스트 레이어를 전체 너비로 바꾼다. 제목을 선택한 후 Alt를 누른 채 오른쪽 선택 핸들을 드래그한다.

마무리 작업으로 어두운 색 배경과 관광지 둘째 줄 사이에 세 행의 간격이 있도록 크기를 조정하고 아트보드의 높이를 이 위치에 맞춘다. 다양한 분류 선을 나타내기 위해 심볼별로 인스펙터의의 드롭다운으로 관광지 분류를 바꿔도 좋다. 이것을 끝으로 기사 글의 두 번째 반응형 브레이크포인트 작업을 마친다. 세 번째이자 마지막으로 이 기사가 1920픽셀 너비의 디스플레이에서 어떻게 보이는지 살펴볼 것이다.

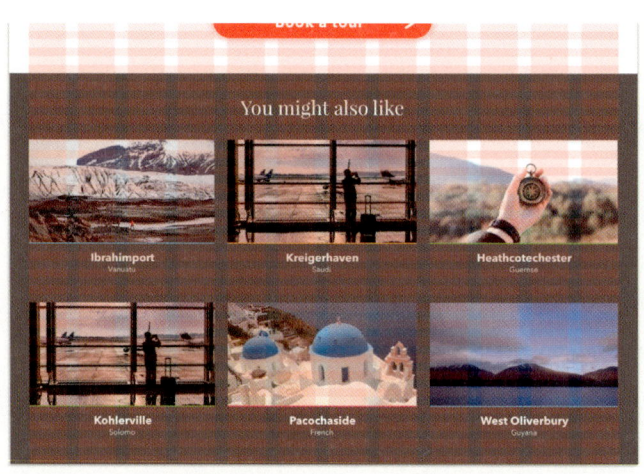

그림 8.7 세 열과 두 행의 레이아웃으로 수정한 'You might also like' 영역

9장

최종 브레이크포인트: 넓은 데스크톱 화면

The Final Breakpoint: Desktop Widescreenating

손에 들고 사용하는 디바이스가 급증하고 있지만 데스크톱 컴퓨터의 사용 또한 한동안 여전할 것이다. 작은 크기부터 시작해 전형적인 태블릿 해상도인 768픽셀과 1024픽셀 너비까지 끝냈으니 이제 데스크톱 컴퓨터 크기인 1920픽셀 너비를 살펴보자. 앞에서 했듯이, 현재 아트보드를 복제해서 너비를 1920픽셀로 바꾸는 것으로 작업을 시작한다. 높이는 일단 5000픽셀로 해둔다. 복제한 아트보드의 이름을 'Article Large'로 지정한다. 모든 수정 작업의 기본은 열과 행의 베이스라인이니, **Layout Settings**에서 필요에 맞게 설정을 바꾸자.

 1920픽셀의 아트보드에서 이전처럼 94%를 콘텐츠 영역으로 사용하면 열 너비가 너무 커진다. 기사의 폭을 최대 '1280px'로 제한하기로 했다. 그러면 **Total Width**는 '1202px('1280×0.94,' 짝수로 반올림)'이 된다. 나머지 값은 다른 브레이크포인트의 것과 같다. 레이아웃 그리드는 중앙에 정렬하고 바깥 영역에 여백이 없도록 설정한다. 그리고 **Gutter Width**는 열 너비의 3분의 1이 돼야 하므로 Gutter Width는 '26px', Column Width는 '76px'이 된다. 혹시 지금껏 반응형 그리드를 사용해왔다면 변경 작업은 더 쉬워진다. 잠가둔 'Grid' 그룹을 풀고 폭을 '1280'으로 바꾼다. 그리고 아트보드의 중앙에 정렬한 후 다시 잠가둔다. 끝이다!

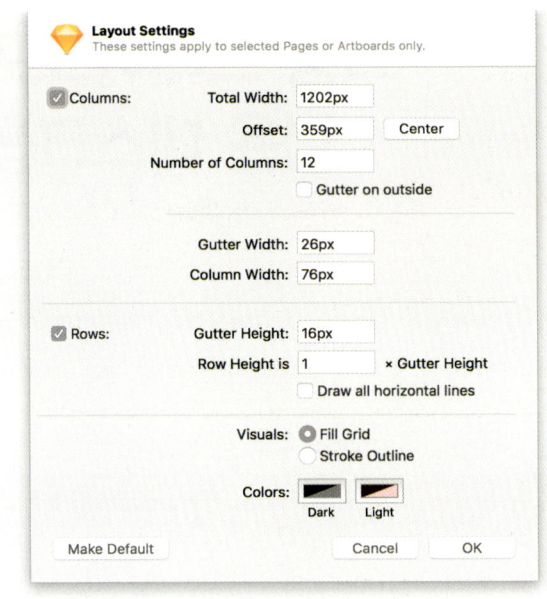

그림 9.1 최종 중단점을 위해 필요한 Layout Settings

원활한 읽기 경험을 위해 기본 폰트 크기를 다시 키울 것이다. 768픽셀 너비에서 16픽셀 폰트를 시작으로 1024픽셀 너비에는 18픽셀의 폰트를 사용했으니, 이번 브레이크포인트 작업에서는 역시 타이포그래픽 스케일에 표시된 값인 21픽셀 폰트로 마무리한다. 초기 폰트 크기가 16픽셀인 것을 계산하면 새 비율인 21÷16=1.3125가 우리의 이번 '황금값'이다. 768픽셀 너비의 기사글에 있는 모든 요소를 이 비율대로 확대해야 한다. 베이스라인 그리드와 그 간격은 초기 베이스라인 그리드인 '12'에 비율 '1.3125'를 곱한 값인 '15.75'를 반올림해 '16px'을 도출한다. 조금 더 쉬운 계산을 위해 1024픽셀 브레이크포인트를 기본으로 사용할 수도 있다. 이 경우 비율은 21÷18=1.167이 된다. 우리는 1024픽셀 너비의 기사글을 활용해 이번 작업을 진행한다.

헤더

 레이아웃 그리드가 새로 지정됐으니 이에 맞춰 기사의 요소를 다시 바꿔야 한다. 기반 작업을 위해 'Header'와 'Container' 그룹을 레이아웃 그리드의 중앙으로 옮긴다. 정렬 아이콘을 사용할 때 꼭 *Alt*를 함께 눌러서 그룹끼리 중앙 정렬을 하는 것이 아닌 아트보드의 중앙으로 두 그룹이 이동하도록 한다.

 먼저 헤더를 수정한다. 'Header' 그룹을 선택한 상태에서 인스펙터의 Width에 '1280c'를 입력한다. 이는 요소의 중앙^{center}을 기준으로 확대해 모든 요소를 정확한 수평 좌표로 이동시키므로 괜찮은 출발이다. 뒤로 가기 링크와 로고는 레이아웃 그리드의 바깥쪽 가장자리로 이동하고, 제목의 폭은 10개의 행 크기로 늘어난다. 그리고 분류 아이콘은 중앙에 남는다. 여기가 끝이 아니다. 관광지 분류 선과 배경 이미지가 아트보드의 전체 너비를 차지해야 하니 'Image' 레이어와 'Category' 그룹을 선택해서 폭에 '1920c'를 입력한다.

 수평 위치는 이제 괜찮아졌지만 이미지의 높이가 16:9 비율에 맞지 않는다. 하지만 이제 이 비율을 유지하면 헤더가 너무 위쪽으로 멀어지니 대신 2.35:1 비율로 바꿔 보자. 'Image' 레이어를 선택해서 높이 창에 '1920/2.35'를 입력한다. 그리고 변한 높이에 맞추어 관광지 분류를 아래로 옮겨야 한다. 정확한 위치까지 드래그해서 내리거나, 혹은 인스펙터의 **Y**값에 '100%−(96/2)'를 입력해서 옮긴다. 이 연산을 자세히 들여다보면, '100%'는 요소를 헤더의 아래까지 옮기고, '96/2'는 관광지 분류 요소 높이의 반만큼 위로 다시 올리는 역할을 한다.

 이제 나머지 요소를 정리하자. 로고는 위 가장자리에서 행 하나만큼 떨어진 위치로 옮긴다. 뒤로 가기 링크는 *Cmd + K*를 눌러 **Scale**에 '117%'(100×1.167, 반올림)를 입력해서 새 기본 크기로 키운다. 이때 크기 변경 기준점은 **Scale from left**로 지정한다(첫 열의 중간 점). 제목을 같은 비율로 키우기 위해 인스펙터의 폰트 크기 창에 '54*1.167'을 입력한다. 행간은 '80'(16×5)을 선택한다. 그리고 넓어진 화면을 제대로 쓰기 위해 제목의 폭을 그리드의 전체 너비로 바꾼다. 이 작업은 인스펙터에서 **Width**를 **Auto**에서 **Fixed**로 바꾸고 줄 바꿈을 없앤 후, Width에 그리드의 너비인 '1202c'를 입력해서 실행한다. 그리고 제목과 관광지 분류 선의 간격이 다시 세 행이 되도록 내려서 헤더를 마무리한다

그림 9.2 1920 중단점에 맞게 조정한 헤더

콘텐츠

헤더가 아트보드의 전체 너비를 차지하는 반면, 콘텐츠 영역은 레이아웃 그리드의 너비인 '1202px'로 폭을 제한해서 중앙에 정렬해야 한다. 앞 아트보드에서 했던 기술을 다시 써서 'Container' 그룹의 폰트 크기를 새 기본 폰트 크기로 한 번에 바꾸자. *Cmd+K*를 누르고 스케일 창에 117%(100%×1.167)를 입력하고, 크기 변경 기준점을 **Scale from top**(첫 행의 중간 점)으로 설정한다.

이제 페이지 제목이 분류 아이콘과의 간격이 네 행이 될 때까지 전체 그룹을 내리고 베이스라인에 맞춰 앉힌다. 1920픽셀 너비가 만드는 너무 넓은 공간 때문에 기사에서 몇 부분을 수정하기로 했다. 먼저 본문이다. 레이아웃 그리드의 전체 너비를 사용하면 글줄 길이가 너무 길어지므로, 적당한 폭을 만들기 위해 양쪽에서 한 열씩 안으로 들이기로 했다. 기사 제목과 부제목도 마찬가지다. 이를 처리할 가장 간편한 방법은 'Content' 그룹을 *Shift*를 누른 채(이동을 수평으로 제한) 드래

그래서 두 번째 열 시작점으로 옮기고, 그룹의 폭을 열 개의 행 너비인 '996px'로 인스펙터에서 바꾸는 것이다. 혹은 열의 개수에 맞추어 이 그룹의 오른쪽 핸들을 드래그해도 된다.

텍스트 요소의 나머지 수정 사항은 이전과 같다. 텍스트 유형별로 새 텍스트 스타일을 설정하고, 다른 브레이크포인트와 같은 단락별 간격으로 베이스라인 그리드에 정렬한다. 기억을 되살리자면 본문의 폰트 크기는 21픽셀(새 기본 폰트 크기)에 '32'(16*2)인 행간을 지녀야 한다. 아트보드에 적용할 남아있는 수정 내용도 앞 내용과 같다. 전체 과정이 이미 익숙할 테니 모든 내용을 자세히 다루지 않고 중요한 부분만 언급할 예정이다.

본문에서 왼쪽과 오른쪽으로 튀어나와서 레이아웃 그리드의 너비만큼 확장할 유일한 단락은 소개글이다. 이 텍스트 레이어의 폭에 '1202c'를 입력하거나, *Alt*를 누른 채 레이어의 핸들 한쪽을 잡고 가운데를 기준으로 크기를 변경한다. 새 폰트 크기를 적용하고 나면 행간이 조금 넓어 보이지만, 이런 짧은 텍스트 블록에는 이 행간도 괜찮다. 원래 그랬듯, 제목과의 간격이 네 행이 되도록 조정한다.

단락 시작 표시 문자가 포함된 단락은 이미 상당히 보기 좋다. 두 단락의 글 내용이 단락 시작 표시 문자의 크기와 맞도록 조절만 하면 된다. 두 이미지는 좀 더 다른 모양새를 위해 레이아웃의 바깥쪽 가장자리에 정렬했다. 첫 이미지는 폭을 여전히 다섯 열 크기로 유지하면서 옆에 있는 단락과 함께 왼쪽으로 이동한다. 이 때 단락이 다른 텍스트와 같은 줄에서 끝나도록 여섯 열 크기로 바꾼다. 두 번째 이미지는 이미 보기 좋게 전체 너비로 수정됐다.

남은 요소인 인용구는 이전처럼 여섯 행을 차지하도록 한다. 이 요소가 세 번째 열에서 시작하도록 전체 그룹을 왼쪽으로 옮긴 후, 폭이 여덟 열만큼 되도록 텍스트 레이어 크기를 바꾼다. 행간은 '48'(16×3)로 바꾸고 따옴표가 텍스트와 한 칸의 간격이 있도록 재배치한다. 인용구의 아래위 여백이 이전처럼 세 행이 되도록 간격을 조절한다.

그림 9.3 새로 배치한 콘텐츠 요소

기사 끝에 있는 버튼은 콘텐츠 때문에 약간 찌그러졌으니 원래 폭인 412픽셀로 되돌린다. 마지막 단락과의 간격이 네 행이 되도록 위치시켜서 아트보드의 중앙에 배치한다.

모든 관광지

이번 브레이크포인트 크기에서 마지막으로 처리할 요소는 가장 아래에 있는 관련 관광지 목록이다. 먼저 전체 블록이 예약 버튼에서 네 행 떨어져 있도록 위치를 조정한다. 그리고 Cmd-click으로 어두운 배경 레이어를 선택한 후 인스펙터의 Width 창에 '1920c'를 입력해서 전체 너비로 확장한다. 여기에서 접미사 'c'는 중간을 기준으로 크기를 변경하도록 한다. 제목의 크기는 괜찮으니 위치만 조금 바꾼다. 제목의 위 여백과 관광지 목록까지의 아래 여백이 각 세 행이 되도록 위치를 조정한다.

관광지 목록은 두 열 정렬 대신, 한 행으로 전체 너비를 채우도록 정렬해 공간을 모두 사용하자(그림 9.4). 앞에서 했던 것처럼 첫 요소만으로 작업을 다시 시작할 것이니 'Duplicate control' 레이어를 포함한 나머지 요소를 모두 지운다. 관광지의 폭을 세 개의 열에 해당하는 '281px'로 지정하고 Craft를 사용해서 남은 다섯 개의 관광지를 만든다. 우리는 행 하나만 필요하니 수직 방향 개수는 '1'로 하고, 수평 방향으로는 '6'개를 레이아웃 그리드의 간격인 '26'에 맞추어 생성한다. 그런 후, 'Sights' 그룹을 다시 아트보드의 중앙에 정렬한다. Craft가 마지막 요소 뒤에도 간격을 생성했으니 이를 교정하기 위해 **X Position**에 13픽셀을 추가한다.

마지막으로 어두운 배경 레이어의 아래 핸들을 세 행의 공간이 남을 때까지 드래그해 올린다. 조금 변화를 주기 위해 각 'Sight' 심볼에 다른 분류 선을 지정한다. 그리고 이 블록에서 아트보드가 깔끔하게 끝나도록 높이를 다시 맞춘다.

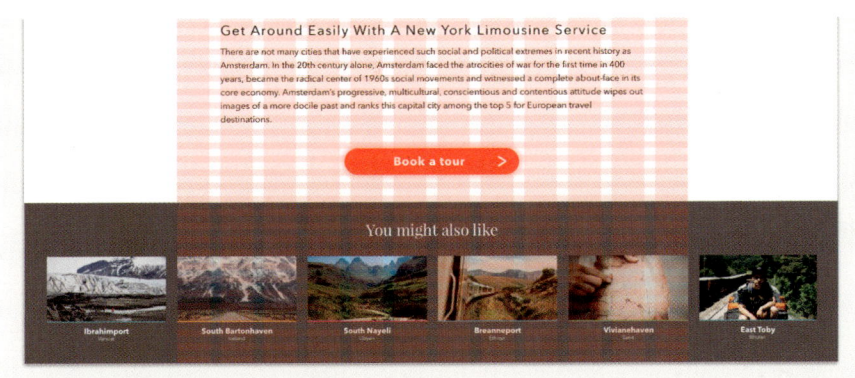

그림 9.4 관광지를 하나의 행으로 정렬했다.

앱 수정하기

기사글을 반응형으로 만드는데 스케치의 그룹 크기 변경 기능을 어떻게 활용하는지 배웠으니, 이를 앞서 디자인한 앱에도 적용해보자. 타이틀 바를 다른 화면에서 재사용할 수 있도록 심볼로 지정했음을 떠올리자. 이 심볼의 일부만 약간 변경하면 다른 화면 너비에도 쉽게 적용할 수 있다.

'Detail' 페이지로 가서 'Title bar' 심볼을 더블클릭해 'Symbols' 페이지로 이동한다. 화살표 그룹은 **그림 9.5**의 ①과 같이 **Resizing** 제약 조건에서 좌측 간격을 고정하고 Fix Width와 Fix Height를 활성화하여 너비와 높이를 고정하고, 오른쪽 아바타의 'User icon' 그룹은 ③과 같이 우측 간격을 고정하고 Fix Width와

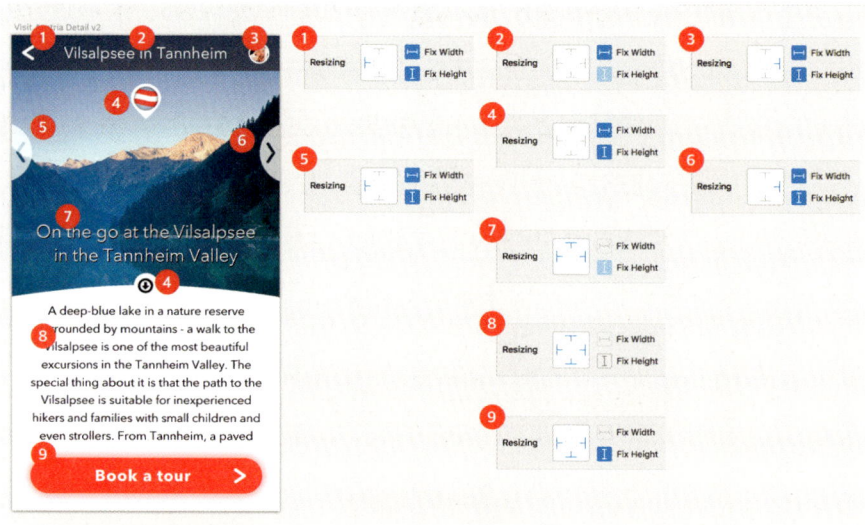

그림 9.5 상세 화면의 정확한 크기 변경 속성. 이로써 다양한 화면 너비에 맞춰 자동으로 변경한다.

Fix Height를 활성화하여 너비와 높이를 고정한다. 제목 텍스트는 ②와 같이 Fix Width만 활성화하여 너비만 고정한 채로 중앙 위치를 유지하도록 한다.

Return to Instance 링크로 이전 페이지로 되돌아가서 이 설정을 시험해보자. 아트보드를 선택해서 너비를 넓힌다. 아무 변화도 바로 나타나지 않지만 'Title bar' 심볼을 선택해서 폭을 늘리거나 인스펙터의 Width에 '100%'를 입력하면 모든 요소가 새 폭에 맞추어 움직이는 것을 볼 수 있다. 이때 심볼의 크기 비율이 잠겨 있지 않도록 한다. 일단은 원래 폭으로 되돌려 둔다.

몇 가지 추가 설정으로 이 화면의 요소를 반응형으로 만들어서 아이폰 모델과 안드로이드 디바이스의 다른 화면 너비에도 재사용할 수 있다(그림 9.5). 우선 아트보드의 모든 요소를 포함하는 새 그룹을 만든다. 이 그룹은 그룹 크기 변경 기능을 사용하기 위한 준비 작업이면서, 모든 요소의 크기를 한 번에 바꿀 수 있도록 한다. 이 그룹의 이름을 'Container'로 지정한다.

수정할 첫 요소는 로고에 있는 맵 팬이다. 요소의 크기가 변하지 않으면서 위치를 중앙으로 유지하도록 그림 9.5의 ④와 같이 이 그룹의 **Resizing** 제약 조건에서 Fix Width와 Fix Height를 활성화 상태가 되도록 클릭하여 크기를 고정한다. 'Content' 안의 'Collapse icon' 그룹에도 동일하게 적용한다. 이제 제목과 본문, 예약 버튼의 리사이징 제약 조건을 수정해보자. 제목은 상단과 좌/우측 간격을 유지한 채 리사이징되면 되고 본문은 상하좌우 간격을 유지한 채 리사이징되면 된다. 예약 버튼은 하단과 좌우 간격은 유지되면서 버튼의 역할을 하기 위해 높이가 유지되어야 한다.

제목을 선택하고 **그림 9.5**의 ⑦과 같이 상단과 좌우 간격을 고정한다. 다음으로 본문을 선택한 후 ⑧과 같이 상하좌우 간격을 모두 고정한다. 예약 버튼은 ⑨와 같이 하단과 좌우 간격을 고정하고, Fix Height를 활성화하여 높이를 고정한다.

내비게이션 부분이 제대로 동작하려면 각 화살표에 마스크를 설정해야 한다. 이 작업은 화살표가 아트보드의 바깥쪽 가장자리 위치를 유지하고 제대로 된 크기 변환을 방해하지 않도록 한다. 마스크로 쓸 사각형 도형을 아트보드의 왼쪽 가장자리 위치에 화살표를 완전히 덮는 크기로 만든다. 마스크의 Fill을 선택 해제하고 화살표 아래로 옮긴다. 화살표와 함께 선택한 상태에서 툴바의 **Mask** 아이콘을 클릭한다. 새로 생긴 그룹의 **Resizing** 제약 조건을 ⑤와 같이 너비와 높이를 고정한 채 좌측 간격을 각각 고정하여 항상 아트보드의 왼쪽 가장자리 위치를 유지하도록 한다. 오른쪽 화살표에도 ⑥을 참고하여 이 과정을 진행한다.

Container의 크기 변경에 따라 배경 이미지도 늘어나야 하는데, 이미지의 비율을 유지하면서 리사이징되도록 하는 방법은 아트보드 크기의 사각형을 만든 후 이미지를 패턴 채우기로 바꿔서 쓰는 방법이다. 이 경우 패턴 채우기 옵션을 Fill로 해야 하며, 확대하더라도 선명한 이미지를 유지하도록 충분한 크기의 이미지를 사용하도록 한다.

새 설정을 시험해보기 전에 버튼 안에 있는 요소도 수정해야 버튼의 새 폭에 맞춰 함께 조정된다. 버튼을 더블클릭해서 심볼로 들어간 후 텍스트는 Fix Width만 활성화 상태로 클릭한다. 화살표는 Fix Width, Fix Height를 활성화하여 너비와 높이를 고정한 채로 우측 간격이 고정되도록 제약 조건을 설정한다. 아트보드로 돌아와서 'Container' 그룹의 리사이징 제약 조건을 상하좌우 간격이 고정되도록 설정한다. 이제 아트보드의 크기를 조절하면 모든 요소도 그에 맞춰 변경된다.

　수많은 크기 변경, 수정 및 조정 작업을 마치고 이제 10장부터는 완전히 다른 것을 시작할 것이다. 아이콘을 디자인해보자!

10장

분류 아이콘 디자인하기
Designing Category Icons

반응형 기사글의 헤더에서 관광지 유형을 나타내던 아이콘을 기억하는가? 고유의 색상으로 네 가지 분류를 나타내던 관광지를 기억하는가? 이제 그 아이콘을 만들 시간이다. 이 작업에는 벡터를 직접 만드는 대신 최대한 기본 도형을 사용할 생각이다. 처음엔 제약이 많은 것처럼 들릴 수도 있지만 도형을 이용하면 아이콘 제작과 수정이 훨씬 쉽고 부울 연산을 활용해 복잡한 형태도 간단히 만들 수 있다. 또한, 단축키를 가능한 한 자주 사용해 작업 효율성을 최대화한다.

그림 10.1 우리가 만들 분류 아이콘

먼저, 네 아이콘을 담을 새 페이지를 추가해서 'Icons'라고 이름 붙인다. 여기에 크기가 '64×64'인 아트보드를 아이콘별로 만들 것이다. 첫 아트보드를 추가하고, 작업 시작점을 깔끔하게 하기 위해 **X**와 **Y** position에 모두 '0'을 입력한다.

해변 분류

'해변Seaside' 분류를 위한 첫 아이콘을 만들어보자. 분류명을 아트보드의 이름으로 사용한다. 배경색으로 반응형 기사글에서 사용한 파란색(#55BFE1)을 지정하되, **Include in Export**는 선택을 해제한다. 앞서 이 색을 **Document Colors**에 저장해두길 잘했다.

각 아이콘에 필요한 첫 요소는 아트보드를 가득 채우는 흰색 원이다. 이 원 도형은 아이콘의 영역을 정의하는 동시에 마스크로 사용할 것이다(그림 10.2, 왼쪽). **O**를 누른 후 아트보드의 왼쪽 위 모서리부터 시작해서 원을 그리는데, 이때 비율을 잠그는 *Shift*를 같이 누른다. 원 도형의 이름을 'Mask'로 바꾼다. 기사글의 아이콘에 8px의 테두리가 있긴 하지만, 이는 나중에 추가할 테니 지금은 일단 넘어간다.

픽셀에 완벽하게 정렬하는 아이콘을 만들 것이니 '2×2' 그리드를 설정하자. 메뉴 바에서 **View → Canvas → Grid Settings...** 로 가서 **Grid block size**에 '2px'을 입력한다(그림 10.2, 오른쪽). 우리는 **Thick lines**가 필요하지 않으니 '0'으로 남겨둔다. 이 그리드는 아이콘을 그릴 때 완전한 픽셀을 사용하도록 도와줌은 물론, 아이콘 크기를 64픽셀의 배수 혹은 반 크기로 변경하면 라인이 흐려지는 현상을 피할 수 있게 해준다. 이 그리드를 최대로 활용하려면 도형을 추가하거나 수정할 때 항상 그리드 선에 정확히 맞춘다. 가끔씩 *Ctrl+G*로 그리드 선을 숨겨서 아이콘 품질을 확인하는 것도 좋다.

그림 10.2 모든 아이콘의 기본은 마스크로 쓰이는 원 도형이다. 2픽셀 그리드는 모든 요소를 픽셀에 완벽히 배치하는 것을 도와준다.

더 나은 시야 확보

앞으로 할 작업에 더 나은 시야를 확보하기 위해 800% 정도 캔버스를 확대한다. 아이콘의 상세한 부분은 확대 상태에서 작업하기가 훨씬 쉽지만 여기에는 전체적인 품질을 확인할 수 없단 위험이 있다. 다행히 스케치의 프리뷰 기능이 이런 면에서 도움이 된다. 원본 크기를 보조 모니터에 띄워놓은 채 주 모니터에서 확대한 상태로 작업할 수 있기에, 모니터가 둘 이상이라면 더욱 요긴하다.

툴바의 **Preview** 버튼을 누르면 프리뷰 화면이 표시된다. 이제 스케치에서 하는 작업 내용이 즉시 이 프리뷰 화면에도 나타난다. 게다가 아트보드 선택을 바꿀 때마다 프리뷰에 보이는 내용도 자동으로 바뀐다.

나무

영감을 좀 받기 위해 The Noun Project[98]에서 'Seaside' 테마와 연관된 검색어로

---

98 https://thenounproject.com

아이콘을 둘러보았다. 고민 끝에 파도에 떠 있는 보트와 호수 주변의 풍경을 나타내는 나무를 그리기로 했다. 가지를 나타낼 기본 삼각형 세 개와 기둥을 표현할 사각형 하나, 이 도형들로 작업을 시작할 것이다(그림 10.3). 스케치가 나뭇가지를 그릴만한 삼각형 도형을 제공하기는 하지만, 나는 꼭짓점 방향을 고르기 더 자유로운 사각형 도형을 활용하는 걸 훨씬 선호한다. 더욱이 사각형 도형은 키보드 단축키만으로 쉽게 추가할 수 있다.

나무 꼭대기를 만들기 위해 *R*을 눌러서 크기가 '12×6'인 첫 사각형 도형을 추가한 후 그리드에 정렬한다. 앞으로 추가할 모든 도형을 반드시 그리드에 맞추도록 한다. 벡터 포인트 편집 모드로 들어가서 *Shift*를 누른 채 윗선을 클릭, 정확히 중앙에 새 포인트를 추가한다. 그런 후 새 포인트의 오른쪽과 왼쪽에 있는 포인트를 *Shift*를 누른 채 클릭한다. 만약 클릭하기가 힘들면 각 포인트를 드래그해 선택해도 된다.

이 두 포인트를 삭제해서 원하는 삼각형을 만든 후 벡터 포인트 편집 모드를 빠져나간다. 다음으로 *Cmd + D*를 누르거나, *Alt*를 누른 채 이 삼각형을 아래로 드래그해서 복제한다. 전자의 방법을 선호한다면 **Preferences**의 **Layers** 탭에서 **Offset duplicated layers**가 활성화돼 있도록 해 복제본이 원본과 같은 위치에 생성되도록 한다. 그런 후, 복제한 삼각형을 키보드 ↓를 사용하거나 인스펙터의 Y 입력창에 '+4'를 입력해서 아래로 4픽셀 내린다. 후자의 방법을 사용했다면 *Esc*를 눌러서 입력을 끝낸다.

두 번째 삼각형 도형은 첫 번째 것보다 폭이 4픽셀 더 넓고 높이가 2픽셀 더 높아야 한다. 크기를 바꾸는 가장 빠른 방법은 4픽셀이 추가될 때까지 *Cmd*를 누른 채 →를 누르는 것이다. 높이 변경도 같은 방식으로 여전히 *Cmd*를 누른 상태에서 ↓를 눌러 2픽셀 늘린다. 물론 인스펙터를 사용해서 같은 작업을 처리해도 된다.

두 번째 삼각형 도형을 다시 복제해 같은 식으로 수정한다. '4px' 넓히고 '2px' 늘이고 '4px' 내린다. 이런 식으로 총 네 개의 삼각형 도형을 만든다. 나무의 마지막 부분인 기둥은 '4×4' 크기의 간단한 사각형 도형으로 마무리한다. 필요한 도형을 모두 추가했으면 모든 도형을 선택해서 마우스 우클릭 후 **Align Center**를 실행해 도형 간 수평 중앙이 맞도록 정렬한다.

모든 도형이 선택된 상태에서 *Alt + Cmd + U*를 눌러서 Union 부울 연산을 실행한다. 이는 모든 도형을 하나의 레이어로 묶으므로, 도형의 색을 아트보드의 배경색과 같은 색으로 한 번에 바꿀 수 있다. 마지막으로 이 레이어의 이름을 'Tree'로 바꾸고, **X** Position은 '4', **Y** Position은 '10'으로 이동해서 다른 요소를 위한 공간을 마련한다.

그림 10.3 해변 아이콘의 첫 요소인 나무

보트

이제 보트를 띄우자. 확연히 보이지 않을지도 모르지만, 보트도 변형된 세 개의 사각형으로 이루어져 있다(**그림 10.4**). 우선, 큰 돛이 될 '14×20' 크기의 사각형 도형을 오른쪽 빈 영역에 만든다. 이전처럼 벡터 포인트 편집 모드에 들어가면 이 도형의 시작 포인트인 왼쪽 위 포인트가 이미 선택돼 있을 것이다. 하지만 우리가 관심 가져야 할 부분은 오른쪽 위 포인트이므로, *Tab*을 눌러 이 포인트로 이동한 후 *Delete*로 지운다. 이제 벡터 포인트 편집 모드에서 빠져나온다. 식은 죽 먹기다.

믿을지 모르겠지만 두 번째 돛을 만들기는 더 쉽다. 첫 돛을 복제한 후 마우스 우클릭에서 **Transform → Flip Horizontal**을 실행한다. *Alt + Tab*으로 인스펙터로 이동해서 Tab을 몇 번 눌러 **Width** 창으로 이동한다. 여기에 '8'을 입력하고 Height로 이동해서 '12'를 입력한다. *Esc*를 눌러서 입력창을 떠난다. 이제 스마트 가이드가 큰 돛과의 간격이 2픽셀이라고 할 때까지 왼쪽 화살표 키를 누른다. 그리고 두 돛이 같은 베이스라인에 맞춰 앉을 때까지 ↓를 이용해서 작은 돛을 아래로 옮긴다. 정렬이 끝나면 두 도형에 Union 부울 연산을 실행한다.

보트 선체는 38×12픽셀 크기의 사각형 도형을 추가해서 돛 아래에 2픽셀의 간격을 두고 배치한다. 벡터 포인트 편집 모드로 들어가서 *Shift*를 누른 채 아래 선을 클릭해서 중간에 새 포인트를 추가한다. *Tab*으로 왼쪽 아래 포인트로 이동한 후 *Delete*를 눌러 지운다. 다시 *Tab*을 *Shift*와 함께 눌러 반대 방향으로 이동해서 오른쪽 아래 포인트도 역시 지운다.

삼각형의 보트 선체는 꽤 밋밋해 보인다. 가장 아래 포인트를 더블클릭해 포인트 유형을 **Straight**에서 **Mirrored**로 바꿔서 좀 더 재미있게 만들자. 이로써 도형이 원형으로 바뀌면서 둥근 정도를 정의하는 두 개의 벡터 컨트롤 포인트를 생성한다. 한쪽 컨트롤 포인트를 바깥쪽으로 드래그해 선체의 하단부를 더 동그랗게 만든다. 훨씬 보기 좋아졌다.

벡터 포인트 모드에서 나와서 보트 선체와 두 돛을 함께 선택한다. 두 요소의 수평 중앙을 맞춘 후, 돛을 오른쪽으로 한 픽셀 옮겨서 그리드에 다시 정렬시킨다. 마지막으로 보트의 모든 부분을 선택해서 Union 연산을 실행해서 한 그룹으로 묶는다. 그리고 아이콘의 다른 부분과 같은 색을 적용한다. 'Boat'로 그룹의 이름을 바꾸고 위치는 '22'(X)와 '18'(Y)로 옮긴다. 이제 아이콘의 마지막 부분을 만드는 데 방해가 되지 않도록 보트를 *Shift + Cmd + H*로 숨겨둔다.

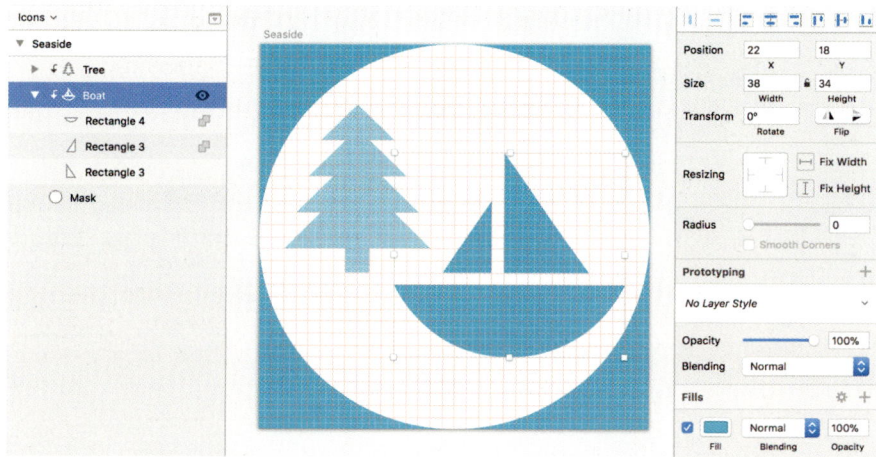

그림 10.4 아이콘의 두 번째 요소인 보트. 보트 도형을 강조하기 위해 나무의 불투명도를 잠시 내렸다.

파도

보트가 공중에 떠 있을 수는 없으니, 보트를 띄울 물을 만들어야 한다. 파도 도형은 약간 어렵지만, 몇 개의 도형을 잘 배치하기만 하면 쉽게 그릴 수 있다. 여러 개의 타원 테두리를 한 줄로 나열해 구불구불한 선을 만들어서 파도를 표현한다.

파도는 타원^{Oval} 하나에서 시작한다. 크기가 '16×12'인 타원 도형을 추가해서 나무의 아래쪽 왼쪽 가장자리에 붙여 놓는다. 오른쪽 여백은 타원의 복제본을 만들 공간으로 사용할 것이다. *Alt*를 누른 채 타원을 드래그해 오른쪽으로 옮기는데, 이때 두 도형이 한 줄로 서로 닿아있도록 한다. 이제 *Cmd+D*로 또 다른 복제본을 같은 간격으로 만들어서 총 네 개의 타원을 만든다. 아직은 파도가 아니다. 파도에 한 단계 다가가기 위해 모든 타원을 **Union** 부울 연산으로 묶는다. 이 부울 그룹이 아트보드와 수평 중앙이 맞는지 확인한다.

여전히 한 가지가 빠졌다. 우리는 사각형에서 타원을 잘라내 파도 모양을 만들 것이니, '64×28' 크기의 사각형 도형을 하나 추가한다. 사각형 도형의 윗부분이 타원의 중앙과 일치하도록 옮기고, 아트보드와도 수평 중앙을 맞춘다(그림 10.5의 ①). 이제 이 사각형 도형을 레이어 리스트에서 부울 그룹 안으로 옮기는데 그룹 안에서 가장 아래에 있도록 한다. 끝으로 레이어 리스트에서 레이어 이름 옆에 있는 작은 아이콘을 통해 모든 타원의 부울 연산 유형을 **Subtract**로 변경한다(그림 10.5의 ②). 이제 제법 파도가 나타나고 있다.

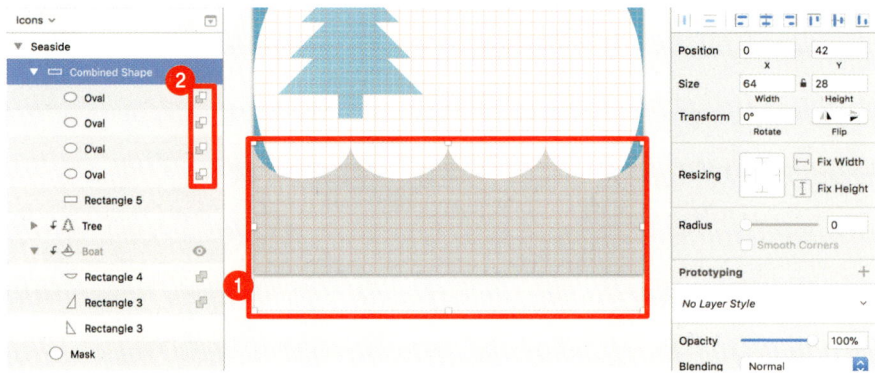

그림 10.5 ① 파도는 사각형에서 네 개의 타원을 잘라내서 만든다. ② 레이어 리스트에 있는 작은 아이콘을 통해 부울 연산 유형을 바꾼다.

이 도형에 Thickness가 '2px'인 테두리를 추가해서 파도를 완성한다. 아이콘의 다른 부분과 같은 색을 지정한다. 이때 Fill 색을 채울 때처럼 *Ctrl + C*로 컬러 픽커를 사용할 수 있는데, 그러기 위해선 먼저 Fill을 선택 해제해야 한다(어쨌든 파도에 더는 Fill이 필요 없다). 부울 그룹을 'Waves top'으로 이름을 바꾸고 **Y**의 위치가 '42'가 되도록 옮긴다.

더 동적으로 보이도록 두 번째 파도를 추가한다. 추가한 파도는 타원 크기의 반인 '8px'만큼 오른쪽으로 옮기고, **Y** Position을 '52'로 입력한다. 이름은 'Waves bottom'으로 바꾼다(그림 10.6).

레이어 리스트에서 지금 'Boat' 그룹을 선택해서 화면에 나타나도록 하면, 보트가 물결 위에 보기 좋게 떠있을 것이다.

마무리를 위해 모든 요소를 'Icon' 그룹으로 묶어서 아이콘 전체를 한 번에 선택하기 쉽게 만든다. 그리고 뒤에 있는 흰 원 도형을 *Ctrl + Cmd + M*을 눌러 마스크로 만들어 이 원 영역 밖의 요소는 잘라낸다. 이 작업을 위해 마스크는 가장 아래에 있는 요소여야 한다. 아이콘 완성본은 **그림 10.1**에서 확인한다.

그림 10.6 8px씩 교차하는 두 개의 파도가 이 율동감을 주며 마무리됐다.

픽셀 미리 보기

다음 아이콘으로 넘어가기 전에 우리가 만든 아이콘이 브라우저에서 어떻게 보일지 확인해보자. 스케치는 비트맵이 아니라 벡터를 기반으로 하기에 얼마든지 확대해도 모두 선명하고 깔끔해 보이므로 디자인이 픽셀에 잘 맞는 양 착각하기 쉽다. 실제로 디자인 브라우저에 담기는 순간 상황은 달라진다.

SVG는 벡터 기반이니 그다지 문제가 되지 않지만, PNG와 JPG는 스케치에서만큼 좋은 품질로 나타나지 않는다. 어느 정도라도 이 문제를 완화하려면 정기적으로 Ctrl+P를 눌러 픽셀 미리 보기를 실행하도록 한다. 브라우저와 100% 똑같지는 않고 특히나 텍스트는 그 정확도가 더 떨어지지만, 디자인을 내보냈을 때 어떤 모습일지 가늠해보는 데는 충분하다.

우리는 아이콘을 그리드에 맞춰 만들었기 때문에 픽셀 미리 보기가 켜져도 완벽한 모습의 아이콘을 보게 될 것이다. 그래도 종종 이 미리 보기로 디자인을 확인하도록 한다. 확대 단계를 100%에서 그리드를 숨기고 사용할 때 가장 정확한 미리 보기를 할 수 있다.

산 분류

우리는 점점 아이콘의 대가가 돼가고 있다. 이 기세를 몰아 두 번째 아이콘 작업에 착수하자. 이번에는 '산mountainside' 분류이니 산이 중요한 역할을 한다. 기초 작업을 모두 다시 할 필요 없이 해변 아이콘을 기반으로 활용하면 된다. 해변 아이콘을 복제해 이름을 'Mountainside'로 바꾼다. 그리고 원 도형을 제외한 모든 요소를 삭제한다. 아트보드의 배경색을 앞에서 **Document Colors**에 저장했던 주황색(#F5A623)으로 바꾼다.

이제 아이콘 내용을 만들 차례다. 첫 요소이자 가장 쉬운 요소인 태양을 오른쪽 위에 만든다. '12×12' 크기의 주황색 원 도형을 '40'(X)과 '10'(Y)의 위치에 배치한다. 이 원 도형이 앞으로 만들 모든 요소가 들어갈 'Icon' 그룹 안에 있도록 하고 이름을 'Sun'으로 바꾼다.

이런 쉬운 게임은 넣어두고, 사각형 도형을 이용해서 첫 산을 만들어보자. 산도 나뭇가지를 만들 때와 같은 식으로 만든다. 사각형 도형을 추가해 '40×30' 크기로 바꾼 뒤, 벡터 포인트 편집 모드에서 윗부분을 클릭해서 중간에 포인트를 추가한다. 이때 *Shift*를 누르면 정확하게 중간에 포인트를 추가할 수 있다. *Shift + Tab*으로 이전 포인트로 이동해서 이를 지우고, *Tab*으로 오른쪽 위 포인트로 이동해서 마찬가지로 지운다. 이 도형의 이름을 'Base'로 바꾼다.

눈 내리기

산꼭대기에는 아직 여름이 오지 않아 여전히 눈이 남아있다. 큰 삼각형으로 만든 훨씬 작은 삼각형으로 눈을 표현할 것이다. 앞서 만든 삼각형 도형을 복제해 캔버스에서 크기를 줄인다. *Shift*를 누른 채(비율 유지) 아래쪽 중간 핸들을 드래그해 크기가 '8×6'이 될 때까지 올린다. 이름을 'Snow'로 바꾼다.

두 삼각형 도형을 선택, *Alt + Cmd + S*로 **Subtract** 부울 연산을 실행해 큰 삼각형에서 작은 삼각형을 잘라낸다. 캔버스에서 더블클릭해 연산으로 묶인 그룹에 들어간다. 작은 삼각형 도형을 선택한 뒤 '4'픽셀만큼 아래로 내린다(그림 10.7). 눈이 왔다! 그룹 밖으로 나와 인스펙터에서 이 그룹의 위치를 '-6/30'로 지정한다 (X: -6, Y: 30). 아트보드의 배경과 같은 색을 지정하고 이름을 'Mountain left'로 바꾼다.

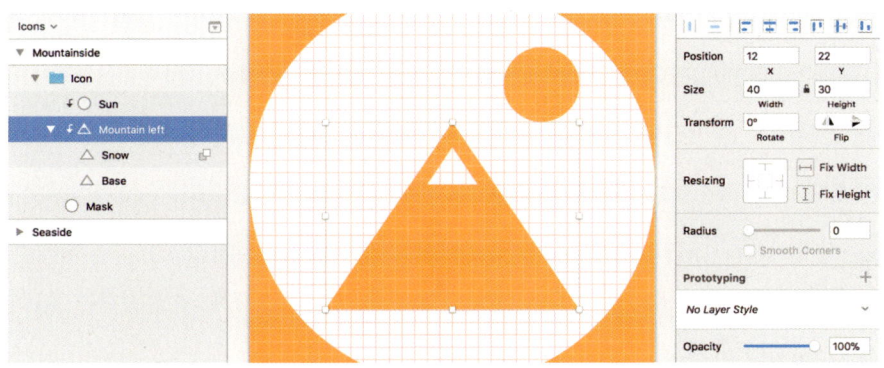

그림 10.7 산 아이콘의 초기 요소인 태양과 첫 산. 전체 모양을 보여주기 위해 산을 아직 최종 위치로 이동하지 않았다.

크고 작은 산

오른쪽에 배치할 두 번째 산은 단순히 다른 위치에 있는 첫 산의 복제본이다. 부울 그룹을 복제해서 'Mountain right'으로 이름을 바꾼다. 그리고 위치를 '30'(X) 과 '34'(Y)로 지정한다. 좀 더 큰 산을 만들어서 이 사이에 두기 위해 또 다른 복제본을 만든다. 작업 내용이 잘 보이도록 이 복제본을 아트보드의 중앙으로 옮긴다. 캔버스에서 이 부울 그룹을 더블클릭하면 큰 삼각형이 선택돼있을 것이다. 앞에서 했듯이, 도형의 위치를 유지하면서 높이만 바꾸는 가장 쉬운 방법은 아랫부분의 중간 핸들을 이용하는 것이다. *Shift*를 눌러 비율을 고정하고 도형의 높이가 48픽셀이 될 때까지 아래 중간 핸들을 내린다. 부울 그룹에서 빠져나와서 이 그룹을 아트보드의 수평 중앙에 정렬한 뒤 Y값을 20으로 입력한다. 그리고 이름을 'Mountain center'로 바꾼다.

이제 다 좋아 보이는데, 음… 한 가지가 눈에 걸린다. 산이 잘 분간되지 않으니 산마다 구분 선이 있으면 나을 것 같다. 구분 선 작업은 한 산 도형의 외곽 모양을 다른 산의 부울 그룹에 넣어 Subtract로 잘라내는 식이다. 우선, 가장 오른쪽 산이 레이어 리스트 계층 구조상 가장 위에 있도록 한다(Ctrl+Alt+Cmd+Up을 사용해 위로 올린다). 그 다음은 중간 산, 그 아래에 작은 산의 순이 되도록 한다. 흰 원 도형은 여전히 가장 아래에 있어야 한다.

구분 선을 만들기 위해 가운데 산의 큰 삼각형 도형을 캔버스에서 더블클릭으로 선택해서 복사한다. 왼쪽 산을 더블클릭해서 그룹 안으로 들어간 후 복사한 내용을 붙여 넣는다. 삼각형 도형이 원래 있었던 위치대로 삽입되면서 자동으로 Subtract 부울 연산을 실행한다. 이 삼각형을 산 사이에 분명한 구분 선이 생길 때까지 '4'픽셀만큼 위로 올린다(그림 10.8). 이로써 이 삼각형 도형의 Y 위치는 '16'이 된다. 도형의 이름을 'Separation'으로 바꾼다.

그림 10.8 산 세 개가 완성됐다. 큰 산 도형을 왼쪽 산 그룹에 넣어 그 영역만큼 빼서 구분 선을 만들었다(오른쪽 산도 같은 식으로 작업했지만 그림에 포함하지 않았다. 완성본은 그림 10.1을 참조한다).

가장 큰 산에도 같은 내용을 적용한다. 오른쪽 산을 더블클릭해 부울 그룹으로 들어가 'Base'를 복사한다. 중간 산 그룹으로 옮겨 가서 Cmd+V로 구분 선을 삽입한다. 위로 '4'픽셀만큼 올려서 Y 위치 '30'에 위치시킨다. 이름을 'Separation'으로 바꾼다. 성공이다!

도시 아이콘

재미있는 작업이었다! 도시^{cityscape}를 분류할 세 번째 아이콘은 앞의 두 아이콘과 꽤 다른 모습이다. 손대지 않은 아주 많은 사각형이 창문이 많은 세 개의 고층 빌딩의 모습을 하고 있다.

앞에서처럼, 아이콘 기반을 가져오기 위해 앞의 두 아이콘 중 하나를 복제해서 불필요한 도형을 모두 지운다(가장 아래의 흰 원 도형 제외). 그리고 아트보드의 이름을 'Cityscape'로 바꾼다. 그리고 기사글에서 사용했던 세 번째 관광지 분류 선인보라색(#E01081)을 배경색으로 선택한다.

기초 공사

왼쪽 빌딩이 될 '14×38' 크기의 사각형 도형을 추가한다. Fill을 먼저 해제한 후, 도형 안쪽으로 **Thickness**가 '2'인 테두리를 추가하고 아이콘 색을 지정한다. '10'(X)과 '30'(Y)으로 위치를 옮기고 'Base'로 이름을 바꾼다. 이 빌딩에 아주 많은 사람이 입주할 것이다. 이들에게 신선한 공기와 빛을 들여 줄 창문이 필요하다. 왼쪽 위 가장자리에서 '2×2' 크기의 사각형을 그려서 첫 창문을 만든다. 테두리에서 수직과 수평 모두에서 '2'픽셀 떨어뜨리고 이름을 'Window'라고 바꾼다. 아이콘 색을 입히고, 빌딩 기본 도형과 함께 'Icon' 그룹 안으로 드래그해 옮긴다.

나머지 창문을 만드는 가장 쉬운 방법은 앞에서 배운 **Make Grid** 기능을 사용하는 것이다. 메뉴 바의 **Arrange**에서 이를 선택한다. 우리는 각 '2px' 간격^{Margin}을 지닌 '2'열과 '8'행이 필요하다. **Make Grid**를 클릭하면 자동으로 나머지 창문이 나타난다(그림 10.9). 창문을 모두 레이어 리스트에서 선택해서 'Windows' 그룹으로 묶은 후, 빌딩 도형과 함께 'Skyscraper left' 그룹으로 다시 묶는다.

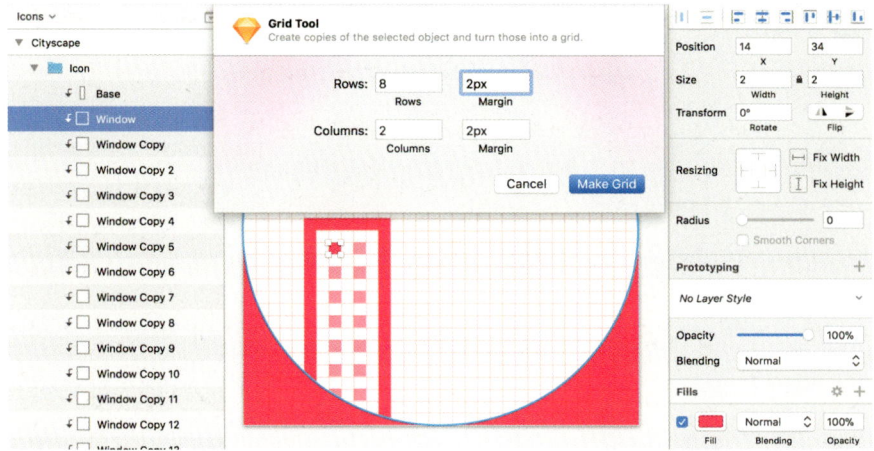

그림 10.9 첫 창문을 만든 후 Make Grid 기능을 이용해서 나머지를 추가한다. 추가한 창문은 이 스크린샷에서 불투명도를 낮춰 표시했다.

입주 수요

이곳은 꽤 큰 도시라서 사람이 살 더 많은 공간이 필요하다. 첫 빌딩을 복제해서 'Skyscraper right'으로 이름을 바꾼다. *Alt + Tab*을 눌러 인스펙터의 **X** 입력창으로 이동해서 '42'를 입력한다. 다시 *Tab*으로 **Y** 입력창으로 이동, '38'을 입력한 후 *Enter*를 누르고 *Esc*로 빠져나온다.

아직 끝난 게 아니다. 사람들이 계속 도시로 유입하기 때문에 빌딩 하나를 더 세워야 한다. 다행히 우리는 이미 설계도를 가지고 있으니 이 빌딩을 짓는 일은 아주 간단하다. 사각형 도형을 드래그해서 '22×44' 크기로 만든다(혹은 인스펙터에서 크기를 설정한다). 앞에서처럼 레이어 이름을 'Base'로 바꾼다. 이번에는 테두리 대신 다른 요소와 같은 색으로 Fill을 사용한다. 다른 요소에서 이 색을 가져오려면 *Ctrl + C*로 컬러 픽커를 사용한다.

이 빌딩에도 햇볕이 들도록 위의 방식대로 창문을 만들어야 한다. '2×2' 크기의 흰 사각형을 빌딩의 왼쪽 위 모서리에서 '4'픽셀 떨어진 곳에 추가하고 이름을 'Window'로 바꾼다. 빌딩과 창문을 모두 선택해서 *Alt + Cmd + S*로 **Subtract** 부울 연산을 실행해서 빌딩에서 창문을 잘라내 배경의 흰 원 도형이 보이도록 한다.

앞서처럼 **Make Grid** 기능으로 나머지 창문을 만든다. 이번에는 '10'개의 행과 '4'개의 열이 '2px' 간격으로 필요하다. 이번 복제는 부울 그룹 안에서 실행되므로, 새로 생기는 창문이 빌딩 도형을 잘라내며 생성된다(그림 10.10). *Esc*로 부울 그룹에서 나와서 *Cmd+R*를 눌러 'Skyscraper middle'로 그룹 이름을 바꾼다. 이 빌딩을 좌우 두 빌딩 사이인 '22'(X)와 '20'(Y)에 위치시킨다.

그림 10.10 다른 빌딩과 대비를 주기 위해 가운데 빌딩은 Fill을 사용한다. 창문은 Subtract 부울 연산으로 건물 도형에서 잘라낸다.

마감 작업

끝으로 사각형 도형 두 개가 필요하다. 빌딩의 윗부분 (Y: '10')에 쓸 '10x10' 크기의 사각형과 멋스러운 안테나(Y: '2')를 만들 '2×8' 크기의 사각형을 추가한다. 두 사각형을 중간 빌딩과 수평 중앙을 맞춰 아래위로 쌓는다. 빌딩과 함께 선택해 기존 부울 그룹에 새 도형을 추가하는 **Union** 연산을 실행한다. 이제 많은 사람이 새집을 갖게 됐다. 좋은 일했다!

전원 아이콘

이제까지 만든 아이콘을 둘러보면 공통적인 테마를 발견할 수 있다. 각 아이콘은 색을 채운 요소로 대부분을 구성하더라도 '2px' 테두리를 지닌 요소를 최소한 하나 이상 포함하고 있다. 이는 아이콘 간에 일종의 친밀감을 만들고 한 가족으로 묶는 역할을 한다. 세트의 일부인 아이콘을 만들거나 한 장소에서 함께 사용할 아이콘을 디자인할 때 이 점은 특히 중요하다. 더 나아가, 한 곳에는 색을 채운 '무거운' 요소를 놓고, 다른 쪽에서는 '가벼운' 요소를 두어 균형을 맞추는 식으로 스타일을 섞어서 다양함을 만든다. 아이콘 디자인에 관한 더 많은 정보는 스캇 루이스Scott Lewis가 「스매싱 매거진Smashing Magazine」[99]에 기재한 훌륭한 기사를 참고하자.

물론 마지막 아이콘 제작도 같은 식으로 이어갈 것이다. 이번에는 '전원countryside' 아이콘인데 도시의 번잡함을 벗어난 목초적 자연경관이 있는 장소를 나타낸다. 그래서 이 아이콘은 나지막한 언덕과 아늑한 원두막, 그리고 녹색 자연을 나타내는 나무를 포함한다. 그리고 인생에 늘 해만 비추는 건 아니니 '산' 아이콘의 해 대신 이번엔 구름을 넣는다.

앞에서 했듯, 기존 아이콘을 복제해서 도형을 품고 있는 가장 아래의 원 도형을 제외하고 모두 지운다. 아트보드의 이름을 'Countryside'로 바꾸고, 배경색을 반응형 기사를 만들면서 **Document Colors**에 저장해 둔 마지막 남은 색으로 바꾼다. 이 아이콘에 녹색(#79C03D) 외에 어떤 색이 더 적합할 수 있을까?

순조로운 출발

전원의 토대가 될 언덕부터 시작하자. '60×36' 크기의 타원을 '16'(X)과 '51'(Y) 위치에 만든다. 타원을 추가하기 위해 O를 누르는데, 처음부터 정확한 크기를 만들려고 하지 말고 임의의 크기로 일단 그려 넣는다. 그런 후 바로 *Alt + Tab*을 눌러서 인스펙터로 이동해 정확한 **X, Y**값과 크기를 입력한다.

---

[99] http://smashed.by/sketch-icondesign

도형의 크기와 위치를 캔버스에서 마우스로 정확히 맞추는 것보다 인스펙터에서 나중에 교정하는 편이 항상 더 쉽다. 나 또한 도형을 캔버스에 추가하면 수정하거나 옮기기 위해 마우스를 쓰는 것보다 키보드를 사용하는 것을 더 좋아한다. 화살표 키로도 도형을 옮길 수 있고 *Cmd*를 함께 누르면 크기도 변경할 수 있음을 기억하자. 더 큰 폭으로 이동하거나 크기를 변경하려면 *Shift*를 함께 누른다.

언덕은 Fill에 흰색을 지정한다. 그리고 아트보드의 배경색으로 '2px' 두께의 테두리를 만드는데, 테두리의 위치를 'Center'로 한다. 앞에서 Y 위칫값을 홀수로 선택한 이유가 여기에 있다. 그리하지 않았다면 테두리가 결국 홀수 위치에 자리할 것이다(그림 10.11, 빨간 선). 원근을 주기 위해 뒤쪽에 언덕을 추가한다. 첫 언덕을 복제해서 *Alt + Cmd + ↓*를 눌러 레이어 계층 구조에서 아래로 옮긴다. 이 언덕은 위치만 '−24'(X)와 '43'(Y)으로 바꾸면 끝이다. 언덕의 흰색 Fill이 두 언덕이 서로를 가린 듯 보이게 한다(그림 10.11).

*Cmd + R*을 눌러서 이 레이어의 이름을 'Hill back'으로 바꾼다. 이름 변경 창이 여전히 열린 상황에서 *Shift + Tab*으로 다른 언덕 도형으로 선택을 옮겨 'Hill front'로 이름을 바꾼다. 이 두 도형이 'Icon' 그룹 안에 있어서 아래 원 도형 마스크에 적용되는지 확인한다.

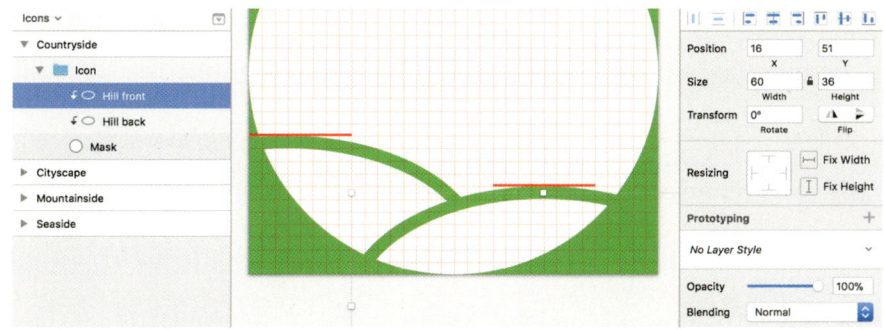

그림 10.11 나지막한 두 언덕. 흰색 Fill 색상이 두 언덕이 서로 가리고 있는 것처럼 보이게 한다. 두 도형의 Y 위치가 홀수이지만, 테두리가 벡터의 중앙에 위치하기 때문에 결과적으로 그리드 선에 맞춰진다(빨간 선).

울창한 숲

새로 만든 땅에 나무를 심을 차례다. 세트인 아이콘은 아이콘끼리도 일관적이어야 함은 물론, 한 아이콘 안에서도 일관성이 있어야 한다. 해변 아이콘의 경우 나무와 보트 모두 뾰족한 형태의 비슷한 스타일이다. 산 아이콘은 산 세 개가 같은 형태이고, 도시 아이콘의 빌딩과 창문은 모두 사각형이다. 이번 아이콘의 테마는 타원이니 이를 나무의 기본 도형으로 삼는다.

아이콘 혹은 그 일부를 만드는 가장 쉬운 방법은 기본 도형을 활용해서 새로운 형태를 만드는 것임을 계속 강조해왔다. 물론 **V**를 눌러 손으로 나무 모양 벡터를 그릴 수도 있지만, 타원 도형을 활용하면 제작 자체도 더 쉽고 선도 훨씬 부드럽다. '6×8' 크기의 첫 타원을 언덕 위 빈 영역에서 만든다. 이를 복제 후 *Cmd+↓*과 *Cmd+→*를 사용해 '10×12'로 크기를 변경한다. 복제본을 아래로 4픽셀 내린 후, 두 타원 도형을 함께 선택한다. 마우스 우클릭 후 **Align Center**를 선택해서 두 도형 간 수평 중앙을 맞춘다.

마지막으로 나무 기둥을 추가한다. '2×8' 크기의 사각형 도형을 큰 타원 아래에 2픽셀 겹치도록 놓는다. 이 사각형 도형을 두 타원 도형의 수평 중앙에 맞춘다. 그런 후, 모든 도형을 함께 선택해서 **Union** 부울 연산을 실행한다. 생성된 부울 그룹을 아트보드 배경색과 맞추면 모든 도형의 색을 한 번에 바꿀 수 있다. 이 그룹의 이름을 'Tree'로 바꾼다. 마지막으로 위치를 '6'(X)과 '22'(Y)의 위치로 옮겨서 왼쪽 언덕에 나무를 심는다. 자연에서는 나무가 다 자라기까지 몇 년이 걸리지만, 스케치에서는 두 번째 나무를 키우는 건 몇 초면 된다. *Cmd+D*를 누르고 위치를 '20'(X)과 '26'(Y)으로 바꾼다.

숲속의 오두막

왼쪽 언덕은 끝났고 이제 오른쪽 언덕을 살펴보자. 여기에도 사람은 살아야 하니 집을 지을 건데, 도시와 달리 작고 아늑한 오두막을 만들자. 오두막은 기본 도형 몇 개면 충분하다. 먼저 '14×12' 크기의 사각형 도형을 만들고 복제본을 만들어 지붕 위치로 올린다. 지붕의 폭에 '18c'를 입력해서 중앙을 기준으로 크기를 변경한다. 높이에는 '6b'를 입력해 아래를 기준으로 크기를 변경해 오두막 위의 위치를 유지한다. 앞에서 했듯, 벡터 포인트 편집 모드에서 삼각형으로 변형한다. 벡터 포인트 편집 모드로 들어가서 Shift를 누른 채 윗부분에 새 포인트를 추가한다. Alt + Tab을 눌러 앞 포인트로 이동해서 이를 지우고, Tab으로 뒤 포인트로 이동해서 이 역시 지운다. 마지막으로 지붕과 오두막 도형을 Union으로 묶는다.

사람들이 오두막에 들어가려면 문이 필요하다. '4×8' 크기의 새 사각형 도형을 오두막의 아랫부분에 맞춰 그린다. 문 위치를 제대로 볼 수 있도록 Fill 색을 약간 밝은 색-흰색이 아닌-으로 바꾼다. 오두막의 부울 그룹과 함께 선택해서 수평 중앙 정렬한다. 지금 지붕과 문이 정확하게 그리드에 맞지 않는다고 해서 걱정할 것은 없다. 가끔은 예외를 두어도 괜찮다.

이제 레이어 리스트에서 문 도형을 부울 그룹 안으로 넣는다. 문이 다른 도형들 위에 있도록 레이어 순서를 바꾸어야 문 도형의 부울 연산 유형을 Union에서 Subtract로 바꿀 수 있다. 연산 유형 변경은 레이어 이름 옆의 작은 아이콘을 이용한다. 큰 도형이 항상 아래에 있어야 함을 기억하자. 레이어 계층 구조에서 상위에 있는 도형일수록 크기가 작아야 한다.

이제 문을 달아 드나드는 문제는 해결했지만, 벽난로를 피워서 굴뚝이 있으면 연기를 빼내는 데 도움이 될 것이다. 사각형 도형을 '2×4' 크기로 만들어서 오두막의 제일 높은 부분에 윗부분을 맞춰 배치한다. 화살표 키를 사용해서 지붕의 왼쪽 가장자리에서 4픽셀 안으로 들어온 곳에 위치시킨다. Alt를 누른 채 지붕을 마우스 커서로 가리키면 거리를 확인할 수 있음을 기억하자.

굴뚝이 부울 그룹 안에서 가장 위 레이어가 되도록 넣는다. 그룹의 이름을 'Cabin'으로 바꾸고, 인스펙터에서 '36'(X)과 '34'(Y)의 위치로 옮겨서 언덕 위에 자리 잡도록 한다. 그리고 아이콘의 나머지 부분과 같도록 색을 변경한다.

그림 10.12 오두막은 부울 연산으로 묶인 세 개의 사각형과 하나의 삼각형으로 구성한다. 오두막을 강조하기 위해 나무의 불투명도를 잠시 낮추었다.

구름 낀 하늘

기존 요소 위로 꽤 많은 공간이 있다. 마지막 요소를 위해 일부러 이곳을 남겨 두었다. 산 아이콘에 이미 태양이 있으니 여기에는 구름을 넣기로 했다. '8px' 지름의 원을 하나 추가한다. 이때 *Shift*를 눌러서 비율을 잠그면 타원이 아닌 균등한 형태의 원을 만들 수 있음을 기억하자. 이 원 도형을 복제한 다음 →를 사용해서 '12px'만큼 오른쪽으로 옮기는데, 이때 *Shift*를 한 번 사용하면 편리하다.

이제, 두 원을 연결하면서 구름의 아랫부분을 채울 사각형 도형을 넣는다. 이는 왼쪽 원의 중간에서 시작하면서 크기는 '12×4'가 돼야 한다. 사각형 도형을 추가할 때 스마트 가이드가 정확하게 이 위치를 보여준다. *Alt+Cmd+U*를 눌러서 지금까지의 도형 모두를 **Union** 부울 연산으로 묶는다.

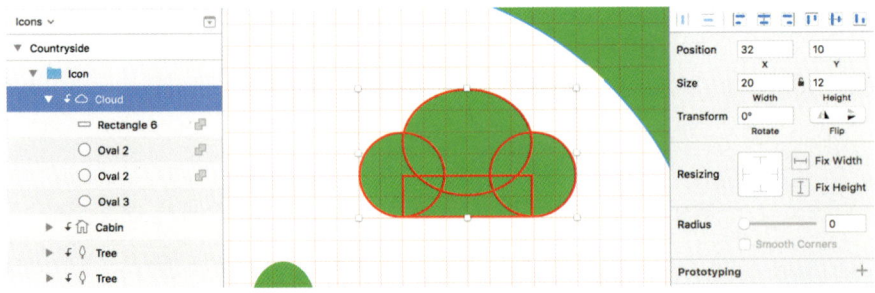

그림 10.13 구름을 형성하는 도형은 모두 **Union** 부울 연산으로 묶여있다.

이제 '12×10' 크기의 타원으로 구름 윗부분을 만든다. 부울 그룹과 수평 중앙을 맞추어 '4px' 위로 이동한 후, 레이어 리스트에서 이 도형을 부울 그룹 안으로 옮긴다. 그룹을 '32'(X)와 '10'(Y)의 위치로 이동하고 이름을 'Cloud'로 바꾼다. 그리고 아이콘의 다른 부분과 색이 같도록 바꾼다. 모든 요소가 'Icon' 그룹 안에서 마스크 적용을 제대로 받는지 확인한다. 축하한다! 이로써 마지막 분류 아이콘 제작이 끝났다.

11장에서는 이 모든 디자인 작업을 어떻게 내보내는지 살펴본다.

분류 아이콘 내보내기

Exporting Category Icons

관광지의 다양한 분류를 나타내는 아이콘 제작이 끝났으니, 이를 프로덕션에 사용하기 위한 준비 작업으로 관심을 돌려보자. 이상적으로는 해상도에 영향을 받지 않고 한 가지 크기만 내보내면 되는 SVG 형식을 사용하는 것을 항상 목표로 해야 하지만 PNG에 관해서도 잠시 언급하고자 한다.

테두리와 함께? 없이?

아이콘을 내보내기 전 우리는 아이콘의 테두리 포함 여부를 결정해야 한다. 'Article' 페이지에는 이제까지 테두리를 함께 사용했지만, 가끔은 테두리가 적절치 않은 경우도 있다. 예를 들면 어두운 배경에 아이콘을 배치하거나 CSS로 테두리를 직접 만드는 경우가 그렇다. 이런 경우에는 지금 아이콘을 그대로 사용할 수 있다.

하지만 내보내는 아이콘에 테두리를 포함하려면 (기사글에 사용했으니) 몇 가지 준비해야 할 것이 있다(그림 11.1). 먼저, 아트보드의 배경색을 없앤다. 이는 단순히 보여주기 위한 용도였으니 내보낸 파일에는 필요치 않다. 캔버스에서 아트보드의 제목을 클릭해서 선택 후 **Inspector**의 **Background Color** 옵션을 선택 해제한다. 그리고 사방으로 '8px'씩 키운다. 아트보드의 모서리 핸들 하나를 잡고 툴 팁에 '80×80'이 나타날 때까지 드래그하는데, 이때 비율을 유지하는 *Shift*와 중앙을 기준으로 크기를 변경해주는 *Alt*를 함께 누른다.

이제 아이콘에 실제로 테두리를 설정한다. *Cmd-click*으로 배경에 있는 흰 원 도형을 선택해서, '8px' 두께의 테두리를 **Outside** 옵션으로 추가한다. 아이콘의 다른 요소에 사용한 색을 테두리에 적용한다. 그리고 투명한 배경으로 내보내기 위해 원 도형의 Fill을 해제한다.

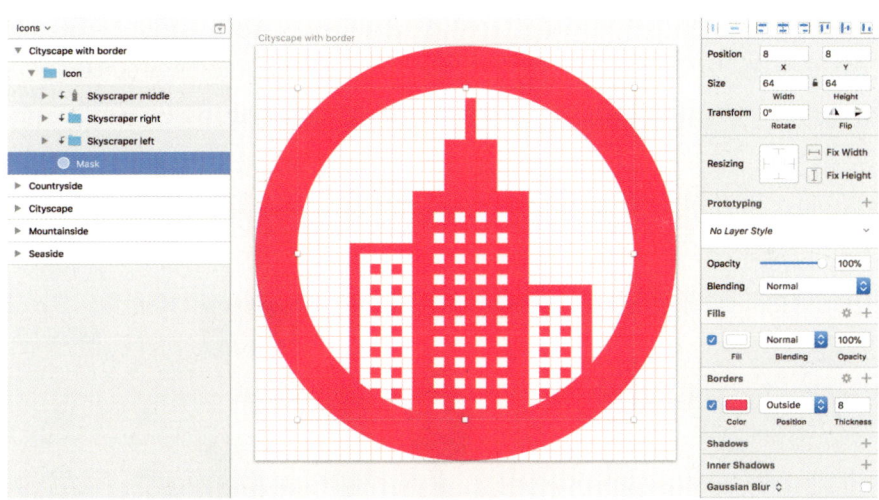

그림 11.1 도시 아이콘에 테두리를 추가해서 기사글에 바로 사용할 수 있다.

최적화하기

이로써 모든 것이 준비됐으나 한 아이콘에 작은 흠이 하나 있다. 전원 아이콘에서 언덕에 흰색을 사용해서 서로 가려지도록 한 것을 기억할 것이다. 안타깝게도 이 Fill 색상 역시 내보내질 테니 완전히 투명한 결과물을 만들 수 없다. 이를 해결하려면 몇 가지 수정을 거쳐야 한다. 먼저 전원 아이콘 아트보드를 선택한 후 *Cmd+2*로 확대해서 작업하기 좋은 시야를 확보한다.

앞 언덕을 선택해서 *F*를 눌러 Fill을 해제하면 우리가 숨겨야 할 겹치는 선이 드러난다. *Tab*을 눌러 다른 언덕으로 이동해 *Enter*로 벡터 포인트 편집 모드로 들어간다. 여기에 두 개의 포인트를 추가하는데, 하나는 선과 배경의 흰 원의 가장자리가 만나는 왼쪽 지점에, 그리고 나머지 하나는 두 타원 도형의 선이 교차하는 지점에 추가한다(그림 11.2).

이제, 메뉴 바의 **Layer → Paths**에 있는 **Scissors**를 사용한다. 추가한 두 지점의 왼쪽과 오른쪽의 불필요한 부분을 클릭으로 잘라내 필요한 언덕 부분만 남긴다. 이로써 이미 우리가 원하는 결과에 아주 가까워진다. 남아있는 선이 인접한 부분에 완전히 닿지 않을 경우를 대비해서 인스펙터의 **Border** 영역에 있는 톱니바퀴 아이콘을 클릭해서 테두리 옵션을 바꾼다. **Ends**를 세 번째 아이콘으로 설정하는데, 이 옵션은 선 끝부분을 테두리 두께의 반만큼 확장한다. 마지막으로 이 언덕의 Fill을 제거한다.

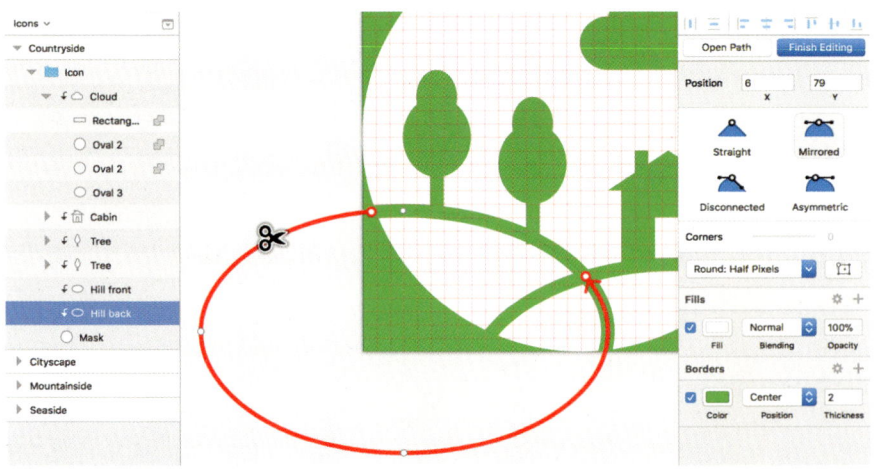

그림 11.2 뒤 언덕에 두 포인트를 추가해서 나머지(빨간색 부분)를 Scissors 툴로 잘라낸다.

PNG로 내보내기

내보낼 크기를 설정할 차례다. 아이콘을 원본 크기대로는 물론, 웹사이트의 다른 페이지에서 절반의 크기로도 사용할 것이라고 가정하자. 또한 고해상도 디스플레이에서 선명하게 보이도록 두 배의 크기로도 내보내야 한다.

먼저 *Shift+Cmd+A*로 모든 아트보드를 선택한다. 이러면 앞으로 할 설정을 개별적으로 적용할 필요가 없다. 인스펙터의 아래에 있는 **Make Exportable**을 클릭한다. 이 클릭으로 원본 크기로 내보내는 설정은 이미 처리된다. 또한 바로 위에서 내보내기 미리 보기를 보여준다. 원 도형의 흰색 Fill을 제거했으면 미리 보기에서 투명한 영역이 체크무늬로 나타난다.

절반 크기를 설정하기 위해 + 아이콘을 클릭한다. **Size**에서 '0.5x'를 선택하고, **Suffix**로 '-sm' 같은 적당한 구분자를 입력한다. 여기에 입력한 값은 파일 이름 끝에 자동으로 추가된다. 해변 아이콘을 이렇게 내보낼 경우 파일명은 'seaside-sm.png'가 된다. + 아이콘을 다시 클릭해서 고해상도에서 필요한 크기를 정의한다. 이번에는 크기에 '2x'와 접미사에 '@2x'가 기본으로 나타나니 더 수정할 것이 없다.

Export Artboards를 마지막으로 클릭해 아이콘을 내보낼 위치를 선택한다. 혹은 *Shift+Cmd+E*를 눌러서 내보내기 설정을 이미 해둔 다른 요소와 함께 설정을 한눈에 확인한 후 내보내도 된다.

SVG로 내보내기

SVG로 내보낼 이미지를 만들 때는 가능한 한 도형보다는 테두리를 사용한다. Fill보다 테두리가 SVG를 그리기 더 쉬워서 파일 크기가 줄어든다. 도시 아이콘의 바깥쪽 두 빌딩과 전원 아이콘의 언덕을 선으로 만든 이유가 바로 이 때문이다. 그런데 해변 아이콘의 파도에는 여전히 최적화할 여지가 조금 남아있다. 파도를 부울 연산을 사용한 도형으로 만들었는데, 이를 참고 삼아 벡터로 바꿀 수 있다.

레이어 리스트에서 해변 아이콘 아트보드를 클릭한 후에 *Cmd+3*를 눌러서 캔버스의 중앙에 놓은 후 *Cmd+2*로 확대한다. 이제 *Cmd-click*으로 'Boat' 그룹을 선택 후 숨겨서 파도가 잘 보이도록 한다.

새 벡터를 그리는 것부터 시작한다. *V*를 눌러 해당 툴을 활성화한 후, 아트보드의 왼쪽 가장자리에서 파도의 높은 부분에 맞게 클릭해서 첫 포인트를 만든다. 직선을 만들기 위해 *Shift*를 누른 채 아트보드의 오른쪽 가장자리를 클릭한다. 다음으로 넘어가기 전에, 테두리의 두께를 '2'로 바꿔서 새 파도가 기존 파도와 잘 일치하도록 해둔다. 이제 파도의 모든 뾰족한 부분을 클릭해서 포인트를 추가한다. 마우스 커서 위치로 벡터 선이 더 확장돼 작업을 방해하지 않도록 한다. 이 선은 단순히 마지막 포인트에서 벡터를 이어 그릴 수 있도록 한다.

실제 파도 모양을 만들기 위해 뾰족한 부분 사이에 포인트를 모두 추가한다. 이때 *Shift*를 눌러서 정확히 두 포인트의 중간에 위치하도록 한다. *Shift*와 함께 클릭해서 네 개의 중간 포인트를 선택한 후, 기존 파도의 낮은 부분까지 ↓를 이용해서 옮긴다. 아쉽게도 새 파도는 너무 각이 졌으니 아래로 옮긴 포인트의 유형을 숫자 키 2를 눌러서 **Straight**에서 **Mirrored**로 변경한다. 보기 훨씬 좋아졌지

그림 11.3 몇 개의 포인트로 새 벡터를 만들어서 하나씩 기존 파도 선처럼 만든다. Inspector에 빨갛게 표시한 아이콘은 벡터 포인트 편집 모드에서 드래그로 포인트를 선택하도록 한다.

만 아직 갈 길이 남았다. *Tab*을 눌러 아래의 첫 포인트로 이동한다. 이 포인트의 핸들을 밖으로 드래그해 둥근 정도를 키워서 기존 파도와 같은 모양이 되도록 한다. 남은 세 포인트에도 반복한다.

기존 파도처럼 만들려면 뾰족한 부분도 조금 내려야 한다. 아쉽게도 지금 상태에서 드래그하면 벡터 선을 확장할 뿐 선택 영역을 만들 듯 포인트를 선택할 수 없다. 이 방식으로 선택하려면 인스펙터의 **Round** 드롭다운 옆에 있는 아이콘을 클릭해야 한다(그림 11.3, 빨간 테두리). 이 아이콘은 드래그로 항목을 선택할 수 있게 해준다.

파도 모양을 정리한 후에는 벡터 포인트 편집 모드에서 빠져 나와서 메뉴 바의 **Arrange**에 있는 **Round to Pixel**을 실행해 모든 포인트를 온전한 픽셀에 정렬한다. 그리고 이 레이어의 **Center** 테두리 옵션을 고려해서 **Y** 위칫값을 홀수로 지정해야 한다. X에 '0', Y에 '45'를 입력하면 적당할 것이다. 마지막으로 테두리 색을 아이콘의 주요 색으로 바꾼다.

첫 번째 파도를 완성했다. 이를 복제해서 아래로 12픽셀 내리고 왼쪽으로 10픽셀 옮겨 두 번째 파도를 만든다. 기존 파도처럼 레이어 이름을 'Waves top'과 'Waves bottom'으로 바꾸고 기존 파도 그룹은 삭제한다. 레이어 리스트에서의 위치도 기존의 것과 같이 'Icon' 그룹 안에서 'Boat' 그룹 아래에 둔다. 이제 'Boat'도 화면에 보이도록 한다.

이 최적화 작업만으로 파일 크기를 35% 정도 줄였다. 이제 SVG로 내보낼 차례다. 앞에서처럼 *Shift+Cmd+A*로 모든 아트보드를 선택한다. PNG 때와는 달리 이제는 하나의 크기만 필요하므로 오른쪽에 있는 **X** 버튼으로 나머지 옵션을 지우고 Format에 **SVG**를 선택한다. 우리가 필요한 것은 이제 다다. 여러 가지 크기도, 파일명에 접미사도 필요 없다(그림 11.4).

이 마지막 과정으로 우리는 이 책의 메인 프로젝트를 완수했다. 스케치의 대부분 기능과 그 사용법을 배웠으니, 이제 당신이 상상하는 그 어떤 것이라도 만들 수 있다. 12장에서는 몇 가지 특별한 사용 예와 스케치의 나머지 기능 사용법에 관해 이야기할 것이다. 그리고 몇 개의 개별적인 미니 프로젝트를 통해 중요한 개념들을 다시 짚어본다.

그림 11.4 투명한 배경 위에 테두리를 포함하는 최종 아이콘의 내보내기 설정. PNG와 SVG 버전이 함께 내보내진다.

12장

미니 프로젝트
Mini Projects

최근 몇 년간 스케치를 사용하면서 특별한 방법으로 활용할 수 있거나, 눈에 띄지 않게 숨어 있는 몇 가지 기능을 발견했다. 이 기술을 제대로 사용하는 방법을 이장에서 보여주려 한다. 그리고 이미 다룬 바 있는 몇 가지 주제를 편한 마음으로 더 자세히 들여다볼 것이다. 12장은 스케치를 가지고 놀 수 있는 재미있는 디자인 프로젝트나 간식거리 정도로 생각하면 되겠다. 이곳의 프로젝트 스케치 파일은 http://smashed.by/sketch-files2에서 내려받을 수 있다.

시계 만들기

시계를 만드는 것이 재미없어 보일지 모르지만, 놀랍도록 정밀한 방법으로 실제 물건을 만드는 일이 얼마나 쉬운지 알게 될 것이다. 이 프로젝트를 통해 여러 개의 테두리와 그림자 레이어를 활용하는 법을 살펴보고, 그라디언트를 더 깊이 있게 들여다본다. 또한 특별한 방법으로 요소를 회전하고 복제하는 방법도 알아볼 것이다.

새 문서를 만드는 것부터 작업을 시작한
다. 문서 이름은 'mini-projects'라고 하고,
프로젝트별로 개별의 페이지를 사용할 것
이다. 시계를 만들 첫 페이지에 더블클릭
해 이름을 'Clock'으로 바꾼다. 폭과 너비
가 600픽셀인 아트보드를 만들어서 '0'(X)
과 '0'(Y)의 위치로 옮기고 페이지와 같은
이름을 지정한다. 배경색은 채도가 낮은
파란색으로 고른다. 나는 색상 대화창의

그림 12.1 우리가 만들 시계

Global Colors에서 하나 골랐다(#4A90E2). *Cmd+3*으로 아트보드를 캔버스의 중앙
으로 옮겨 작업을 시작하자.

여러 개의 그림자와 테두리

시계의 바탕은 간단한 흰색 원이다. 지름이 '480px'인 원 도형을 아트보드의
중앙에 넣고 이름을 'Face'로 바꾼다. 시계 테두리를 만들기 위해 원 도형에 '16'
Thickness의 테두리를 **Inside** 옵션으로 추가한다. 한 색으로만 넣으면 밋밋해 보
이니, 금속 느낌을 주기 위해 원뿔형 그라디언트를 넣는다. 테두리의 색상 대화창
에서 **Angular Gradient** 유형의 Fill을 선택한 다음, 그라디언트 바의 왼쪽에 있는
첫 색 단추를 클릭한다. 오른쪽 화살표 키를 네 번 정도 눌러서 이 단추를 약간
오른쪽으로 옮긴 후 '#484848' 색을 지정한다. *Tab*을 눌러서 다음 색 단추로 이
동해 이번에는 왼쪽 화살표 키를 여섯 번 정도 누른 후 '#BFBEAC' 색을 지정한
다. 색상에 약간 노란색을 섞어서 자연스러운 느낌을 주었다. 그라디언트의 다른
밝은색에도 마찬가지로 적용했다.

그라디언트 바에 더블클릭으로 색 단추 여섯 개를 추가한다. 각 색은 왼쪽부터
'#BDBDBD', '#A1A091', '#C9C9C9', '#575757', '#C9C8B5', '#555555'로 지정한다.
각 색 단추의 위치는 그림 12.2를 참조한다. 훨씬 보기 좋아졌지만 아직 내가 생각

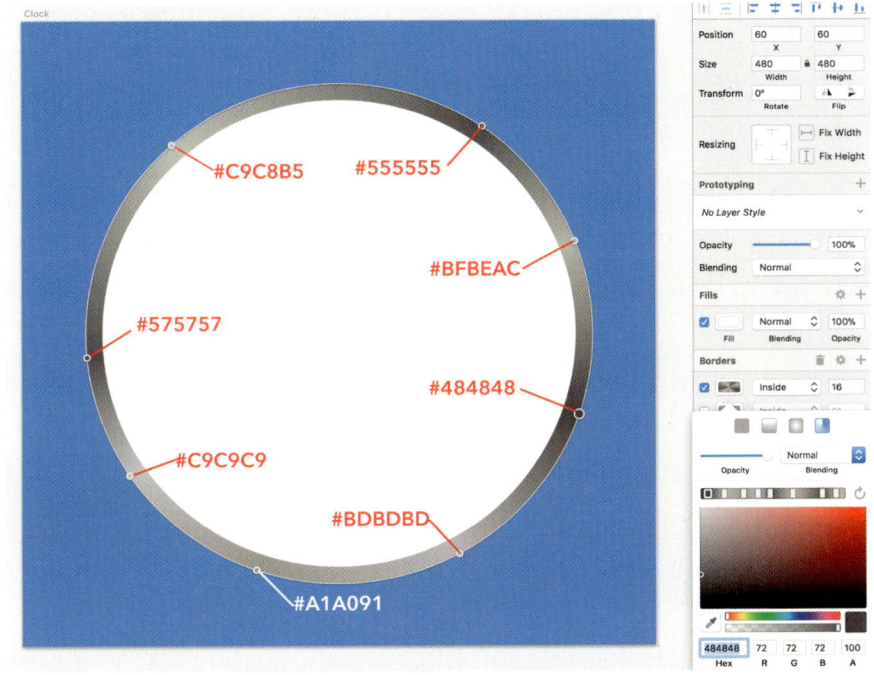

그림 12.2 테두리에 몇 가지 색 단추를 넣은 원뿔형 그라디언트로 지정한다. 첫 색 단추는 빨간 원으로 표시했다.

했던 결과는 아니다. 두 개의 테두리를 추가해 시계에 3D 느낌을 주고 싶다. 하나는 기존 테두리 아래에 옵션이 **Inside**인 '21' 두께의 테두리를 추가한다. 기존 테두리보다 아래에 있으니 일부분 가려지지만, 크기가 더 커서 여전히 밖으로 드러난다. 테두리를 쌓아올릴 때 이런 점을 고려하도록 한다.

추가한 테두리에 시계의 왼쪽 위부터 오른쪽 아래까지 선형 그라디언트(색상 대화창의 두 번째 아이콘)를 입힌다. 위쪽 시작점의 색 단추에 '#929292'를, 아래쪽 색 단추에는 '#D6D6D6'를 지정한다(그림 12.3). 이것만으로도 시계에 훨씬 깊이감이 생기지만, 더 자연스럽게 하기 위해 테두리를 하나 더 추가한다. 이번에는 기존의 두 테두리 사이에 5픽셀 두께의 테두리를 **Outside** 옵션으로 넣는다. 이 테두리에도 같은 방향의 선형 그라디언트가 필요한데, 이번에는 밝은색에서 어두운색으로 전환되도록 시작점에는 '#BDBDBD'를, 끝 지점에는 '#676767'을 지정한다.

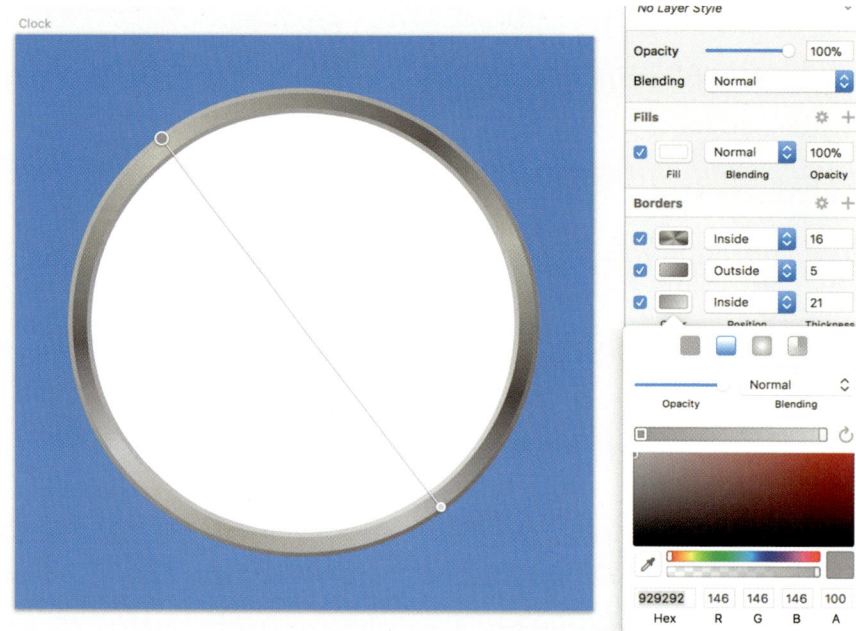

그림 12.3 왼쪽 위에서 오른쪽 아래에 이르는 선형 그라디언트를 입힌 두 개의 테두리를 추가한다.

이제 시계 테두리 자체는 완성됐다. 이 테두리가 시계 화면에서 약간 올라와 보이도록 해야 한다. 이 효과는 안쪽 그림자를 추가해서 만들 수 있다. 이미 테두리가 시계 일부분을 차지하고 있으니 그림자가 꽤 커야만 안으로 드러난다. 너무 큰 그림자를 만드는 대신, **Spread**를 상대적으로 큰 값인 '26'으로 올려서 그림자를 안으로 밀어넣는다. **Blur**를 '10'으로 설정해서 중앙부를 향하는 멋진 그림자를 만든다. 그런데 이 그림자는 화면의 빛 방향과 맞지 않는다. 빛은 왼쪽 위에서 비추는 상황이니 그림자의 **X**와 **Y** 위치를 각 '3'으로 수정한다. 아트보드의 배경색을 반영하기 위해 어두운 음영에 파란색인 '#162A40'을 '23%' 알파로 적용했다. 다음을 위해 이 색을 **Document Colors**에 저장한다.

이것이 그림자의 끝이 아니다. 시계가 마치 벽에 걸린 것처럼 보이도록 벽에 드리워진 바깥쪽 그림자를 만들어보자. 이 그림자는 '23%' 알파값의 검은색을 지정하고, 나머지 속성에는 '6/6/14'를 각각 적용한다. 바깥쪽 테두리를 낮게 설정했으니 이번에는 **Spread**를 올리지 않는다. 배경에 약간의 그라디언트가 있다면 위로 올라와 보이는 이 효과를 더 강화한다. 시계를 아트보드에 바로 만들었기 때문에, 이 효과를 넣을 사각형 도형 하나가 필요하다.

전체 아트보드를 덮는 사각형 하나를 추가해서 이름을 'Background shadow'로 바꾼다. 이 레이어를 시계 뒤로 옮기고 Fill을 원형 그라디언트로 설정한다. 그라디언트의 중심을 아트보드 오른쪽 아래 모서리에서 3분의 1 안쪽 위치로 옮긴다(그림 12.4의 ①). 그리고 그라디언트 범위를 나타내는 원 위에 있는 포인트를 드래그해 왼쪽 위 모서리 3분의 1 안쪽 위치로 옮겨서 그라디언트 크기를 변경한다(그림 12.4의 ②). 이때 그라디언트의 중심과 선으로 연결된 포인트를 사용하도록 주의한다(다른 포인트는 그라디언트의 형태를 타원으로 바꾼다). 인스펙터에서 두 색 단추 모두 검은색으로 설정한 후, 중앙의 색 단추는 불투명도를 100%로, 바깥쪽의 색 단추는 0%로 지정한다. 지금 그림자가 너무 강할 테니 그림자 레이어 자체의 불투명도를 24%로 내린다(색상 대화창을 닫고 숫자 키 2와 4를 연달아 누른다).

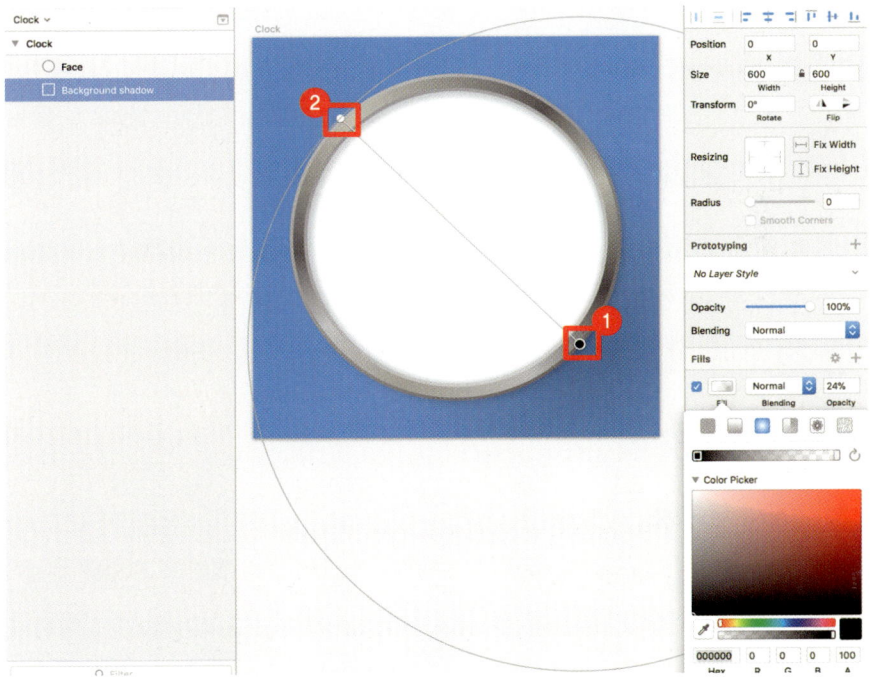

그림 12.4 원형 그라디언트를 적용한 배경의 사각형 도형은 화면에 깊이감을 준다. ① 그라디언트의 중심 포인트를 아트보드의 오른쪽 아래로 옮기고, ② 원 위의 포인트를 왼쪽 위로 드래그해서 그라디언트의 크기를 바꾼다.

미니 프로젝트

시계 문자판

앞의 과정으로 시계 형태를 만드는 작업을 마무리했으니, 이제 시계 문자판을 만들 차례다. 문자판에 요소를 정렬하기 쉽도록 먼저 사용자 지정 그리드를 추가하자. Ctrl+R로 눈금자를 불러낸 후, 원 도형이 선택된 상태에서 위쪽 눈금자를 클릭해 원의 중앙을 나타내는 세로 가이드 선을 추가한다. 이때 캔버스에서 빨간 선이 도형의 가운데 선택 핸들을 정확하게 통과할 때까지 마우스를 눈금자 위에서 움직여서 위치를 잡는다. 같은 방법으로 가로 가이드 선을 왼쪽 눈금자에 추가한다. 혹은 눈금자 위에 마우스를 올렸을 때 보여주는 현재 위치의 수치를 참고해 정확하게 배치할 수도 있다. 아트보드의 크기가 600픽셀이므로 가이드 선의 위치는 둘 다 300픽셀이 돼야 한다.

작업 시작을 위해 시각을 나타내는 눈금 표시를 만들 것이다. 시계 문자판 위에 12시를 나타낼 사각형 도형을 넣는다. 먼저 임의의 크기로 사각형 도형을 추가한 후에 인스펙터에서 나중에 크기와 위치를 바꾸는 편이 쉽다. 이 도형의 크기를 '6'(폭)과 '18'(높이)로 지정하고 검은색을 채운다. 원 도형의 가장자리에서 '31px' 떨어진 위치로 옮긴다. 간격을 보여주는 스마트 가이드가 나타나도록 Alt를 누른 채 마우스로 원 도형을 가리킨다. 마우스 커서를 원 도형 위에 유지한 채 여전히 Alt를 누른 채로 정확한 간격이 생길 때까지 화살표 키로 사각형 도형의 위치를 바꾼다. 그런 후 시계 문자판과 수평 중앙을 맞춘다. 그런데 나머지 시각 눈금은 어쩔 것인가? 이런 식으로 하나씩 직접 만들어서 회전하는 작업은 꽤 지루할 것 같다.

시간에서 분으로

다행히 스케치는 **Rotate Copies**라는 간편한 기능을 통해 회전과 복제를 동시에 처리할 수 있도록 한다. 메뉴 바의 **Layer → Path**에서 Rotate Copies를 실행한다. 이어서 나타나는 대화창에서 선택한 요소의 복제본을 얼마나 더 만들 것인지 지정한다. 우리는 11개의 눈금이 더 필요하니 이 값을 넣고 OK를 누르면 화면에 필요한 모든 눈금과 함께 중앙에 원 표시가 나타난다. 이 원 표시를 자유롭게 드래그할 수 있는데, 그 위치에 따라 다양하고 풍부한 문양을 만든다. 이리저리 옮겨보자! 또한, 이 옵션으로 무엇을 할 수 있는지 알아보기 위해 다른 도형으로도 이 기능을 실행해보자.

눈금을 제대로 표시하기 위해 그 원 표시를 우리가 추가한 가이드 선의 교차점으로 옮긴다(그림 12.5). 간단하다! 캔버스의 다른 영역을 클릭하는 순간 이 원 표시의 위치를 더는 수정할 수 없음을 알아두자. 하지만 캔버스에서 관련 부울 그룹을 더블클릭해 그 안으로 들어가면 여전히 개별적으로 요소를 수정할 수 있다. 이 부울 그룹 이름을 'Hour marks'로 바꾼다.

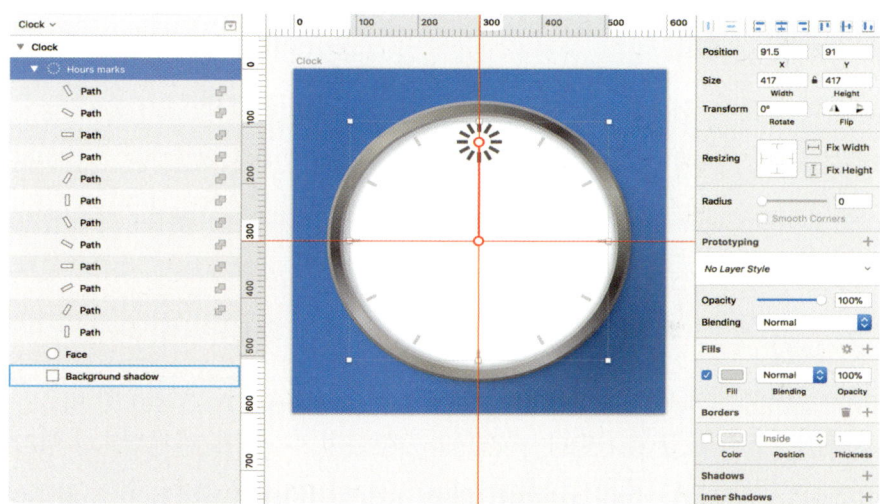

그림 12.5 12시를 나타내는 사각형을 만들고 **Rotate Copies** 기능을 사용해서 나머지 눈금을 추가한다. 표시자(빨간 원)를 가이드 선의 교차점으로 옮긴다.

비슷한 방법으로 분 표시를 만들 수 있는데, 이번에는 눈금 선 대신 원을 이용할 것이다. 이 작업을 편하게 하기 위해 시각 눈금 표시를 숫자 키 **2**를 이용해서 불투명도를 '20%'로 내린다. 지름이 '8px'인 원을 추가한 후, 12시를 나타내는 눈금 위치로 옮겨서 시계의 바깥쪽 가장자리에서 '40px' 떨어져 있도록 한다. 이 원 도형도 검은색으로 바꾼다.

다시 **Rotate Copies**를 실행할 차례다. 이번에는 '59' 개의 복제본을 생성한 후, 앞서처럼 원 표시를 가이드의 교차점에 위치시킨다. 이로써 우리는 모든 분 표시를 한꺼번에 추가했다. 부울 그룹의 이름을 'Minute marks'로 바꾸고 더블클릭해 그룹 안으로 들어간다. 시각 눈금 표시와 같은 자리에 있는 분 표시는 필요하지 않으니 이 부분을 지운다. 캔버스에서 12시에 해당하는 분 표시를 클릭한 후, *Shift*를 누른 채 시각 눈금 표시와 겹치는 다른 분 표시를 클릭한다. 그렇게 선택한 12개의 분 표시를 모두 지운다. 이제 시각 눈금의 불투명도를 100%로 되돌리고 *Ctrl+R*을 눌러서 가이드 선을 숨긴다.

1시에서 12시까지

이 과정으로 우리는 시계 완성에 크게 한발 다가갔다. 그렇지만 아직 남아있는 일이 있다. 우선, 시각을 나타내는 숫자를 넣자. 시계에 현대적인 느낌을 주기 위해 구글에서 미래형 폰트인 Exo 2 Family[100]를 선택했다. 아쉽게도 텍스트 레이어에는 **Rotate Copies**를 사용할 수 없다. 하지만 숫자의 다양한 형태에 따라 정렬도 맞출 겸 우리는 이 숫자를 직접 배열할 것이다. 자, 시작해보자.

숫자 정렬이 쉽도록 시계의 중앙에 지름이 '360'인 가이드용 원을 추가해서 Fill 없이 가는 회색 테두리를 만든다. 원의 상단에 폰트 크기 '52', 'Bold' Weight의 검은색 텍스트로 '12'를 추가한다. 텍스트의 윗부분이 가이드용 원에 닿도록 화살표 키로 조정한다(**그림 12.6**). 이 숫자는 해당 시각을 나타내는 눈금 표시와 중앙을 맞추어 배치한다. 남아있는 숫자도 같은 방식으로 추가한다. 모든 숫자가 가이드용 원의 안쪽에 닿아있도록 한다. 이 작업을 가장 간단하게 처리하는 방법은 앞의 숫자를 *Alt*를 누른 채 드래그해서 새 위치로 옮긴 후, 내용을 바꾸고 화살표 키로 위치를 가다듬는 방식이다. 이 작업이 끝나면 가이드용 원을 삭제한다. 그리고 숫자 모두를 'Digits' 그룹으로 묶는다.

---

[100] http://smashed.by/sketch-exo2

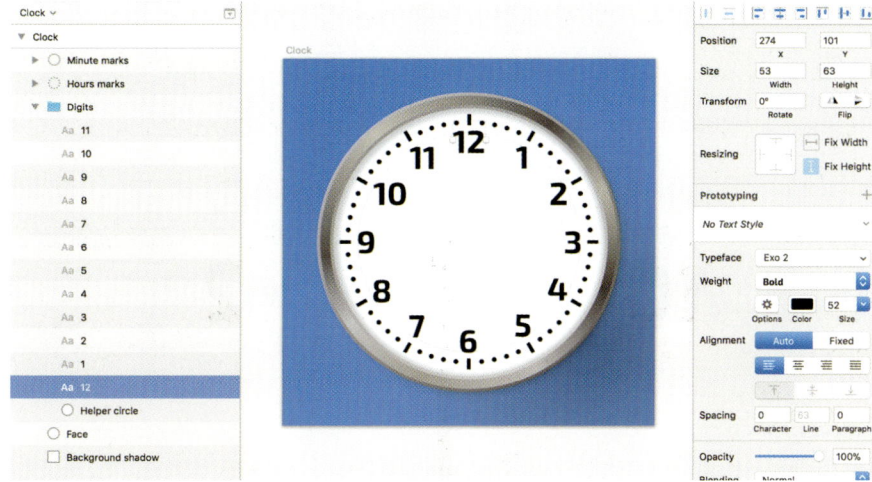

그림 12.6 모든 숫자를 제 위치에 정렬하기 위해 회색 테두리가 적용된 가이드용 원을 이용한다.

째깍째깍

이제 시계에 남은 부분은 각종 침이다. 초침을 먼저 만들기 위해 화면을 조금 확대한다. 간단하게 폭이 '4'이고 높이가 '200'인 빨간색 사각형 도형을 추가하는데, 아래 두 포인트를 '1px'씩 안으로 들여서 약간 사다리꼴로 만든다. 이 작업을 위해 Enter로 벡터 포인트 편집 모드로 들어간다. Tab을 두 번 눌러 오른쪽 아래 포인트로 이동한 후 키보드 화살표 키를 이용해서 이 포인트를 왼쪽으로 1px 옮긴다. 다시 Tab으로 왼쪽 아래 포인트로 이동해 화살표 키로 이번에는 오른쪽으로 옮긴다. Esc를 두 번 눌러서 편집 모드에서 빠져나와서 Cmd+0을 눌러서 확대율을 100%로 되돌린다. 초침을 아트보드의 수평 중앙에 맞추고 시계 윗부분에서 '192px' 떨어진 곳에 위치시킨다. 원래 '6'을 가리키도록 만들 생각이었으니 회전을 할 필요는 없다. 레이어 리스트에서 'Digits' 그룹보다 위에 있도록 하고, 이름을 'Second'로 바꾼 후 일단 보이지 않도록 숨긴다.

같은 방식으로 분침을 만든다. 크기가 '10'(폭)과 '210'(높이)인 검은색 사각형을 추가하고 Cmd+2를 눌러서 화면을 확대한다. 우리는 이 분침을 뾰족하게 만들 것이다. 앞에서 했듯, 벡터 포인트 편집 모드에 들어가서 아래의 두 포인트를 각

'2px'씩 안으로 옮긴다. 그런 후, *Shift*를 누른 채 윗부분을 클릭해서 정중앙에 새 포인트를 추가하고 이 포인트를 위로 3픽셀 올린다. 아랫부분에도 같은 작업을 반복하는데, 이번에는 아래쪽으로 4픽셀 내린다(그림 12.7).

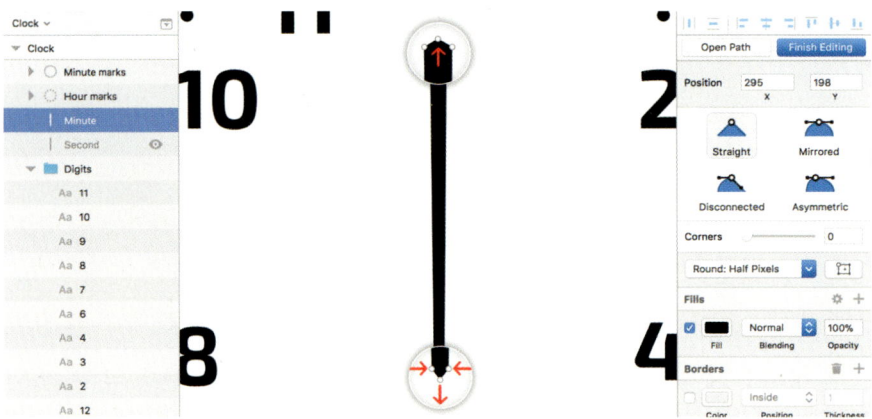

그림 12.7 간단한 사각형 도형에 포인트를 추가한 후 약간 이동시켜서 분침을 만든다.

마지막으로 분침의 중앙 부분을 높여서 3차원적인 느낌을 준다(그림 12.8). 이 효과는 급격한 색 전환이 이루어지는 그라디언트를 사용하는데, 두 개의 색 단추를 한 위치에 배치해서 만든다. 기존 Fill 위에 그라디언트로 Fill을 추가한다. 첫 색 단추에는 '100%' 알파값의 검은색을, 마지막 색 단추에는 '0%'의 흰색을 지정한다. 색상 대화창에 왼쪽을 향하는 화살표를 클릭해서 그라디언트를 수평으로 바꾼다.

색상 대화창의 그라디언트 바에 더블클릭해 새로운 색 단추를 추가한 후 숫자 키 5를 눌러서 정확한 중간 지점으로 옮긴다. 알파값을 100%로 하고 검은색을 지정한다. 오른쪽으로 색 단추 하나를 더 추가하고 다시 5를 눌러 중간 지점으로 옮긴 후, →를 한 번 눌러서 약간 오른쪽으로 이동한다. '30%' 알파값을 가진 흰색을 지정하면 같은 위치에 있는 두 색 단추 덕분에 단단한 모서리가 만들어지는 것을 볼 수 있다. 화면 아무 곳이나 클릭해서 색상 대화창에서 나온 후 이 도형의 이름을 'Minute'로 바꾼다. 시계의 윗부분에서 188픽셀 떨어진 곳에서 아트보드와 수평 중앙으로 정렬한다.

이제 시침은 쉽게 만들 수 있다. 분침을 복제한 후 원본인 분침을 잠시 숨겨둔다. 이름을 'Hour'로 바꾸고, 크기를 '12'(폭)과 '162'(높이)로 변경한다. 이로써 이미 완성에 가까워진다. 하지만 우리는 시침을 수평으로 뒤집어서 그라디언트가 반대 방향

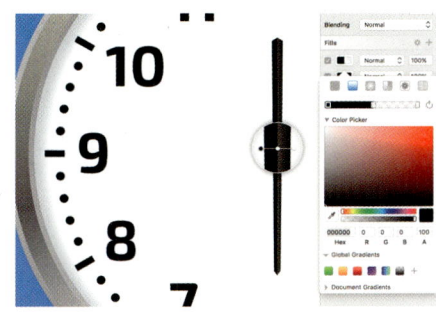

그림 12.8 급격한 색 변화가 있는 선형 그라디언트로 분침에 중앙부가 올라간 듯한 3차원적 모습을 만든다. 이는 두 개의 색 단추를 한 위치에 배치해서 만든다.

으로 작용하게끔 할 것이다. 도형에 마우스 오른쪽을 클릭해 **Transform** 메뉴에 있는 **Flip Horizontal**을 실행한다. 그런 후 시계 위쪽에서 '202px' 떨어뜨려서 중앙에 정렬한다. 레이어 리스트에서 각 침의 순서가 초침, 시침, 분침이 되도록 해 'Hands'라는 새 그룹으로 묶는다. 이는 'Digits' 그룹 위에 있어야 한다.

뱅글뱅글

이제 시간을 맞출 차례니 초침을 다시 화면에 보이도록 한다. 초침은 이미 제대로 된 방향을 가리키고 있지만, 다른 두 침은 10시 7분을 가리키도록 돌려야 한다. 기본적인 방법으로 시침을 돌리면 이미 우리가 지정한 위치가 변경되므로 정확한 결과를 만들 수 없다. 요소의 회전축 변경이 가능하다는 것을 아마 기억할 것이다. 이 작업을 하려면 툴바의 **Rotate** 아이콘을 이용해야 한다(그림 12.9의 ①). Rotate는 회전축을 객체의 중앙에 작게 표시해준다(그림 12.9의 ②).

회전축을 우리가 추가한 가이드 선의 교차점으로 먼저 드래그한 후 회전시켜보자. 시침이 마치 진짜 시계처럼 움직일 것이다. 시침을 10시에서 살짝 지난 위치를 향하도록 만든다. '233'도 정도면 적당하다. 분침을 다시 화면에 나타나도록 한 후 같은 식으로 시간을 맞추는데, 이번에는 7분을 향하도록 약 '-137'도 회전한다. 이런 식의 회전은 캔버스에서 실행해야 한다. 인스펙터를 이용하면 변경한 회전축을 적용할 수 없다는 것을 유념하자.

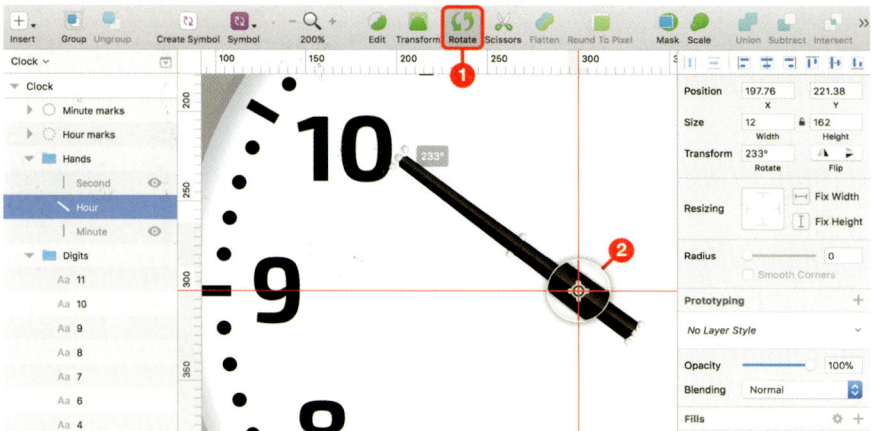

그림 12.9 툴바의 ① Rotate 아이콘을 사용하면 ② 회전축을 이동할 수 있다. 회전축을 가이드 선의 교차점으로 옮기면 마치 진짜 시계처럼 분침이 돌아가는데, 이를 233도 회전시킨다.

    마무리 작업으로 3D 효과를 더 주기 위해 각 침에 그림자를 추가한다. 초침부터 시작하자. 빛이 왼쪽 위에서 비추는 것을 고려해서 그림자의 속성을 '2/5/4/0'으로 설정한다. 색은 **Document Colors**에 저장해 둔 어두운 파란색(#162A40)을 '30%'의 불투명도로 적용한다. 시침에도 같은 식으로 그림자를 넣되, **X**와 **Y**의 위치를 각각 '–3'과 '–2'로 바꾼다. 분침도 마찬가지로 작업하고 그림자의 위치가 '–4'와 '–2'가 되도록 한다.

    모든 요소의 상위에 마지막 요소를 추가할 것이다. 각종 침을 한데 고정해줄 지름이 12픽셀인 빨간 원을 시계의 정중앙에 배치하고 이름을 'Cover'로 지정한다(그림 12.10). 컬러 픽커로 초침의 색을 가져와서 적용하고, 그 위에 두 번째 Fill을 추가해서 원형 그라디언트를 적용한다. 그라디언트의 크기와 위치를 원 도형과 일치시킨 후, 0%의 검은색으로 중앙에서 시작해 20%의 검은색으로 바깥쪽에서 끝나도록 만든다. 그리고 이 원 도형을 약간 위로 띄우기 위해 그림자를 추가한다. 그림자는 50%의 검은색으로 '0/0/5/0'의 속성을 지정한다.

    실물 같은 벽걸이용 시계가 완성됐다. 우리는 여러 개의 테두리를 쌓는 방법 외에도 다양한 효과를 위한 그라디언트 활용법도 배웠다. 회전 기능을 더 깊이 살

퍼봤고, 아주 특별한 방법으로 한 객체를 다양하게 복제하는 **Rotate Copies**를 어떻게 사용하는지도 배웠다. 이제 질감이 있는 텍스트를 만드는 다음 과제로 넘어가자.

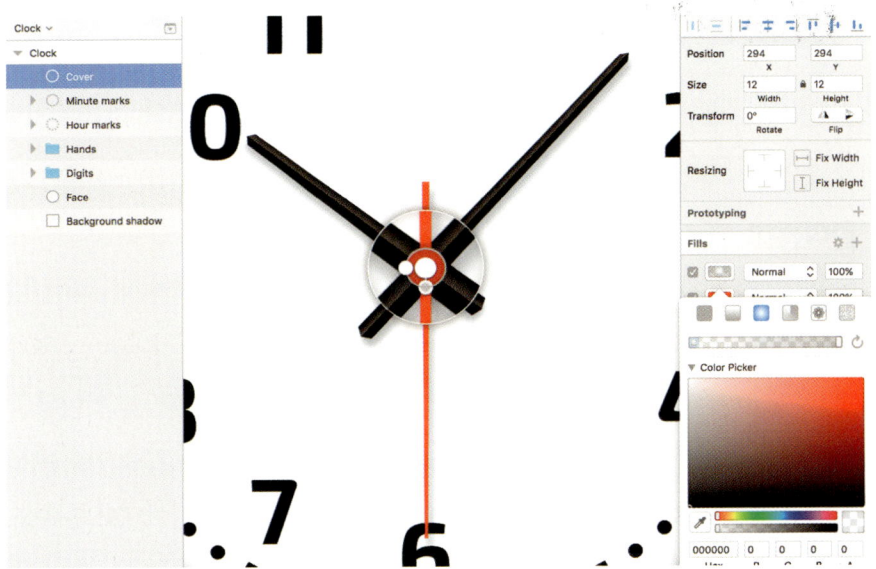

그림 12.10 마지막 작업으로 모든 침 위에 원형 그라디언트와 그림자를 적용한 원을 추가한다. 이 스크린샷에서는 각 침에 적용한 그림자도 보인다.

질감이 있는 텍스트 만들기

이 책 전반에 걸쳐 이미지를 단독 레이어나 패턴 채우기 방식으로 디자인에 적용하는 방법 몇 가지를 배웠다. 패턴 채우기는 이미지를 텍스트에 적용하는 독특한 방식으로 활용할 수 있다. 이 책을 쓰는 지금은 한여름이기에, 이를 이번 프로젝트에 적용할 테마로 정했다. 블렌딩 모드를 사용해서 강력한 여름 느낌을 만들어보자.

그림 12.11 우리는 질감이 있는 텍스트를 세 개의 다른 버전으로 만들 것이다.

한여름철

이미지부터 시작하자. 나는 언제나처럼 적당한 이미지를 찾기 위해 unsplash.com을 찾아갔다. 조금 둘러본 후 지금 여름 분위기에 아주 잘 어울리는 야자수 나무가 있는 사진 하나[101]를 골랐다. 스케치에서 새 페이지를 만들고 이름을 'Textured type'으로 지정한다. 이름이 'Pattern image'인 새 아트보드를 만들어서 크기를 '650×530'으로 지정하고 '0'(X)과 '0'(Y)에 놓는다. 이미지를 아트보드로 드래그해 원하는 부분이 화면에 보이도록 크기와 위치를 조정한다. 우리는 또 다른 아트보드를 만들어서 이 이미지를 텍스트 레이어와 합칠 예정이니, 이미지 조정은 언제라도 또 할 수 있다.

이미지에 특별한 분위기를 만들기 위해 그라디언트를 덧입힌 후 블렌딩 모드를 적용한다(그림 12.12). 새 Fill을 추가해 선형 그라디언트로 이미지의 왼쪽 위에서 오른쪽 아래까지 덮는다(아트보드가 아닌 이미지에만 적용). 나는 시작점에 밝은 주황색(#FF9500)을 사용하고 끝 지점에는 빨간색이 살짝 섞인 파란색(#391CF7)을 투명도 없이 적용했다. 이 그라디언트가 일단은 이미지를 덮어버리지만, **Blending**을 바꾸는 순간 그라디언트가 이미지와 섞여서 아주 독특한 효과를 만들어낸다. 모든 블렌딩 모드를 사용해보라. 나는 시도 끝에 **Color Dodge**를 사용하기로 했다.

---

[101] http://smashed.by/sketch-unsplash

그림 12.12 이미지에 선형 그라디언트를 입힌 후, Blending을 바꿔서 특별한 느낌을 만든다.

말해줘

이제 캔버스에서 아트보드를 *Alt*를 누른 채 드래그해 복제본을 만들어서 아래에 놓고 이름을 'Pattern'으로 바꾼다. 나중에 이미지를 다른 방법으로 적용할 것이니, *Shift+Cmd+H*로 잠시 이미지를 숨긴다. 지금이 'SUMMER TIME'이라는 내용의 텍스트 레이어를 올릴 적당한 타이밍이다. 아주 굵은 폰트를 마음에 두고 있었는데, 구글 폰트의 Passion One[102]이 완벽하게 어울린다.

글자체를 고른 후에 **Alignment**를 **Center**로 바꾼다. 단어 사이에서 줄 바꿈을 한 후, 아주 작은 행간을 사이에 두고 두 단어의 폭이 같아지도록 크기를 변경한다. 'TIME'이 위 단어보다 '180%' 더 커야 하기에 이 부분을 선택하고 폰트의 Size 입력창에 '*1.8'을 추가한다. 그리고 두 단어가 거의 닿도록 전체 텍스트 레이어의 행간을 좁힌다. *Esc*로 텍스트 편집 모드를 종료한 뒤 **Scale** 대화창을 이용해서 텍스트의 폭을 590픽셀로 만든다(그림 12.13).

스케일은 행간을 수정한 후에 폰트 크기와 행간의 비율을 유지하며 텍스트 레

---

[102] http://smashed.by/sketch-passionone

이어의 크기를 변경하는 좋은 방법이다(만약 텍스트 레이어를 인스펙터에서 크기를 바꾸었다면 행간은 기존 값을 유지한다). 텍스트를 수평과 수직 모두 중앙에 맞춰 배치한다. 수평 정렬은 인스펙터의 정렬 아이콘을 사용할 수 있지만, 수직 방향은 변경한 행간 때문에 우리가 직접 중앙을 맞춰야 함을 알아두자.

그림 12.13 다른 아트보드에 텍스트를 만들고, 두 단어를 가깝게 배치해서 폭이 같도록 만든다.

결혼해줘!

이제 이미지와 텍스트를 결혼시킬 시간이다. 다른 아트보드를 선택해서 이미지를 복사해서 텍스트 레이어로 돌아온다. 보통은 텍스트 레이어에 색을 지정하기 위한 별도의 Fill이 필요하지 않지만, 이미지를 씌우기 위해서 패턴 채우기를 적용할 단독 Fill이 필요하다. Fill 대화창에서 오른쪽 두 번째 아이콘이 이 유형을 처리한다. 이미지를 개별 아트보드에서 만든 이유는 이미지의 필요한 부분을 정의하기가 훨씬 쉽기 때문이다. 안타깝게도 그 작업을 Fill에서 처리하기에는 한계가 있다.

Fill 대화창에서 이미지를 삽입하는 똑똑한 방법은 왼쪽에 있는 미리 보기 영역을 클릭해 활성화한 후 Cmd+V로 이미지를 붙여 넣는 것이다. 이때 그 옆의 드롭다운이 **Fill**로 설정돼 있도록 한다(그림 12.14). 결과가 마음에 들지 않으면 위의 아트보드에서 이미지를 재조정해 다시 복사해온다. 이 방식으로 텍스트와 이미지 모두 유동성 있게 수정이 가능하다. 마무리 작업으로, 배경에 있는 이미지를 다시 화면에 보이도록 해서 기존 그라디언트를 80%의 검은색 Fill로 바꾸어 **Normal** 블렌딩 모드를 적용한다. 이 배경은 텍스트를 더 앞으로 나와 보이도록 한다. 텍스트의 Fill에 넣은 이미지와 구분되도록 배경 이미지의 위치와 크기를 변경하는 것도 좋은 방법이다.

그림 12.14 텍스트 레이어에 패턴 Fill로 다른 아트보드에서 만든 이미지를 넣는다. 어두운 버전의 이미지를 배경에 두어 충분한 대비를 만든다.

가장무도회

텍스트에 이미지를 겹쳐 넣는 또 다른 방법은 마스크를 사용하는 것이다. 두 아트보드를 오른쪽으로 복제해서 이름을 각각 'Mask image'와 'Mask'로 변경한다. 이미지의 다른 부분이 보이도록 크기와 위치를 바꾼다. 뚜렷한 구분을 위해 위 아트보드의 블렌딩 모드를 **Lighten**으로 바꾸고, 아래 아트보드의 글자체 또한 'Antonio Bold'로 변경한다. 이번 글자체는 구글 폰트가 아닌 고품질의 폰트가 많은 Font Squirrel에서 찾았다.

전체적인 폰트 크기는 그대로 유지면서, 'TIME'은 위 단어보다 190% 크도록 이전 아트보드에서 했던 방법으로 수정한다. 그리고 두 단어가 거의 닿도록 다시 행간을 조정한다. 텍스트를 다시 수직 가운데로 맞춘 후, 글자에 윤곽선 작업을 할 예정이니 이 텍스트 레이어를 백업 삼아 복제해서 숨겨둔다. $Shift+Cmd+O$를 눌러 텍스트 복제본을 개별의 도형으로 만든 후, 마스크로 지정하기 위해 $Ctrl+Cmd+M$을 누른다. 이 작업으로 아쉽게도 텍스트를 더는 수정할 수 없지만 백업을 만들어뒀으니 그리 문제될 것 없다. 이 방법의 큰 장점은 Fill로 채운 이미지를 한 아트보드에서 훨씬 자유롭게 변경할 수 있다는 점이고, 그 덕분에 두 과정을 구분할 필요가 없다.

위 아트보드의 이미지와 아래 아트보드의 텍스트가 만족스럽게 조정되면, 이미지 자체를 복사한다. 이를 아래 아트보드의 텍스트 위에 붙여 넣으면, 즉시 텍스트 도형 모양으로 잘려나가는 이미지를 볼 수 있다. 위 아트보드를 별도로 이용한 것은 이미지의 구도를 잡기 위한 목적이었다. 윤곽선화한 텍스트가 이미지 수정에 방해가 되지 않도록 잠근다. 마스크가 적용되지 않은 이미지 전체를 확인하고 싶으면, 이미지에 마우스 우클릭 후 **Ignore Underlying Mask**를 선택한다. 마지막으로 이번 이터레이션에 더는 필요하지 않은 배경에 있는 이미지를 삭제한다.

그림 12.15 이미지가 텍스트 모양대로 잘리도록 텍스트를 윤곽선화한 후 마스크로 만든다.

패턴 라이브러리

세 번째 이터레이션은 이미지가 아닌 반복적인 무늬를 Fill을 사용해서 텍스트에 넣는 방법을 보여줄 것이다. 텍스트가 여전히 편집 가능한 왼쪽의 아트보드를 Cmd+D로 복제해서 이름을 'Repeating pattern'으로 바꾼다. 배경 이미지를 삭제하고 패턴으로 들어간 이미지를 해제한다. 이번에는 다시 구글 폰트에서 다른 스타일의 글자체인 Oleo Script[103]를 선택했다. 텍스트 레이어 내용을 'never settle'로 바꾸고 두 단어 사이에서 이전처럼 줄 바꿈을 한다. 두 단어 모두 폰트 크기를 '230px'로 바꾸고 행간은 '190'으로 입력한다. Character Spacing에 '4'를 입력해서 글자 사이에 공간을 준다. 그리고 수직과 수평으로 모두 아트보드의 중앙에 배치한다.

첫 Fill에는 텍스트 레이어의 왼쪽 위에서 오른쪽 아래를 덮는 선형 그라디언트를 적용한다. 나는 여름 느낌을 주기 위해 바다를 연상하는 '#2FA3D8'와 '#59CBC2'를 투명도 없이 사용했다. 실제 패턴 적용은 이 그라디언트 Fill 위에 또 다른 Fill 레이어를 추가해 적용할 것이다. 스케치용으로 특별히 제작된 70개가 넘는 타일 형태의 Pattern[104]을 둘러보자. 이 중 적당한 무늬를 찾아서 해당 아트보드를 복사한다. 앞서 했듯이, 텍스트 레이어의 Fill을 패턴으로 바꾼 후, 미리 보기 영역을 클릭해 무늬를 붙여 넣는다. 나는 'Dots' 페이지에서 하나 골랐다. 무늬가 반복돼야 하므로, 옆에 있는 드롭다운의 채우기 유형을 'Tile'로 설정한다. 타일 크기가 마음에 들도록 아래에 있는 슬라이드로 조정해서 텍스트 레이어의 전체적 모양을 다듬는다(그림 12.16). 아쉽게도 무늬의 위치를 변경할 수는 없지만, 반복되는 간단한 무늬에는 위치가 크게 문제되지 않는다.

지금 효과가 너무 강하니 Fill의 불투명도를 90%로 내리고(레이어 자체의 불투명도가 아니다) 블렌딩 모드를 **Overlay**로 변경해서 그라디언트와 함께 보이도록 한다. 텍

---

[103] http://smashed.by/sketch-oleoscript
[104] http://smashed.by/sketch-patterns

스트에 더 강한 느낌을 주기 위해 마지막으로 그림자를 추가한다. 첫 그림자는 투명도 없는 흰색을 '3/3/0' 속성으로 적용해서 경계를 만든다. 새 그림자를 추가해서 속성을 '14/14/0'으로 적용하고, 불투명도 100%의 '#196675'를 지정해 실제 그림자를 만든다. 이 그림자가 흰 경계용 그림자 아래에 있도록 한다.

그림 12.16 두 개의 Fill을 텍스트에 추가한다. 선형 그라디언트와 반복하는 무늬를 각 Fill에 지정한다. 그리고 그림자 두 개를 추가해 텍스트에 더 강한 느낌을 부여한다.

여유로운 테마가 여기서 끝났다. 이제 원 그래프를 제작하며 다시 심각한 주제로 돌아가려 한다. 이 과정에서 앞서 다루었던 가위 툴을 더 자세히 설명하고, 몇 가지 다른 접근법도 보여줄 것이다.

원 그래프 만들기

작업을 시작하기 위해 'Pie charts'라는 이름의 새 페이지를 만든다. 이번에는 처음으로 캔버스에 바로 작업할 것이니 따로 아트보드가 필요하지 않다. 작업물에 특별한 크기를 지정할 필요가 없다면 이 방법이 가장 좋다. 그리고 나중에라도 모든 요소를 쉽게 아트보드로 바꿀 수 있다. 모든 원 그래프의 바탕으로 지름이

200픽셀인 회색(#DEDEDE) 원 도형을 사용한다. 첫 도형의 위치를 '0'(X)과 '0'(Y)으로 옮긴다. 그리고 중앙에서 15%의 검은색으로 시작해서 가장자리에서 0%로 끝나는 약한 원형 그라디언트를 추가로 적용한다. 그라디언트의 중심을 오른쪽 아래 3분의 1지점으로 옮기고 두 원이 왼쪽 위에서 접하도록 그라디언트의 크기를 변경한다.

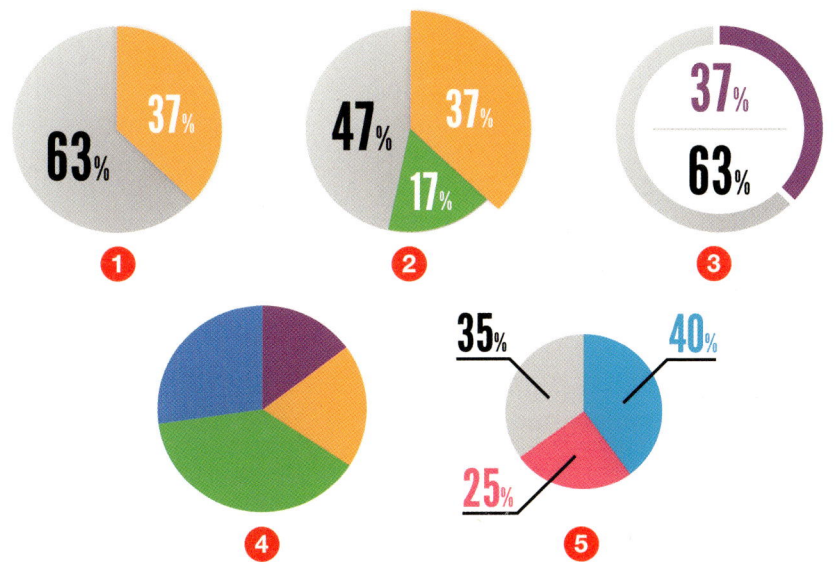

그림 12.17 우리가 만들 다양한 종류의 원 그래프. 다음 섹션에서 각 머리말 끝에 있는 괄호 안의 숫자는 이 그림에 있는 숫자와 일치한다.

첫 번째 방법

그래프의 첫 슬라이스를 만들기 위해 원 도형을 복제한다. 그라디언트를 제거한 후 **Global Colors**의 주황색 같은 밝은색으로 바꾼다. 이어서 벡터 포인트 편집 모드로 들어간다. 전체 크기의 37%에 해당하는 슬라이스를 만들 것이니, 이 원의 오른쪽 아랫부분 중간쯤을 클릭해 새 포인트를 추가한다. 우선은 대략적인 값을 사용하지만, 나중에 정확한 위치를 잡는 방법을 보여줄 것이다.

부채꼴 모양을 만들기 위해 메뉴 바의 **Layer → Path → Scissors**를 이용할 것이다. 왼쪽 윗부분부터 반시계방향으로 우리가 추가한 포인트까지 모든 부분을 삭제한다(그림 12.18, 왼쪽). 이 작업만으로는 우리가 원하는 결과를 만들지 못한다. 이 요소를 부채꼴 모양으로 바꿔줄 다른 포인트를 추가해야 한다. *Esc*를 눌러 가위 툴을 종료한다. 다시 벡터 포인트 편집 모드로 들어가서 직선 부분에 새 포인트를 추가한다(그림 12.18, 중간). 이 포인트를 스마트 가이드의 도움을 받아 원의 중앙으로 드래그한다. 이제 제대로 일이 진행되고 있다!

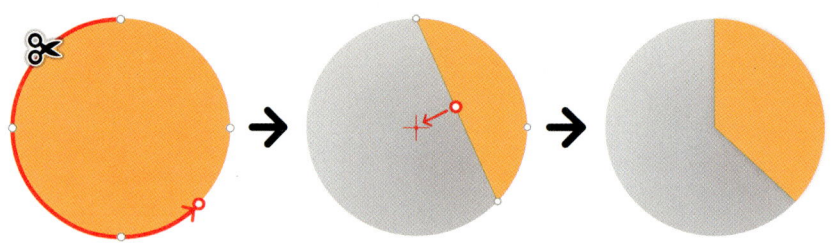

그림 12.18 왼쪽: 새 포인트를 만들고 **Scissors** 툴로 다른 부분을 잘라낸다. 중간: 직선 부분에 새 포인트를 추가해 원의 중앙으로 드래그한다. 오른쪽: 약간의 그림자를 추가해서 이 부분을 마무리한다.

끝으로, 닫힌 도형으로 만들기 위해 인스펙터의 오른쪽 위에 있는 **Close Path**를 클릭한다. 도형에 Fill이 설정돼있다면 이 부분은 신경 쓰지 않아도 되지만, 테두리만 있는 경우는 빈 부분이 눈에 확연히 보인다. 도형을 닫기 전과 후에 테두리를 추가해보면 이를 알 수 있다. 이 슬라이스에 불투명도 20%의 옅은 검은색 그림자를 추가한다. 슬라이스가 위로 올라와 보이도록 **Blur**만 '7'로 설정하고 나머지는 0으로 남겨둔다(그림 12.18, 오른쪽).

각 분할 영역의 수치 데이터인 '63%'와 '37%'를 나타내는 텍스트로 Font Squirrel에서 찾은 'League Gothic'을 선택했다. 큰 영역에는 '64px' 크기의 검은색 폰트를, 그리고 작은 영역에는 '50px' 크기의 흰색 폰트를 사용했다. 두 텍스트 레이어 모두 **Alignment**는 중앙으로 설정한다. 수치 데이터가 더 눈에 띄도록 퍼센트 기호를 각 폰트 크기의 절반으로 줄였다. *Enter*를 눌러서 텍스트 편집 모드에 들어가서 '%'를 선택한 후 인스펙터의 **Size** 입력창에 '/2'를 추가한다. 텍스트 레이어가 레이어의 계층 구조상 도형 위에 있도록 한다. 모든 레이어를 선택해서 'Single' 그룹으로 묶어서 마무리한다.

하나에서 여럿으로

원 그래프는 대개 세 개 이상의 분할 영역이 필요하다. 방금 만든 그룹을 복제해서 오른쪽으로 옮기고 이름을 'Multiple'로 바꾼다. 첫 슬라이스의 그림자를 해제한 후, 복제본을 만들어 다른 밝은색을 지정한다. **Global Colors**에 있는 녹색을 사용하자. 이 슬라이스를 제대로 회전하기 위해 시계를 만들 때 했던 것처럼 회전축을 조정할 것이다. 툴바의 **Rotate**를 이용해서 회전축 표시를 두 직선이 모이는 곳인 원의 중앙으로 옮긴다(그림 12.19, 왼쪽).

앞서 했듯이, 원의 중심에 맞춰 수평과 수직으로 가이드 선을 추가하면 정렬이 더 쉬워진다. 두 슬라이스의 가장자리가 만날 때까지 복제한 슬라이스를 회전한다. 두 번째 슬라이스에 새 포인트를 추가한 후 왼쪽 윗부분부터 반시계방향으로 가위 툴을 이용해서 불필요한 부분을 잘라내며 크기를 조정한다(그림 12.19, 중간). 이 작업이 끝나면 메뉴 바의 **Layer → Path**에 있는 **Close Path**로 도형을 닫는다.

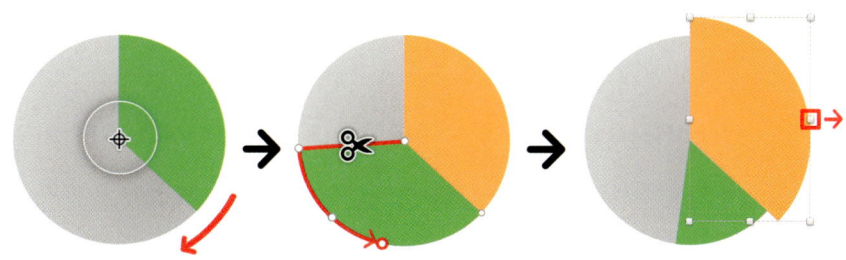

그림 12.19 왼쪽: 툴바의 **Rotate** 아이콘을 이용해서 회전시킬 또 다른 슬라이스를 만든 후, 회전축을 원의 중앙으로 설정한다. 중간: 분할 영역의 크기를 결정하는 새 포인트를 추가해서 그 포인트까지 모든 부분을 잘라낸다. 오른쪽: 특정 슬라이스를 강조하려면 캔버스에서 원의 중심의 반대쪽 핸들을 이용해서 크기를 키운다.

때에 따라 새 슬라이스의 위치를 조정해야 할 수도 있다. 이 슬라이스를 나타낼 다른 수치 데이터를 추가하고 회색 부분을 나타내는 수치도 줄어든 비율에 맞게 정정한다.

같은 방법으로 다른 슬라이스도 추가한다. 기존 슬라이스를 재사용하는 대신 12장에서 설명한 방법대로 아예 새 슬라이스를 만들어도 된다. 이때는 두 개의 포인트를 슬라이스가 시작하고 끝나는 지점에 정확히 추가한다.

가끔은 특정 슬라이스를 키워서 강조해야 할 때도 있다. 주황색 슬라이스를 강조해보자. 이 작업은 그다지 어렵지 않다. *Cmd-click*으로 해당 레이어를 선택하고 캔버스에서 원 중앙의 반대쪽 선택 핸들을 드래그해서 크기를 키운다. 주황색 슬라이스의 경우 오른쪽 핸들이 이에 해당한다(그림 12.19. 오른쪽). 이때 *Shift*를 함께 눌러서 크기 비율을 유지하도록 한다. 크기 변경이 끝나면 이 슬라이스를 원의 중앙에 맞춰서 내린다. 마지막으로 그림자가 다시 보이도록 레이어 리스트에서 다른 슬라이스 위로 옮긴다.

모양 바꾸기

다른 모양의 원 그래프를 만드는 다양한 방법을 보여주려 한다. 첫 그래프(그림 12.17의 ①)를 오른쪽으로 복제해 이름을 'Progress'로 바꾼다. 슬라이스 색을 바꾸고 (Global Colors의 보라색으로 해보자) 그림자를 제거한다. 이제 회색 원 도형을 복제해서 *Alt+Cmd+↑*를 눌러서 슬라이스 위로 옮긴다. 텍스트는 여전히 보여야 한다. Fill을 흰색으로 바꾸고 그라디언트를 제거한다. 크기가 '164×164'가 되도록 캔버스에서 변경하는데, 이때 *Alt*를 눌러서 중앙을 기준으로 크기가 변경되도록 한다. 이로써 원 그래프가 진행률을 표현하는 그래프가 됐다. 분할 영역의 구분을 더 분명하게 하기 위해 바깥쪽으로 두께가 '8'인 흰색 테두리를 추가한다.

이제 검은색 수치 데이터 텍스트를 선택해서(나머지는 지운다), 원 도형과 수평 중앙을 맞춘 후 아래 절반 영역으로 내린다. 그리고 이 텍스트를 복제해서 위쪽 절반 영역으로 옮긴다. 아래 텍스트는 검은색을 유지하고(혹은 회색 부분을 나타내는 다른 무채색을 사용), 위 텍스트는 슬라이스의 색을 적용한다. 그리고 현재 각 슬라이스 크기에 맞도록 수치 데이터 내용을 정정한다. 마지막으로 추가할 요소는 두 수치 데이터를 구분할 '130×2' 크기의 회색(#D8D8D8) 사각형 도형(혹은 이 형태의 선 도형)이다. 이 사각형을 아트보드의 수평과 수직에 중앙 정렬한다. 이 그래프의 결과는 그림 12.17의 ③에서 볼 수 있다.

두 번째 방법

물론 다른 방법으로도 원 그래프를 만들 수 있다. 이번에 소개할 방법은 쉽게 수정할 수 있는 여러 개의 슬라이스가 필요한 경우라면 특히 적합하다. 첫 원 그래프(그림 12.17의 ①)를 아래쪽으로 복제해 이름을 'Multiple v2'로 바꾼다. 주황색 슬라이스와 두 수치 데이터 텍스트를 삭제한다. 그런 후 바탕의 원 도형을 선택해 **Ctrl+Cmd+M**을 눌러서 마스크로 설정한다(그림 12.20, 왼쪽). 그리고 적용된 원형 그라디언트를 제거한다.

같은 그룹 안에 원 도형과 높이는 같고 폭은 절반(100×200)인 사각형 도형을 만들어서 색을 지정한다. 이 사각형 도형이 원 도형의 오른쪽 절반을 채우도록 배치한다(그림 12.20, 왼쪽 빨간 사각형). 이 사각형 도형의 복제본을 만들어서 다른 색상을 지정한다. 툴바의 **Rotate** 아이콘을 이용해서 회전하는데, 이때 먼저 회전축을 원 도형의 중심으로 옮기도록 한다(그림 12.20,, 중간 주황색 사각형). 만약 하나의 슬라이스만 필요하다면 이 두 번째 사각형을 바탕의 원 도형 색으로 바꿔 그래프를 완성한다.

여러 개의 슬라이스가 필요한 경우라면, 원하는 결과가 나올 때까지 이 사각형을 계속해서 복제하고 회전한다. **Cmd+D**로 복제하면 복제본이 회전축 변경 내용을 기억하므로 매번 회전축을 새로 설정할 필요가 없다(Rotate 모드 안에서만 해당).

복제한 슬라이스가 첫 슬라이스를 덮기 시작하면 다른 방식으로 이를 처리해야 한다. 첫 슬라이스에 해당하는 사각형 도형을 복제해서 원의 반대편으로 옮긴다(이동 시 X 위칫값에서 원의 절반 크기인 100픽셀을 뺀다). 그런 후 *F*를 눌러서 Fill을 해제한 후 마지막 슬라이스와 함께 선택한다. 툴바의 **Mask** 아이콘을 눌러서 첫 슬라이스와 겹치는 부분을 숨긴다(**그림 12.20**, 오른쪽 회색 테두리).

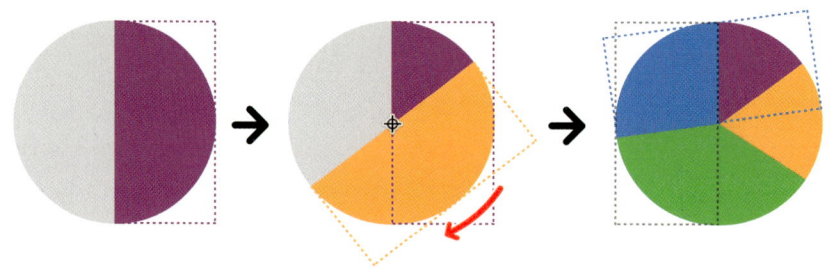

그림 12.20 왼쪽: 바탕의 회색 원 도형을 마스크로 설정한다. 첫 슬라이스가 될 색이 입혀진 사각형(보라색) 도형을 추가하면 원 도형의 모양대로 잘려나간다. 중간: 사각형 도형 복제본의 회전축을 원 도형의 중심으로 변경한 후 회전시켜서 두 번째 슬라이스를 만든다(주황색 사각형). 오른쪽: 새 슬라이스(파란색)가 첫 슬라이스(보라색)를 덮기 시작하면 마스크(회색 테두리)를 설정해서 겹치지 않는 부분만 보이도록 한다.

세 번째 방법

스케치로 원 그래프를 만드는 마지막 방법은 원뿔 그라디언트를 사용하는 것이다. 기존 그래프 재사용 없이 처음부터 시작하기 위해 지름이 '150'인 원 도형을 오른쪽 아래에 만들고 원뿔 그라디언트를 입힌다. 시작점의 색 단추에 첫 슬라이스에 적용할 색을 선택한다(색을 복사해둔다). 끝 지점의 색 단추에는 위에서 바탕 원에 사용한 회색을 선택한다. 그라디언트 바에 더블클릭으로 새 색 단추를 추가하고 첫 색 단추와 같은 색을 지정한다(복사한 색을 붙인다). 또 다른 색 단추를 추가해 색상 대화창에서나 캔버스에서 앞서 추가한 색 단추와 같은 위치로 옮긴다(그림 12.21, 왼쪽).

이 작업으로 색 전환이 급격하게 이루어지며 첫 슬라이스가 생긴다(**그림 12.21**, 중간). 색 단추 위치의 아주 미세한 조정은 *Tab*으로 색 단추를 오가며 키보드의 화살표 키로 처리한다. 또한, 숫자 키를 이용해서 색 단추를 특정 위치로 옮길 수도 있다. 숫자 키 4는 그라디언트 축의 40% 위치, 8은 80% 위치로 이동한다. 같은 위치에 있는 색 단추는 캔버스에서 나란히 나타난다. 마지막에 추가한 색 단추의 색은 원하는 원 그래프 형태에 맞게 지정한다. 두 개의 분할 영역만 필요하다면 끝 지점 색 단추와 같은 회색을 적용해서 그래프를 마무리한다.

여러 개의 슬라이스가 필요한 경우라면 회색이 아닌 다른 색을 지정한다(색을 역시 복사한다). 그라디언트 바의 오른쪽에 두 가지 다른 색을 추가해 이 세 번째 분할 영역을 만든다. 이 중 왼쪽에 있을 첫 색 단추는 두 번째 슬라이스에 쓰려고 고른 색을 적용한다(복사한 색을 붙여 넣는다). 그 오른쪽에 들어갈 두 번째 색 단추는 그라디언트의 끝 지점의 색 단추와 같은 색(회색)을 사용한다. 이제 이 두 색 단추를 다시 한 위치에 모은다(그림 12.21, 오른쪽). 슬라이스를 더 추가하려면 같은 식으로 계속해 진행한다. 원뿔 그라디언트는 기본적으로 항상 도형의 오른쪽에서 시작하므로, 그래프를 마무리하려면 분할 영역의 개수에 상관없이 −90도 회전한다.

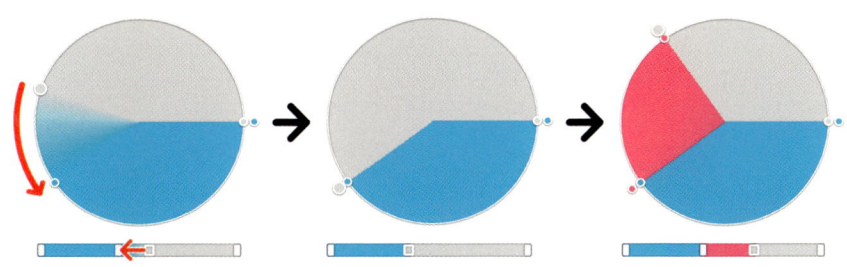

그림 12.21 왼쪽: 원뿔 그라디언트로 원을 채운 다음 색 단추를 추가해서 한 위치에 모은다. 중간: 이로써 급격한 색 전환이 생겨서 첫 분할 영역이 정의된다. 오른쪽: 같은 식으로 더 많은 영역을 추가한다.

분할 영역별 수치 데이터 텍스트를 넣을 차례다. 이번에는 그래프 위가 아닌 밖에 둬 벡터로 해당 영역과 연결한다. 다른 그래프에 있는 검은색 텍스트 하나를 복제해와서 **Scale** 기능(Cmd+K)을 사용해서 크기를 '80%'로 줄인다. 현재 그래프의 첫 슬라이스 위치인 오른쪽 위로 옮겨서 슬라이스와 색을 맞추고 슬라이스 크기에 맞게 수치를 정정한다. 다른 슬라이스에도 마찬가지로 반복한다. 그리고 수치 데이터 텍스트와 그래프를 선택해서 'Gradient' 그룹으로 묶고, 앞으로 만들 모든 요소도 이 그룹 안에 위치하도록 한다. 이 그룹이 레이어 리스트의 계층 구조상 최상위에 있는지 확인한다.

이제 벡터를 만들어보자. V를 눌러서 해당 툴을 활성화해 오른쪽에 있는 텍스트 레이어 아래를 클릭해서 첫 포인트를 만든다. 이동을 수평축으로 제한하기 위해 Shift를 누른 채 수치 데이터 왼쪽에 포인트를 추가한다. 여전히 Shift를 누른 상태에서 대각선 방향으로 선을 꺾어서 해당 슬라이스 안에 포인트를 추가한다. 두께가 '3'인 검은색 테두리를 지정하면 첫 수치 데이터 작업이 끝난다. 다른 수치 데이터에도 같은 식으로 작업한다. 복제해서 선의 각 부분을 조정하거나, 혹은 전체를 수평으로 반전시켜서 텍스트 레이어를 해당 슬라이스의 색으로 바꾸고 비율에 맞게 수치 데이터를 바꾼다.

플러그인 Eponymous[105]를 사용하면 원 그래프와 분할된 원을 자동으로 만들어준다. 우리가 도전할 다음 프로젝트인 원형 진행 표시줄은 원 그래프와 유형은 아주 비슷하지만, 테두리와 그 연관 옵션을 사용해 완전히 다른 방식으로 작업할 것이다.

원형 진행 표시줄 만들기

애플 워치의 출시로 최근에 인기가 많아진 그래픽 요소 중 하나는 원형 진행 표시줄이다(그림 12.23, 결과물 참조). 비슷한 요소를 만드는 방법을 이미 배운 바 있지만(그림 12.17의 ③), 심지어 그보다 더 간단한 방법이 존재한다. 이전처럼 새 페이지를 만들어서 이름을 'Round progress bar'로 지정한다. 지름이 '200px'인 원 도형을 추가한다. 이 원 도형은 진행 표시줄의 바탕이 될 텐데, Fill 대신 중앙에 나타나는 테두리를 '20px'의 두께로 적용한다. 밝은 회색(#E3E3E3)으로 색을 변경한 후 이를 복제한다. 복제본에 다른 밝은색을 지정하고, 톱니바퀴 아이콘을 클릭해서 테두리 옵션을 연다.

[105] http://smashed.by/sketch—segmentcircle

Dash와 **Gap** 입력창에 주목하자. 이곳의 입력값은 다양한 길이의 파선과 점선을 만드는 것은 물론, 원하는 길이로 원을 그릴 수도 있다. **Gap**값이 시작점이 되는데, 여기에 원의 지름 크기에 원주율을 곱하는 값인 '200*3.14159265359'를 입력한다(그림 12.22의 ①).

입력창에 바로 연산식을 입력하면, '628.32'가 결괏값으로 나온다. 이제 **Dash**값을 조정하면 선이 길어지는 것을 볼 수 있다(그림 12.22의 ②). 화살표 키를 *Shift*와 함께 사용해서 값을 빠르게 올린다. 특정 값의 길이로 만들려면 **Gap**의 값을 **Dash**로 옮겨와서 백분율을 곱한다. 만약 선 길이를 70%로 만들려면 '0.7'을 곱하면 된다. 마지막으로 **Ends**에서 중간 아이콘(그림 12.23의 ①)을 눌러서 끝을 둥글려서 모양을 다듬는다. 두 원 도형을 'Ring' 그룹으로 묶은 후 수직으로 뒤집는다.

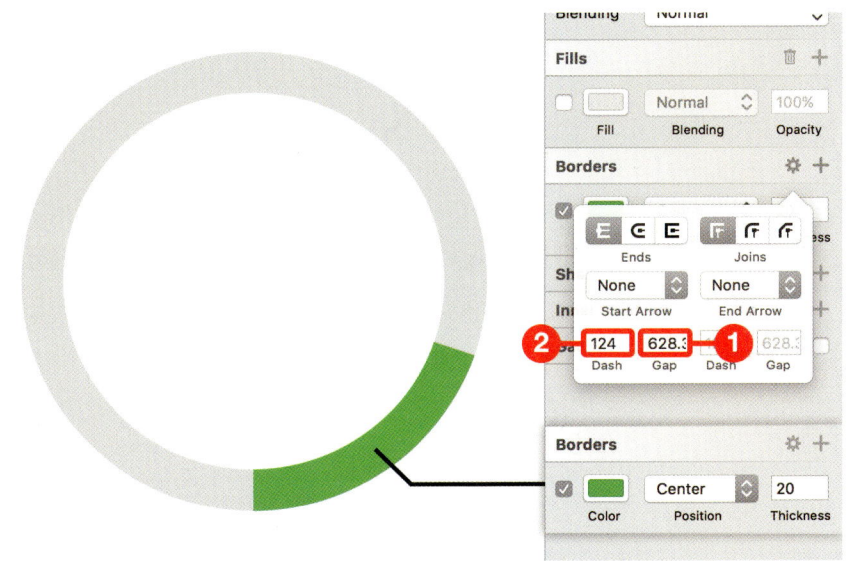

그림 12.22 테두리가 밝은 회색인 원 도형을 만든다. 이를 복제해 밝은 색상의 테두리로 바꾼다. 톱니바퀴 아이콘을 클릭해 테두리 옵션을 열고, Gap(①)에 원 도형의 지름 크기를 넣은 다음 원주율(3.14159265359)을 곱한다. 그런 후, Dash(②)값을 올리면 선이 길어지는 것을 볼 수 있다.

애플 워치처럼 하위로 여러 개의 진행 표시줄이 포함된 모양을 만들려면 이 그룹을 복제해 크기를 줄이면 된다. 이때 중앙을 기준으로 크기를 변경하는 *Alt*와 비율을 유지하는 *Shift*를 함께 눌러서 캔버스에서 원의 지름을 44픽셀만큼 줄인다. 이로써 새 원의 크기는 156픽셀이 된다. 이제 해야 할 것은 위 원의 테두리 색을 바꾸고 **Dash**와 **Gap** 입력창에 바뀐 지름을 적용하는 일이다. 같은 식으로 더 많은 하위 진행 표시줄을 만든다. 모든 원을 한 그룹으로 묶어서 'Progress bar border'라고 이름 붙인다. 이 기술을 발견한 맹 투Meng To에게 감사의 말을 전한다.

그림 12.23 원을 수직으로 뒤집어서 Ends를 둥글게 처리한다(① 가운데 아이콘). 더 많은 원을 만들어서 Gap을 새 지름에 맞게 수정한다. 지름이 '156'인 주황색 원의 Gap은 '490.09'(156*3.14159265359)가 된다.

우리는 방금 원을 정확하게 나누는 방법을 배웠다. 이 지식을 다른 페이지에 있는 원 그래프에서 특정한 크기의 슬라이스를 만드는 데 적용할 수 있다. 회색 바탕 원 도형을 복제해서 가장 위로 옮긴 후 Fill을 해제하고 중앙에 그려지는 테두리로 바꾼다(F와 B를 연속으로 누른다). 이 테두리의 **Gap**을 원의 지름에 맞추어 조정한 후(지름×원주율), **Dash**에 필요한 백분율을 넣는다(지름×원주율×(퍼센트/100)). 예를 들어 첫 원 그래프에서 정확히 '37%'의 슬라이스를 만들려면 Gap에 '200*3.14159265359'를 넣고 이 결괏값을 복사한 뒤 Dash 창에 가서 복사한 값에 0.37을 곱한다(37/100). 레이어를 수직으로 뒤집어서 슬라이스를 이 테두리 길이에 맞춘다.

다른 접근법

원형 진행 표시줄을 만드는 더 간단한 방법은 가위 툴을 사용하는 것이다. 다른 방법과 구분되도록 레이어 리스트의 최상위에 'Progress bar segments'라는 새 그룹을 만든다. 앞서 만든 진행 표시줄에서 첫 번째 회색 원을 복제해 이 그룹에 넣는다. 그리고 이전처럼 회색 원의 복제본에 테두리 색을 지정한다. 이번에 테두리 옵션이 아닌 벡터 포인트 편집 모드에 들어간다. 진행 정도가 끝나야 하는 부분에 새 포인트를 추가한 후 가위 툴을 실행한다. 불필요한 부분인 원의 가장 위 포인트에서 반시계방향으로 방금 추가한 포인트까지를 잘라낸다(그림 12.24). 마지막으로 **Ends**를 **Rounded**로 다시 바꾼다.

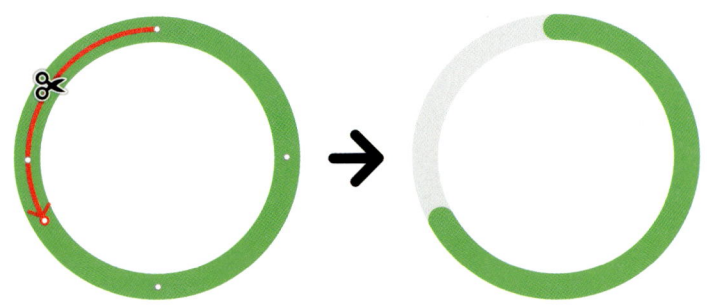

그림 12.24 새 포인트를 추가한 후 가장 위 포인트에서 반시계방향으로 있는 필요 없는 부분을 Scissors 툴로 잘라낸다.

더 많은 진행 표시줄이 필요하면 같은 식으로 반복한다. 우선 회색 원을 복제해서 줄이고, 색이 들어간 복제본을 만든다. 그리고 새 포인트를 추가하고 불필요한 부분을 지운다. 이 방식은 원형 진행 표시줄을 쉽게 만들 수 있지만, 길이를 줄이는 조정 외에는 할 수 없다는 단점이 있다. 길이를 늘여야 하는 경우라면 작업을 처음부터 다시 시작해야 한다. 여기까지 그래프, 진행 표시줄, 숫자로의 여행을 끝내고, 소위 말하는 힙스터hipster 로고를 만드는 재미있는 주제로 돌아가려고 한다. 텍스트를 패스path에 어떻게 결합하는지 이어서 배워보자.

힙스터 로고 만들기

힙스터라는 단어가 일부에서는 부정적인 의미를 나타낼 수도 있지만, 로고 디자인에서는 특정 스타일을 지칭한다. 힙스터 로고는 특유의 형태를 지니는데, 대게 둥글거나 기울어진 텍스트와 그래픽 요소를 포함한다. 스케치에 남아있는 주제 중 한 가지인 **Text on Path**를 소개할 완벽한 기회다.

그림 12.25 우리가 만들 Text on Path 기능을 사용한 두 로고

베이커리

가상의 'Eastend Bakery' 로고부터 시작하자. 'Hipster logos'라는 새 페이지를 만들고 기본 형태가 될 정사각형을 추가한다. 각 변의 길이가 '206'이 되도록 설정한 후 마름모가 되도록 45도 회전한다. 그런 후 메뉴 바의 **Layer → Combine → Flatten**을 실행한다. 이로써 도형의 회전 기록을 지워서 앞으로의 편집이 쉬워진다. 다음으로 중앙을 기준으로 크기가 변경되도록 Alt를 누른 채 폭이 '390px'이 될 때까지 중간 선택 핸들을 옮긴다. 이때 인스펙터에서 크기 비율 잠금을 풀어서 원래 높이를 유지하도록 한다. 이제 진한 녹색(나는 '#417505'를 사용했다)의 안쪽 테두리를 6픽셀의 두께로 추가한다. Fill 색상을 그대로 유지해도 되지만 불투명도를 0으로 내려서 테두리를 선택하기 쉽게 한다. 끝으로 벡터 포인트 편집 모드에 들어가서 모든 포인트를 선택한 후 Radius로 모서리를 '16'만큼 둥글린다. 그리고 레이어의 이름을 'Border'로 바꾼다.

모든 요소

이 로고는 세 개의 텍스트 요소를 지닌다. 모든 텍스트는 Montserrat Bold[106] 구글 폰트를 사용하고 로고의 테두리와 같은 색을 지정한다. 먼저 'Bold' Weight로 'EASTEND'를 입력한 후, 크기는 '46px' 그리고 Character Spacing은 '0.8'을 지정한다. 그 다음은 'BAKERY'를 입력하고, 이 텍스트의 Weight는 'Regular', 크기는 '30px', 그리고 Character Spacing은 '1'로 지정한다. 세 번째로 'SINCE 1932'를 입력한다. 이 텍스트는 앞 텍스트와 같은 Weight를 적용하고, 크기는 '13', Character Spacing은 '0.2'로 설정한다. 세 개의 텍스트 레이어를 서로의 아래에 배치해 로고의 테두리와 수평 중앙을 맞춘다.

그리고 크기가 '20×2'인 사각형 도형 두 개를 추가해서 같은 색으로 맞춘 후, 날짜 양쪽에 각각 배치해 세 개의 요소가 위의 'BAKERY'와 폭이 같게 한다. 세 요소를 'Date' 그룹에 넣고 요소 간 수직 가운데를 정렬한다. 이 그룹을 마름모 안에서 가장 아래에 둬 테두리에 거의 닿도록 배치한다. 그 바로 위에 약간 공간을 두고 'BAKERY' 레이어를 놓는다. 'EASTEND'는 마름모의 수직 가운데보다 아주 약간 아래에 있도록 둔다.

우리가 만들 마지막 요소는 상단에 둘 교차하는 밀 이삭 두 개다. 앞에서 언급했듯이, 모든 아이콘과 디자인 자산의 원천으로 내가 믿고 사용하는 것은 맥 앱[107]을 함께 제공하는 Noun Project다. 대안으로서 아이콘 세트를 불러오고, 쉽게 보관 및 분류를 해주는 무료 응용 프로그램인 Iconjar[108]도 있다. 밀 이삭을 표현할 적당한 그래픽을 찾으면 스케치로 드래그해 온다. 적당히 조정해서 복제한 후 좌우를 반전시킨다. 두 이삭의 수평 중앙을 맞추어 'Wheat'라는 새 그룹에 넣는다. 테두리와 작은 간격을 두고 로고의 상단에 배치한다. 로고의 모든 요소가 같은 색을 사용하도록 한다(**그림 12.26**, 왼쪽 요소의 위치 참조).

---

[106] http://smashed.by/sketch-montserrat
[107] https://thenounproject.com/for-mac
[108] http://geticonjar.com/

패스 위의 텍스트

이 장의 본론인 패스path를 따라 텍스트를 배치하는 법을 알아보자. 이 작업에는 닫힌 도형과 벡터같이 열린 패스 중 어느 것을 사용해도 되는데, 우리는 도형을 사용하기로 한다. 크기가 '400×190'인 타원을 만들어서 캔버스와 레이어 리스트 모두에서 'EASTEND' 바로 아래에 두고 이름을 'Path'로 바꾼다. 글자를 배치하기 쉽도록 *F*와 *B*를 연달아 눌러서 Fill을 Border로 전환한다. 타원 도형과 텍스트를 'Eastend' 그룹으로 묶은 후, 텍스트를 선택해서 메뉴 바의 **Text**에 있는 **Text on Path**를 실행한다. 이로써 텍스트가 타원 도형과 연결된다.

아쉽게도 이 기능은 여러 번의 시행착오가 필요하다. 원하는 결과가 나올 때까지 텍스트와 타원을 각각 이리저리 옮겨보도록 한다. 텍스트가 타원 패스 위로 나타나며 가운데 부분을 따라 구부러지게 한다(그림 12.26, 오른쪽). 패스를 반대 방향으로 뒤집어야 할 수도 있으니 각자 조금씩 조정해본다. 텍스트가 사라지거나 일부가 잘린 경우에는 캔버스를 확대 및 축소해 제대로 된 모습이 나타나도록 한다. 가끔은 텍스트나 패스를 약간 움직이면 다시 나타나기도 한다. 다음으로, 이 그룹을 최종 위치인 'BAKERY' 레이어 위로 옮긴다(제대로 되지 않는 경우 벡터 패스를 이용하여 곡선을 그린 후, 그 위에 텍스트를 겹쳐 **Text on Path**를 처리하면 된다).

이제 타원 패스를 숨기고 지금까지 만든 모든 내용을 'Bakery' 그룹으로 묶어서 로고를 마무리한다. 비록 **Text on Path** 기능이 원활하게 동작하지 않긴 하지만 특정 그래픽 요소를 만드는 데는 여전히 큰 도움이 된다.

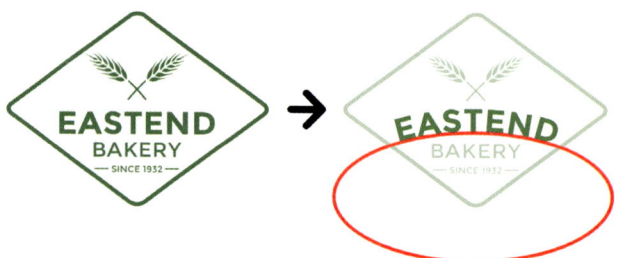

그림 12.26 왼쪽: 모든 요소가 제자리에 배치된 로고. 오른쪽: 메뉴 바의 **Type**에 있는 **Text on Path**로 'EASTEND' 텍스트 레이어를 패스(빨간색)에 연결해 글자가 도형을 따라 나타나도록 한다. 변형한 텍스트 레이어를 강조하기 위해 나머지 요소의 불투명도를 잠시 내렸다.

로고를 내보내기 전에 글자를 윤곽선^{Outline}화해야 한다. 지금은 텍스트가 패스를 따라 정렬해 있어서 작업이 약간 까다롭다. 만약 *Shift + Cmd + O*로 제대로된 결과가 나오지 않으면, **Layer → Combine → Flatte**n으로 패스를 먼저 합친다. 그 후에는 윤곽선으로 변환한 텍스트를 다시 뒤집어야 할 것이다. 이 준비 작업은 SVG로 내보낼 때 특히 중요하다. 하지만 윤곽선화 후 별문제가 없다면 더 수정할 것 없이 로고를 내보낸다.

자동차 가게

우리가 만들 두 번째 로고는 'The Garage'라는 이름의 가상의 자동차 가게다. 앞 로고와는 대조적으로 원을 기본 구조로 사용할 것이다. 오른쪽에 지름이 '276px'인 원을 만든다. 두께가 '16'인 안쪽 테두리를 추가하고 이름을 'Border'로 바꾼다. 나는 테두리 색으로 '#9D6B37'를 사용했다. 선택하기 쉽도록 Fill의 불투명도를 0%로 내리고, 이 레이어가 앞으로 만들 모든 레이어보다 아래에 있도록 한다. 이 테두리의 아랫부분에 텍스트 레이어 'CAR SHOP'을 넣을 공간을 만들기 위해, 테두리가 로고를 다 둘러싸지 않게 할 것이다. 'CAR SHOP'을 입력한 후 Chivo Black[109] 폰트를 적용한다. 크기는 26픽셀로 설정하고 자간을 '1.75'로 바꾼 후, 테두리와 같은 색을 적용한다.

따라와

원의 일부를 잘라내기 전에, 텍스트를 이 선을 따라 배치해 구멍을 메우는 느낌이 들도록 만들 것이다. 정렬 작업이 잘 보이도록 원 도형의 불투명도를 20% 정도로 내린다. 이제, 패스로 사용할 원 도형 복제본을 만든다(그림 12.27, 왼쪽). 이 복제본과 텍스트 'CAR SHOP'을 그룹으로 묶어서 텍스트 레이어에 **Text on Path**

---

[109] http://smashed.by/sketch-chivo

를 다시 실행한다. 이때 패스가 텍스트보다 아래에 있도록 한다. 앞서 했듯이 원하는 결과가 나타나도록 두 요소의 위치를 각각 조정한다. 이 과정 중에 패스를 뒤집어야 할 수도 있다. 이 그룹을 최종 위치인 원 도형의 아래로 옮기고 패스를 숨긴다.

이제 텍스트를 위한 공간을 만들기 위해 테두리에서 필요 없는 부분을 잘라낸다. 벡터 포인트 모드로 들어가서 텍스트의 양쪽에 포인트를 하나씩 추가한다(사용자 지정 가이드를 사용해서 두 포인트의 높이가 같도록 한다). 그리고 가위 툴을 사용해 텍스트 위치의 부분을 잘라낸다. 원형 진행 표시줄을 만들 때 두 번째로 사용한 방법으로 진행한다(그림 12.24). 이제 테두리의 불투명도를 다시 올린다.

모두 다 위로

패스에 적용할 두 번째 요소는 'Garage'다. 특정 모양을 만들기 위해 나는 Lobster[110] 폰트를 사용해 크기는 '70' 그리고 자간은 '1.20'으로 설정했다. 이번에는 도형 대신 벡터를 패스를 사용할 것이다. 텍스트 레이어 아래에서 글자보다 4분의 1 정도 더 긴 약 260픽셀의 수평 직선을 만든다.

벡터 편집 모드로 들어가서 두 번째 포인트를 40픽셀만큼 위로 올린다. *Tab*을 눌러서 첫 포인트로 선택을 옮겨서 숫자 키 *2*로 포인트를 **Mirrored** 유형으로 바꾼다. 벡터 포인트 핸들이 나타나도록 드래그한 후, 적당한 곡선이 나타나도록 핸들을 왼쪽 아래로 옮긴다. 두 포인트 핸들 사이의 선 길이가 패스의 길이와 같게 한다. 정확한 패스는 그림 12.27의 오른쪽을 참고한다.

벡터 포인트 편집 모드를 빠져나와서, 텍스트 레이어와 패스를 함께 선택한다. 'Garage'라는 새 그룹으로 묶은 후, 텍스트에 **Text on Path**를 다시 실행한다. 이때 레이어 리스트에서 텍스트가 패스 위에 있도록 한다. 패스에 텍스트가 적당히 정

---

[110] http://smashed.by/sketch-lobster

렬되도록 앞에서 한 과정을 진행한다. 결과가 만족스럽지 않다면 이 상태에서도 벡터를 편집하거나 자간 조절 같은 텍스트 수정을 할 수도 있다. 조정이 끝나면 이 그룹을 원의 중앙으로 옮긴 후 벡터를 숨긴다. 로고에 아직 남아있는 많은 공간에 다른 요소를 채워보자.

위쪽 절반에는 텍스트 레이어를 추가해서 'The'를 입력한다. 이젠 익숙한 'Playfair Display Italic' 글자체를 선택해서 크기는 '48'로 바꾸고, 자간은 기본값을 유지한다. 로고와 수평 중앙이 맞도록 배치한다.

그림 12.27 텍스트 레이어에 적용한 두 개의 패스

Infobox

미설치 폰트

이런 다양한 폰트를 포함하는 스케치 파일을 다른 디자이너에게 넘기면 그 중 일부는 설치가 안 된 폰트일 수 있다. 스케치는 열 수 없는 폰트를 경고하는데, 이 경우 대화창에서 다른 폰트로 대체하거나 그대로 파일을 열 수 있다. 파일을 연 후에도 미설치된 텍스트를 더블클릭해서 다른 폰트로 변경할 수 있다.

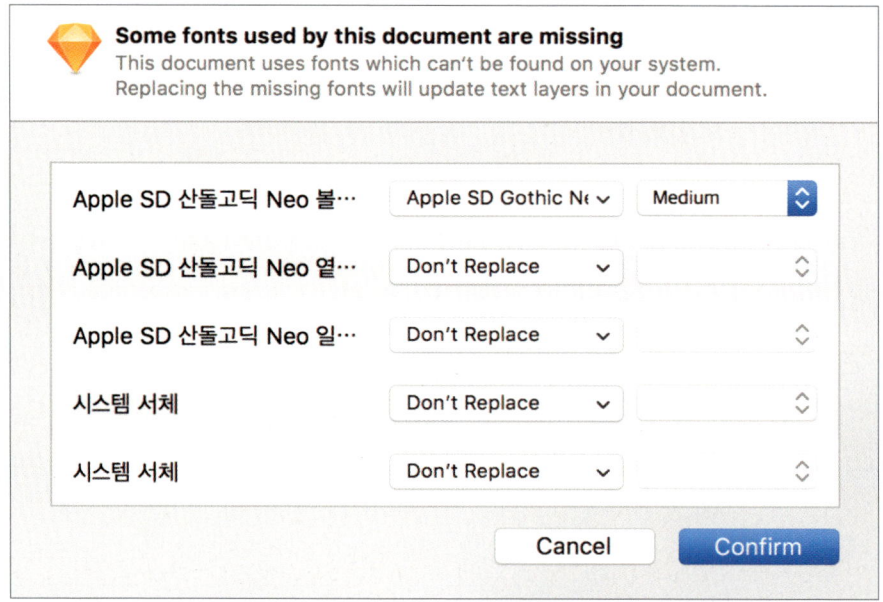

그림 12.28 스케치는 파일을 열 때 설치가 안 된 폰트가 포함된 경우 이를 경고한다.

파일을 여는 대신, 최악의 경우를 대비해서 백업을 만들고 빠진 폰트를 먼저 설치하도록 한다. 앞서 언급한 RightFont 앱이 이 경우 큰 도움이 된다. 파인더에서 스케치 파일에 마우스 오른쪽을 클릭해서 이 앱을 이용해서 파일을 열면(Open with → RightFont) 빠진 폰트를 활성화한다.

로고의 아래쪽 절반에는 교차한 모양의 렌치 두 개를 추가한다. 적당한 디자인 소스를 Noun Project[111]에서 찾거나 이곳에서 영감을 받아 직접 제작한다. 두 렌치가 대조되도록 위 렌치를 복제해 다른 방향을 향하는 아래 렌치와 함께 선택한 후 **Subtract** 부울 연산을 실행한다. 부울 그룹 속에서 위 렌치의 크기를 키워서 두 렌치 사이에 공간을 만드는데, 이때 Alt와 Shift를 함께 눌러서 중앙을 기준으로 크기를 변경한다(그림 12.29).

이 작업이 끝나면 모든 렌치 요소를 이름이 'Wrenches'인 새 그룹으로 묶어서 로고에서 중앙에 있도록 한다. 여기까지 추가한 모든 요소가 같은 색을 사용하도록 하고, 모든 요소를 새 그룹 'Garage' 안에 둔다.

그림 12.29 위 렌치를 복제해서 레이어 리스트에서 선택한 다른 렌치에서 형태를 뺀다. 그런 후, 위 렌치의 크기를 키워서(파란색 테두리의 크기로) 두 도형 사이에 공간을 만든다.

이 작업을 마지막으로 미니 프로젝트가 끝났다. 그리고 우리는 스케치로 실무에서 바로 사용할 수 있는 실질적인 팁을 많이 배웠다. 또한, 여기가 이 책의 따라 하기 부분의 끝이기도 하다. 이로써 앱 디자인의 모든 측면을 알게 됐으니 이제 원하는 무엇이든 만들 수 있을 것이다. 이 책의 나머지 부분은 스케치 관련 정보를 목록 형식으로 제공한다.

---

[111] https://thenounproject.com/

13장

부록
Appendix

플러그인

스케치는 광범위한 프로젝트를 다루는 데 필요한 모든 것을 기본적으로 제공하지만 아직 미포함된 부분이나 예상과 다르게 동작하는 부분이 존재한다. 스케치 커뮤니티는 이런 점을 보완하기 위해 스케치의 기능을 다각도로 향상하는 수많은 플러그인을 제작했다.

책 내용에 이미 언급된 것 외에도(전체적으로 아래에 다시 나열한다), 가장 추천할 만한 플러그인을 개략적으로 부록에 수록한다. 플러그인은 특별한 순서 없이 카테고리별로 알아보기 쉽도록 정리했다. 대부분은 스케치 툴박스Sketch Toolbox를 통해 설치할 수 있으나, 참고 자료 삼아 공식 웹사이트도 함께 기록한다. 새로운 버전의 스케치와 호환하지 않는 플러그인이 있을 수 있으므로 올바른 작동을 보장할 수 없음을 이해해주기 바란다.

더 많은 플러그인이 필요하다면 공식적인 플러그인 디렉토리[112] 외에도 이런 작은 헬퍼들을 깃허브GitHub[113]를 통해서 많이 만나볼 수 있다.

반응형 디자인

- Fluid: 스케치가 그룹의 크기 변경을 자체적 기능으로 제공하기 전에는 이 플러그인이 해당 기능을 구현하는 가장 좋은 방법이었다. 사용이 조금 복잡하긴 하지만, 특정 위치에 요소를 고정하거나 전체 레이아웃의 크기를 한 번에 변경하는 등 더 많은 옵션을 제공한다. Sketch Constraints[114]도 이 분류에 속한다.

- Anima Autolayou: 스케치가 Resizing 제약 기능을 제공하기 전 많이 사용되었던 Autolayout 플러그인[115]으로 Stacked Group 생성, HTML Export, Timeline 기반의 Animation 기능을 제공한다. 그룹 내 콘텐츠 크기가 조절됨에 따라 하위 요소 위치가 자동으로 조정되는 Stacked Group 기능은 모바일 UI 설계에 유용하다.

생산성

- Sketch Runner[116]: 스케치에서 하는 스포트라이트 검색 같은 플러그인이다. 설치된 플러그인과 메뉴 명령자 검색, 그룹과 레이어로 빠른 이동, 심볼 넣기, 스타일 제작과 적용을 하나의 간단한 인터페이스에서 처리할 수 있다.

- Rename it[117]: 몇 가지 매개변수를 기반으로 여러 레이어의 이름을 한 번에 바꿀 수 있다. 접두어와 함께 번호를 붙이거나 레이어 크기를 이름에 추가하

---

[112] http://smashed.by/sketch-plugins
[113] http://smashed.by/sketch-plugins2
[114] http://smashed.by/sketch-constraints
[115] https://animaapp.github.io/
[116] http://sketchrunner.com
[117] http://smashed.by/sketch-renameit

는 식으로 사용한다.
- Find and Replace[118]: 선택된 레이어 혹은 전체 문서에서 특정 텍스트를 찾아 이를 변경한다.
- Dynamic button[119]: 입력하는 텍스트에 상관없이 고정값의 패딩Padding을 적용하여 버튼을 만든다. 단축키를 누르면 새로운 크기에 맞게 자동으로 버튼 모양이 잡힌다.
- Compo[120]: 일종의 Dynamic Button의 고급형이다. 키 하나로 간편하게 텍스트 레이어를 버튼으로 변환하고, 기존 컴포넌트에 정확한 마진을 적용하며 규칙적으로 나열한다.
- Sort me[121]: 알파벳순이나 번호순, 혹은 미리 지정된 순서에 맞추어 레이어를 재배열한다.

컬러와 팔레트

- My Sketch Colors[122]: 스케치에는 몇 개의 컬러 프리셋이 기본적으로 있지만, 이 플러그인으로 대체하면 Sketch Palettes[123]에 있는 훨씬 더 많은 옵션을 사용할 수 있다. 색상 대화창에서 색을 저장하거나 불러들일 수 있으므로 다른 컴퓨터 혹은 팀 전체와 컬러 팔레트를 함께 사용할 수 있다.
- Prism[124]: **Document Colors**에 등록된 색을 하나의 아트보드로 제작한다. 색에 해당하는 이름과 함께 다양한 형식으로 제작 가능하다. 간단한 스타일 가이드인 셈이다.

---

118 http://smashed.by/sketch-findreplace
119 http://smashed.by/sketch-dynamicbuttons
120 http://smashed.by/sketch-compo
121 http://smashed.by/sketch-sortlayers
122 http://smashed.by/sketch-mycolors
123 http://smashed.by/sketch-palettes
124 https://github.com/ment-mx/Prism

- Contrast Color Analyser[125]: 웹 콘텐츠 접근성 가이드라인에 기초하여 두 레이어의 색상 대조값을 계산해 평가한다.

이미지와 패턴

- Sketch Subtle Patterns[126]: 유명한 패턴 라이브러리다. 이곳의 모든 패턴을 스케치에 불러들여 사용하자. 대안적 라이브러리로는 유료이지만 더욱 사용이 편리한 website of the library[127]에서 바로 찾을 수 있다.
- Unsplash it[128]: 널리 사용되는 Unsplash 웹사이트에서 플레이스 홀더용 이미지를 가져올 간단한 방법이 필요하다면 이 플러그인이 정답이다.
- Sharpen images[129]: 이미지를 선명하게 하는 필터(혹은 이를 방지할 마스크)를 스케치의 레이어에 원본 손상 없이 적용한다. 파일 일부가 비트맵으로 레이어가 합쳐진 경우라면 특히나 중요한 플러그인이다.
- Sketch-uifaces[130]: uiFaces[131] 웹사이트에서 아바타 이미지를 간단히 불러들인다. 수작업으로 프로필 사진을 끼워 넣는 수고를 줄인다.

기획/개발

- Notebook: 스케치는 뛰어난 설계 도구임에도 불구하고 기획 실무 환경에서 도입이 꺼려졌던 이유 중 하나가 설계서(Description) 이슈였다. 설계서는 고객사나 개발팀에 UI 요소별로 상세 설계 요건을 잘 전달할 수 있어야 하는데,

---

125 http://smashed.by/sketch-contrast
126 http://smashed.by/sketch-subtle
127 http://subtlepatterns.com
128 http://smashed.by/sketch-unsplashit
129 http://smashed.by/sketch-sharpen
130 http://smashed.by/sketch-uifacesplugin
131 http://uifaces.com/

Notebook 플러그인[132]은 자동으로 번호 매기기, Description 영역 감추기와 같은 기능을 제공한다.

- Overflow: 유저플로우는 UX 디자인에서 매우 중요한 결과물이다. Proto.io 제작사에서 순수히 유저플로우 조망과 점검 목적으로 만든 플러그인 Overflow[133]는 선택된 아트보드와 분기 조건 등을 웹 기반으로 재구성하여 전체 유저플로우를 조망하고 시뮬레이션을 해볼 수 있다.
- Git Sketch[134]: 깃Git의 기능을 스케치에 구현한다. 파일에 'v1', 'v1.1', 'v2'를 붙여 정리할 필요 없이 디자인 과정을 분명하게 문서화한다.
- CSSketch[135]: 스케치 파일을 CSS 파일과 연동해 디자인을 빠르게 수정한다. Sass와 LESS 스타일시트를 지원하므로 업무의 효율성을 높여주는 함수와 변수도 사용할 수 있다.
- Code generator[136]: 스케치 문서의 일부를 Swift나 Object-C로 변환하여 iOS 앱을 제작하는 과정을 간편하게 해주는 유료 플러그인이다.
- Marketch[137]: 디자인을 코딩하는 데 필요한 색상, 폰트, 치수 등 정보를 담은 HTML 페이지를 제작한다.
- Sketch Measure[138]: 위 플러그인의 기능에 수치, 크기, 컬러 코드 등을 추가하여 스케치 내에서 별도의 레이어 그룹으로 보여준다.
- Zeplin: 디자인을 코딩하거나 개발하는 데 필요한 색상, 폰트, 치수, 텍스트 등 정보를 웹 기반으로 공유/제공해준다. 접근 권한을 관리할 수 있으며, 결과물에 대한 코멘트를 추가할 수 있다.

132 https://marcosvid.al/sketch-notebook/index.html
133 https://overflow.io/
134 http://smashed.by/sketch-git
135 http://smashed.by/sketch-css
136 http://smashed.by/sketch-codegen
137 http://smashed.by/sketch-marketch
138 https://github.com/utom/sketch-measure

상태
- Checkpoints[139]: 아트보드의 중요한 단계들을 저장하므로 쉽게 이를 비교하고 되돌릴 수 있다. States[140]도 이 분류에 속한다.

디자인 자산 생성과 내보내기
- AEIconizer[141]: 선택한 레이어를 iOS 앱에 필요한 모든 아이콘 크기로 제작해주므로 작업물의 크기 변경 작업을 간편하게 해준다.
- Iconboard[142]: 아트보드를 다양한 크기의 최적화된 아이콘으로 만들어주는 유료 플러그인이다. 윈도우와 맥용 아이콘 포맷을 모두 지원한다.
- Sketch Export Assets[143]: 레이어를 안드로이드, iOS, 윈도우용 이미지로 내보낸다. 내보내고자 하는 부분을 선택한 채 원하는 플랫폼을 클릭한다.

스타일 가이드
- Style Inventory[144]: 프로젝트가 커질수록 디자인 일관성 유지는 더욱 중요해진다. 이 플러그인은 스케치 문서에 쓰인 모든 색상, 텍스트 스타일, 심볼을 하나의 아트보드에 모아서 보여주므로 작업의 일관성을 유지하는 데 도움이 된다. Craft[145]는 동일한 기능을 제공하면서 사용된 스타일까지 동기화한다.

---

139 http://smashed.by/sketch-checkpoint
140 http://states.design
141 http://smashed.by/sketch-aeiconizer
142 http://smashed.by/sketch-iconboard
143 http://smashed.by/sketch-exportassets
144 http://smashed.by/sketch-styleinv
145 http://smashed.by/sketch-craft

텍스트

- Comma[146]: 대문자 적용, 제목 스타일, 말 줄임, 줄 바꿈 등의 텍스트 수정을 간편하게 한다.
- Sketch Iconfont[147]: 아이콘 폰트를 이용하여 아이콘 추가 및 관리를 쉽게 한다. 네 개의 다른 폰트에 접근하도록 해주는 font bundles[148]와 함께 설치해 사용한다.

이미지 최적화

- Sketch Image Compressor[149]: 스케치 공식 플러그인으로서 이미지를 내보낼 때 비트맵 이미지(PNG와 JPG)를 자동으로 최적화해 파일 크기를 줄인다.
- SVGO Compressor[150]: 위 플러그인과 같은 기능을 SVG에 적용한다. 사용자 필요에 따라 최적화 설정을 변경할 수 있다.

그 외

- Split/Divide[151]: 도형의 겹치는 모양을 분리해 개별 레이어로 만든다.
- Animateme[152]: 스케치 내에서 애니메이션을 제작한다. 키 프레임 정의, 가속도 함수 설정을 지원하며 애니메이션이 적용된 GIF 파일이나 분리된 PNG 파일로 내보낼 수 있다.
- Segment Circle[153]: 세분된 원, 체크 표시의 원, 파선 원 등 분석이나 다이어그램에 필요한 원형 그래픽을 만든다.

---

146 http://smashed.by/sketch-comma
147 http://smashed.by/sketch-iconfont
148 http://smashed.by/sketch-fontbundle
149 http://smashed.by/sketch-compress1
150 http://smashed.by/sketch-compress2
151 http://smashed.by/sketch-split
152 http://animatemate.com
153 http://smashed.by/sketch-segmentcircle

- Magic Mirror[154]: 스케치 자체에 있는 transform 기능의 더 강력한 버전으로서, 원근감이 있는 멋진 시안을 스케치에서 바로 제작한다.
- Arrowfy[155]: 사실 스케치에 탑재된 기본 화살표는 완벽과는 거리가 있다. 이 플러그인은 레이어의 선 두께, 크기, 색상에 맞춘 화살표 머리를 간단히 추가함으로써 화살표를 다듬는 고충을 덜어준다.
- Paparazzi![156]: 웹사이트 스크린을 캡처하는 간단한 유틸리티 앱으로, 편집 가능한 레이어로 캡처 화면을 스케치에 불러온다.

콘텐츠 제작기

아래의 모든 툴은 기본적으로 간편한 방법으로 실제 콘텐츠를 디자인 파일에 제공하는 기능을 수행한다. 자세한 내용은 5장 '실제 데이터로 디자인하기'를 확인하기 바란다. 참조용으로 여기에는 목록만 기록한다.

- Craft[157]
- Sketch Data Populator[158]
- Content Generator[159]
- Day Player[160]

컬렉션

대부분의 플러그인은 하나의 기능만 담고 있지만, 몇 컬렉션은 작고 다양한 기능을 하나의 패키지로 묶어서 제공한다.

---

[154] http://magicsketch.io/mirror
[155] http://smashed.by/sketch-arrowfy
[156] http://derailer.org/paparazzi/
[157] http://smashed.by/sketch-craft
[158] http://smashed.by/sketch-datapopulator
[159] http://smashed.by/sketch-contentgenerator
[160] http://smashed.by/sketch-dayplayer

- Sketch-Mate[161]: 아트보드를 조정하고, 여러 가지 방법으로 레이어를 정렬해 주는 유용한 플러그인이 포함된 컬렉션이다.
- Utility Belt[162]: 꾸준히 커지고 있는 컬렉션으로, 작고 간단한 기능에 집중된 플러그인을 담고 있다.
- Sandros Sketch Plugins[163]: 가로형 및 세로형 그리드 레이아웃과 타이포그래픽 작업을 목적으로 하는 플러그인을 포함하는 라이브러리다.

리소스

스케치는 살아 숨 쉬는 플러그인 제작 환경뿐만 아니라 꾸준하고 활발하게 유용한 자료를 만들어내는 커뮤니티를 많이 갖고 있다. 가장 좋은 커뮤니티를 아래에 기록한다.

- SketchTips[164]: 2년 넘게 수많은 스케치 팁과 사용법을 제공하고 있는 내 웹사이트다. 종종 발행되는 스케치 관련 소식을 담은 이메일을 받아보려면 뉴스레터[165] 구독을 권한다. 회원 가입 시 보너스로 가장 중요한 스케치 단축키가 담겨 있는 내 Sketch keyboard cheat sheet를 보내 드린다.
- Personal coaching[166]: 개인적으로 혹은 회사 차원에서 스케치 트레이닝에 관심이 있다면, 문의하기 양식을 통해 연락해주길 바란다. 빠른 시일 내에 답변을 보내고 있다.

---

161 http://smashed.by/sketch-mate
162 http://smashed.by/sketch-utilitybelt
163 http://smashed.by/sketch-sandros
164 http://sketchtips.info
165 http://sketchtips.info/newsletter
166 http://www.sketch-handbook.com/contact

- **website of the book**[167]을 방문해 새로운 소식과 공식 뉴스레터를 받아보자.
- 스케치나 디자인 전반에 대한 궁금한 점이 있으면 언제든 내게 문의[168] 하거나 트위터에서 @SketchTips로 트윗을 보내면 최대한 도움을 주고 있다.
- **My Skillshare courses**[169]: 내가 제작한 스케치 입문자용 비디오 코스에서 멋진 트위터 프로필 카드를 만드는 과정을 통해 스케치의 기본 기능을 배울 수 있다. 다음 단계로는 '물 마시기' 앱을 처음부터 끝까지 디자인해보는 심화 과정을 시청하기 바란다.
- **Sketch App Sources**[170]: 스케치에 대한 유용한 자료가 모여있다. 미디엄 Medium[171]에서도 출판물을 찾아볼 수 있다.
- **Sketch Tricks**[172]: 이 주간 뉴스레터를 통해 스케치 팁과 기술을 조금씩 배워보자.
- **SketchTalk**[173]: 스케치와 관련된 모든 것에 관해 이야기하는 친절한 커뮤니티다.
- **Sketch Hunt**[174]와 **Sketch App Rocks**[175]: 스케치를 위한 최고의 자료가 모여있다.
- **The official Sketch documentation**[176]
- **The official Sketch Facebook group**[177]

---

167 http://www.sketch-handbook.com/
168 https://twitter.com/sketchtips
169 https://www.skillshare.com/chris_krammer
170 http://www.sketchappsources.com
171 https://medium.com/sketch-app-sources
172 http://sketchtricks.com
173 http://sketchtalk.io
174 http://sketchhunt.com
175 http://sketchapp.rocks
176 http://smashed.by/sketch-doc
177 http://smashed.by/sketch-group

- Official Sketch support[178]: 스케치에 대한 질문, 버그 제출, 기능 요청이 필요하면 언제든 스케치 팀이 도움을 주기 위해 대기하고 있다.
- Sketch Beta[179]: 미래의 스케치를 들여다보자. 이 베타는 정식 버전과는 별도로 설치할 수 있으며 다음 출시 버전의 스케치를 미리 체험할 수 있다. 단, 실무 작업에 베타 버전을 사용하지 않도록 주의하도록 한다.
- 프로젝트 파일: 이 책에서 소개된 프로젝트의 스케치 원본 파일을 통해 특정 부분이 어떻게 구성되었는지 확인하거나 이미지 소스를 가져다 쓸 수 있다. Visit Austra[180]와 Mini Projects[181]의 모든 것은 각각 링크를 참조하기 바란다.

가장 중요한 단축키

스케치의 진정한 힘은 단축키에 있다. 책 전반을 통해 이미 언급하고 사용했지만, 가장 중요한 단축키를 한눈에 보기 쉽도록 다시 정리한다.

- *Cmd + Click*: *Cmd* 키를 누른 상태에서 레이어를 클릭하면 해당 레이어가 그룹 안에서 얼마나 하위에 자리 잡고 있는지 관계없이 바로 선택된다.
- *Alt + hover*: 키를 누른 채 다른 레이어 위로 커서를 옮기면 현재 선택된 레이어와의 거리를 측정한다(*Cmd*를 누르면 그룹 안의 레이어까지 거리 측정이 가능하다).
- *Alt + drag*: 키를 누른 채 레이어를 옮기면 해당 레이어를 복제한다.
- *R*: 사각형 도형을 추가한다(*Shift*를 누르면 정사각형을 그린다).
- *O*: 타원 도형을 추가한다(*Shift*를 누르면 원을 그린다).
- *A*: 아트보드를 추가한다.

---

[178] http://www.sketchapp.com/support
[179] http://www.sketchapp.com/beta
[180] http://smashed.by/sketch-files1
[181] http://smashed.by/sketch-files2

- *T*: 텍스트 레이어를 추가한다.
- *Cmd + D*: 레이어를 복제한다.
- ↑/↓/←/→: 해당 방향으로 레이어를 이동한다(Shift 를 누르면 10픽셀씩 이동한다).
- *Cmd +* →/↓: 레이어의 크기를 키운다(Shift를 누르면 10픽셀씩 커진다).
- *Cmd +* ←/↑: 레이어의 크기를 줄인다(Shift를 누르면 10픽셀씩 줄어든다).
- *Tab*: 레이어 리스트에서 다음 레이어를 선택한다(Shift를 누르면 반대 방향으로 작동한다).
- *Alt + Tab*: 인스펙터의 첫 입력창인 **X** 좌표값으로 이동한다. 다음 입력창으로 이동하려면 *Tab*을 누른다.
- *Cmd + R*: 레이어의 이름을 변경한다.
- *Alt + Cmd +* ↓/↑: 레이어 리스트에서 해당 레이어를 아래위로 이동한다.
- *Cmd + G*: 다수의 레이어를 하나의 그룹으로 병합한다(그룹을 해제하려면 Shift를 함께 누른다).
- *Enter/Return*: 그룹 내 레이어를 선택하거나 도형 레이어의 벡터 포인트 편집 모드로 들어간다.
- *Esc*: 하위의 레이어에서 상위 그룹으로 순차적으로 이동하거나 벡터 포인트 편집 모드를 종료한다. 선택된 포인트가 없을 시 편집 모드가 계속 유지되고, 그렇지 않을 경우 선택된 포인트가 선택 해제된다.
- *Shift + Cmd + L*: 레이어를 잠근다.
- *Shift + Cmd + H*: 레이어를 숨긴다.
- *Alt + Cmd + =*: 텍스트 크기를 키운다.
- *Alt + Cmd + -*: 텍스트 크기를 줄인다.
- *Cmd + B*: 텍스트를 굵게 변경한다.
- *Cmd + U*: 텍스트에 밑줄을 추가한다.
- *F*: 레이어에 색 채우기[fill] 기능을 활성화 혹은 비활성화[toggle]한다.
- *B*: 레이어에 테두리[border] 기능을 활성화 혹은 비활성화한다

- *1 to 0*: 레이어나 그룹의 불투명도를 변경한다.
- *Cmd + +* : 캔버스를 확대한다.
- *Cmd + -*: 캔버스를 축소한다.
- *Cmd + 0*: 캔버스를 실제 크기(100%)로 맞춘다.
- *Cmd + 2*: 선택된 레이어에 맞추어 확대한다.
- *Cmd + 3*: 선택된 레이어가 화면 중앙에 오도록 캔버스를 이동한다.
- *Cmd + K*: 도형을 특정 비율을 적용해 크기를 변경하거나 설정된 가로값과 세로값을 적용한다.
- *Cmd + {||/}*: 텍스트 레이어의 내용을 좌, 중앙, 우정렬한다.
- *Fn + ↓/↑*: 이전 혹은 다음 페이지로 이동한다.
- *Ctrl + R*: 눈금자 rulers와 가이드를 활성화 혹은 비활성화한다.
- *Ctrl + G*: 레이아웃 그리드를 활성화 혹은 비활성화한다.
- *Ctrl + P*: 픽셀 그리드를 활성화 혹은 비활성화한다.
- *Cmd + Esc*: 마스터 심볼 master symbol에서 인스턴스 instance로 되돌아간다.
- *Alt + Cmd + U*: 부울 합치기 Union Boolean를 실행한다.
- *Alt + Cmd + S*: 부울 빼기 Subtract Boolean를 실행한다.
- *Ctrl + 1/2/3/4*: 레이어의 크기 변경 패턴을 설정한다.

기본 단축키 외에도 사용자 고유의 단축키를 정의하거나 기존 것을 수정해 사용할 수 있다. 자세한 내용은 3장 '사용자 지정 단축키' Infobox에서 찾아볼 수 있다.

저작권 정보

- 그림 1.1(왼쪽), 1.2, 1.3, 1.4, 2.19, 2.20, 2.21, 2.23, 2.26, 2.28, 2.37, 2.39, 3.2, 3.5, 3.10, 3.12, 3.17, 3.20, 3.21, 3.22, 3.26, 3.27, 3.30, 3.32, 3.36, 3.37, 3.38, 3.42, 3.47, 4.2, 4.16, 6.5, 6.6, 6.7, 6.8, 6.9, 6.10, 6.11, 6.14, 6.16(아래 왼쪽), 7.1,

7.4, 7.5, 7.7, 7.9, 7.13, 8.3, 9.2, 9.5 © Österreich Werbung, Fotograf: Popp Hackner.

- 그림 3.1, 3.4, 3.34, 6.10, 6.14 by Haitao Zeng (https://unsplash.com/photos/rU2-7y7_dbo).
- 그림 3.19, 12.11(왼쪽, 중앙), 12.12, 12.14, 12.15 by Thomas Lefebvre (unsplash.com/photos/V63oM8OPJSo).
- 그림 5.14, 5.15, 5.18, 5.19, 5.20, 5.21, 6.13 by Joshua Hibbert (unsplash.com/photos/utjhJQPD2xw).
- 그림 5.19, 6.13 (unsplash.com/photos/TI-B-TNYJMU).
- 그림 6.21(위 오른쪽) by pokedstudio (www.pokedstudio.com).
- 그림 6.44, 6.45, 6.46, 6.47 by Jon Moore (http://bit.ly/2NoZvxt)
- 그림 1.1(오른쪽), 12.25, 12.26 by Marco Galtarossa (thenounproject.com/marcogaltarossa), IT.
- 그림 12.25, 12.29 by Nesdon Booth (thenounproject.com/nesdon.booth).
- 그림 4.14, 4.15 by David Courey (thenounproject.com/term/bycicle/274110), USA.
- 그림 3.44 inspired by Creative Stall (thenounproject.com/creativestall), PK.
- Texts on details page from smashed.by/sketch-tannheim and en.wikipedia.org/wiki/Hallstatt.
- 그 외: 해당 소유자에게 상표권이 있으며, 소유자 허가 없이 자료를 복제할 수 없다.

찾아보기

Alignment 28, 63
Alternatives 218
Arrows 15, 41, 359
Artboards 9, 23, 52

Bitmaps/images 4, 25, 32
    Manipulation 279
Blend modes 287, 364
Blur 82
Boolean operations 99
Border radius (Rounded corners 참조)
Border(s) 13, 20, 141, 264,
    Options 15, 45, 47, 162

C

Canvas 9, 10
Cloud 217
Change font size 29
Character spacing 39, 139, 270, 271
Color adjust 279
Color picker 40
Color variations 187
Colors 20, 40, 151
    Document 37
    Frequent 37
    Global 31
Content generators 174
Copy CSS attributes 210
Copy/paste style 28

D

Designing at 1x 12
Device preview 205
Difference (Boolean operations 참조)
Discounts 128, 212, 227, 262
Distribute 92

Drop caps 275, 307
Duplicate 52, 54, 56

Exporting 192, 344
Find and Replace Clolor 53
File formats 191, 194
Fill types 32, 86
Float in place (Resizing 참조)
Font size 29, 167, 258, 268, 304, 314
Fonts 22, 262, 388

Gradients 85, 86, 88, 352
Grid 35, 48,
    Baseline 48, 259
    Column (Grid → Layout 참조)
    Layout 255, 298, 313
    Responsive 255
    tool 93, 171, 292, 335
Group resizing (Resizing 참조)
Groups 6, 24
Guides 168
Gutters (Grid → Layout 참조)

Icons 79, 104, 153, 182, 323
Image optimization 195
Import PDFs 194
Imported Symbols 85
Inspector 6, 284
Intersect (Boolean operations 참조)
Invision DSM 260

Kerning 39, 139, 270, 271, 282
Layers 6, 23, 92, 144, 295
    Hide 34, 284
    Lock/unlock 34, 63, 170

Layers list 6, 13, 25, 144, 289, 295
Ligatures 271
Line (Shapes 참조)
Lines, dashed, dotted 47
Line height (Line spacing 참조)
Line length 72
Line spacing 28, 47, 49, 268
Lock dimensions 27, 34

Make grid (Grid → Tool 참조)
Masking 68, 88, 375,
    Alpha mask 88, 89
Mathematical capabilities 37, 90, 101, 179, 256, 258
Maximize available space 284
Measure distance 16, 34, 80
Menu bar 6, 7
Merge shapes (Boolean operations 참조)
Mirror 215
Multiple properties 21
Nested Symbols 123
Nudging, Nudging 설정 189

Oval (Shapes 참조)

Pages 5, 126
Paste 173
Pattern fills 32
Pie charts 370
Pin to corner (Resizing 참조)
Pixel
    density 12
    grid (Pixel fitting 참조)
    precision (Pixel fitting 참조)
    preview (Pixel fitting 참조)
Pixel fitting 108, 140, 213

Plugins 76, 390
Polygons (Shapes 참조)
Preferences 54, 71, 104, 108, 109, 213, 191, 194
Preview 215
Print 213
Prototyping 221
Pullquotes 281, 309

R

Real data (Content generators 참조)
Rectangle (Shapes 참조)
　　Rounded (Shapes 참조)
Resize object (Resizing 참조)
Resizing 298, 303
Resizing constraints 308
Responsive 319
RGB to CMYK 216
Rotate 42, 157
　　Copies 357, 373
Round progress bar 378
Rounded corners 38
Round
　　pixels 104, 108, 109
　　to pixel 90, 109, 348
Rulers 168

S

Scale 50, 110, 141, 305, 315, 365, 377
Scissors 41, 369, 380, 386
Shadows 21, 82, 352
Shapes 14, 43, 96
Shortcuts 65, 400
Slices 199, 203
Smart guides 16, 168
Star (Shapes 참조)
Stretch (Resizing 참조)
Styles, set to default 13
Subtract (Boolean operations 참조)
SVG 191, 349,
　　Copy SVG code 211
Symbols 52, 72, 81, 90, 126, 170, 81, 260, 280

T

Templates 9
Text borders 264
Text on path 348, 350
Text styles 72, 278
Toolbar 6, 284
　　Customize 56
Tracking 39, 139, 270, 271, 282
Transform 160
Triangle (Shapes 참조)

U

Undo 19, 24
Union (Boolean operations 참조)
Update Text Style 84

Vector(s) 4, 16, 43, 135
　　control points 129, 131, 133
　　points 64, 92, 99, 109
　　point mode 38, 43, 64, 98, 103, 105, 129, 131, 133, 135
　　Join 136
Windows support 208
Zooming 82

기타

8-pixel grid (Grid 참조)

가위 툴 42, 369, 380, 386
가이드 168
간격 (그리드 → 레이아웃 참조)
객체 리사이징 (리사이징 참조)
거리(간격) 측정 16, 34, 80
공유저장소 238
그라디언트 85, 86, 88, 352
그룹 6, 24
그룹 리사이징 (리사이징 참조)
그리드 35, 48,
　　반응형 255
　　베이스라인 48, 257
　　칼럼 (그리드 → 레이아웃 참조)
　　툴 93, 171, 292, 335
그림자 21, 82, 352
글줄 길이 272
구조적 디자인 123

ㄴ ~ ㄷ

내보내기 192, 344
눈금자 168
늘이기 (리사이징 참조)
디자인시스템 247
단락 시작 표시 문자 275, 307
단축키 65, 400
대안 218
도형 14, 43, 96
동기화 238
둥근 모서리 38
디바이스에서 미리 보기 205
디자인시스템 247

라이브러리 240
로컬 저장소 238
리사이징 제약조건 308
링크 232
레이아웃 255, 298, 313
레이어 6, 23, 92, 144, 295
　　숨기기 34, 284

잠그기/풀기 34, 63, 170
레이어 리스트 6, 13, 25, 144, 284, 295
리사이징 298, 302, 319
마스크 68, 88, 375
    알파 마스크 88, 89
메뉴 바 6, 7
모서리에 맞추기 (리사이징 참조)

반응형 만들기 255, 297
배열하기 92
벡터 4, 16, 43, 135
    연결하기 136
    컨트롤 포인트 129, 131, 133
    포인트 64, 92, 99, 109
    포인트 편집 모드 38, 43, 64, 98, 103, 105, 129, 131, 133, 135
변형하기 160
별 도형 (도형 참조)
복제하기 52, 54, 56
부울 연산 99
붙여넣기 173
블러 82
블렌딩 모드 287, 364
비율 잠그기 27, 34
비트맵/이미지 4, 25, 32
    조작하기 279

사각형 도형 (도형 참조)
    둥근 모서리의 사각형 (도형 참조)
삼각형 도형 (도형 참조)
선 도형 (도형 참조)
스마트 가이드 16, 168
스케일 50, 110, 141, 305, 315, 365, 377
스타일 복사하기/붙여넣기 28
스타일, 기본값으로 설정 25

스케치 클라우드 217
슬라이스 199, 203
실선, 파선, 점선 47
실제 데이터 (콘텐츠 제조기 참조)
실행 취소 19, 24
심볼 57, 72, 81, 90, 126, 170, 181, 260, 280
색상심볼 125
색치환 53

아이콘 79, 104, 153, 182, 323
아이콘 색상 바꾸기 123
아트보드 9, 23, 52
여러 가지 속성 21
연산 기능 39, 90, 101, 179, 256, 258
원 그래프 370
원형 진행 표시줄 378
윈도우 지원 208
이미지 최적화 195
이음자 271
인쇄 213
인스펙터 6, 284
인용구 넣기 281, 309
자간 39, 139, 271
작업 공간 최대화 284
정렬하기 28, 63
중첩심볼 123
채우기 유형 32, 86

커닝 39, 139, 270, 271, 282
캔버스 9, 10
캔버스 확대/축소 71
컬러 20, 40, 151
    글로벌 컬러 37
    도큐먼트 컬러 37
    자주 사용하는 컬러 31
컬러 베리에이션 187
컬러 조절 279

컬러 픽커 40
클라우드 217
콘텐츠 제작기 174
타원 도형 (도형 참조)
테두리 13, 20, 141, 264
    옵션 15, 45, 47, 162
테두리 반경 (둥근 모서리 참조)
텍스트 스타일 72, 278
텍스트 스타일업데이트 84
텍스트 테두리 264
템플릿 9
툴바 6, 284
    맞춤형 56
탭바 123
탭바 만들기 123

파일 포맷 191, 194
패스 위의 텍스트 384, 386
패턴 채우기 32
페이지 5, 126
폰트 22, 262, 388
폰트 크기 29, 167, 258, 268, 304, 314
폰트 크기 변경 29
폴리곤 (드형 참조)
프로토타이핑 221, 232
프로토타입 232
플러그인 76, 390
픽셀
    그리드 (픽셀 피팅 참조)
    미리 보기 (픽셀 피팅 참조)
    정밀도 (픽셀 피팅 참조)
    화소 밀도 12
픽셀 자동 맞추기 104, 108, 109
    정수 픽셀 사용하기 90, 109, 348
픽셀 피팅 108, 140, 213

ㅎ

할인 128, 212, 227, 262
행간 28, 47, 49, 268
화살표 15, 41, 359
환경설정 54, 71, 104, 108, 109, 191, 194, 213
회전하기 42, 157
　　복제본 회전하기 357, 373

기타

1x로 디자인하기 12
8픽셀 그리드 (그리드 참조)
CSS 속성 복사하기 210
PDF로 내보내기 194
RGB에서 CMYK로 216
SVG 191, 347
　　SVG 코드 복사하기 211